全国教育科学规划一般课题"大学生学习主动性现状及其培养研究"（BIA130087）的研究成果

大学生学习主动性问题研究

黄友泉　谢美华　著

中国社会科学出版社

图书在版编目(CIP)数据

大学生学习主动性问题研究 / 黄友泉，谢美华著. —北京：中国社会科学出版社，2019.8

ISBN 978-7-5203-6009-8

Ⅰ. ①大… Ⅱ. ①黄…②谢…… Ⅲ. ①大学生—学习心理学—研究 Ⅳ. ①G442

中国版本图书馆 CIP 数据核字(2020)第 026701 号

出 版 人	赵剑英
责任编辑	许　琳
责任校对	李　剑
责任印制	郝美娜

出　　版	中国社会科学出版社
社　　址	北京鼓楼西大街甲 158 号
邮　　编	100720
网　　址	http://www.csspw.cn
发 行 部	010-84083685
门 市 部	010-84029450
经　　销	新华书店及其他书店
印刷装订	北京市十月印刷有限公司
版　　次	2019 年 8 月第 1 版
印　　次	2019 年 8 月第 1 次印刷
开　　本	710×1000　1/16
印　　张	20.25
插　　页	2
字　　数	345 千字
定　　价	118.00 元

凡购买中国社会科学出版社图书，如有质量问题请与本社营销中心联系调换
电话：010-84083683
版权所有　侵权必究

目 录

第一章 绪论 (1)
 第一节 选题背景 (1)
 第二节 相关概念的界定与区别 (5)
 第三节 研究目的与意义 (11)
 第四节 研究思路与分析框架 (12)
 第五节 研究工具与方法 (14)

第二章 文献综述 (18)
 第一节 国外关于学习主动性的研究 (18)
 第二节 国内关于学习主动性的研究 (35)
 第三节 已有研究的进展与本研究的拓展点 (52)

第三章 大学生学习主动性的理论基础 (56)
 第一节 建构主义学习理论 (56)
 第二节 社会认知理论 (63)
 第三节 社会分层理论 (66)

第四章 问卷编制 (73)
 第一节 开放式问卷调查 (73)
 第二节 大学生学习主动性特征问卷的编制 (77)
 第三节 大学生学习主动性影响因素问卷编制 (112)

第五章 大学生学习主动性特点研究 (127)
 第一节 研究目的 (127)

第二节　研究方法 ……………………………………………（127）
　　第三节　结果分析 ……………………………………………（135）
　　第四节　小结与分析 …………………………………………（200）

第六章　大学生学习主动性影响机制研究 ………………………（227）
　　第一节　研究目的 ……………………………………………（227）
　　第二节　研究方法 ……………………………………………（227）
　　第三节　研究结果 ……………………………………………（229）
　　第四节　分析与讨论 …………………………………………（261）
　　第五节　小结 …………………………………………………（272）

第七章　提升大学生学习主动性的若干对策建议 ………………（274）
　　第一节　影响因素的视角 ……………………………………（274）
　　第二节　维度结构的视角 ……………………………………（281）

研究结论与研究展望 ………………………………………………（294）

附录 …………………………………………………………………（299）
　　附录1　关于大学生学习主动性开放式问卷 ………………（299）
　　附录2　大学生学习主动性调查问卷 ………………………（300）
　　附录3　半结构访谈提纲 ……………………………………（304）
　　附录4　大学生学习主动性问卷结构验证性因素分析程序 …（305）
　　附录5　大学生学习主动性问卷结构高阶因子分析程序 ……（306）
　　附录6　大学生学习主动性影响因素问卷结构验证性因素
　　　　　　分析程序 ……………………………………………（306）
　　附录7　个人中介效应检验程序 ……………………………（307）
　　附录8　人格中介效应检验程序 ……………………………（307）
　　附录9　知识能力中介效应检验程序 ………………………（307）

参考文献 ……………………………………………………………（308）

第一章

绪 论

第一节 选题背景

一 个人背景

当我把研究聚焦于大学生的发展与教育问题时,我已在大学从事教学和管理工作十年有余,与学生长期交往的经历使我对大学生发展与教育问题有了更多的感性认识,其中我注意到大学生的发展与教育存在不少有待改善的问题。正是这种对大学生发展与教育的关注,促使我选择了学生发展与教育作为自己未来的研究方向。最初,我对全国教育科学规划的选题只有两个粗浅的想法:一是本研究能对大学生的发展与教育有指导意义;二是选题要有挑战性,最好是还没人做过或没有深入地研究过。在我的教学和管理过程中,我注意到许多大学生学习处于无意识、被动和消极状态,出于教师的责任感,我迫切想探索如何提升大学生学习的主动性和积极性,所以我初步选定"大学生学习主动性"作为我的选题。出于对全国教育科学规划选题的慎重,我专门为选题的确定进行了调研并向一批学术界前辈(教育学和心理学方面的专家)和学友进行咨询,他们无私的指导和帮助,拓展了我的学术视野并给予了我挑战困难、勇于创新的巨大精神支持,也坚定了我选择"大学生学习主动性问题"作为自己选题的信心。

二 现实背景

(一) 高校人才培养质量研究范式的转向

国际高等教育质量研究已逐渐从宏观、外在向微观、内在的研究范式转向，学生维度是高等教育质量价值取向的重要转变。我国高校人才培养质量研究也越来越关注学生学习过程、学习结果及课堂等微观要素，而作为学生主体性基本特征的学习主动性[1]问题则备受关注。《国家中长期教育改革和发展规划纲要》明确提出：教育要"以学生为主体，以教师为主导，充分发挥学生的主动性"，"关心每个学生，促进每个学生主动地、生动活泼地发展"，"充分调动学生学习积极性和主动性"。2012年教育部颁布的《全面提高高等教育质量的若干意见》提出，提高高等教育质量需要我们进一步改革教学管理、创新教育教学方法，具体举措涉及探索自主学习模式，倡导启发式、探究式、讨论式、参与式教学[2]，其改革的核心就是要充分调动学生学习的主动性，由学生以往的被动学习变为主动学习。教育部原部长袁贵仁在全面提高高等教育质量工作会议上提出要"引导学生转变学习方式，构建更加适合学生发展的自主学习、多元学习模式，调动学生学习的主动性、积极性、创造性，真正使学生学会学习。"[3] 周远清[4]认为"我们要实现人才培养的目标、达到提高教育质量的目的，就一刻也离不开学生学习的自觉性、主动性、积极性"，"现代教育思想越来越注重提高学生的学习自觉性、主动性、积极性"。而且，无论是班杜拉（A. Bandura）的社会学习理论、布鲁纳（J. S. Bruner）的发现学习理论、罗杰斯（C. R. Rogers）的人本主义学习理论、佛拉维尔（J. H. Flavell）的元认知理论等学习理论都把研究重点放在学生身上，普遍关注学生的主体地位和学习的主动性，都强调不能把学生当作知识的被动接受者，而应视其为知识的主动探究者。布鲁纳[5]认为，人是主动参加获得知识的过程的，是主动对进入感官的信息进行选择、转换、存储和应用的。冯·格拉塞斯费尔德[6]（Glasersfeld，E. V.）提出：知识不是由认知主体被动地获得的，而是积极主动地建构的。罗杰斯[7]也认为"真正的

---

[1] 陈平、朱敏：《小学生学习主动性培养的实验研究》，《教育研究》1995年第11期。
[2] 教育部高等教育司编著：《全面提高高等教育质量的若干意见》，高等教育出版社2012年版，第47页。
[3] 袁贵仁：《在全面提高高等教育质量工作会议上的讲话》，《中国教育报》2012年5月22日第1版。
[4] 周远清：《放眼持久的科学发展》，《科学咨询（教育科研）》2008年第2期。
[5] 艾兴：《建构主义课程研究》，博士学位论文，西南大学，2007年。
[6] 张桂春：《激进建构主义教学思想研究》，博士学位论文，华东师范大学，2002年。
[7] Carl Rogers, *Freedom to Learn for the 80's*, Columbus, OH: Charles E. Merrill Publishing Company, 1983, p. 81.

教师除了让学生学而外没有别的目的",这种"学"是一种"主动自发"的学习,是学习者"全身心投入——不仅是智力而且是整个人的投入"①的学习。

(二) 大学生学习主动性的现实意义

提高质量是当前"我国高等教育改革发展最核心最紧迫的任务"。"衡量高等教育质量的第一标准就是看人才培养水平",② 提高高等教育质量首先就是要提高教学质量。教学过程就其本质而言是一种认识过程,是学生在教师指导下,通过教材或精神客体去认识世界、改造世界并提高自身素质的活动过程。它和人类的一般认识过程是一样的,只有认识主体主动地而不是被动地反映客体,才能较科学、准确和全面地认识客观世界,而且"人的智力是按照人如何学会改变自然界而发展的"③,这符合马克思主义认识论精神(认识是在实践基础上主体对客体的能动反映)。在高校教学中,作为无论在生理上,还是心理上和社会意义上都已是成人的大学生是教学信息的主动选择者,是学习的主导者和执行者,也是教学质量和效果的最终决定者和体现者。高校教学中"教"的各种投入,只有为大学生主动地接受,并经过其内在机制转化为大学生经验系统的变化,才能达到所期望的教学结果。离开了大学生主动的学习、独立的学习,就不存在真正的教学,再好的"教"恐怕也不会产生任何效果。所以从这个角度来说,大学生的学习主动性是关系高校教学质量的重要因素,④ 甚至是首要因素。

(三) 大学生学习主动性现状堪忧

十几年来,我国高等教育在规模扩张、教师队伍建设、协同创新能力提升以及体制机制改革等方面都取得了显著成绩,为我国的人才培养、科学研究和社会进步做出了重要贡献。但在社会转型和高等教育的大众化背景下,在传统教育的影响下,许多大学生的学习处于无意识、被动和消极

---

① Carl Rogers, *Freedom to Learn for the 80's*, Columbus, OH: Charles E. Merrill Publishing Company, 1983, p.81.
② 刘延东:《深化高等教育改革 走以提高质量为核心的内涵式发展道路》,《求是》2012年第10期。
③ 《马克思恩格斯选集》第3卷,人民出版社1972年版,第551页。
④ 刘小强、蒋喜锋:《学生学习视野中的高校教学质量建设研究》,《教育研究》2012年第7期。

状态。余文森、连榕等人[①]认为"当前我国的大学生和中小学生一样，普遍处于一种'受逼'的学习状态，缺乏学习的主动性和责任感"。《光明日报》的一项调查也显示，"与美国同龄人相比，中国大学生普遍缺乏创新意识，学习的主动性和积极性不够"。[②] 韩洪文、田汉族等人[③]指出，从学的活动来看，许多大学生继续延续中学的学习方式，上课记笔记、下课背笔记、考试考笔记，缺乏学习自觉性、主动性和创造性。叶信治[④]通过分析美国大学教学特点，发现我国的大学生因为处于教学过程的边缘而缺乏学习主动性，学习投入明显不足。通过文献分析，大学生"受逼"的学习状态主要表现在日常教学中学习的意义感、愉悦感、满意感和兴趣感不强；厌学、逃学、迟到、早退现象严重；课前预习、课后复习甚至成为老师的奢望；创造性完成作业的学生寥寥无几；与老师和同学交往频率偏低等。根据本人对江西省部分高校大学生的问卷调查发现，选择"完全符合"和"比较符合"的学生累计比例中，"我感觉学习是件愉快事"仅为29.1%，"我对学习很感兴趣"仅为29.3%，"我课前自觉预习"仅为13%，"我课后自觉复习"仅为17.9%，"我上课会积极主动发言"仅为15.8%，"我把大量的课余时间用于学习"仅为21.6%，"我经常主动与老师交流学习"的仅为14.4%；"我经常主动与同学交流学习"的为34.5%；"我经常自主进行一些探索性学习"的仅为24.5%。从这些数据看，当前江西省高校大学生的学习主动性不容乐观。大学生学习主动性不足势必影响高校的教育质量以及学生的全面发展和可持续发展。在这种情况下，研究大学生学习主动性的内涵和维度结构，揭示大学生学习主动性的现状并分析其存在问题，探寻相应的对策显得十分必要。

三 学术背景

虽然学习主动性的培养问题历来受人关注，而且人们普遍认为它是教学改革的紧迫任务，但迄今为止，对大学生学习主动性的研究仍比较薄

---

① 余文森等：《教师教育改革新样本》，《中国教师报》2013年1月2日第14版。
② 王波：《从课外活动看中美大学生就业能力差距》，《光明日报》2012年10月8日第16版。
③ 韩洪文等：《我国大学教学模式同质化的表征、原因与对策》，《教育研究》2012年第9期。
④ 叶信治：《从美国大学教学特点看我国大学教学盲点》，《高等教育研究》2011年第11期。

弱，特别是在理论研究上仍欠深入。具体表现在：一是研究对象以中小学生为主，关于大学生的研究比较匮乏。二是学习主动性的概念界定不明。综观国内研究，关于学习主动性研究的文章较多，但给出学习主动性明确定义的文章却较少，目前还没有一个明确、统一、权威的学习主动性的概念描述。三是理论研究比较缺乏。现有关于大学生学习主动性的研究主要集中于对策的探讨，而对于学习主动性的本质、层次及维度结构、形成及作用规律等理论问题缺乏深入地探讨。四是研究范式以思辨为主。目前，国内关于学习主动性的研究主要是从保证教学质量和提高学生素质的角度提出教师应如何设置课堂程序和运用何种教学策略调动学生的学习主动性，研究方法主要是定性思辨的方式，而关于学习主动性的实证研究，其研究成果却相对要单薄。五是大学生学习主动性的测量工具尚需完善。总体来说，国内科学化的、本土化的测量学生学习主动性的标准化量表十分匮乏。尽管有部分研究者自编调查问卷测量包括小学生、初中生和大学生学习主动性的现状和特点，但现有问卷编制过程的理论基础及测量学上的保证有待加强。上述问题能否妥善解决将关系到对学生学习主动性的理解和测评，进而影响到学生学习主动性水平的提升和高校的人才培养质量，所以本课题研究具有重要的实践价值，这是我选择此研究的另一个重要的原因。

第二节 相关概念的界定与区别

一 相关概念的界定

（一）大学生

通俗地说，凡是接受过各类高等教育的人都可称为大学生，包括全日制学习的学生和在职学习的学生，他们是先进文化潮流的代表。顾明远主编的《教育大辞典》是这样界定大学生的，他们是对在普通高等学校学习的学生的统称。通常特指专科生和本科生，有时亦包括研究生（硕士生、博士生）。"本科生是指在高等学校进行可获得学士学位学习的大学生"，"专科生指的是接受专科教育的学生"[1]。本研究的大学生指的是全

---

[1] 顾明远主编：《教育大辞典》，上海教育出版社1998年版，第80—218页。

日制在校本科生和专科生，不包括研究生和自学考试的学生。

（二）主动性

对主动性概念的界定是掌握学习主动性的前提和基础，没有对主动性概念的理解，就不可能认识学习主动性，也不可能准确界定学习主动性以及明确其构成要素。所以，要认识学习主动性，首先必须认识主动性。伦理学大辞典对主动性的释义为："一种不待外力推动而行动的性能"[①]。李芳[②]认为，"主动性是指个体按照自己规定或设置的目标行动，而不依赖外力推动的行为品质。由个人的需要、动机、理想、抱负和价值观等推动"。学者和学新[③]博士认为，"主动性就是指主体自觉主动地从事自己的活动，目的是为满足自己的需要"。艾尔伯特·哈伯德（Hubbard. E.）[④]认为，主动性就是不用别人告诉你，你就能出色地把事情办成（Initiative is doing the right thing without being told）。MBA智库百科[⑤]这样界定主动性，是指人在完成某项活动的过程中，来源于自身并驱动自己去行动的动力的强度。综合上述观点，主动性至少有这么一些特征：①基于自身需要的满足。②具有明确的目标指向。③是一种积极人格品质。所谓积极人格品质（Character Strengths）是指个体在先天潜能和环境交互作用的基础上，通过其认知、情感和行为所反映出来的一组积极的人格特质。[⑥] Seligman & Peterson[⑦]认为，积极人格品质包括有目标、好奇、兴趣、喜好学习、判断力、创造力才能、毅力/勤劳、自我控制及公民责任感等24个方面。积极人格品质是个体自发或自觉行动的基础，是内在的、具有建设性的及应对困境的力量。④表现为不待外力推动而自发或自觉的行为状态。总之，主动性是内在动力和外化行为的统一体。因此，本研究认为主动性是个体为了实现既定的目标和任务，在工作、学习和生活中表现出来

---

① 宋希仁等主编：《伦理学大辞典》，吉林人民出版社1989年版，第287页。
② 李芳：《基于家庭教育的小学低年级学生学习主动性培养研究》，硕士学位论文，山东师范大学，2011年。
③ 和学新：《主体性的内涵、结构及其存在形态与主体性教育》，《西南师范大学学报》（人文社会科学版）2005年第1期。
④ ［美］艾尔伯特·哈伯德：《致加西亚的一封信：一条由主动性通往成功之路（导读版）》，薛菲译，浙江文艺出版社2007年版，第68页。
⑤ http://wiki.mbalib.com/.
⑥ 毛晋平、杨丽：《大学生的积极人格品质及其与学习适应的关系》，《大学教育科学》2012年第4期。
⑦ 同上。

的不依赖于他人推动而行动的积极人格品质。

(三) 学习主动性

学习过程是学生在需要、动机、兴趣及价值观的推动下，借助已有知识和经验对外界信息进行主动选择、加工、存储和应用的过程。因此，在教学过程中，激发学生的学习主动性是有效学习和有效教学的前提。"调动学生的学习主动性"历来受到学者们和众多一线教师的高度关注，但令人费解的是，学界对学习主动性的本质究竟"是什么"鲜见有深入的研究和挖掘，更没有一个明确统一的概念描述。其中，影响较大的有如下几个：房德康[1]认为学习主动性是"学生在需要、动机、目标等因素作用下产生的一种能动的、活跃的心理状态，具体表现为学生在学习中的主观态度"。需要、目标和动机是通过激励、发动和维持使学生在学习中处于兴奋状态。陈平、朱敏[2]则将学习主动性定义为："是指对学习活动起着启动、增强、维持和调节作用的主体动力系统及其功能"。这里的"主体系统和功能"是指，由学习需要、自信心和学习情绪情感所构成的，推动学生进行积极、持久和自主的学习活动的内部动力系统。陈东怀[3]认为，"学习主动性是指推动学生积极、自主、持久地进行学习的内部动力系统及其功能"。刘妤、石杨[4]指出学习主动性是指不待外力的推动，学习者以一种积极的态度自觉地参与到学习活动中，并为达成学习目标而克服学习障碍的一种行为习惯。杨明均[5]认为，学生的学习主动性是指正处于发展过程中的学生的那种需要通过教学来调动、培养和提高的学习动力、参与学习的能力和创造学习的才能。

通过以上定义并结合其他关于学习主动性的定义（参见第二章文献综述部分），我们发现人们大都认同它是一种积极的心理品质或特性，并表现为一系列自觉的、积极的、主动的学习行为。但人们在具体界定过程中存在侧重点和视角上的差异，有人认为学习主动性是一种心理状态，包括内在动力、学习态度和学习能力，也有人认为学习主动性是心理状态和行为方式的融合。

---

[1] 房德康：《浅谈激励大学生的学习主动性》，《江苏理工大学学报》1995年第3期。
[2] 陈平、刘敏：《小学生学习主动性培养的实验研究》，《教育研究》1995年第11期。
[3] 陈东怀：《对开放教育专业教学的探索》，《中国远程教育》2001年第2期。
[4] 刘妤、石杨：《浅析高校学生学习主动性缺乏的原因及对策》，《科教文汇（上旬刊）》2008年第12期。
[5] 杨明均：《试论学生的学习主动性》，《四川教育学院学报》2002年第1期。

综合主动性及学习主动性的相关观点，本研究认为，学习主动性是指学习者采取积极的和自发的行为方式，通过克服各种障碍和挫折，来完成学习目标和任务的积极人格品质，其核心是学习者不是被动地对所处的学习环境做出反应，消极适应学习环境，而是自发或自觉地改变环境。具体表现为：①基于自身学习需要的满足（学习需要性[1][2][3]）；②具有明确的目标指向（学习目的性[4][5][6]）；③学习中伴有积极的学习情感体验（学习情感性[7][8][9]）；④对自身和外在事物的超越（学习创造性[10][11][12]）；⑤坚持不懈地克服学习中的各种障碍和挫折（学习控制性或恒久性[13][14][15]）；⑥学生在学习中积极参与课堂教学活动及与他人合作（学习互动[16][17][18]）；⑦为确保学习目标和任务的实现而形成的自觉自愿的行动（学习自觉性[19]）。上述七个特征恰好也是 Seligman & Peterson 所描述的积极人格品质

---

[1] 陈平、刘敏：《小学生学习主动性培养的实验研究》，《教育研究》1995 年第 11 期。
[2] 马永录：《培养初中生学习主动性的实验研究》，硕士学位论文，西北师范大学，2004 年。
[3] 应佳：《大学生学习主动性、时间管理倾向与成就动机的关系研究》，硕士学位论文，重庆大学，2010 年。
[4] 王立彦：《论学生学习主动性的培养》，《教学与管理》1990 年第 2 期。
[5] 张寿：《对主动性学习理论的思考》，《延边大学学报》（社会科学版）2003 年第 3 期。
[6] 高应波：《浅议学生学习主动性的培养》，《现代企业教育》2007 年第 2 期。
[7] 陈平、刘敏：《小学生学习主动性培养的实验研究》，《教育研究》1995 年第 11 期。
[8] 应佳：《大学生学习主动性、时间管理倾向与成就动机的关系研究》，硕士学位论文，重庆大学，2010 年。
[9] 张寿：《对主动性学习理论的思考》，《延边大学学报》（社会科学版）2003 年第 3 期。
[10] 郝连科：《大学生网络学习主动性的教学策略研究》，硕士学位论文，东北师范大学，2008 年。
[11] 王立彦：《论学生学习主动性的培养》，《教学与管理》1990 年第 2 期。
[12] 杨明均：《试论学生的学习主动性》，《四川教育学院学报》2002 年第 1 期。
[13] 王立彦：《论学生学习主动性的培养》，《教学与管理》1990 年第 2 期。
[14] 邢虹：《中专生数学学习主动性的调查研究及其培养途径》，硕士学位论文，辽宁师范大学，2005 年。
[15] 应佳：《大学生学习主动性、时间管理倾向与成就动机的关系研究》，硕士学位论文，重庆大学，2010 年。
[16] 张寿：《对主动性学习理论的思考》，《延边大学学报》（社会科学版）2003 年第 3 期。
[17] 李芳：《基于家庭教育的小学低年级学生学习主动性培养研究》，硕士学位论文，山东师范大学，2011 年。
[18] 胡淑飞：《情感教学策略促进学生地理学习主动性研究》，硕士学位论文，西南大学，2008 年。
[19] 王立彦：《论学生学习主动性的培养》，《教学与管理》1990 年第 2 期。

的基本内容①。可见，学习主动性既表现为一系列外显的行为集合，如认真听课、课前预习、课后复习、积极完成作业、经常与教师和同学交流学习等，同时也表现为某种能动的、活跃的内部心理状态，如兴趣、需要、求知欲、责任感及自信心等，这种积极的心理状态会促成学习行为方式的形成并推动学生进行积极、持久和自主的学习活动。总之，学习主动性是由学习的外显行为和内部心理整合而成的功能系统。

（四）大学生学习主动性

根据以上对"大学生""主动性""学习主动性"的界定，本研究将大学生学习主动性界定为"大学生在学习过程中为了完成既定的学习目标和任务，采取积极和自发的方式，通过克服各种障碍和挫折，来完成学习目标和任务的积极的人格品质"。表现为能动的、活跃的心理状态以及在此推动下的自发、自觉的行动。

二 学习主动性与其他相关概念的区别

（一）学习主动性与学习自主性

人只有成为自主、自由的人，才会有想象力和创造力。相反，他便失去了灵性，沦为工具，也就不成为主体，更不会有行为上的自觉和主动。所谓"自主"，是指自己做主，不受别人支配②，往往同盲目、没有主见、任人摆布等对立。"自主性"是人后天习得的一种习惯性的社会人意识（consciousness）品质，具有意念控制（idiodynamics）的成分，区别于自然人的本能。具有自主性的个体能控制自己的行为，有目的地独立处理和支配周围的事物。学习自主性是学习者按自己意愿，尽量不依靠外界的力量而独立自主地进行学习的动机、能力或特性。具有自主性的学生知道学习是自己的事情，知道自己才是学习中的主人，但为何应当如此以及如何如此往往并不明确。"主动"就是"自主行动"，而不是"他主行动"，含有"自主"的意识，而且还表现在"行动"上具有自主的特征如独立、负责等外显的人格特征。主动性则综合了思想意识品质与行为特征。具有学习主动性的学生在学习中不仅要做自己的主人，而且要自觉努力地知道

---

① 毛晋平、杨丽：《大学生的积极人格品质及其与学习适应的关系》，《大学教育科学》2012年第4期。

② 阮智富、郭忠新主编：《现代汉语大词典》，上海辞书出版社2009年版，第2953页。

怎么做，为什么这样做，往往具有明确的目的和科学的策略及方法，并伴有实际的行动。因此，学习自主性是学习主动性的前提和基础，"学习主动性是学习自主性的发展和延续"①。

(二) 学习主动性与学习主体性

学习主体性是指学生能够意识到自己在学习中的主体地位和作用，充分发挥主动性，以确保学习任务的顺利完成并促进个性全面、健康发展的特性。②学习主体性是一个完整的有机系统，有多种表现特征，行动层面上有自觉性、主动性、独立性、创造性等特征，精神层面上有坚持性、自信心、责任感等特征③。"学习主动性是主体性学习中最活跃、最核心的因素。"④学习主体性不是天然具有的，而是依靠学生通过能动活动而获得和创设的，而能动性包括学习自主性、学习主动性和学习创造性，⑤所以学习主动性是学生主体性的外在表现和具体形式。由此可见，学习主体性与学习主动性是既有区别又有联系的两个概念。二者的联系是学习主体性包含了学习主动性，学习主动性是学习主体性的核心组成部分和外在表现。二者的不同之处在于，学习"主体性"是相对于"非主体性"而言的概念，相对于教学权威——教师而言，学生是教学过程中的主体，教师是引导者而非主体；而"学习主动性与被动性"是强调要激发和培养学生的学习主动性，使之成为自主和自立的思想者，而不是使之成为被动的知识桶。

(三) 学习主动性与学习积极性

在我国，关于学习主动性与学习积极性这两个概念很多人没有严格加以区分，经常彼此互相代替或混杂在一起相提并论，这种现象甚至出现在政策文件，学者、官员的言论中，如《规划纲要》提出要"充分调动学生的学习积极性和主动性"。积极是形容人的大脑皮层的亢奋或兴奋状态

---

① 和学新：《主体性的内涵、结构及其存在形态与主体性教育》，《西南师范大学学报》(人文社会科学版) 2005 年第 1 期。

② 陈丽君、张庆林：《中学生主体性调查问卷全国常模的建立》，《心理科学》2001 年第 4 期。

③ 于佳宾、王宇航：《学习主体性对学习成绩影响的心理机制分析》，《中国教育学刊》2012 年第 S1 期。

④ 张天宝：《主体性教育》，教育科学出版社 1999 年版，第 149 页。

⑤ 和学新：《主体性的内涵、结构及其存在形态与主体性教育》，《西南师范大学学报》(人文社会科学版) 2005 年第 1 期。

以及与其相对应的行为表现特征。田进认为①，人的积极性、主动性是指人在工作和生活中表现出来的，倾向于付出体力和脑力劳动的主观状态，是推动工作和生活的心理力量。它们反映了人的不同层次的动机和智能。总之，二者存在如下关系：①学习积极性和学习主动性分别属于学习者的不同心理层次，其中，学习积极性是学习者的基本层次的动机和智能，它具有自在性，它的落脚点是学习态度。学习主动性具有自发性或自觉性，它是学习者的中等层次的动机和智能，它的落脚点是学生的内在动力。因而，学习主动性是学习积极性的更高层次。②学习主动性不仅包括在学习方面的积极性，还包含学生在德、智、体、美等方面完善自我的内在需求，它所倡导的不仅仅是学习的热情，而且要求学生具有自发动力、自我引导和进取的能力。③正因为二者是层次递进的关系，因此，二者间具有诸多相似或相同的行为表现和影响因素。

第三节 研究目的与意义

一 研究目的

本研究的主要目的包括以下几个方面：一是编制能有效测量大学生学习主动性及影响因素的测评工具；二是以大学生为研究对象，结合定性研究和定量研究方法探索并验证大学生学习主动性的维度结构及维度间的路径关系；三是探明大学生学习主动性的水平状况并具体分析学校层次、学科类别、年级、性别、生源地、与父母关系、政治面貌、父母职业类型等在大学生学习主动性上的差异特征；四是从社会、家庭、学校及大学生自身四个角度探讨其对大学生学习主动性的影响机制；五是探寻激发和培养大学生学习主动性的对策和建议。

二 研究意义

(一) 理论意义

通过对学习主动性、学习主体性、学习自主性和学习积极性等概念的梳理，有利于我们进一步厘清学习主动性的概念和掌握大学生学习主动性

---

① 田进：《激发员工积极性、主动性和创造性的方法》，《集团经济研究》2005年第6期。

的特点；通过自编《大学生学习主动性特征调查问卷》，有利于揭示大学生学习主动性的维度结构及各维度间的相互关系，从而进一步丰富和完善学习主动性理论；学习主动性是整个主体性学习中最活跃、最核心的因素，通过大学生学习主动性的研究对丰富主体性教育理论具有重要价值；本课题的研究必然触及高等学校所培养的人才素质的根本性问题，由此引发人们对高校人才培养质量的反思，这有助于深化人们对大学教育本质的理性认识。

（二）实践意义

大学生的学习主动性是提高教学质量的重要保证。高等教育具有异于基础教育独特的学习方式，学习自主是其显著性行为特征，高校更应重视学生主体性的发展，充分调动他们学习的主动性。本研究的实践意义在于：第一，能为当前高校人才培养由教师"教"的范式向学生"学"的范式转变提供理论支持，有利于促进教学理念和模式、教学方法和手段及学习方式的变革；第二，有利于唤醒家长、学校、社会及大学生本身对学习主动性的关注，并为他们在调动学习主动性方面提供一些可资借鉴的建议；第三，通过编制具有良好信度与效度的《大学生学习主动性特征问卷》和《大学生学习主动性影响因素问卷》，有利于丰富和完善大学教师和管理者评定大学生学习主动性的工具；第四，有利于指导大学生合理规划、有效地利用时间，提高学习效能；第五，有利于培养和发展学生的主体性、创新精神和探索意识及终身学习的能力。

第四节 研究思路与分析框架

一 研究思路

为了实现上述研究目的，本文遵循理论探讨—实证研究（包含问卷编制和现状调查）—影响因素分析—提供建议的思路展开研究。具体而言，是在概念界定的基础上，以建构主义学习理论、社会认知理论以及社会分层理论为指导，自编《大学生学习主动性特征问卷》和《大学生学习主动性影响因素问卷》对全国普通本科和专科（拟调查 100 所）学生（拟调查被试 10000 人）进行调查并分析大学生学习主动性在人口学变量和家庭背景变量上的差异，进而采用相关分析、回归分析、层次回归分析以及结构方程模型建立大学生学习主动性的影响因素机制，最后，为提升大学生学习主动性提出若干对策和建议。

二 分析框架

本研究的总体分析框架见图1-1。

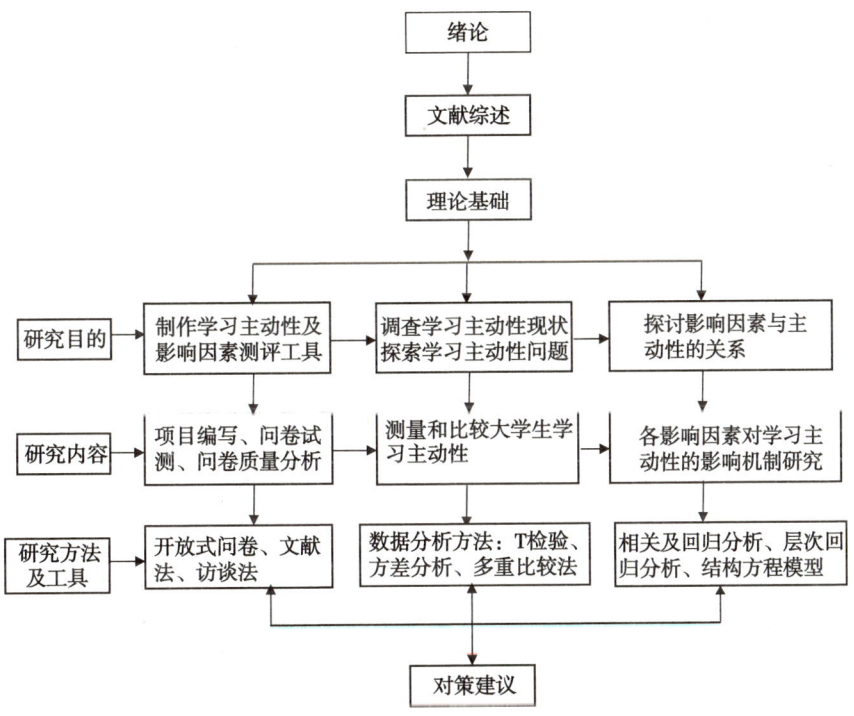

图1-1 研究的总体分析框架示意

第一章绪论：介绍本课题的研究背景、相关概念、研究目的与意义、研究思路与分析框架以及研究工具与方法。

第二章文献综述：较为详细地梳理国内外有关个人主动性和学习主动性的相关文献，从中分析并归纳国内外大学生学习主动性研究的现状和发展趋势，并据此提出本研究的拟拓展点。

第三章理论基础：介绍建构主义学习理论、社会认知理论和社会分层理论的渊源、基本观点并分析以上理论对本研究的适切性。

第四章问卷编制：结合概念界定、理论基础和开放式问卷调查初步编制初始问卷，然后利用试测数据对问卷进行修订确定正式问卷并检验正式问卷的信度和效度，最后形成《大学生学习主动性特征问卷》和《大学生学习主动性影响因素问卷》。

第五章大学生学习主动性的现状调查：本部分运用自编《大学生学习主动性特征问卷》对大学生学习主动性的特征进行定量研究，以考察大学生在主动性总体水平以及在不同层次学校、学科类别、年级、性别、生源地、与父母关系、政治面貌、父母职业类型及学习成绩等方面上的差异。

第六章大学生学习主动性影响因素研究：本部分采用自编《大学生学习主动性影响因素问卷》对全国部分大学生进行调查，借助统计分析方法如相关分析、回归分析、中介效应检验及结构方程模型等探查社会、家庭、学校及大学生自身对大学生学习主动性的影响机制。

第七章提升大学生学习主动性的若干对策建议：基于第四章、第五章和第六章研究结果提出有针对性地提升大学生学习主动性的若干对策建议。

第五节　研究工具与方法

"研究方法既是研究赖以进行的工具，又是研究得以发展的基础。"[①]研究方法包含方法论和具体方法两个方面的含义。从方法论层面看，本研究有如下特征：一是在研究内容上，坚持理论与实践相结合。如果说主动性属于理论的范畴，学习主动性则属于实践性理论的范畴；如果说培养属于实践的范畴，理论指导下的实践就属于理论实践的范畴。因此，大学生学习主动性与培养本身就是应用理论研究，因此，理论与实践的结合是恰当的选择。二是在学科的运用上，坚持多学科研究方法的结合。从大学生学习主动性问题研究中所涉及的变量属性及其关系来看，大学生学习主动性既是教育学的范畴，又是哲学的范畴还是心理学的范畴。而从变量之间的关系来看，它们既是主体和客体的关系（归于哲学问题），又是理论对行为的关系（归于教育学问题），还是内在与外在的关系（归于心理学问题）。实际上，从研究对象的静态和动态结合分析，本研究是教育领域发生的哲学和心理学问题。因此应当运用哲学、教育学和心理学等多学科研

---

① 眭依凡：《大学校长的教育理论与治校》，人民教育出版社2001年版，第10页。

究的理论方法对其进行研究。三是在空间范围上,坚持特殊和普遍的结合。本研究的对象是全国背景下的大学生的学习主动性问题,期望获得的是在全国范围内具有普遍意义的研究结论,但由于不同城市和不同地域的高校具有统一性又具有多样性,本文还拟对不同城市和不同地域高校进行对比分析,以寻求他们之间的异同点,进而提出更为有针对性的对策。四是在研究范式上坚持定量与定性相结合的方法。为了构建大学生学习主动性及其影响因素的调查问卷,以及尽可能全面了解大学生学习主动性的状况及其影响因素,本研究采用定量与定性相结合的方法,即以定量数据揭示人口变量、家庭背景及成绩与大学生学习主动性的关系,以定性研究了解已有成果、相关理论及大学生学习主动性的现状,并讨论相关问题。就具体研究方法而言,本研究运用的方法有文献法、问卷调查法、统计分析法及访谈法等。

一 文献法

对大量学习主动性、大学生学习主动性、个人主动性、学习积极性、学习投入、学习动机等国内外著述及文献的收集、整理、分析,是本研究的基础工程。通过文献研究,不仅有利于掌握本研究所需要的有关材料和已有成果,更为重要的是为本研究框架的设计提供了整体思路和理论准备。

二 问卷调查法

本研究采用自编的两个问卷,分别是《大学生学习主动性特征调查问卷》和《大学生学习主动性影响因素调查问卷》(见附录2)对大学生进行调查。

(一) 关于问卷与样本

为了编制符合我国国情的《大学生学习主动性特征调查问卷》和《大学生学习主动性影响因素调查问卷》,本文拟抽取江西省两所本科高校和一所专科高校不同年级、不同性别和不同专业约300名学生进行开放式问卷调查,结合概念界定、理论基础和学生对大学生学习主动性特征和影响因素的描述初步编制出《大学生学习主动性特征调查问卷》和《大学生学习主动性影响因素调查问卷》的初始问卷,二者共同的背景资料包括学校层次、学科类别、年级、性别、生源地、父母职业类型、政治面貌和班级身份等。为了保证研究的科学性和严谨性，研究利用初始问卷分别在南昌市一所本科高校和一所专科高校进行测试，共发放问卷240份，回收有效问卷218份。正式调查问卷的形成在参考了国内外学习主动性测量问卷的基础上，遵循标准化问卷的编制程序，运用科学的统计分析方法进行项目筛选和评定，最后形成具有良好效度和信度的大学生学习主动性特征正式问卷（包含38个项目）和大学生学习主动性影响因素正式问卷（包含39个项目）。问卷编制的详细内容请参见第四章。本研究在正式施测时，采取随机加配额抽样法，兼顾不同地域、不同学校层次和类型、年级、专业、性别等，共发放问卷8672份，回收有效问卷8332份，有效回收率96.08%。

（二）关于统计方法

在量化研究部分，本研究主要运用统计软件SPSS23.0和LISREL8.8对调查数据进行整理分析，采用了探索性因素分析、验证性因素分析、回归分析、层次回归分析（中介效应检验）、结构方程模型、T检验和方差分析等统计分析方法。这些方法的运用主要是为了探索和验证大学生学习主动性的结构维度，探讨假设模型中各维度之间的路径关系，比较不同特征变量大学生在学习主动性上的差异，以及从多个层次探讨影响大学生学习主动性的因素。

三 访谈法

本研究除了运用量化分析方法去探索大学生学习主动性的特征、不同变量背景下大学生学习主动性的差异以及影响大学生学习主动性的因素外，研究还运用了访谈法等质性研究方法对不同背景因素如何影响大学生学习主动性的中间过程以及如何提高学习主动性的措施等问题进行了探讨和剖析。

（一）关于访谈提纲

通过整理和分析已有文献及相关理论，本研究设计了访谈提纲，并通过专家建议及调查后定稿，请参见附录3。访谈的目的在于获得以下相关信息：一是充分收集受访者的个人及家庭背景信息；二是了解大学生目前的学习主动性的现状、问题及原因；三是了解受访者学习主动性的影响因素；四是了解受访者对提高学习主动性的意见和建议。

(二) 关于实施过程

实施过程分为二个阶段。第一阶段是 2013 年 3 月在江西师范大学进行，主要是对访谈提纲进行测试，对访谈的可行性进行判断。走访对象为江西师范大学某学院的 3 名本科生和 4 名硕士研究生，借此了解其对本研究的看法。试测后，对研究思路和访谈提纲做了相应调整。第二阶段是 2013 年 5 在江西省的两所高校（一所本科高校，一所专科高校）进行。访谈对象共 9 个专业的 36 名学生。访谈结束后 18 名学生都自愿留下了联系方式，并愿意接受后续研究过程中所需要的补充性访谈。此外，研究者还对随机遇到的本、专科学生进行了非正式访谈。通过对这一阶段的深入访谈，研究者加深了对大学生学习主动性状况、问题及原因的了解，并且建立起了社会、家庭、个人和学校对大学生学习主动性影响的立体性认识，同时他们提出的提高学习主动性的措施对于我们提出改善大学生学习主动性的建议具有重要的启发意义。

第二章

文献综述

在教学实践中,经常发生学生学习消极、被动、缺乏主动性的现象,在理论上与之相对应的问题即是关于学习主动性的研究。对学生学习主动性的探索与培养是古往今来许多教育工作者孜孜不倦的追求。近年来,尤其是新世纪以来,在新课程改革、素质教育及主体性教育理论的推动下,对学习主动性的研究已成为各级各类教育的一个重要课题,相关研究成果也逐渐增多。本部分将围绕国外个人主动性和学习主动性及国内学习主动性的研究进行文献梳理。

第一节 国外关于学习主动性的研究

个人主动性与学习主动性是两个密不可分的概念,学习主动性是个人主动性在学习领域的表现。陈平等指出学生的个人主动性包括社会适应性和学习适应性,而学习主动性是其个人主动性的核心。[1] Fay & Frese 在对已经完成了"Vordiplom"[2] 水平考试的部分东德学生的研究发现,他们的学习成绩与其个人主动性水平之间存在显著的相关($r=.44$,$p<.01$,$n=41$)。[3] 因此,他们认为,个人主动性可能是影响学业成绩的一个重要影响因素。蒋琳锋和袁登华提出个人主动性是一个普适性极强的行动概念,

---

[1] 陈平、刘敏:《小学生学习主动性培养的实验研究》,《教育研究》1995 年第 11 期。

[2] 注:Vordiplom 是指 Grundstudium 这 4 个学期而言的,一般情况下,在德国大学要先上完四个学期的基础课,通过各门考试后拿到准硕士(Vordiplom)学位,然后才能进入专业阶段学习(Hauptstudium)。

[3] Fay, D., & Frese, M., "The concept of personal initiative (PI): An overview of validity studies", *Human Performance*, Vol. 14, No. 1, 2001, pp. 97–124.

反映的是个体在各种领域中表现出来的行动风格。① 由此可以看出，个人主动性是学习主动性的基础，因此，在对国外关于学习主动性的文献进行梳理时，我们首先围绕个人主动性的概念及内涵、个人主动性的测量、影响因素及其与绩效的关系进行梳理，以期为本文学习主动性的测量及影响因素的分析等提供借鉴意义。

一 个人主动性

（一）个人主动性的概念及内涵

个人主动性的概念是基于行动理论和东西德合并的实践背景而提出来的。东西德统一不久，在东德开办企业的西德管理者就报怨东德的员工没有主动性。这种现象引起了 Fress 等学者的兴趣，为此，他们在东德进行了一项有代表性的纵向研究，在西德进行了一项横断面研究。研究发现，东德的员工具有较低的主动性，这种差异性被认为是职业社会化的结果，尤其是工作控制和复杂性，而西德工作具有更高的控制性和复杂性。Fay 等人②认为，无论是实践原因还是理论原因，个人主动性都是一个重要的概念，而且个人主动性在未来将显得更加重要，因为未来的工作需要一个高度的自力更生。公司对个人主动性也很感兴趣，因为它会增加组织和个人的效益。

Fress 等③认为个人主动性是一组行为系列，是指个体采取积极和自发的方法工作，并超越被给定工作的一般要求，具体地说，个人主动性的特点有以下几个方面：（1）符合组织的使命；（2）有一个长远的关注；（3）目标导向和行动导向；（4）面对障碍和挫折能够坚持不懈；（5）是自发和率先行动。他们认为，长远关注是个人主动性的基本要素。Fay & Frese④又对这一概念进行了进一步归纳和系统的阐述，指出个人主动性是一组行为系列，是个体采取积极和自发的方式，并通过坚持克服障碍和挫折去实现目标、完成任务的行为方式。这种积极行为方式的后果之一是

---

① 蒋琳锋、袁登华：《个人主动性的研究现状与展望》，《心理科学进展》2009 年第 1 期。
② Fay, D., & Frese, M., "The concept of personal initiative (PI): An overview of validity studies", *Human Performance*, Vol. 14, No. 1, 2001, pp. 97-124.
③ Frese, M., Kring, W., Soose, A., & Zempel, J., "Personal initiative at work: Differences between East and West Germany", *Academy of Management Journal*, Vol. 39, No. 1, 1996, pp. 37-63.
④ Frese, M., & Fay, D., "Personal initiative (PI): An active performance concept for work in the 21st century", *Research in Organizational Behavior*, Vol. 23, No. 1, 2001, pp. 133-187.

个人改变环境，或对环境需求做出积极反应，而被动行为方式的特点是个人只会做被告知的事情，而且面对困难时会自动放弃。Frese & Fay[①]认为个人主动性包含自发（也有人翻译为自我驱动）(self-starting)、提前行动（也有人翻译为行动领先或率先行动）(Proactivity)和坚持不懈(persistent)三个方面。Fay[②]还进一步就上面三个方面进行了解释并提出了各自的行动系列。"自发"意味着一个人在没有被告知、没有得到一个明确的指令或没有一个明确的角色要求的情况下完成一些事情。因此，个人主动性是追求个人设定目标而不是被分配目标，比如一个蓝领工人试图修复一个出故障的机器，即使这不是他（她）工作的一部分。具有高主动性的人会经常主动处理与分配问题相关的子问题或与任务相关不明显的问题。"提前行动"意味着人们对事情有一个长远的关注，而不是要等到不得不对需求做出回应时才行动。对长远的关注能够使个体考虑未来的事情（如新的要求、新出现的或重复出现的问题、新兴的机会）并且提前做一些准备。因此，人们会预见一些问题和机会并且准备立马解决。当采取主动的时候，"坚持不懈"（克服障碍）是达到目标必不可少的因素。一般来说，个人主动性意味着事情的改变：一个过程，一个程序，或一个任务被添加或修改。改变通常不会从一开始就能够完美实施，这经常涉及挫折和失败。被这些变化影响的人可能并不喜欢放弃他们的日常工作而被迫去适应新的东西，这就需要人们能够坚持不懈，去克服过去的技术壁垒和其他人的阻力和惰性。而且，有时很多上司也并不喜欢自己的下属超越他们的工作界限，这也需要个体不断克服挫折和困难、坚持不懈。以上关于个人主动性三个方面的行动系列见表 2-1。

表 2-1　　　　　　　　　　人主动性的行动系列

动作序列	自发	提前行动	克服障碍
任务/目标的重新定义	活动目的，重新定义	预测未来的问题和机会并转换成目标	当受到复杂性任务阻碍或烦扰时，保护目标
信息的收集和预断	主动搜索，比如探索，主动扫描	考虑潜在的问题领域和机会，当他们发生之前——开发替代行动路线的知识	保持探索，尽管受任务复杂性和负面情绪的影响

---

① Frese, M., & Fay, D., "Personal initiative (PI): An active performance concept for work in the 21st century", *Research in Organizational Behavior*, Vol. 23, No. 1, 2001, pp. 133-187.

② Ibid..

续表

动作序列	自发	提前行动	克服障碍
计划和执行	主动计划	备份计划——有面对机会准备的行动计划	克服障碍——受到打扰时能尽快回到计划
监控和反馈	自发反馈和为反馈的主动搜索	开发预处理信号来预告潜在的问题和机遇	保护对反馈的搜索

表 2-1 表明，自发意味着目标、信息收集、规划和反馈过程是活跃的；提前行动意味着动作序列的每一步都涉及未来问题的处理和机会；克服障碍意味着目标、信息收集、计划和反馈不受干扰。Frese & Fay[1] 进一步提出自发、提前行动和克服障碍三个方面存在相辅相成的关系。提前行动的立场导致了自发目标的发展，因为指向未来的提前导向能使它更有可能确立超越人们预期的目标。由于他们在实施中的固有变化，自发目标会导致克服障碍的需要。克服障碍也会导致自发的目标，因为不寻常的解决方案通常都需要自发或自我驱动。最后，自发意味着个体考虑未来的问题，因此，他们有较高程度的提前行动。

（二）个人主动性的测量

Frese 等[2]利用工作中主动性的定性和定量评价、情景式访谈和访谈者评价三种测量方法来测量个人主动性。之所以利用这三种方法来测量个人主动性是因为这三种方法获得的信息是基于被试访谈中的行为表现或访谈者的评价，而这些信息是从独立的和已控制好的问卷调查中无法获得的。

工作中主动性的定性和定量评价。访谈者问了 4 个能代表工作中的主动性的相关活动的问题，比如受访者是否提出了建议、是否和主管谈论了有关工作的问题、是否尝试确定为什么工作存在这样的问题、是否尝试决定改变工作程序。访谈者深入挖掘行动的自然本性以确保对象行为的自发和提前行动的本性（即确保它就是个人主动性）。根据事先的设定，那些被描述为个人主动性的行为将根据定量和定性的主动性水平被分成不同的

---

[1] Frese, M., & Fay, D., "Personal initiative (PI): An active performance concept for work in the 21st century", *Research in Organizational Behavior*, Vol. 23, No. 1, 2001, pp. 133-187.

[2] Frese, M., Fay, D., Hilburger, T., Leng, K., & Tag, A., "The concept of personal initiative: Operationalization, reliability and validity in two German samples", *Journal of Occupational and Organizational Psychology*, Vol. 70, No. 2, 1997, pp. 139-161.

等级。定量的主动性反映了主动性行为所要求的额外付出的程度，定性的主动性反映了特定岗位上特定的人所提出的问题和设定的目标或使用的策略超出工作预期的程度。定性和定量的主动性都是在5点量表上排序（1表示几乎没有主动性，5表示具有很高的主动性）。这产生了8个项目：4个定性的主动性项目和4个定量的主动性项目。基于对同一问题反应的定性和定量的主动性项目是高度相关的。因此，这两个平行的项目被合并成一个所谓的项目组（Marsh, Hau, Balla & Grayson, 1998），这就产生了4个项目组，4个项目组的评价者内部一致性系数分别是0.88、0.83、0.85、0.91。[①]

情景访谈。这个量表由两个分量表组成，即障碍克服和积极的方法。障碍克服能体现出被访谈者在克服障碍过程中的主动性和坚持性。访谈者让被访者置身4个虚构的问题情境中，这些情境包括工作内和工作外的，然后要求他们回答他们将会怎么做。在被访谈者提出一个解决该问题的方案后（代表第一个障碍），访谈者随即给出这个方法不能解决问题的原因所在，这就是制造出了一个新的障碍。这个步骤持续下去直到提出第三个障碍。然后询问被访谈者能否给出其他的解决方案。这些过程都要求写下来并被看成被试克服障碍的完成情况。每个解决方案能否被算作是一个克服障碍的解决方案，就看这个解决方案原则上是否可行以及能否取得预期效果，并且这个方案不是前面提出的解决方案的变体。每个障碍都没有进一步计算其权重。他们用以下方式对克服障碍的情况进行记录，1表示没有克服障碍；2表示克服了1个障碍；3表示克服了2个障碍；以此类推，6表示克服了5个或5个以上的障碍。障碍克服的评价者内部一致性系数分别为0.78、0.82、0.80和0.81，4个项目组的总评价者内部一致性系数是0.86。[②]

访谈者评价。为了充分利用来自访谈者的额外的信息资源，研究者会叫这些访谈者在每次访谈结束后立刻填写一份简单的关于被访谈者主动性表现（访谈者评估的）的调查问卷。访谈者利用三个不同的量表来评价被访者的主动性，这三个量表分别是：1表示行动积极到5表示行动消

[①] Frese, M., Fay, D., Hilburger, T., Leng, K., & Tag, A., "The concept of personal initiative: Operationalization, reliability and validity in two German samples", *Journal of Occupational and Organizational Psychology*, Vol. 70, No. 2, 1997, pp. 139-161.

[②] Ibid..

极；1表示目标导向到5表示容易偏离目标；1表示有行动的动力到5表示不愿意行动（都是反向记分）。在使用这些量表之前，访谈者需要被培训。由于访谈者对被访者进行了大约70分钟的访谈，所以他们对被访者了解较为充分，所以，他们对被访者主动性的评价可以作为评估被访者主动性的有价值的额外信息。访谈者给出的等级反映的是他们对被访者在访谈过程中的一种主观印象，因此，无法计算这些等级排序之间的内部一致性系数，但是可以计算重测相关。重测相关系数的平均值达到0.51。个人主动性三个结构之间的平均相关系数在0.38至0.43之间。[①]

除了以上三种测量方法，他们还开发了一个测量个体主动性特征的自陈量表。这种测量方法类似于Bateman & Crant's（1993）的主动性人格测量——类似于个人主动性的概念。在使用这个自陈量表法时，他们同时对参与者的配偶进行了调查以了解其配偶眼中参与者的主动性表现。结果发现，他们编制的自陈量表与配偶对参与者的主动性评估之间相关显著（$r=0.35$，$p<0.01$，$n=220$）。[②]

（三）个人主动性的影响因素

Rotter[③]认为作为近因变量的倾向性是更为一般的原因，也是比远因（人格与知识、技能和能力，KSA）更能预测个人主动性的变量。Frese & Fay[④]进一步对个人主动性的影响因素（即前因变量和结果变量）进行了系统的阐述，他们也认为，KSA是远因，倾向性是近因，而环境支持是远因和近因的混合物。倾向性和远因相比则更为具体，更具有行动导向，更接近于个人主动性。环境支持，知识、技能和能力以及人格变量影响倾向性，反过来又会影响个人主动性，主动性又会对个人和组织的绩效水平产生影响。以上因素对个人主动性的影响关系如图2-1所示。

[①] Frese, M., Fay, D., Hilburger, T., Leng, K., & Tag, A., "The concept of personal initiative: Operationalization, reliability and validity in two German samples", *Journal of Occupational and Organizational Psychology*, Vol. 70, No. 2, 1997, pp. 139-161.

[②] Ibid..

[③] Rotter J.B., "The development and application of social learning theory", *Centennial psychological series*, Vol. 12, No. 1, 1972, pp. 156-182.

[④] Frese, M., & Fay, D., "Personal initiative (PI): An active performance concept for work in the 21st century", *Research in Organizational Behavior*, Vol. 23, No. 1, 2001, pp. 133-187.

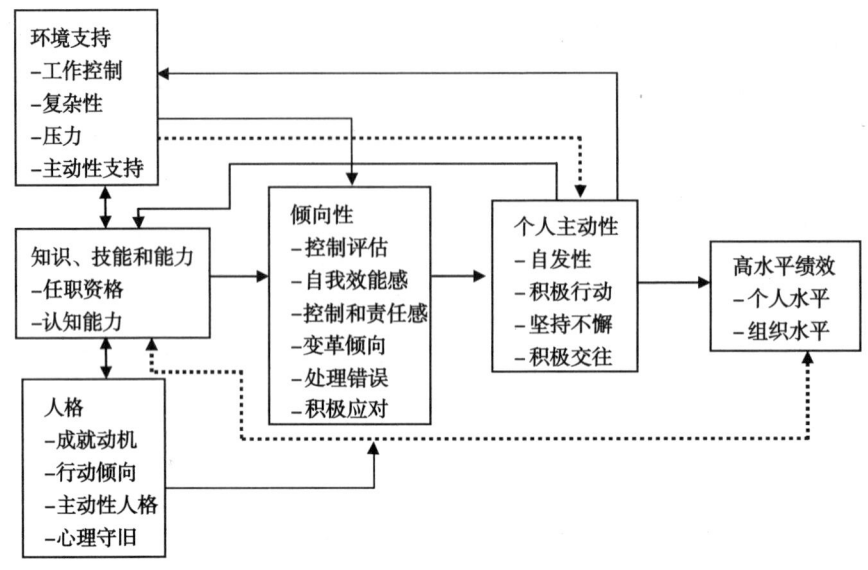

图 2-1　个人主动性的前因变量和结果变量[①]

1. 人格因素

人格因素比个人倾向性要普遍得多。人们通常认为人格因素是不易变的因素，因此被看成是影响个人主动性的深远的因素，其影响个人主动性要通过个人倾向性来实现。Frese 主要探讨了成就需要、行动控制、认知需要、主动性人格和心理守旧对个人主动性的影响，因为这些因素都是个人主动性的重要的预测源，而且也有必要与个人主动性加以区分。McClelland[②]认为成就需要意味着高期待、在应对工作任务时有强烈的成功倾向性、对进步的关注以及表现出对成就回馈的极大兴趣。成就需要和个体主动性在概念上还是有区别的。尽管成就需要也是指向努力工作和克服困难，但成就需要并不意味着其行动是自发的。但同时，Frese[③]发现成就需要（问卷测量出的成就需要）与个人主动性还是存在显著的相关，

---

① Frese, M., & Fay, D., "Personal initiative (PI): An active performance concept for work in the 21st century", *Research in Organizational Behavior*, Vol. 23, No. 1, 2001, pp. 133-187.

② McClelland, D. C., "Characteristics of successful entrepreneurs", *Journal of Creative Behavior*, Vol. 21, No. 3, 1987, pp. 219-233.

③ Frese, M., Fay, D., Hilburger, T., Leng, K., & Tag, A., "The concept of personal initiative: Operationalization, reliability and validity in two German samples", *Journal of Occupational and Organizational Psychology*, Vol. 70, No. 2, 1997, pp. 139-161.

尽管这个相关不是太高。

行动控制力（Kuhl，1992 称之为行动导向）意味着一个或许会倾向于不做决定或者拖延或者是易分心（状态导向），或者相反，他会把想法迅速付诸行动（行动导向）。[1] 把想法迅速付诸行动是自发性主动性的先决条件。与此一致的是，Michael Frese & Doris Fay[2] 发现行动控制力与个人主动性行为之间具有相关性。然而，Frese 等的研究结果表明这个相关相当低，这很可能是 Kuhl 的概念并没有暗含自发性的原因。[3] 此外，尽管个人主动性概念假定人们在朝着目标努力的过程中能克服各种各样的障碍，但 Kuhl（1992）却只讨论了一种障碍即内部障碍。

此外，Cacioppo & Petty[4] 认为认知需要的测量反映的是个体进行思考并且享受思考的倾向性。正如前文所述，个人主动性常常会引起全新的、非结构化和困难的局面，在这种局面下，深思熟虑的参与认知活动是非常重要的，而具有高认知需要的人更可能有一种处理变化、非常规活动及错误的倾向。而 Fay 等人[5]的研究结果表明认知需要和个人主动性存在显著的正相关。

Crant[6] 指出具有高主动性人格的人是"相对不受环境所制约，相反能够影响环境的变化；能够识别机会并抓住机会采取积极的行动；他们显示出主动性、采取行动并且坚持不懈直到带来有意义的改变"。主动性人格和个人主动性在概念上是有关联的。Frese 等[7]将个人主动性定义为一种行为（因此，在测量个人主动性的访谈过程中就包含了行为样本）。但 Crant & Frese[8]都认为主动性人格特质应该是个人主动性行为的预测因子

---

[1] Frese, M., & Fay, D., "Personal initiative (PI): An active performance concept for work in the 21st century", *Research in Organizational Behavior*, Vol. 23, No. 1, 2001, pp. 133-187.

[2] Ibid..

[3] Ibid..

[4] Cacioppo, J. T., & Petty, R. E., "The need for cognition", *Journal of Personality and Social Psychology*, Vol. 42, No. 2, 1982, pp. 116-131.

[5] Fay, D., *Personal initiative: Construct validation of a new concept of performance at work*, Unpublished doctoral dissertation, Universiteit van Amsterdam, 1998, p. 216.

[6] Crant, J. M., "The proactive personality scale and objective job performance among real estate agents", *Journal of Applied Psychology*, Vol. 80, No. 4, 1995, pp. 532-537.

[7] Frese, M., Fay, D., Hilburger, T., Leng, K., & Tag, A., "The concept of personal initiative: Operationalization, reliability and validity in two German samples", *Journal of Occupational and Organizational Psychology*, Vol. 70, No. 2, 1997, pp. 139-161.

[8] Frese, M., & Fay, D., "Personal initiative (PI): An active performance concept for work in the 21st century", *Research in Organizational Behavior*, Vol. 23, No. 1, 2001, pp. 133-187.

之一。因此，Frese 等人还开发了一套问卷来测量个人主动性人格。调查结果证明了他们的预测，主动性人格问卷调查结果与行为测量结果具有低到中等程度的相关（0.11 到 0.29）[1]。这一结果表明，区分主动性人格和个人主动性行为是非常有必要的。而且他们认为个人主动性的行为表现与人格变量相比，前者与组织绩效和其他有意义的变量具有更高的相关。[2]他们认为，事情本该如此，因为主动性人格是一个远端预测，而个人主动性行为更接近绩效和具体行为。在深入研究中，Frese 等人还比较了 Bateman & Cram's 的主动性人格量表与他们开发的个人主动性人格问卷，发现二者存在高度的相关性（0.96），因此，Frese 等人[3]认为他们开发的人格量表与 Bateman and Cram's（1993）的主动性人格量表在本质上是相同的。

还有一个影响个人主动性的人格变量是心理守旧，其内涵类似于威权主义和教条主义。因为具有高个人主动性的个体会改变自己的工作条件，而守旧的个体则不会显示出个人主动性并且不喜欢别人表现出个人主动性。Fay & Frese[4]的研究表明，心理守旧的人比心理不守旧的人在显示个人主动性上具有更低的倾向性。

总之，国外研究表明，人格因素会影响个体倾向性。正如前文所述，人格对于个人主动性行为来说是比倾向更一般和更深远的因素。例如，成就动机作为远端变量应该会影响控制愿望（如果某人想要实现一件事情，他需要处于控制中）。同样，心理守旧的人怀疑变化（低度的变化倾向），并且不容忍错误（因此，在处理错误时表现出较低的积极性）。当然，并不是每一个人格变量都会影响每一个单一倾向。

2. 知识、技能和能力（KSA）

Frese 等[5]研究表明职业资格（即工作所需知识和技能的总要求）也与个人主动性有关。如果一个人擅长他（她）的工作并且能够快速学习，那么他（她）的个人主动性就能够开发得更好。因此，高水平的知识、

---

[1] Frese, M., Fay, D., Hilburger, T., Leng, K., & Tag, A., "The concept of personal initiative: Operationalization, reliability and validity in two German samples", *Journal of Occupational and Organizational Psychology*, Vol. 70, No. 2, 1997, pp. 139–161.

[2] Ibid..

[3] Ibid..

[4] Fay, D., & Frese, M., "The concept of personal initiative (PI): An overview of validity studies", *Human Performance*, Vol. 14, No. 1, 2001, pp. 97–124.

[5] Ibid..

技能和能力（KSA）是个人主动性的预测源。事实上，Fay & Frese 对东德开展的纵向研究证明了认知能力对个人主动性的影响作用。同样，Frese 等人①假定倾向性在知识、技能和能力对主动性的影响过程中起部分中介作用。知识、技能和能力是一种根本性资源，因为他们使个体能够很好地去从事某项工作。这些资源使人们体验到胜任的经历，反过来，这些胜任的经历又会使个体形成更高的自我效能感以及工作上更高的控制性评估。如果一个人知道他拥有的知识和能力能够应对当前的状况，那么他就会觉得其结果是可控的。胜任经历可以预防习得性无助，因此，这就会使个体具备更高的控制愿望。当没什么资源可以利用时（控制低下），人们就会放弃他们的控制愿望。当拥有高水平的知识、技能和能力时，处理预期的变化、错误和压力就会更容易。Frese 等人②认为，认知能力和工作知识是产生胜任经历的源头，因此，这就会导致更高的倾向性，而更高的倾向性又会导致更高的个人主动性，最终，更高的个人主动性就一定会影响工作绩效。当然，他们同时也认为知识、技能和能力对个体的表现具有直接作用。

3. 环境支持

Frese，Garst & Fay 对东德的纵向研究中发现工作特征与个人主动性的相关在不同的阶段都是显著的（相关系数从 0.41 到 0.51），Frese 等的研究发现二者的因果效应以自我效能感、控制预期和控制愿望组成的组合变量为中介变量。③ Fay 等人④假定：工作控制、工作的复杂性以及公司或直接主管对个人主动性的支持是影响个人主动性的三个环境条件。一旦这三个方面出现，他们就会使人们更有活力，从而刺激他们的自发行为并努力去克服障碍。到目前为止，他们发现对于每一个环境支持在个人主动性所起的作用来说，初期的支持起着决定性的作用。依据效应的大小及效应的一致性，工作控制和工作的复杂性是最重要的特性。

另一个与工作有关的影响个人主动性的因素是工作压力。工作压力是指个体感受到工作过程、工作程序或工作设计有不完善的地方。因此，有工作压力就会让人觉得应该去做些什么事情以改善当前的工作状况，这就

---

① Frese, M., & Fay, D., "Personal initiative (PI): An active performance concept for work in the 21st century", *Research in Organizational Behavior*, Vol. 23, No. 1, 2001, pp. 133-187.
② Ibid..
③ Ibid..
④ Ibid..

会使个体有更高的个人主动性。Fay & Sonnentag[①]对东德的纵向分析发现工作压力与个人主动性存在显著的正相关,且工作压力解释了个人主动性4%的变异。令人惊讶的是,当把改进建议的数量作为因变量时,直接上司的支持不会影响个人主动性,无论是在东德和西德的数据分析中(东德:$r=0.04$, ns, $n=378$;西德:$r=0.16$, ns, $n=126$)还是在Dutch的研究中,都得到了相同的结论。[②] 但是,来自高层管理的支持却会影响个人主动性。[③] 此外,Baer & Frese[④] 对德国Midsized Company的研究表明公司的心理安全氛围也与个人主动性高度相关,Vennekel对医院职员的一个样本的研究也表明个体在团队中感受到的心理安全感也与个人主动性具有显著相关性($r=0.25$, $p<0.01$, $n=91$)。[⑤]

4. 倾向性（Orientations）

Frese等人[⑥]的实证研究表明,积极应对变化、压力和错误的倾向性会减少表现个人主动性的障碍。改变的倾向性会增加表现个人主动性的可能性。当人们尝试新的行为（这是个人主动性的必要要素）时错误就会产生。难以处理错误的人就会缺乏表现出个人主动性的动机。积极应对压力有助于人们处理因发挥个人主动性伴随而产生的紧张感。

Frese & Fay[⑦]认为所有与人有关的概念一般来说都可以从不同的维度加以区分,并且从概念的普遍意义来讲,其内涵应该与具体的研究问题吻合。倾向性这个概念是一个介于具体和抽象之间的概念。倾向性既不是非常明确的态度（如对某项工作任务）也不是一般意义上的人格特征。之所以说倾向性是一个中间变量,是因为主动性模型中的所有倾向性都被假

---

① Fay, D., & Sabine S., "Rethinking the Effects of Stressors: A longitudinal study on personal initiative", *Journal of Occupational Health Psychollogy*, Vol. 7, No. 3, 2002, pp. 221-234.

② Fay, D., & Frese, M., "The concept of personal initiative (PI): An overview of validity studies", *Human Performance*, Vol. 14, No. 1, 2001, pp. 97-124.

③ Morrison, E. W., & Phelps, C. C., "Taking charge at work: Extrarole efforts to initiate workplace Change", *Academy of Management Journal*, Vol. 42, No. 4, 1999, pp. 403-419.

④ Baer, M., & Frese, M., "Innovation is not enough: Climates for initiative and psychological safety, process innovations and firm performance", *Journal of Organizational Behavior*, Vol. 24, No. 1, 2003, pp. 45-68.

⑤ Vennekel, M., *Redefinitionsbreite der Arbeitsrolle: Mediator und Moderatoreffekte von Umgebungs- und Personenvariablen*, Unpublished thesis, Giessen University, Germany, 2000, p. 423.

⑥ Frese, M., & Fay, D., "Personal initiative (PI): An active performance concept for work in the 21st century", *Research in Organizational Behavior*, Vol. 23, No. 1, 2001, pp. 133-187.

⑦ Ibid..

定会直接影响个人主动性并且是影响个人主动性最近的变量。Frese & Fay[①]使用倾向性这个概念是因为他们认为倾向性（如态度）包含了情感、意愿和认知的成分。

倾向性之所以会激发个人主动性，是因为倾向性使人们相信表现出主动性是可能的并且使人们能够处理可能产生的不良后果。因此，Frese & Fay[②]设定的模型中的倾向性是控制或胜任等激励因素及改变现状、面对压力和改正错误等处理士气低落的主动性行为的中心变量。

当人们想到的是不良结果时，其动机就会受到影响。由于人们可能预见发挥个人主动性会带来改变、压力和错误的不良结果，因此，当个人的主动性被激发之前必须处理好上述问题。认为改变是不好的人、害怕错误的人及不确定能否积极应对压力的人是不可能展现出个人主动性行为的。当发挥个人主动性时，人们就会不按常规行事而去改变现状，这就增加了犯错误的可能性，因为变化和非常规行为增加了工作的复杂性。压力经常出现在采取新的行动及新的工作程序过程中，至少在短期内是这样的。这就需要良好的策略来应对这些压力。这同样适用于面对变化时人们的积极倾向当中，积极的倾向使人们更能够应对发挥个人主动性所带来的变化。

（四）个人主动性的结果：行为和绩效

Fay & Frese 认为，个人主动性不仅影响个人的成就也会影响组织的绩效水平[③]，并就个人主动性与绩效水平的关系提出了相关证据。

1. 工作不安全感，失业后再就业，创造就业机会

Fay & Frese[④]通过对东德员工的纵向研究发现，个人主动性对工作不安全感，失业后再就业，创造就业机会具有重要的意义。东德很适合研究这些问题，因为社会主义东德就业机会很少，通常员工们都会在一个公司待满他们整个的工作生涯。当时，实际上失业是不存在的并且也不鼓励变换工作。但东、西德统一后，人们不仅能够改变他们的工作，并且由于公司破产或者为了能在市场经济中生存下来，公司往往就要大幅裁员，在这

---

① Frese, M., & Fay, D., "Personal initiative (PI): An active performance concept for work in the 21st century", *Research in Organizational Behavior*, Vol. 23, No. 1, 2001, pp. 133-187.

② Ibid..

③ Fay, D., & Frese, M., "The concept of personal initiative (PI): An overview of validity studies", *Human Performance*, Vol. 14, No. 1, 2001, pp. 97-124.

④ Ibid..

种情况下，人们不得不经常改变工作。他们假定具有高主动性的个体更能充分利用机会，更换工作以找到更喜欢的工作或是具有更好的生存机会的组织，因此，个人主动性应该能预测工作的变化。

也有实证研究证明了个人主动性能帮助人们找到工作的假设。Frese 等人[1]通过对东、西德员工的访谈发现，个人主动性和就业能力高度相关。个人主动性也和有清晰的职业规划相关，更重要的是，纵向数据表明，个人主动性与未来职业计（规）划的执行也相关。他们进一步认为，如果人们失业，个人主动性能迅速帮助失业者在未来找到工作。最后，他们在基于东德和西德样本分析中发现个人主动性也有助于创业：个人主动性和自主创业相关，而且那些已经在自主创业的人显示出更高程度的个人主动性。

Fay & Frese[2] 则认为，之前的个人主动性和工作不安全感预测后来的工作变动。个人主动性高的人们（以及在当前工作中具有高工作不安全感个体）更换工作的可能性更高，因此，个人主动性会导致人们更快地采取行动。然而也有不是这种情况的情形。个人主动性与工作不安全感是相互作用的：当面对高工作不安全感时，低主动性的个体则最有可能离开当前组织，而高主动性的个体则可能和老板待在一起，并帮助企业生存下来。他们可能会冒着失业的危险，因为他们知道他们具有快速找到另一份工作的主动权，相反，低主动性的人会在公司破产之前离开公司。

2. 个人主动性与积极的训练行为

Fay & Frese[3] 也研究了在培训背景下的个体的个人主动性问题，因为个人主动性表明一种积极的行为倾向，拥有高度个人主动性的人们在培训形式下会显示出更积极和自力更生的方式。他们从德国学生中挑选了具有高主动性（n=13）和低主动性（n=15）的两组极端学生，并比较了他们在接受电脑程序学习时的行为。在培训当中，培训者会给参与者都提供详细而全面的说明，并要求他们仔细按照说明来学习，因为所有相关信息

---

[1] Frese, M., Fay, D., Hilburger, T., Leng, K., & Tag, A., "The concept of personal initiative: Operationalization, reliability and validity in two German samples", *Journal of Occupational and Organizational Psychology*, Vol. 70, No. 2, 1997, pp. 139–161.

[2] Fay, D., & Sabine S., "Rethinking the Effects of Stressors: A longitudinal study on personal initiative", *Journal of Occupational Health Psychollogy*, Vol. 7, No. 3, 2002, pp. 221–234.

[3] Fay, D., & Frese, M., "The concept of personal initiative (PI): An overview of validity studies", *Human Performance*, Vol. 14, No. 1, 2001, pp. 97–124.

都在指令表中，在课程进行当中培训者也不会给予参与者指导。整个培训过程都有录像，之后对这些录像进行分析研究。个体在自主性上的差异通过参与者要求实验者帮助的频率来进行测量（例如，"现在我该怎么办？"）和被试要求实验者确认的频率（例如"我做得对吗？"）。Fay & Frese[①]发现高水平主动性参与者的求助的频率（M=0.73，SD=0.93）显著低于低水平主动性参与者 [M=2.93, SD=2.41, F（1, 21）=4.84, p<0.04]；高水平主动性参与者（M=1.35，SD=0.77）要求确认的频率显著低于低水平主动性参与者 [M=6.23, SD=5.92, F（1, 21）=7.92, p<0.01]。这是因为，高水平个人主动性的个体比低水平个人主动性的个体更会努力自己寻求解决问题的方法。

3. 个人主动性与绩效

Klemp & McClelland（1986）、Hacker（1992）、Frese & Zapf（1994）的研究均表明，优秀员工能在他们的工作中保持更长时间的洞察力、对如何开展工作有更理性的认识以及更积极的工作方法。其中，长期倾向性和积极的工作方法是主动性概念的基本要素，行动策略是优秀员工的基本要求。[②] Motowidlo & Scotter[③]认为个人主动性也应该和组织效能相关。这主要归结于两个原因。第一，就组织和团队而言，没有完美的生产或服务系统。因此，就需要有个人主动性来提升和改进生产或服务系统。例如，如果机器坏了，工人能够修理机器或能够告诉修理工应该怎么做（尽管不能全面描述但至少可以描述一部分），这样一来，组织效能就得以提升。第二，主动性更高的员工应该会有更高水平的工作绩效。

研究发现，在不同的经济环境中，企业主的主动性水平与公司的成功具有显著的正相关关系。Zempel 对东德的纵向研究中发现二者的相关系数处于 0.27 到 0.44 之间（所有相关系数均显著，p<0.05）；在乌干达和津巴布韦，二者的相关系数分别是 r=0.42（p<0.01, N=100; cf. Koop

---

① Fay, D., & Sabine S., "Rethinking the Effects of Stressors: A longitudinal study on personal initiative", *Journal of Occupational Health Psychollogy*, Vol. 7, No. 3, 2002, pp. 221-234.

② Fay, D., & Frese, M., "The concept of personal initiative (PI): An overview of validity studies", *Human Performance*, Vol. 14, No. 1, 2001, pp. 97-124.

③ Motowidlo, S. J., & Scotter, J. R. V., "Evidence that task performance should be distinguished from contextual performance", *Journal of Applied Psychology*, Vol. 79, No. 4, 1994, pp. 475-480.

et al., 2000) 和 r = 0.25 (p <0.01, N = 294)。① 而且, Zempel 的研究发现个人主动性是一个公司能否幸存下来的预测变量。Baer & Frese 对德国 38 个中等规模的公司进行了主动性组织气氛与公司绩效的关系的研究, 发现二者的相关系数为 r = 0.48 (p<0.05, N = 38), 而且, 流程创新主动性文化具体相互作用。② 只有同时具有高水平的流程创新和高水平主动性文化的公司才能获得较高的收益率。Fay & Frese③ 指出主动性是可以通过培训而获得改变的, 他们开发了培训课程以增强个人主动性。他们假定倾向性如自我效能感倾向性、变革导向、积极应对和处理错误等是可以改变的, 具体化的并且是影响个人主动性最直接的因素。因此, 他们把以上影响因素作为培训的起点, 同时也把这些因素看成是自我调节的技能。Fay & Frese④ 在对已经完成了"Vordiplom"水平考试的部分东德学生的研究发现, 他们的学习成绩与其个人主动性水平之间存在显著的正相关 (r=0.44, p <0.01, n=41), 这说明分数并不是个人主动性水平的决定性因素但个人主动性却是影响学业成绩的因素之一。

虽然个人主动性概念的提出是基于对东、西德企业员工这个特殊样本的调查研究, 但是个人主动性问题却涉及了作为人的基本的心理过程, 具有普适性, 其内涵、维度结构、影响因素以及研究量表和研究方法, 对研究大学生学习主动性都有借鉴意义。

二 学习主动性

搜索 EBSCO 教育研究全文数据库 Education Research Complete, 发现以 learning initiative (in) 为关键词的文章很少。据留美的中国学生介绍, 在美国, 学习是学生自己的事情, 大学生学习主动性是一个不言而喻的问题, 学生学习不好要么就是中途辍学, 要么就是考试不及格自动淘汰。首先, 专业是学生根据市场的就业前景自主选择 (甚至有些学生选择过两

---

① Fay, D., & Frese, M., "The concept of personal initiative (PI): An overview of validity studies", *Human Performance*, Vol. 14, No. 1, 2001, pp. 97–124.

② Baer, M., & Frese, M., "Innovation is not enough: Climates for initiative and psychological safety, process innovations and firm performance", *Journal of Organizational Behavior*, Vol. 24, No. 1, 2003, pp. 45–68.

③ Fay, D., & Frese, M., "The concept of personal initiative (PI): An overview of validity studies", *Human Performance*, Vol. 14, No. 1, 2001, pp. 97–124.

④ Ibid..

三个专业),因此学生选择了某个专业,学生就要为自己负责。其次,美国的大学主要是通过严格的学术规范来保证教学要求的实施。美国大学对学生的评价贯穿整个教学过程中,平时作业没做好都会影响最终的成绩,导致这门课程通不过。最后,美国对诚信教育做得比较好,考试虽然没有老师监考,但是没有谁会去抄,因为一个人的诚信一旦有问题,他会寸步难行。在美国,大学一般很少研究大学生的学习主动性问题。研究以 enthusiasm for learning 和 study initiative 为关键词进行搜索,我们找到了少量文章。

(一) 学习主动性的内涵研究

Gerald Nelms[1]认为,学习主动性是能够在学习过程中使学生能够积极参与的一系列教学策略。Joel Michael[2]指出学习主动性包括构建、测试和修复一个人所正在进行学习的心智模型。学习主动性包括学生主动学习和教师积极帮助学生主动学习。所谓学生主动学习,是指他们在理解手头正在做的主要事情的目标的同时有意识地进行构建、测试和完善他们的心智模式。教师帮助学生主动学习是指教师要积极地创建有利于学生主动学习的环境,这种环境之下,教师积极地开展教学,学生被期待进行积极地和有意义的学习。

(二) 学习主动性的影响因素研究

Edward, Hootstein[3]认为,有四个方面的内容是提升学生学习主动性的关键条件:一是满足学生的自我需求,强调学习的重要价值;二是发掘和保持学生的兴趣爱好;三是巩固学生的成功;四是帮助学生树立自信,让他们觉得自己能够成功。Viadero, Debra[4]认为,学生主动性学习内部动力来自他自身对学习的兴趣,而外部动力则来自外在的奖惩。具体来说,学习内容是否联系生活实际,学生自己应对挑战的自信心,学生与学校各方面关系的密切程度,他们的学习目的(是无奈的追求优异的成绩,还是为了自己的理想)都能影响学生学习主动性的发挥。

---

[1] Nelms G., "Can Transcendentalist Romanticism Save Education? In Search of an Active Learning Countertradition", *Pedagogy*, Vol. 4, No. 3, 2004, pp. 475-483.

[2] Michael J, Modell H. I., *Active learning in secondary and college science classrooms: A working model for helping the learner to learn*, New York: Routledge Press, 2003, p. 238.

[3] Hootstein E., "Motivating the unmotivated child", *Teaching PreK-8*, Vol. 29, No. 3, 1998, pp. 58-59.

[4] Viadero D., "Make or break", *Education Week*, Vol. 18, No. 34, 1999, pp. 158-172.

(三) 提高学生学习主动性的途径和方法

国外学者研究提高学生学习主动性的途径和方法很注重实际操作研究，尤其关注某一种方法或途径的研究。Paulson, Donald R.[1] 通过对小组合作学习教学方式的深入研究和实践，认为教学中各动态因素在实现小组预定目标过程中的互动、交流，能激发学生学习的热情，从而有效地提高学生学习的主动性。Scholl, Elizabeth[2] 认为，户外活动是激发学生学习主动性的最好途径。他认为，学生走到户外接触新的事物，能够满足他们的兴趣和求知欲，从而激发他们的学习主动性。在美国，越来越多的教师正在努力使学生主动学习从而指导和帮助学生更好地学习。Kardia D., Bierwert et al.[3] 介绍了美国教师经常采用的提高学生学习主动性的几种方法：交互性教学、合作性学习、个案教学、问题学习。交互性教学一般是通过非正式讨论及短小的课上写作来促进学生积极参与；合作性学习是合作性的脑力劳动，包括团队辅导、团队编辑、团队课题、团队实验、团队分析、团队解决问题等多种形式，这种学习方式有利于鼓励学生与他人交流，从而促使学生积极地处理所接收的教学信息；个案教学方法要求学生必须是积极参与者，而不能仅仅是被动接受者。在这种学习中，教师的角色不是权威而是向导，不是教学生而是鼓励学生学习；学生问题学习过程中，包括辨别问题性质、对未知内容提出问题以及设计解决问题方案等方面都负有更大的责任，而教师则是共同学习者、帮助者或任务团队顾问，这种角色要求能很好地调动学生的学习主动性。Modell, Harold[4] 则认为，要激发学生学习主动性，教师必须加强与学生的沟通与交流，建立学生的智力模型，树立课程期望，保持学生的课程参与。Bot et al.[5] 认为激发学生学习主动性，在教学方法上必须考虑到四个关键性问题：模仿真实生活、正确处理学生的失败（要加强鼓励，帮助学生建立自信）、充分研究

---

[1] Paulson D. R., "Active learning and cooperative learning in the organic chemistry lecture class", *Journal of Chemical Education*, Vol. 76, No. 8, 1999, p. 1136.

[2] Scholl E. J., "Taking Reading Outdoors", *Reading Today*, Vol. 20, No. 5, 2003, p. 12.

[3] Kardia D., Bierwert C., Cook C. E., et al., "Discussing the Unfathomable Classroom-Based Responses to Tragedy", *Change: The Magazine of Higher Learning*, Vol. 34, No. 1, 2002, pp. 18-22.

[4] Michael J., Modell H. I., *Active Learning in Secondary and College Science Classrooms: A Working Model for Helping the Learner to Learn*, New York: Routledge Press, 2003, p. 238.

[5] Bot L., Gossiaux P. B., Rauch C. P., et al., "'Learning by doing': a teaching method for active learning in scientific graduate education", *European Journal of Engineering Education*, Vol. 30, No. 1, 2005, pp. 105-119.

学生的需要、注意转变教师的角色。Hurry et al.[①]则主张通过对社会热点问题的讨论和辩论来激发学生学习历史课程的主动性。上述研究具有很强的实际操作性，对我国研究人员以及一线教师都有着重要借鉴意义。

第二节　国内关于学习主动性的研究

目前国内关于学习主动性的研究相对比较薄弱，这里所谓的薄弱主要是指研究的深度和广度欠缺，研究质量不高。根据文献量的统计分析，研究成果较丰富。查阅学术期刊网（1979—2015年），检索到以"学习主动性"为题名的论文756篇，核心期刊51篇，中国优秀硕士学位论文16篇，目前关于此问题的博士论文还没有一篇。从每年的数据统计来看，从1964年到1999年关于学习主动性的文章共计才106篇，21世纪以来的研究成果则明显增多，说明目前人们越来越关注学生学习主动性问题，尤其是中小学教师。然而，关于大学生学习主动性的研究相对不足，通过阅读所有相关文献，发现涉及大学生（泛指各级各类高等教育机构中的学生）学习主动性的文章140篇左右，核心期刊2篇，1篇是增刊，中国优秀硕士学位论文2篇，其中关于高职院校学生学习主动性的研究相对较多。

一　中小学生学习主动性研究

从当前的研究对象来看，涉及幼儿、小学、初中、高中学生的学习主动性问题；从学科领域看，涉及数学、语文、物理、英语、体育、生物等几乎所有的基础教育的学科或课程。关于学习主动性的研究，除了研究视角比较宽阔，研究内容也是比较丰富，只是在不同内容上的数量比例不太均衡。

（一）学习主动性的内涵研究

明确学习主动性的内涵是本文研究的基点，但目前学界对学习主动性的本质却鲜见有深入的研究和挖掘。从已有不多的概念描述来看，根据研究者侧重点和视角上的差异，可以归纳为两个角度，一是侧重"学习行为"的角度，二是侧重于"主动性品质（心理状态）"的角度。

---

① Hurry J., Brazier L., Wilson A., et al., "Improving the Literacy and Numeracy of Young People in Custody and in the Community", *Adhesion*, Vol. 66, No. 2, 2010, pp. 1-24.

1. 学习主动性是一种心理机制

有研究者认为学习主动性从其内涵来说是一种心理机制，根据研究侧重点的不同，可以把这些观点分为动力论、态度论和能力论三类，其中动力论占据绝对主导地位。①动力论。陈平、朱敏[1]指出，"学习主动性是指对学习活动起着启动、增强、维持和调节作用的主体动力系统及其功能。"并认为这种内部动力系统由学习需要、自信心和学习情绪情感三要素所组成。杨明均[2]认为"学生的学习主动性是指正处于发展过程中的学生的那种需要通过教学来调动、培养和提高的学习动力、参与学习的能力和创造学习的才能。"他和前者不同的是，他把学习主动性界定为学习动力和学习能力的统一体。陈贤钦[3]在研究高中学生的学习主动性时指出，学习主动性是指在教学活动过程中，学生"表现出的自觉性、积极性、独立性特征的总和，是从事创造性学习活动的一种能动心理状态"。②能力论。杨明均认为"学生的学习主动性是指正处于发展过程中的学生的那种需要通过教学来调动、培养和提高的学习动力、参与学习的能力和创造学习的才能"[4]。杨明均在研究对象上并没有严格区分中小学生和大学生，他的概念是对于学生学习主动性的共性的表达。③态度论。李芳[5]认为，学习主动性是指学生在学习过程中，"在主体意识的支配下，自觉、自愿、自主地参与到学习中来，主动思考、回答、解决和评价问题，及其情感、意志、动机、兴趣等各个方面所表现出来的积极参与的程度，是一种积极的学习态度"。

2. 学习主动性是心理状态和行为方式的融合

学习中积极的、能动的心理状态或内在动力最终都需要通过一系列学习行为来表现。所以，部分学者从心理状态和行为方式两方面结合来界定学习主动性。吕天光[6]指出，学习主动性是"在学习过程中表现出来的积极的学习态度和良好的学习方法相结合的学习行为的特点"，不同水平的

---

[1] 陈平、刘敏：《小学生学习主动性培养的实验研究》，《教育研究》1995 年第 11 期。
[2] 杨明均：《试论学生的学习主动性》，《四川教育学院学报》2002 年第 1 期。
[3] 陈贤钦：《高中学生学习主动性培养的研究》，硕士学位论文，福建师范大学，2003 年。
[4] 杨明均：《试论学生的学习主动性》，《四川教育学院学报》2002 年第 1 期。
[5] 李芳：《基于家庭教育的小学低年级学生学习主动性培养研究》，硕士学位论文，山东师范大学，2011 年。
[6] 吕天光：《提高学生学习主动性的探讨》，《教育评论》1985 年第 6 期。

学习态度和学习方法的结合就构成了不同的学习主动性水平。胡淑飞[1]指出学习主动性主要是指学生在学习的过程中，在主体意识的支配下，自觉、自愿、自主地参与到学习中来，主动思考、回答、解决和评价问题，及其情感、意志、动机、兴趣等各个方面所表现出来的积极参与的程度。卢苗[2]认为，学习主动性是积极的情感和主观能动性在学习活动中的反映。因此，学习主动性是学生在学习兴趣、好奇心等自我认知内驱力的学习动机影响下，在积极并快乐的参与学习的过程中，所形成的问题意识、自主的学习能力和对学习的无穷乐趣与真心向往。学习主动性包括学习动机、学习情绪情感和学习方式。卢苗的研究对象涉及小学、初中、高中和大学各个年级的学生，所以他的概念具有一定的综合性和普适性。

(二) 学习主动性的结构研究

1. 维度成分

吕天光[3]根据长期的实践经验认为，构成学习主动性的两大基本因素是积极的学习态度和科学的学习方法。他还认为，由于学习态度的积极性与学习方法的科学性都有不同的水平，因此，这种结合的方式和完备程度即标志着不同的主动性水平。王立彦[4]认为，学生的学习主动性应当具有以下四个方面的内容：学习的目的性、学习的自觉性、学法的灵活性、学习的恒久性。学习的目的性要求学生不能单纯追求考试分数、一曝十寒；学习的自觉性是指学生不管教师的要求是宽还是严，经常能做到自觉课前预习，课上认真思考，课下复习、巩固和运用；学法的灵活性指学生能自觉地对所学知识进行分析、比较、判断、归纳、推理、论证，同时对未知也能做到勇于探索和独立思考；学习的恒久性是指学生在学习中具有不怕困难勇往直前的毅力和拼搏精神。北京师范大学教育系和河南安阳人民大道小学联合实验组的研究表明，小学生的学习主动性由成就动机、竞争意识、兴趣和求知欲以及主动参与四个方面构成[5]；陈平等人[6]则认为，小学生的学习主动性由学习需要、自信心和情绪情感三个要素组成。需要是

---

[1] 胡淑飞：《情感教学策略促进学生地理学习主动性研究》，硕士学位论文，西南大学，2008年。
[2] 卢苗：《学校学习主动性缺失的生存论追问》，硕士学位论文，吉林大学，2012年。
[3] 吕天光：《提高学生学习主动性的探讨》，《教育评论》1985年第6期。
[4] 王立彦：《论学生学习主动性的培养》，《教学与管理》1990年第2期。
[5] 张天宝：《主体性教育》，教育科学出版社1999年版，第149页。
[6] 陈平、刘敏：《小学生学习主动性培养的实验研究》，《教育研究》1995年第11期。

人类行为动力的源泉，学生之所以进行学习活动也是由于各种需要的推动。自信心是学习主动性的另一要素。自信心影响学生对学习任务的选择、接受和学习准备状态，影响对学习的坚持性和情绪调节。情绪情感是行为的一个直接推动力，对行为具有促进和激励功能，它是由外部对象或活动满足主体需要的状况所引起的主观体验；杨明均[1]在讨论学生的学习主动性时也涉及了学习主动性的维度问题，他认为学生的学习主动性主要表现在以下六个方面：较强的成就动机、强烈的集体荣誉感、强烈的竞争意识、独特的兴趣、强烈的求知欲、强烈的创新意识。邢虹[2]研究发现学习动机、学习兴趣、学习习惯和学习毅力是影响学习主动性的四个主要因素；刘润华[3]认为，学生学习主动性可以从意识、习惯和能力三个方面进行衡量；马永录[4]指出，学习动机、学习策略和学习风格是影响初中生学习主动性的关键因素。通过对初中生的实验研究发现，之所以上述三个因素会影响初中生的学习主动性是因为：①学习动机会直接影响学习需要和学习中的情绪情感；②学习策略会影响学生在学习中的目标的确立；③学习风格除了会影响学生的学习目标，还会影响学生学习自信心的树立。

2. 发展阶段研究

相对于学习主动性的成分研究，关于学习主动性的发展阶段研究是比较少的，从已有研究来看，研究基本上集中于 20 世纪 90 年代之前。不了解学生在不同年龄阶段其学习主动性所处的水平，就很难提出有针对性的提升策略。

吕天光[5]根据青少年的身心成长规律提出，低年级阶段的学生由于受成人影响控制较多，其主动性发展缓慢，到一定的年龄阶段，由于学生在教学活动中不断获得知识、发展能力的同时，其主动性发展的速度加快，主动学习慢慢开始占主导地位。然而，当主动性发展到一定水平之后，其发展速度又减慢。王立彦[6]认为，青少年学习主动性的发展过程一般具有

---

[1] 杨明均：《试论学生的学习主动性》，《四川教育学院学报》2002 年第 1 期。
[2] 邢虹：《中专生数学学习主动性的调查研究及其培养途径》，硕士学位论文，辽宁师范大学，2005 年。
[3] 刘润华：《论学生主动学习的现状及其对策——兼谈中学物理教学改革》，硕士学位论文，江西师范大学，2003 年。
[4] 马永录：《培养初中生学习主动性的实验研究》，硕士学位论文，西北师范大学，2004 年。
[5] 吕天光：《提高学生学习主动性的探讨》，《教育评论》1985 年第 6 期。
[6] 王立彦：《论学生学习主动性的培养》，《教学与管理》1990 年第 2 期。

四个层次：①萌芽阶段：也称"好奇阶段"。处于这个阶段的学生对感知对象开始产生好奇心和一种求知的欲望（学习的目的性并不明确），但求知欲并不稳定和长久，这是由于此阶段学生的无意注意多于有意注意，当遇到困难和曲折时则注意转移求知欲消失。②初级阶段：也称有意阶段。处于这个阶段的学生学习有了一定的目的性，明确了追求的目标，因此，学习上勤奋刻苦、自觉主动并能有意抑制自己的不当行为习惯，但相对来说意志脆弱，信心不足。③发展阶段：也称痴迷阶段。本阶段是学生在明确了学习目的以后自觉努力实现目标的过程。其典型特征是学生在学习中行为自觉、毅力坚定、方法灵活、刻苦钻研、积极思考、夜以继日、废寝忘食，能控制自己的感情和意志，但有时固执己见，忽视全面发展，因而容易造成欲速则不达。④高级阶段：也称拼搏阶段。这个阶段的学生在学习中表现出坚强的毅力和恒心，以及勇于拼搏、不屈不挠、不达目的不罢休的精神。学习上表现出强烈的成就需要和高度的行为自觉，为了提高学习效率和实现学习目标能选择和探索科学的学习方法，面对困难和挫折往往表现出超人的自我控制能力。王立彦还认为，上述四个阶段不可割裂、不会跳跃和升华而是互相衔接由低向高渐次发展，但是在发展的速度上呈现快慢不一的个体差异。彭钢①综合了学习的主动性程度、学习方式的实践性以及学习结果的适应性行为的产生这三个方面的特征，认为学习主动性应包括学习的自发适应性、自觉适应性和自主适应性。学习的自发适应性具有明显的非自觉、非自主性特点，因此它是学习主动性的最低层次。自觉适应性具有较为明显的自觉、自主性特点，被称为学习主动性的中间层次。由于自主适应性具有十分强烈的自主意识和超前的特点，所以它是学习主动性的最高层次。彭钢在研究中也未严格区分研究对象。杨锡伟②以初二的学生为实验对象，探讨了初中生数学"学习主动性"问题，并把初中生的学习主动性水平从低到高分为三个层次：①主动性尚未觉醒型：他认为处于这个层次的初中学生在自我认知方面显得片面而消极，并且厌学倾向严重，不思进取，同时由于他们自我意识的开始觉醒，甚至个别学生消入自我封闭和自我中心的误区当中。②主动性萌动型，他认为处于这个阶段的学生正处于自发主动性向自觉性发展和形成的关键期，正开

---

① 彭钢：《"主动性学习"的基本概念与主要类型——创业教育的学习理论探微》，《江西教育科研》1993 年第 2 期。

② 杨锡伟：《初中生数学"学习主动性"的分析》，《数学教育学报》1999 年第 4 期。

始逐渐形成主动意识和主动精神。根据学生的主动性的表现，处于这个阶段的学生又分为三种类型，包括发生型、发展型和缓慢型；③积极主动型：他认为这是学生学习主动性的最高阶段，处于这个阶段的学生已经初步形成了主动性人格，有比较强烈的进取心和明确的目标意识。

（三）学习主动性的影响因素研究

关于学习主动性影响因素的研究也比较少，在所有关于学习主动性的期刊文章中只有3篇谈及了影响因素问题，而硕士论文中也只有少数几篇讨论了这个问题。在研究方法上，期刊论文中只有1篇采用了简单的实证研究方法，硕士论文的实证研究相对要深入些。彭丽红等[①]在对某卫生学校中专部2002级的学生调查发现，学生自身的学习动机、学习态度、学习方法及教学方法是影响学生学习主动性的主要因素。王秀华[②]从学校的层面、经验性上分析了学习主动性的影响因素，具体因素包括：教师的教育观念、传统教学方式、教师人文素养、考试方式和评价导向。很明显，上述两位教师的研究都具有一定的实践价值，但二者的研究要么局限于学生自身，要么局限于学校层次，都没能说明影响学生学习主动性的全部。邢虹[③]通过对某技校265名新生和12名数学教师的调查问卷，发现学习动机、学习兴趣、学习习惯和学习毅力是影响中专生数学学习主动性的主要因素，而在学习动机、学习毅力方面学生表现得尤为欠缺。曹爱娟[④]通过学生学习主动性与其影响因素的相关关系的分析，认为影响学生学习主动性的因素有学生、教师以及家长。王函[⑤]根据自身的教学经验，认为影响学生学习英语主动性的因素为应试教育、家庭教育和环境、教师与课堂和学生自身，这种认识虽然有一定实践上的道理，但缺乏数据上的证据。几篇硕士论文主要围绕外部环境和内部环境两方面来研究学生学习主动性

---

① 彭丽红等：《影响学生学习主动性的因素调查与分析》，《卫生职业教育》2004年第15期。

② 王秀华：《学生主动性学习精神的缺失与重树——基础教育课程改革专题研究》，《福建教育学院学报》2004年第7期。

③ 邢虹：《中专生数学学习主动性的调查研究及其培养途径》，硕士学位论文，辽宁师范大学，2005年。

④ 曹爱娟：《培养民办中学学生化学学习主动性的研究》，硕士学位论文，河北师范大学，2008年。

⑤ 王函：《中学生学习英语的主动性与积极性研究》，《课程教材教学研究（中教研究）》2010年第2期。

问题。李芳[①]通过文献梳理发现，现有研究大多是从学校和学生两方面来探讨学生学习主动性的影响因素，而很少探讨家庭方面的原因。她通过对小学低年级学生学习主动性的研究，认为"家庭教育为学习主动性的培养奠定了基础"，"家庭教育的质量影响和制约学生学习主动性的培养和发展"。卢苗[②]通过对在校学生的访谈与问卷调查发现，考试压力是"影响学生学习主动性的一把'双刃剑'"，"学校教育制度、政策、理念是学习主动性的决定力量"，"教师教学理念和自身主动性是学习主动性的执行力量"，"社会和家庭教育是学习主动性的外部影响力量"。可见，研究者越来越从系统论角度全方位地探讨学生学习主动性的影响因素。

（四）提高学生学习主动性的途径和方法

通过文献梳理发现关于提高学生学习主动性途径和方法的研究在学习主动性研究中占据绝大多数，其中既有学者的理性思考和科学分析，更有一线的教师根据自己的经验从不同的侧面提出的意见和建议。具体来说有以下几个方面：

1. 转变传统教育观念

思想是行动的先导，要调动学生学习主动性，一个重要的前提就是转变传统的教育观念。蒲杨等人[③]认为，重分数轻能力的传统教学观念导致学校在教学内容上重知识，轻品德和能力，在教学方法上重教师"灌输"轻师生"互动"，这极大抑制了学生学习的主动性。他们认为学生不应该是知识的被动接受者而应该是知识的主动建构者，学生只有在知识的主动建构中，其创造力、潜力、情感、态度、价值观以及个性才能得以发展。当前，如何才能将学生的主动性、积极性唤回课堂呢？李荣鉴[④]认为，首先教师应建立以人为本的教育价值观，教学应以人的发展为本位。他认为以往我们的教育过分重视教材和知识传授而忽视了学生的情绪生活、道德体验、人格养成，因此当前的教育重心应转向学生，关注每位学生的精神世界。杨明均[⑤]也认为，要培养学生的学习主动性首先就要转变教师的教

---

① 李芳：《基于家庭教育的小学低年级学生学习主动性培养研究》，硕士学位论文，山东师范大学，2011年。
② 卢苗：《学校学习主动性缺失的生存论追问》，硕士学位论文，吉林大学，2012年。
③ 蒲杨、张迎春：《生物教学如何调动学生学习的主动性》，《陕西教育》2003年第6期。
④ 李荣鉴：《在课堂中学生学习主动性消失的思考》，《黔东南民族师范高等专科学校学报》2002年第S1期。
⑤ 杨明均：《试论学生的学习主动性》，《四川教育学院学报》2002年第1期。

育观和人才观。而现代的教育观就是要把学生看成主体，并给予他们尊重、信任、鼓励、期待和宽容。在这种教育观念下，学生才能真正成为学习和生活的主人，才能充满生机和活力，才能独立地面对学习和生活，才能具有高水平的学习主动性。耿计萍[1]提出，要提高学生的学习主动性，教师应该从以下三个方面转变自己的教育观念：一是以学生为本，确立双主体地位；二是注重学生的个性差异，有针对性地开展教学；三是建立平等和谐的情感氛围，促进学生的全面发展。

2. 树立明确学习目标

学习目标是学生学习行为的出发点和最终归宿，也是评价学习成果的根本依据，它对学生的学习起着重要的激励和导向作用。陈平等人[2]通过实验发现，学习目标是教学要求转化为学习行为和内部需要的中介，学生只有在自主、自愿的基础上建立了科学合理的学习目标，才能产生积极、持久的动力。他们提出，可以通过多种方式让学生自主建立明确的学习目标。王立彦[3]则从学生主动性的动力角度提出，学习的目标是影响学习主动性的重要动因，学生只有认识到了学习的必要性，才能产生巨大的动力而坚持不懈地主动学习。孙亮[4]则从信息加工理论出发，进一步分析出只有制定适合学生学习能力的学习目标，才能保证有更多的有效信息经过反复提取而进入学生的长时记忆。

3. 建立和谐的师生关系

和谐师生关系的建立、维系和发展，不仅可以充分发挥教师的主导作用，调动学生的学习主动性，而且对于学生的个性发展及良好人际关系的建立都起到积极的促进作用。林昭南[5]要求教师应努力建立亲密和谐的师生关系，用赤诚的爱心去关心、尊重、了解和信任学生，做学生的良师益友，把学生有力地吸引到教学过程中来，调动学生学习的积极性和主动性。杨明均[6]的研究进一步表明，学生一般都喜欢民主型的师生关系，在民主型的课堂教学中，教师亲切和蔼，真诚耐心，尊重学生的人格，关心

---

[1] 耿计萍：《课改的关键是提高学生学习的主动性》，《山西教育》2010年第5期。
[2] 陈平、刘敏：《小学生学习主动性培养的实验研究》，《教育研究》1995年第11期。
[3] 王立彦：《论学生学习主动性的培养》，《教学与管理》1990年第2期。
[4] 孙亮：《提高大学生学习主动性的几点建议》，《教育与现代化》2003年第3期。
[5] 林昭南：《关于调动学生学习主动性的探索》，《萍乡高等专科学校学报》1997年第1期。
[6] 杨明均：《试论学生的学习主动性》，《四川教育学院学报》2002年第1期。

爱护学生，理解、信任学生，有利于鼓励学生主动学习。何刚[1]认为，教师是当前整个教学活动的主宰，而学生仅仅是被动服从者。学生的主体地位没有得到真正体现，学生的主动性、创造性被严重压抑，这是当前师生关系中最突出的问题。叶芳[2]和薛萍萍[3]都认为，消除师道尊严，尊重学生的人格，建立平等的和谐师生关系是培养学生学习主动性的前提。况维先[4]认为，良好的师生关系，很大程度上在于教师对学生的态度，他从教师层面提出了构建良好师生关系的三点策略：一是注意首印效应，树立形象；二是平等对待，一视同仁；三是律己严生，和谐发展。

4. 改革传统的教学模式

在"满堂灌"的传统教学模式下，教育者只注重信息的单向输出，不注重学生主体作用的发挥，其结果必然是学生被动学习、课堂气氛沉闷，并滋生畏难情绪和厌学心理。通过文献整理，发现关于改革教学模式调动学生学习主动性的研究有很多，归纳起来有以下几个方面：①"问题教学法"。李红梅[5]提出，问题教学法能有效激发和调动学生学习的积极主动性。问题教学法指教师在课堂上有意营造一种问题的情境，学生在教师引导下，以"问题解决者"的角色积极主动地参与课堂讨论，提出问题、分析和解决问题，以实现教学目标的一种教学方法。[6]问题教学法就是让学生在探索和解决问题的活动中，掌握知识、发展智力、培养技能，进而提高学生发现问题和解决问题的能力，所以，这种方法充分体现了学生的主体地位，能有效地激发学生自主学习的主动性和积极性。胡华[7]通过实践教学就"问题教学法"中"问题"的设计、实施和评价进

---

[1] 何刚：《关于发挥学生学习主动性的思考》，《中华女子学院山东分院学报》2003年第2期。

[2] 叶芳：《〈历史与社会〉课程中培养学生学习主动性的初步实践》，《内蒙古师范大学学报》（教育科学版）2005年第6期。

[3] 薛萍萍：《我国初中学生学习主动性的文献研究综述》，《内蒙古师范大学学报》（教育科学版）2007年第2期。

[4] 况维先：《打造优质高效课堂 提高学生学习主动性》，《吉林教育》2011年第10期。

[5] 李红梅：《采用"问题教学法"激发调动学生学习的积极主动性》，《教学研究》2003年第3期。

[6] 高教研究室现代教学中心：《若干高校教学方法简介》，《成都理工大学理工高教研究》2000年第1期。

[7] 胡华：《数学"问题解决"与学生学习主动性的培养》，《中小学教材教学》2003年第12期。

行了比较细致的分析。王勇①尝试依据社会生活、利用新旧知识的联系以及利用信息技术和多媒体来创设问题情境从而提高学生在学习物理课程中的主动性。②学案教学法。为了能让学生全方位地参与到学习的整个过程，使学生真正成为学习的主人，孟平等人②在编写教案的同时还精心编写出供学生学习的学案，作为学生课前预习、课堂学习和课后总结升华的依据，以此对学生进行导学。学案的内容包括：学习目标（基础目标和能力目标）、知识结构、重点与难点、问题探索、学法指导和能力测试等。通过孟平等人实践，发现学案教学真正实现了学生在学习中的主体地位，培养了学生的自学习惯、自学能力和创新精神。曹爱娟③在化学课的教学中也尝试了"学案教学法"，在教学中教师的角色只是提供学习材料、把握学习内容、创设学习情景，起着"导学"的作用，整个学习过程学生起着主要的支配作用。结果发现，学生真正体验到了自主学习、探究学习和合作学习的巨大乐趣，从而大大提高了学生学习的主动性。③分层教学法。唐素娥④认为，分层教学的实质就是通过实施不同的教学方法，采取不同的教学手段，使不同层次的学生都有一个较好的发展。她还从培养师生感情、改进分层教学方法以及开展竞争与合作学习三个方面提出培养不同层次学生的学习主动性。④课堂讨论法。何明智等人⑤从课堂教学环节的视角提出，课堂讨论是激发学生学习主动性，增强其独立思考，提高其分析、解决问题能力的重要的教学环节。王燕芝⑥从分析教与学的关系时指出，与传统的课堂讲授的方法相比，课堂讨论式的教学方法通过激烈的争辩更易于调动学生的主动性和创造性。朱绍雄⑦就课堂讨论法的实践从六个方面作了尝试，这六个方面分别是：出好讨论题、作好讨论准备、精心组织讨论、教师总结答疑、学生写小论文、正确处理主体和

---

① 王勇：《创设问题情境 提高学习物理的主动性》，《中小学电教（下半月）》2009年第2期。

② 孟平等：《"学案教学"：实现学生"主动性学习"的途径》，《山东教育》2000年第8期。

③ 曹爱娟：《培养民办中学学生化学学习主动性的研究》，硕士学位论文，河北师范大学，2008年。

④ 唐素娥：《分层教学中怎样培养学生的学习主动性》，《湖南教育》2003年第9期。

⑤ 何明智、李毅：《加强和丰富教学环节，提高学生学习的主动性》，《思想·理论·教育》1994年第1期。

⑥ 王燕芝：《从教与学的关系谈调动学生学习的主动性》，《语文学刊》1995年第10期。

⑦ 朱绍雄：《运用课堂讨论激发学生学习主动性的尝试》，《四川师范学院学报》（哲学社会科学版）1996年第3期。

主导的关系，最终他得出了以下结论，只有通过主体和主导的双向活动，才能提高学生对所学理论"知、懂、信、思、用"的水平。林乐芬博士[①]通过对教师传授知识这种传统教学方式缺陷的批判，系统提出了课堂讨论法的相关思想。首先，课堂讨论将教师和学生纳入二维互动的知识交流的教学过程之中，是激发学生学习主动性的基本的、有效的形式。其次，她分别从学生的主体地位、学生思维能力、学生的综合能力、学生的知识接受效率和反馈教学信息、调整教学计划五个方面简述了课堂讨论法对学生主动接受知识的作用。最后，她认为课堂讨论中教师的角色由显性主体向隐性主体转变，教师的作用主要是启发学生思维，引导学生大胆表达看法、把握讨论的方向以及调控讨论进程等。⑤探究式教学。李荣鉴[②]提出，学生学习主动性的消失一个重要的原因就是"缺乏理智的挑战"，因此他倡导"研究性学习"的教学方式（也称为探究式教学），他认为运用"研究性学习"教学方式，给予学生自主学习的空间，激起学生潜在的学习动力，从而提高学生学习主动性的水平。郭华华[③]认为，探究式教学是在学习中教师为学生创设问题情境，激发学生探究的欲望，通过学生独立自主地发现问题、探究问题，从而获得知识、技能，发展情感与态度，尤其是发展探索精神和创新能力的学习方式。祁培丽[④]通过对中职学生的物理实验开展探究式教学，认为以下三个方面的做法能提高学生的学习主动性：一是课前提出明确要求，让学生充分掌握学习目标；二是多表扬、多鼓励，让学生体验成功、建立自信；三是情境创设，激发学生的兴趣和动机。

另外，也有许多学者和教师正在探索其他课堂教学的方法来调动学生的学习主动性。如：指导性教学方法、互动式教学方法、启发式教学、合作教学法或小组合作学习法、项目教学法、发现式教学以及案例教学等。

5. 丰富学生知识、能力和学习方法

知识、能力和方法能使学生体验到"胜任"的经历，反过来，这些

---

① 林乐芬：《课堂讨论与学生学习主动性的反拌》，《高等农业教育》2000年第3期。
② 李荣鉴：《在课堂中学生学习主动性消失的思考》，《黔东南民族师范高等专科学校学报》2002年第1期。
③ 郭华华：《激发学生学习的兴趣 培养学生学习的主动性——转变地理学习方式的探讨》，《中小学教材教学》2003年第10期。
④ 祁培丽：《物理实验中的探究式学习对中职生学习主动性影响的研究》，硕士学位论文，内蒙古师范大学，2006年。

胜任的经历又会使学生形成更高的自我效能感以及学习上更高的控制性评估，所以，知识、能力和方法是影响学生学习主动性的一种根本性资源。宋寿朝[1]认为，知识面广，就能开阔学生的视野、增强学生的思维力和想象力，学生视野开阔了、思想灵活了，就能增强学习的主动性。吕天光[2]认为，学生要充分使用学习的主动权，还必须有学习的能力，能力则是由知识、方法、实践技能、技巧等要素组成，其中方法最重要。是否具有科学的学习方法，是能否掌握和充分使用学习主动权的关键。曹爱娟[3]认为，知识之间具有相互衔接的关系，前面的知识没有学会、学懂，后面知识的学习过程中必然会碰到困难和障碍，这必然会影响学生学习的兴趣、热情和信心，进而影响学习的主动性。

6. 采用多元评价方式

科学合理的评价是调动学生学习主动性的重要保证。陈平等[4]在他们的实验教学中注重采用多种评价方式，提高学习主动性和信心，尤其重视奖励的激励功能和反馈功能。实验结果也表明评价方式的改进，学生在学习主动性、自信心、批判思维、自我分析能力、学习技能技巧上都有所提高，他们更积极主动地学习。

7. 运用多种教学手段

随着多媒体技术及信息技术的不断发展，传统的一支粉笔、一块黑板的教学手段已越来越难以调动学生学习的主动性。张文英[5]认为，由于多媒体技术集声音、文字、图像、演示、动画等信息功能于一体，能最大限度地发挥学习者的主动性、积极性。于永志[6]也认为，计算机多媒体教学和计算机辅助教学有利于学生积极参与，有利于激发学生的学习兴趣，调动学生的学习主动性。

8. 注重学生的非智力因素

就学习心理而言，学习可分为认知性学习和非认知性学习两种。前者

---

[1] 宋寿朝：《要重视研究学生怎样学习的问题——试谈培养学生学习语文的主动性》，《天津教育》1982年第8期。

[2] 吕天光：《提高学生学习主动性的探讨》，《教育评论》1985年第6期。

[3] 曹爱娟：《培养民办中学学生化学学习主动性的研究》，硕士学位论文，河北师范大学，2008年。

[4] 陈平、刘敏：《小学生学习主动性培养的实验研究》，《教育研究》1995年第11期。

[5] 张文英：《多媒体教学与学生学习历史主动性的提高》，《中学历史教学研究》2003年第5期。

[6] 于永志：《初中数学开放式教学与学生学习主动性的培养》，《才智》2010年第15期。

主要体现在包括记忆、观察、注意、思维、想象等智力因素上,后者主要体现在包括态度、动机、兴趣、情感、意志、性格及价值观等非智力因素上,虽然这些因素不直接参与认知活动,但对知识的掌握和智力的发展起着发动、导向、激励、维持、强化等直接的影响。许多研究者在对策的探讨过程中都提出要注意从激发动机(包括内部动机和外部动机)、陶冶情感(对学习本身的情感和对教师的情感)、培养兴趣、锤炼意志、强化责任以及增强自信等非智力因素入手调动学生的学习主动性。

9. 关注学生发展水平

吕天光[1]认为,在具体的教学过程中,教师要根据学生学习主动性不同发展水平来进行培养。具体地说在以下一些问题上应随主动性水平的提高而有所改变。他还认为,纪律要求、学习要求和教学方式这三个具体问题应随学习主动性水平的提高而有所改变。在纪律要求上,当学生年龄较小时,纪律要求应该严格而具体,而当主动性水平发展到一定程度之后,特别是主动学习占主导地位后,虽然也需要严格纪律要求,但重点应放在要求他们从思想品质的高度来认识纪律要求,发展自我管理能力,实行自觉纪律;学习要求上随着年龄的增长,其具体化程度应逐渐降低,并逐渐侧重于质的方面,尤其是能力方面的要求;教学方式上,小学生的指导应具体,中学生应通过自觉不断发展自学能力。

(五)学习主动性形成和作用的规律

关于学习主动性形成和作用的规律的研究是已往研究中一个相当薄弱的环节,很少有学者在这方面做过深入的研究。陈平等[2]根据学习主动性是受遗传、环境及教育等多种因素影响共同作用的结果这个现实提出,学习主动性是在动力内化和外化相统一的过程中所逐渐形成的。所谓外化过程,是指原有的需要、自信心、情绪情感等内在心理外化为学生的学习行为的过程;在外化中,如果外部的各种要求或活动能够满足学生的需要,并且伴有高的期望值或自信心,学生就会产生积极的情绪情感,从而推动学生积极主动地学习,最终达到学习目标。所谓内化过程,是指外部的各种要求及活动内化到学生的心理,从而形成新的需要、自信心、情绪情感的过程。在内化中,如果学生从学习活动及结果中获得需要的满足和成功

---

[1] 吕天光:《提高学生学习主动性的探讨》,《教育评论》1985年第6期。
[2] 陈平、刘敏:《小学生学习主动性培养的实验研究》,《教育研究》1995年第11期。

体验，就会产生新的需要（也可能是原有需要的扩展和深化）、自信心和积极的情绪情感体验。因此，提出科学合理的要求、激发学习活动、让学生经常获得成功的体验是培养学习主动性的关键环节。

二 大学生学习主动性研究

我国关于大学生学习主动性的所有文献仅有140篇左右，大大低于基础教育中关于学习主动性的研究，但和基础教育学生学习主动性研究的特点比较一致，也呈现出视野宽和内容广的特点。从视野上来说，关于大学生学习主动性的研究涉及高职、民办大学、独立学院、医学院及师范院校等多类型、多层次高校，涉及建筑学、化学、医学、生物学、英语、家畜解剖学、体育、物理以及药理学等多门学科。从内容上来说，虽然没有基础教育那么丰富，但也涉及内涵、维度成分、影响因素及提升对策这几个方面的研究。

（一）大学生学习主动性的内涵研究

关于大学生的学习主动性内涵的研究数量很少，其内涵与基础教育研究中关于学生学习主动性内涵相似，即围绕"心理状态（或心理品质）""心理状态与学习行为的融合"这两个角度对概念进行界定和内涵分析。①心理状态观。房德康[1]基于动机的角度提出大学生学习主动性是指"学生在需要、动机、目标等因素作用下产生的一种能动的、活跃的心理状态，具体表现为学生在学习中的主观态度"。张寿[2]非常强调非智力因素在学习中的动力作用，他认为学习主动性不是单一的结构，而是由动机、兴趣、情感、意志等多个内部动力要素共同组成的复合体。非智力因素虽然不直接参与认知活动，但却直接影响着人们的认知行为。应佳[3]和陈平等[4]人的观点类似，认为大学生学习主动性是指"推动学生积极、自主、持久地发生学习行为的内部动力系统及其功能，起源于学生对学习活动的内在需要"。两位研究者都是从心理机制的角度来界定大学生学习主动性的。②心理状态与学习行为的融合观。李萍[5]认为学习的主动性主要是指

---

[1] 房德康：《浅谈激励大学生的学习主动性》，《江苏理工大学学报》1995年第3期。
[2] 张寿：《对主动性学习理论的思考》，《延边大学学报》（社会科学版）2003年第3期。
[3] 应佳：《大学生学习主动性、时间管理倾向与成就动机的关系研究》，硕士学位论文，重庆大学，2010年。
[4] 陈平、刘敏：《小学生学习主动性培养的实验研究》，《教育研究》1995年第11期。
[5] 李萍：《提高学生学习主动性论纲》，《天津农学院学报》2007年第S1期。

学生在学习的过程中自觉、自愿、自主地参与到学习当中来，而不受他人的干涉，不听命或者依赖于他人，他们的情感、意志、动机、兴趣等各个方面所表现出来的积极参与的程度。高应波[1]认为，学习的主动性是指学生在主体意识的支配下，不靠别人的督促，不在外力推动下学习，有目的的自觉自愿的学习。刘妤、石杨[2]认为学习主动性是指不待外力的推动，学习者以一种积极的态度自觉地参与到学习活动中，并为达成学习目标而克服学习障碍的一种行为习惯。李萍、刘妤、石杨几位研究者则是从心理状态和行为方式的融合的视角来界定学习主动性的。

（二）大学生学习主动性的维度成分研究

单独以大学生为对象来研究其学习主动性维度成分的研究很少，目前只有一篇期刊论文和两篇硕士论文有所涉及。张寿[3]认为学习主动性具有以下八个基本维度：目的性、转化性、参与性、合作性、活跃性、整合性、自控性和抗挫性。郝连科[4]认为，大学生学习主动性包括独立性、自我意识和创造性三个维度。所谓独立性，是指大学生能够根据自己的学习状况采取适合的方法，独立自主地解决学习中的问题。在大学，无论是知识的获取还是科学研究乃至社会实践，更多地依靠学生独立的完成，因此独立性应当是反映大学生学习主动性的一个重要指标。自我意识也是大学生学习主动性的标志之一，是指学生能自己确定学习内容、制定学习计划、采用学习策略、安排学习时间、调控学习行为、评估学习效果。大学的学习不仅是知识的获取，更是文化的创新，而创新就意味着对自身的超越和对外在事物的超越，也就意味着改造旧事物和改造旧自我，而超越和"打破"的过程就是发挥主动性的过程。所以，创造性也是大学生学习主动性不可或缺的一个维度。应佳[5]通过实证分析，认为大学生学习主动性主要由学习归因、学习意义感、学习维持、学习调整和学习效率感五个维

---

[1] 高应波：《浅议学生学习主动性的培养——课程应用价值与兴趣的统一》，《现代企业教育》2007年第2期。
[2] 刘妤、石杨：《浅析高校学生学习主动性缺乏的原因及对策》，《科教文汇（上旬刊）》2008年第12期。
[3] 张寿：《对主动性学习理论的思考》，《延边大学学报》（社会科学版）2003年第3期。
[4] 郝连科：《大学生网络学习主动性的教学策略研究》，硕士学位论文，东北师范大学，2008年。
[5] 应佳：《大学生学习主动性、时间管理倾向与成就动机的关系研究》，硕士学位论文，重庆大学，2010年。

度构成。学习归因主要是指学生对自主学习动力的判断；学习意义感主要是指学生对学习意义的认识；学习维持是指学生对内外部干扰的克服和维持；学习调整指学生对自己的学习行为、态度的敏感性及其自我调节；学习效率感指学生对时间利用、学习效能等的监控和情感体验。

(三) 大学生学习主动性的影响因素研究

关于大学生学习主动性影响因素的研究也相对较少，主要有以下几个研究：刘好等人[1]根据经验认为，高校学生学习主动性缺乏的原因在于客观和主观两个方面，客观原因体现在社会不良风气和纷繁复杂的诱惑及教学内容与教学方法陈旧等，主观原因体现在学生学习目标不明确、学习态度不端正及学习兴趣不足等。布冠好等人[2]从自己的教学经验出发，认为目前大学生学习主动性较差的原因主要在于学生自身和学校，具体包括：大学生主动学习意识缺乏，体现在学习目标不明确、学习态度不端正及专业学习兴趣不浓厚；教学模式陈旧；学生考试制度及教师教学考核制度不尽完善。郝连科[3]在研究大学生网络学习主动性的教学策略时，比较全面的、定性的提出影响大学生网络学习主动性的相关因素，具体有：教师因素，包括教育观念、信息素养、教师角色、网络教师共同体；学生因素，包括信息素养、协作意识、自学能力、意志品质；课程因素，包括课程内容体系、网络课程平台、课程资源管理和交互体系；学习环境因素，包括学习资源库、教学案例库和认知工具库。可以看出，关于大学生学习主动性的影响因素研究逐渐系统化、综合化及深入化发展。从现有研究看，经验性的研究还是占主导地位，虽然这些研究结果有其实际价值，但还是略显宽泛，还不能明了影响因素之间的作用机制。

(四) 提高大学生学习主动性的途径和方法研究

不同学者对提高大学生学习主动性的途径和方法进行了理性的分析，不同教师根据不同的学科和教学经验提出了一些经验性的建议和意见，这些建议虽各有不同，但也有一些共同的特征。综合起来有以下几条途径：

---

[1] 刘好、石杨：《浅析高校学生学习主动性缺乏的原因及对策》，《科教文汇（上旬刊）》2008 年第 12 期。

[2] 布冠好、师超：《当代大学生学习主动性缺乏的原因及应对措施》，《中国西部科技》2010 年第 10 期。

[3] 郝连科：《大学生网络学习主动性的教学策略研究》，硕士学位论文，东北师范大学，2008 年。

①加强思想教育，明确学习目的（房德康[①]；林昭南[②]）。房德康认为，一个人的理想越崇高，目标越远大，内在驱动力就越大。在中学阶段，考取大学是大多数中学生的学习目标，而进入大学以后，由于种种原因，学生的学习目标和动机呈现明显的差异，最终导致学习效果的明显分化。因此，教师应该根据当前大学生的心理发展特征，帮助、启发和引导他们树立远大的人生目标和建立合理的具体目标，从而激发他们高尚的学习动机。②端正专业思想，增强学习动力。房德康[③]认为，教师应该帮助学生树立正确的人生观，并通过介绍学生所在专业的社会价值引导学生热爱本专业，增强学习动力。③严格管理，促进学风建设。房德康[④]认为，教师严格管理学生，有利于良好学风和班风的建立，而良好的班风和凝聚力容易激发学生积极向上的学习动机。因此，高校应该通过完善日常管理，严明学习纪律、规范学习行为，努力营造良好学习氛围，培养学生坚强的学习意志和学习的主动性、创造性。[⑤] ④融洽师生关系，增进师生情感。和谐的师生关系是学生主动性学习的基础[⑥]，它有助于激发学生的学习主动性[⑦]。师生之间感情融洽、互助友爱，学生在学习过程中才能体验到安全感和轻松愉快感，才能保持积极而长久的情绪和强烈的求知欲，才会积极主动地投入到学习中。⑤改进教学模式，转变学生角色。教师应改变传统的"一言堂""满堂灌"的教学模式，确立学生的主体地位，多引导学生参与课堂教学活动。课程讨论法、指导性教学模式、探究式教学模式、学导式教学模式、合作学习教学模式与互动式教学模式等模式是目前高校采用得比较多的激发学生学习主动性的教学模式。⑥丰富学生知识，增进学生能力。张寿[⑧]认为，很多学生在学习中不够主动，其实并不是他们不想学，而是缺乏相应的知识和能力，因此教师应加强丰富学生的知识以及强化对学生学习能力的训练。他还提出了一些学习技巧训练的方法，包括集

---

① 房德康：《浅谈激励大学生的学习主动性》，《江苏理工大学学报》1995年第3期。
② 林昭南：《关于调动学生学习主动性的探索》，《萍乡高等专科学校学报》1997年第1期。
③ 房德康：《浅谈激励大学生的学习主动性》，《江苏理工大学学报》1995年第3期。
④ 同上。
⑤ 刘好、石杨：《浅析高校学生学习主动性缺乏的原因及对策》，《科教文汇（上旬刊）》2008年第12期。
⑥ 张寿：《对主动性学习理论的思考》，《延边大学学报》（社会科学版）2003年第3期。
⑦ 曲萌、马晓晴：《激发大学生学习主动性的主要因素研究》，《现代教育科学》2010年第1期。
⑧ 张寿：《对主动性学习理论的思考》，《延边大学学报》（社会科学版）2003年第3期。

中注意力训练、质疑解疑训练、发散思维训练、知识迁移训练、有效记忆训练、精加工训练、综合实践训练等。⑦改革学习评价,挖掘学生潜能。分数仍是我国许多高校衡量学生能力高低最重要标准,学生经常依赖教师所讲知识,经常满足机械的学习方式。因此,改革传统、单一的评价方式是当前教学改革的一个重要内容。张寿认为,为了调动学生的学习主动性,在学习中评价中应该注意以下四个问题:一是尽量减少评价给学生可能带来的消极影响;二是多表扬,少批评,增强学生自信;三是形成性评价和终结性评价并举,以形成性评价为主;四是采取学生自评、同学互评以及教师评价等多元的评价方式;① 王旭东②也强调要注重过程性评价。⑧改进教学手段,调动学生兴趣。许多研究者在策略探讨中都意识到了现代化的教学手段在激发学生兴趣,调动学生学习主动性的意义。要促进学生主动参加教学过程,教师应该注意运用多种教学辅助手段,尤其是要广泛采应多媒体以及信息技术等现代教育技术手段来增强教学直观性以及变革教学方式和学习方式。张寿认为,传统的一支粉笔、一块黑板的教学手段已难以充分调动学生学习的主动性。③

第三节 已有研究的进展与本研究的拓展点

通过以上文献的梳理,我们发现国内和国外关于学习主动性问题的研究既有共性也有区别。共性表现在无论国外还是国内都重视对学习主动性的激发和培养,关于激发学生学习主动性的教学方法的研究都比较丰富,都较为重视分析影响学生学习主动性的原因。区别在于,在提高学习主动性的策略研究上,一是就某一方法的提出而言,国外的研究相对要深入,而国内的研究更多地停留在理论思辨或经验总结的层面上;二是在师生关系上,国外更强调师生间的平等和互动,国内更强调教师的主导作用。而纵观国内研究,关于学生学习主动性的研究成果较为丰富,从概念的界定到学习主动性的构成成分,从影响因素的分析到提升措施的提出都具有一定的文献量,这些研究对构建学生学习主动性理论体系奠定了重要基础,

---

① 张寿:《对主动性学习理论的思考》,《延边大学学报》(社会科学版) 2003 年第 3 期。
② 王旭东:《〈房屋建筑学〉教学中调动学生学习主动性的探索》,《辽宁省交通高等专科学校学报》2006 年第 4 期。
③ 张寿:《对主动性学习理论的思考》,《延边大学学报》(社会科学版) 2003 年第 3 期。

同时也为本文研究的开展提供了可资借鉴的研究视角和研究方法，但从理论纵深发展的要求和理论应用的价值而言，还有待进一步拓展。

一 已有研究的进展

（一）研究视域走向宽阔

从研究对象看，学生包括各个层次的学生，但绝大多数是中小学生。从学科领域看，涉及语文、数学、物理、英语、体育、生物等几乎所有学科或课程。从学校性质看，涉及中小学校和高校，高校又涉及本科院校和高职高专，普通高校和民办高校，医学院及师范院校等多层次、多类型。相比而言，关于大学生学习主动性的研究相对比较匮乏。但事实上，高等教育具有异于基础教育独特的学习方式，学习自主是其显著性行为特征，高校更应在充分尊重其主体性地位的基础上，充分调动他们学习的主动性，因此，加强对大学生学习主动性的研究并提升大学生的学习主动性是高校人才培养质量的重要保证。

（二）研究内容走向丰富

以往关于学生学习主动性的研究涉及的内容主要包括学习主动性的概念研究，学习主动性的类型、结构和特征的研究，影响学习主动性的因素研究，提高学生学习主动性途径和方法的研究以及学习主动性形成和作用规律的研究，由此可见，研究内容涉及的面较宽，但也存在不平衡的现象，国内绝大多数研究集中于提高学习主动性的策略探讨上（甚至关于现状的描述大多一笔带过），而对于学习主动性的本质、层次及维度结构、形成以及作用规律等理论问题缺乏深入地探讨。而现有的因子结构研究基本都忽略了对因子间路径关系的研究，因此就较难提出基于因子间作用关系的更有针对性的提升策略。在影响因素研究中，研究者基本上都尝试从社会、家庭、学校和个人去探讨他们对学生学习主动性的影响，但相对来说研究略显宽泛，还不能说明影响因素之间的作用机制。可喜的是，近年来有部分学者开始尝试从大学生学习主动性的基本特征、层次结构、动力机制及形成规律等方面来探讨大学生学习主动性的理论问题。

（三）研究范式走向相互融合

思辨研究是教育研究的重要方法，但实证研究与思辨研究相结合是探查事物本质与规律的必要途径。国内关于学习主动性的研究，既有定性分析，也有实证研究，这是国内外研究的共同趋势。但从目前的研究范式来看，主要是从保证教学质量和提高学生素质的角度进行定性分析，更多的关注点在于教师如何设置课堂程序和运用何种教学策略调动起学生主动构建知识的积极性。对于学习主动性的实证研究，目前国内研究成果较单薄（只是在不多的几篇硕士论文中有所应用）；绝大多数调查问卷的样本数量有限，难以保证研究结论的普遍指导意义；在定量的分析中，很多研究仅仅是描述统计分析，推断统计以及很高层次的统计方法则极少运用，因此也就不能挖掘数据所反映的深层次问题。

（四）测量工具走向科学化

测量工具是研究的基础，因此也有研究者重视大学生学习主动性测试问卷的编制。但总体来说，目前科学化的、本土化的测量学生学习主动性的标准化量表较少。一些研究者自编了调查问卷来测量包括小学生、初中生和大学生学习主动性的现状和特点，但这些问卷要么缺少现代学习理论的支持，要么缺乏科学的测量学指标，研究结果的可靠性和准确性难以保证，但这些成果对于本文编制更为科学的测量工具奠定了基础。

二 本研究的拓展点

根据对国内外相关文献的梳理，尤其是针对国内在此问题上研究的不足，本研究拟从以下几方面做出一些拓展。

（一）研究对象的拓展

已有研究的研究对象集中于对中小学生的研究，对大学生的研究相对匮乏，同时，对大学生的研究集中于对高职生的研究，且其样本大多来自一所高校，最多的也只有三所高校（总人数不到1000人），缺乏大样本的研究。本文拟从全国高校学生中抽取10000名左右学生为样本（样本将涉及不同层次学校、专业、性别等人口学变量和家庭背景变量的学生）进行大规模的调查分析，力图准确掌握不同背景大学生学习主动性的现状，力图使本研究的结论具有更好的普适性。

（二）理论运用的新尝试

通过文献梳理发现，以往较多研究没有理论基础或理论基础较为薄弱，本文试图以建构主义学习理论、社会分层理论以及社会认知理论为问卷的编制、背景变量的大学生学习主动性差异分析及影响因素分析提供研究的依托，从而使全文所开展的所有实证研究均建立在了较为坚实的理论基础之上，实现了理论基础与实践检验的结合，从而保证了研究结果的准确性和可靠性。

(三) 研究内容的拓展

国内绝大多数研究集中于提高学习主动性的策略探讨上，对现状的了解和影响因素的分析缺乏深入地研究。因此，①本文力求以现实的眼光揭示我国大学生学习主动性的现状，进而重点探讨不同人口学变量、家庭背景变量与大学生学习主动性的关系。本文采用的是较为典型的人口学变量与家庭背景变量，前者有学校、专业、性别、年级、班级身份（是否班干部）、政治面貌等，后者有生源地、父母职业类型以及家庭氛围等变量。②本文着重探讨影响因素对大学生学习主动性的影响机制，力求更全面更深入更准确地剖析大学生学习主动性的影响源。

(四) 标准工具的编制

了解大学生学习主动性的现状依赖于可信而有效的测评工具，虽然有部分研究者已编制过学习主动性测量问卷但其测量性能有待考量。本文以所界定的概念和学习过程理论为指导，采用自上而下的方式初步编制了《大学生学习主动性特征调查问卷》和《大学生学习主动性影响因素调查问卷》，继而采用自下而上的方式基于试测数据采用项目分析、探索性因素对问卷进行修订，最后采用多种方法检验所编问卷的信度和效度，这一编制过程力图基于理论的要求和规范的程序而进行，形成的最终问卷获得了来自理论和实测数据的双重支持。

(五) 研究方法的拓展

以往研究较多采用定性思辨的方法，本文坚持采用定量与定性相结合的方法展开研究。研究一方面希望借助我国大学生的抽样调查数据，运用量化分析方法去探索大学生学习主动性的特征、不同变量背景下大学生学习主动性的差异以及影响大学生学习主动性的因素；另一方面，将运用文献法、访谈法等质性研究方法对不同背景因素如何影响大学生学习主动性的中间过程以及如何提高学习主动性的措施等问题进行了探讨和剖析。在具体方法上，研究将综合应用相关分析、回归分析、层次回归分析（中介效应检验）及结构方程模型等方法探讨影响因素对大学生学习主动性的影响机制。

第三章

大学生学习主动性的理论基础

本课题的研究重点是探索大学生学习主动性的维度结构（第四章）、分析不同背景变量上大学生学习主动性的差异（第五章）以及内外因素对大学生学习主动性的影响机制（第六章）。为此，本文分别以建构主义学习理论、社会分层理论和社会认知理论为基础展开研究。其中，建构主义学习理论有助于深化对大学生学习主动性的认识、探查学习主动性的维度结构以及明确提升大学生学习主动性的现实意义。社会分层理论有助于分析不同社会阶层对于大学生学习主动性的影响。社会认知理论可用于分析大学生学习主动性的影响因素及因素之间的作用机制。综合运用这些理论有助于人们更为全面深刻地认识研究大学生学习主动性的必要性并为以实证方法开展大学生学习主动性研究提供了研究思路和研究方向。下面将分别就三个理论的源起、主要观点及对本研究的适切性展开介绍。

第一节 建构主义学习理论

一 建构主义学习理论的缘起

建构主义（Constructivism）又称为结构主义，是学习理论中行为主义发展到认知主义之后的进一步发展，其思想源于认知加工学说及皮亚杰（J. Piaget）、科尔伯格（O. Kernberg）、斯腾伯格（R. J. Sternberg）、卡茨（D. Katz）、维果斯基（L. S. Vogotsgy）和布鲁纳（J. S. Bruner）等人的思想。作为一种哲学思想，建构主义的起源最早可以追溯到文艺复兴运动时期关于"人的解放"的运动。当人们否定了人的"奴性"和"神权"，还给人"自由"和"平等"之后，则把人视为一切工作的出发点和归宿，逐渐意识到要把学习者当成具有主动性的人而不是被动的容器。

皮亚杰关于儿童如何获得新知识的观点，被称为认知建构主义。他认为，儿童在与周围环境相互作用的过程中，逐步建构起关于外部世界的知识，从而使自身认知结构不断得到发展。认知结构的循环更新要经历图式-同化-顺应-平衡这样一个不断达到相对平衡的过程。以皮亚杰思想为基础发展起来的建构主义被称为激进建构主义。激进建构主义的两个基本原则是：(1) 强调认知活动的主动建构，人们在知识获得过程中并不是通过感知觉被动地接受知识，而是由认知主体依据自身已有的知识和经验建构出对外部世界的意义。(2) 个体建构的自主性和个体性。激进建构主义认为认知的目的并不是去发现本体论的意义，而是适应自己的经验世界，组织自己的世界。每个认知主体具有不同的知识背景和认知结构，因此，不同的认知主体对同一对象的认识活动不可能完全一致，每一个体都具有特殊性。在皮亚杰思想的基础上，科尔伯格深入研究了认知结构的性质和认知结构的发展条件。斯腾伯格和卡茨等人则突出强调个体的主动性在建构认知结构过程中的关键作用，并对认知过程中如何发挥个体的主动性做了深入的探索。维果斯基则提出了"文化历史发展理论"解释认知发展的本质。他指出心理发展的实质是一个人的心理在环境和教育的影响下，由低级心理机能向高级心理机能转化的过程，而这一转化过程离不开学习者所处的社会文化历史背景的作用。此基础上以维果斯基为首的维列鲁学派进一步深入地研究了活动和社会交往在人的高级心理机能发展中的重要作用。以维果斯基的理论为基础发展起来的建构主义被称为社会建构主义。社会建构主义认为，世界是客观存在的，对每个认识世界的个体而言都是共通的，认识的目的是为了尽可能达到与世界本来的面貌一致；同时，他们强调社会环境对认识的巨大作用，认为个体的认识活动只有在一定的社会环境中才得以实现，个体的建构活动所产生的"个体意义"实际上包含了对相应的"社会文化意义"的理解和继承。与激进建构主义相同的是，也把学习看成个体主动建构自己知识的过程，但他们更关心的是建构过程中社会性的一面。布鲁纳认为学习的实质是学习者主动地形成认知结构，学习是学习者主动的认知过程，不是机械地把特定反应与特定刺激联系起来的过程，而是主动地把新获得的知识和已有的认知结构联系起来，积极地建构新的认知结构的过程。强调发现学习的学习方式，指出学习是认知结构的组织与重新组织，他既强调已有知识经验的作用，也强调学习材料本身的逻辑性，认为学习最好的动机是对所学材料的兴趣，而不是奖励竞争之类的外在刺激。因此，他提倡发现学习法，以便学生更有兴趣更主动去获得学科的基本结构。他还指出发现学习有以下作用：①提高智慧潜力；②使外来动因变成内在动机；③学会发现；④有助于对所学知识保持记忆。学习的最终目的是形成对学科基本结构的理解，他认为，学生理解了学科的基本结构，有利于构建学科的基础，进而掌握整个学科的具体内容，有利于知识的长期保持，促进学习迁移，促进儿童智力和创造力的发展，并可提高学习兴趣。为了让学生掌握学科结构，他提出了以下四条教学原则：动机原则、结构原则、程序原则和强化原则。

二 建构主义学习理论的基本内容

建构主义理论的内容丰富，流派众多，不同的理论倾向有不同的观点，但归纳起来发现，关于知识的获得过程其共识是"知识是由认知主体主动建构的结果，学习是一个意义建构的过程"。总之，建构主义十分强调学习过程的主动性、互动性、合作性、社会性和情境性，而整合建构主义的所有观点，其基本内容是围绕着知识观、学习观、学生观和教学观而展开的。

（一）建构主义的知识观

建构主义的知识观可概括为三个基本观点，即知识的相对正确性、知识运用的情境性和知识建构的个体性。（1）知识不是对现实世界的准确表征，任何一种传载知识的符号系统不是绝对准确的表征，而只是一种相对正确的解释或假设，也不是问题的最终答案。它必将随着人们认识的深入而不断地革新、升华和改写而出现新的解释或假设。（2）知识并不能绝对准确无误地概括世界的法则，提供对任何活动或问题解决都实用的方法。在具体的问题解决中，要具体问题具体分析，需要人们针对具体的问题情境对原有法则进行再加工和再创造。因而，知识的运用具有具体的问题情境性。（3）尽管知识在某一时段会获得较为普遍的意义的认同，但这并不意味着学习者对这种知识会有同样的理解。真正的理解只能是由学习者基于自身的经验背景通过与新知识的融合而建构起来，这种建构取决于特定情况下学习主体的特性，不同的主体会有不同的建构，因而，知识的建构具有个体性。

(二) 建构主义的学习观

建构主义的学习观可概括为以下几点：(1) 学习是主动建构的过程。建构主义认为，世界是客观存在的，但是对于世界的理解和赋予意义却是由每个人自己决定的。由于每个人的经验和信念的不同，每个人对外部世界的理解也便不同。因此，学习不是教师向学生的传递知识，而是学生自己主动建构知识的过程，学生不是被动的信息吸收者，而是信息意义的主动建构者，每个个体会根据自己的经验背景对外部信息进行主动的选择、加工和处理，从而获得自己的意义。这种建构不可能由其他人代替。(2) 学习具有社会互动性。建构主义认为，学习总是在一定的社会文化环境下进行的，学习过程通常需要通过学习共同体来完成。因此，在学习过程中常伴随着学习者与教师之间或学习者与学习者之间的协作和会话。如共同搜集与分析学习资料、共同提出假设并验证假设等，而在协作的过程中，不可避免会存在会话活动，因为学习成员之间必须通过会话协商以共同完成任务。(3) 学习具有情境性。建构主义者提出情境性认知的概念，强调学习、知识和智慧的情境性，认为知识不可能脱离活动情境而抽象地存在，学习应该与社会实践活动的真实情境结合起来。因为他们认为学习过程不是简单的信息输入、存储和提取，而是新旧知识经验之间的双向的相互作用过程，也就是学习者与学习环境之间互动的过程。因此，学习环境中的情境必须有利于学生对所学内容的意义建构。(4) 学习是新旧观念的整合。在建构主义看来，学习不是像行为主义所描述的"刺激—反应"那么简单，也不是简单的信息积累，它包含新旧知识经验的冲突，以及由此而引发的认知结构的重组。学习意义的获得，是每个学习者以自己原有的知识经验为基础，对新信息重新认识和编码，建构自己的理解。在这一过程中，学习者原有的知识经验因为新知识经验的进入而发生调整或更新。所以，建构主义者关注如何以原有的经验、心理结构和信念为基础来建构知识。而学习的质量是学习者建构意义能力的函数，而不是学习者重现教师思维过程能力的函数。即学生知识获得的多寡取决于学习者根据自身原有经验去建构新知识的意义的能力，而不取决于学习者记忆和背诵教师讲授内容的能力。

(三) 建构主义的学生观

建构主义者强调，学生并不是空着脑袋进入学习情境的。他们是具有一定的直接经验、间接经验和一定认知能力的个体。首先，学习者在日常生活及以往各种形式的学习中已经获得了有关的知识的直接经验。其次，即使学习者可能碰到没有接触过的问题，没有现成的经验可以借鉴，但也会借助间接经验去解决问题。最后，学习者不仅拥有一定的直接经验和间接经验，还是具有一定认知能力的个体。如皮亚杰曾指出，学习者是具有能动性的主体。学习者在学习过程中是能够进行自我调节、自主反思的主体。因此，要求学习者在学习过程中主动质疑、自己提出问题、提出假设、验证假设并得出结论。在整个学习过程中，学生积极探索、主动追求，努力学习一些自我控制和自我管理的技能并养成自我控制的习惯。

(四) 建构主义的教学观

在传统教学模式中，教师是教学过程的主导者，教师完全控制着讲授的内容和教学过程，在这种教学课堂中，学生缺乏管理自己学习的思想和动力，因而难以控制和管理自己的学习，难以成为自主的思考者，也就难以培养学生的创造性思维和批判性思维。而建构主义强调的教学观可概括为：教师要努力创设真实的学习任务或复杂的教学情境，以学生为中心，利用情境、协作、会话等环境要素充分发挥学生的主动性、积极性和创造性，指导、组织、启发学生去获得对新知识的意义建构或提高解决问题的能力。具体而言，其教学观体现为以下几点：(1) 教学不能无视学习者已有的知识经验而简单强硬地从外部对学习者进行知识的灌输，而应当把学习者原有的知识经验作为新知识的生长点，引导学习者从原有的知识经验中生长新的知识经验。(2) 教学不是知识的传递过程，而是知识的处理和转换过程。教师不只是知识的呈现者和传递者，也不是权威知识的象征，而应重视学生对知识的理解，倾听他们的想法，洞察他们这些想法的由来，引导学生丰富或调整自己的理解。因而，教师是学生主动建构意义的促进者、合作者和帮助者，是整个教学过程的组织者、指导者和协调者。简言之，教师是教学的引导者，并将监控学习和探索的责任也由教师为主转向学生为主，最终要使学生达到独立学习的程度。(3) 强调主动学习。建构主义把教学看成是一种培养学生主体性以及调动学生主动性的创造活动。建构主义要求在教学活动中尊重学生的主体地位，发挥学生的自觉性、主动性和创造性，不断提高学生的主体意识和创造力，让学生成为教学活动的积极参与者和知识的积极建构者，最终使学生成为能自我教育的社会主体。建构主义认为，学生是信息加工的主体，是意义的主动建构者，而不是外部刺激的被动接受者和被灌输的对象。教师在教学中应充分考虑学生已有的知识、技能、态度和信念，不应该把教学内容强加给学生，而是与学生商量决定教学目标、教学内容和教学策略，或由学生在学习过程中自由调整。同时，教师是学生意义建构的帮助者、促进者，教师的职责在整个教育体制与教育对象之间发挥一个重要的"中介"作用。（4）教学应重视学生原有的知识经验背景、社会历史文化背景、动机以及情感态度等多种智力因素和非智力因素在认知学习过程中的综合作用。（5）重视合作，包括师生间的合作和学生之间的合作。教师的作用从传统的传递知识的权威转变为学生学习的辅导者，成为学生学习的高级伙伴或合作者。教师与学生，学生与学生之间面对某些问题时要共同进行探索，并在探索的过程中相互交流和质疑，了解彼此的想法。建构主义既重视个体的自我发展，也承认自我发展必须由外部引导，亦即教师的影响作用。由于经验背景的差异，师生间和学生间的差异本身便构成了一种宝贵的学习资源。教学就是要增进学生之间的合作，使学生看到彼此不同的观点，从而促进学习的进行。（6）鼓励学生创造。建构主义的理念指引下的教师要运用不同的例子、比喻、类比来解释教学内容，鼓励学生从多个角度看问题，使学生获得多种表征形式，开发学生的发散思维，培养学生的创造性。

三 建构主义学习理论对本研究的适切性

以上关于建构主学习理论的知识观、学习观、学生观和教学观可以得到以下启示：（1）知识观的启示：①课本知识只是关于各种现象的较为可靠的假设，而不是解释现实的"模板"和"绝对参照"。科学知识包含真理性，但不是绝对正确的最终答案，只是对现实的一种更可能正确的解释。②知识在各种情况下的应用不是简单的套用，所以，学习知识不能满足于教条式的掌握，而是需要不断深化，把握它在具体情境中的复杂变化，使学习走向"思维中的具体"。③这些知识在被个体接受之前，它对个体来说是毫无权威可言的，不能把知识作为预先决定了的东西教给学生，不能用教师对知识正确性的理解作为让个体接受它的理由，不能用科学家、教师、课本的权威来压服学生。学生对知识的接受只能靠他自己的建构来完成，以他们自己的经验、信念为背景来分析知识的合理性。学生的学习不仅是对新知识的理解，更需要对新知识的分析、检验和批判。由此可见，建构主义的知识观强调学习的主动性、创造性和批判性。

（2）学习观的启示：学生是学习的主动建构者；知识或意义也不是简单由外部信息决定的，外部信息本身没有意义，意义是学习者通过新旧知识经验间反复的、双向的相互作用过程而建构成的。学习并不是简单的信息积累，也不是简单的信息输入、存储和提取，而是新旧经验之间的双向的相互作用过程。学习过程是合作的过程。（3）学生观的启示：建构主义者强调，学生并不是空着脑袋进入学习情境的。他们是具有一定的直接经验、间接经验和一定认知能力的个体。学习者在学习过程中是能够进行自我调节、自主反思、自我控制、自我管理的主体。（4）教学观的启示：教学不能无视学生的原有知识；教师不只是知识的呈现者和传递者，教师是学生主动建构意义的促进者、合作者和帮助者，是整个教学过程的组织者、指导者和协调者；要发挥学生的主动性，培养学生的主体性和独立学习的能力；重视非智力因素对学习的影响；教师要善于与学生合作，促进学生之间的合作；要培养学生的创造性。

总之，建构主义认为学习是一个主动建构的过程，在这一过程中，有效学习的进行以独立、自觉、自控、合作、协商、互动、批判、创造为基本特征并同时受到需要、情绪情感等非智力因素的影响。而这些主张正是本文学习主动性的基本特征。建构主义学习理论作为本研究的立论基础，其分析视角对于研究培养大学生学习主动性的必要性、策略以及探讨大学生学习主动性的内涵及维度结构提供了重要的理论依据。当今，"一刀切"，"满堂灌"等教学模式的课堂教学，学生作为独立个体的多种潜能和需要被忽视，师生群体的多种形式、多边交互作用也被忽视，学生创造力的发挥被阻碍，结果直接导致大学生主动学习的积极性不高，学习能力较低，各种能力发展缓慢，尚以高耗低效的方式获得学习成绩。这些是与素质教育背道而驰的。建构主义学习理论就是以学生为中心进行情景创设、协作学习、互动学习和学习环境设计，引导学生动手、动脑、动口，给学生最大限度的思维空间，充分调动学生课堂参与和学习的主动性。因此，建构主义学习理论为我们研究"为什么"应该培养大学生学习主动性以及"怎么样"培养大学生学习主动性提供了坚实的理论基础。

此外，建构主义学习理论认为学习的过程是学习者主动建构知识的过程，它强调学生在与同学和教师的交往与合作中主动探索去发现知识，主动建构知识的意义。这表明建构主义学习理论所强调的学生对知识的主动建构体现在学生在面对学习时的自觉性、创造性、互动性和自我控制性

(教师的控制逐渐减少),教师在教学中要充分调动学生的动机以及情感态度等,而这些方面的特点和要求对于我们构建大学生学习主动性的特征及维度结构具有重要的借鉴意义。

第二节 社会认知理论

社会认知是在20世纪70—80年代兴起的一门新兴学科,90年代得到迅猛发展,是当前发展心理学研究的一个重要领域。由于社会认知发展研究涉及发展心理学、社会心理学和认知心理学等领域,因此吸引了众多心理学研究者的关注。

一 社会认知理论的起源

社会认知理论(SCT)是从社会学习理论(SLT)发展和衍生而来的,它是学习理论的一种。这一理论试图阐明人是怎样在社会环境中进行学习从而形成和发展人的个性。1977年,班杜拉出版的《社会学习理论》被认为是一本具有里程碑意义的著作。1980年美国心理学会正式同意在《人格与社会心理学》杂志上开辟"社会认知"栏目,1982年《社会认知》杂志宣告出版。1984年由怀威尔和斯库尔主编的《社会认知手册》问世。最终,随着《思想和行动的社会基础——社会认知论》(1986)的出版,班杜拉的社会学习理论进化为更为完善的"社会认知理论"。从此,社会认知研究在当代心理学研究中逐渐占有了一席之地。

社会认知理论主要起源于两大理论基础,即认知发展心理学和社会心理学。认知发展心理学对社会认知研究的贡献主要来自于皮亚杰。皮亚杰的认知发展阶段理论为儿童认知发展研究提供了一个极具影响力的理论框架,他通过一系列的实验使人们认识到社会认知对个体行为具有调节作用。他对认知发展的解释是,个体认知的发展源于个体在与社会的相互作用中引发了认知上的冲突,即个体原有的认知水平与新的认知水平之间的矛盾,由冲突引起的不平衡就成了认知发展的驱动力。因而,社会相互作用在儿童社会性发展(去自我中心)和认知发展中起着重要的作用。皮亚杰的关于社会认知发展的基本观点和研究方法为后人研究社会认知提供了重要的理论基础和方法上的借鉴。社会心理学对社会认知研究的贡献主要体现在对社会知觉、自我、归因等社会认知活动的研究中。社会知觉包括对人的知觉、角色知觉、群体知觉等，这些内容即是社会认知发展研究的重要内容。其中，自我是社会心理学研究的一个古老课题，从詹姆斯的"主观我和客观我"到库利的"镜像我"、米德自我发展的角色采择理论以及苏利文的"重要他人"等都对"自我"展开了研究。近年来的归因研究如韦纳的归因理论也是当前社会认知研究的重要课题。

二 社会认知理论的基本观点

社会认知理论认为，人的行为不仅仅是环境的产物，人的认知因素作为刺激和反应的中介器，决定了人对环境刺激表现的行为。班杜拉认为人的行动是由主体、行为、环境三种因素交互作用的结果（图3-1）。根据这种观点，人类的行为是自我系统和外界环境相互作用的产物，而人类行为又反过来影响了外界环境和自我信念。在随后的几年中，班杜拉意识到人的认知因素在社会学习理论中占有越来越重要的地位，故将其理论改称为"认知的社会学习理论"。

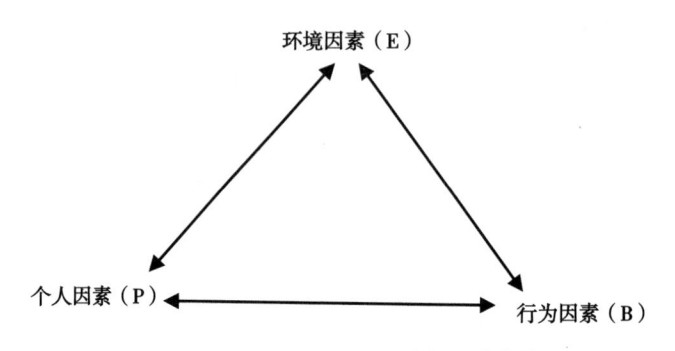

图 3-1　个人、环境、行为的相互决定关系

图 3-1 中的环境因素主要指个体之外的其他人的行为，包括家长的支持、教师的教学、反馈以及为个体提供的榜样等。个人因素主要指个体内部的因素，如个体所持有的观念、信念、期望、目标、归因及自我评价等。行为因素主要指个体表现出的可观察的行为。这三个因素彼此之间存在双向的决定关系。图中 B、P、E 分别代表行为、主体和环境，双向箭头指每两个因素间的交互作用。B 和 E 代表行为与环境之间的相互决定关系。E 作为 B 的对象和外部条件决定了 B 的模式和强度，即有什么样的环境条件，就要求行为采取相应的行为方式；B 也能改变 E，使之满足人

们的需要。P 和 B 分别代表人的主体因素和行为之间相互影响和决定的关系。比如说人的期望、目标、信念等支配和指导其行为方式，即人怎么想就怎么做；B 的反馈结果也会引起 P 的情绪反应，调整个体的意念和想法。P 和 E 分别代表主体因素与环境之间的双向交互作用。在社会情境中，这种相互作用表现得尤为明显。个人特征及认知能力等都是示范作用和社会劝导等社会影响力的结果。个体的人格特征也决定了他的社会环境，如盛气凌人的人，到哪都会造成紧张的社会气氛。需要了解的是，个人、环境、行为三种因素之间虽然存在相互决定、相互影响的关系，但这种相互决定性并不是同等程度、同时性的相互决定。在很多情况下，某种因素对另一种因素的决定作用胜过另一种因素对该因素的作用。有时随着时间的变化，因素之间相互决定的情况也会发生变化，即因素间相互决定作用的模式不是同时发生和固定不变的。

基于班杜拉的社会学习理论，可以看出作为心理状态和行为表现的学习主动性是个十分复杂的过程，这个过程涉及人的期望、目标、信念、情绪等要素，这是由内外因素共同作用产生的一种学习状态，考察学生的学习主动性需要从多方面多角度入手。

三 社会认知理论对本研究的适切性

社会认知理论可以较好地解释大学生学习主动性问题，即将大学生学习主动性放在社会认知理论的框架中去理解，有助于我们更深入地把握大学生学习主动性形成的规律。首先，学习主动性表现方式之一是一种心理状态或心理倾向，这一因素在社会认知理论中也得到反映。个人所形成的信念、期望等个人特点如果是关于学习的，则这些特点会成为一种内在的倾向而影响个体的行为选择。这样就把学习主动性纳入到了社会认知论的框架中。其次，社会认知论认为个人、环境、行为三者之间存在相互作用，而学习主动性既有个体心理状态的一面又有行为表现的一面。这样看来，学习主动性的心理状态受环境（家庭、社会及学校）和行为的影响，而学习主动性的心理状态又会对行为和环境施加影响。在这种双向的影响中，学习主动性会发生改变或得以形成，这其中就蕴涵了学习主动性形成和改变的规律。因此，我们有可能用社会认知的理论框架来解释学习主动性影响因素及作用机制。

第三节 社会分层理论

一 社会分层的内涵

关于社会分层的定义可谓众说纷纭、莫衷一是，目前学术界对社会分层较为一致的概念可表述为：社会分层是指将社会中的人们按一定标准，划分成高低有序的不同等级、层次的过程与现象，其实质是各种相对有价值的稀缺的社会资源以及获取这些资源的机会在不同人群中分配方式的差异，它体现了社会资源在社会中的不均衡分配的现象，社会分层的存在会对社会的运行产生重大的影响。事实上，在现实社会中，不同的个人或群体之间不仅存在性别、年龄、身高、体重等自然差别，而且还存在社会地位方面的社会差别。社会分层就是指制度化了的社会不平等现象，而不平等现象正是由于人们之间存在的自然差别和社会差别所造成的资源占有、生活方式以及价值观念上的不同而形成的。这一概念可以从两方面加以理解：其一，客观地来说，社会分层是制度化了的社会不平等，这是一种社会固有的现象和过程，其实质是社会资源在社会中的不均衡分配。它是社会成员在社会生活中由于获取社会资源的能力和机会不同而呈现出高低有序的不同等级、不同层次的现象和过程[1]。其二，从主观角度来说，社会分层可以作为一种分析和研究的方法。在这种意义上，社会分层并不确切地代表某种社会层次结构实体，而只是一种主观认识，人们可以依据一定的标准对社会成员的等级层次进行的划分，而这种标准往往很难统一，因为人们对社会层次的确定往往从各自的研究需要出发来阐述和界定社会中人们的差异性。

二 社会分层的几种模式[2]

社会分层有很多的模式，其中较有代表性的有韦伯的三位一体社会分层理论、沃纳的韦伯—沃纳分层法和柯林斯的职业分层模式。

---

[1] 陈其昂：《社会学概论》，宁夏人民出版社2001年版，第9页。
[2] 参见刘海燕《社会分层视野下的我国高等教育机会均等问题研究》，硕士学位论文，东北师范大学，2006年。

(一) 韦伯的三位一体社会分层理论

三位一体分层模式由德国社会学家韦伯（Max Weber）创立，这是西方社会分层理论的源头之一。三位一体是指采用经济、社会和政治三种标准进行社会分层，即根据人们的财富、声望和权力的拥有状况来划分社会层次。经济标准即财富，是用经济收入来衡量社会成员在市场上的机遇，是占有商品或劳务以满足自己物质需要的能力；社会标准即声望，是指社会成员在其所处的社会环境中所获得的社会声誉和他人的尊敬；政治标准即权力，即依据个人或群体是否拥有权力以及权力的大小来确定的社会成员为实现自身意志而获得的支配他人意志的能力。韦伯认为上述三个社会分层的标准的划分只是为了理论研究的需要而把它们进行严格地区分，而其中任何一项标准都可以单独作为划分社会分层结构的标准，但事实上它们之间既可能相互联系，也可能相互重叠，研究者可以根据自身的研究需要进行灵活处理。韦伯的三位一体分层模式可谓开创了多元标准划分社会层次的先河，为后来社会分层的研究提供了系统的、明确的和必要的社会分层模式。

(二) 沃纳的韦伯—沃纳分层法

在韦伯三位一体的分层模式的基础上，美国社会学家沃纳（W. L. Warner）采用了典型的多重标准对社会进行分层，其标准包括宗教信仰、政治态度、价值观念、职业、收入、收入来源、文化程度、生活方式等。沃纳以上述分层标准来衡量个人或群体在社会层次结构中所处的位置，以分析美国的社会阶层状况。进一步，沃纳将社会成员划分为上上层、上下层、中上层、中下层、下上层、下下层六个阶层，这一六阶分层法后来成为被美国普遍认同的社会分层法，被称为"韦伯—沃纳分层法"，这一划分方式对西方社会分层理论产生了重大影响。

(三) 柯林斯的职业分层模式

职业分层模式由美国社会学家伦德尔·柯林斯（Randall Collins）提出，同时他也是现代西方社会学冲突理论的主要代表人物之一。柯林斯认为社会分层应该以微观的个体行为作为研究对象，因此认为职业分层是最重要的，其理由是职业是人们维持生活的最基本的方式，每个人都要参与其中。他把人们在职业上的差异用权力关系、职业沟通网络中的地位、所控制的财富数量三个指标来衡量，并且认为权力关系是最重要的方面。进而，他根据职业中的权力关系将整个社会分为上层、中层和下层三个主要的职业等级。柯林斯的职业分层模式显示了西方的社会分层向更具体、更细微的差别发展的趋势。

韦伯等人之后出现了一系列关于社会分层的理论研究，如英国社会学家洛克伍德（D. Lorkwood）的三种地位分层论，他指出人们在市场中的地位包括经济收入、职业安全程度、职业升迁机会。再如，美国社会学家帕森斯·戴维斯（K. S. Davis）、穆尔（W. Mocre）的职业分层论，他认为个人的财富、声望等都有赖于职业，故可通过研究职业声望来识别社会分层现象。[①] 另外，还有以帕森斯为代表的分层功能论、达伦多夫等人为代表的分层冲突论等。马克思主义的社会分层理论认为，分层的依据是对社会生产资料的占有，因而首先是阶级的产生，然后才是社会分层，即社会分层是一种阶级的分层。

三 社会分层的功能[②]

不管从何种角度去研究社会分层，社会分层都是一种客观的社会存在，是不以人的意志为转移的客观现象和事实。而这种社会分层的存在对整个社会的稳定而言也是具有一定的积极意义的，但同时也不可避免会具有消极作用。其作用主要表现为：

其一，就社会整体层面而言，其积极作用是社会分层是社会需求的产物，也是社会正常运行的保证；其消极作用体现为，作为政治、经济和权力象征的社会层级也有可能阻碍社会的进步和发展。人类社会是一个由多部分之间分工合作而维持正常运行的系统，与其他系统一样，只有各个方面存在层级差别而不是处于绝对平均的状态，社会的生存和发展才有可能具有一定的推动力。正是由于社会分层肯定了人们在政治、经济、声望等各方面的差异，才能把不同的个体调配到合适的岗位，使得每个社会成员有合适的工作，每个社会职位有合适的人员，从而保证了社会各部分之间的协调与合作，从而维持社会的正常运行，提高社会的整体运行效率。同时，由于社会分层的存在，竞争不可避免地产生，因而人们的努力、拼搏、进取获得了社会的肯定，正因此，人类才得以不断进步，社会才得以

[①] 董泽芳：《教育社会学》，华中师范大学出版社1990年版，第84—85页。
[②] 参见乔菲《我国社会分层对教育过程公平的影响研究》，硕士学位论文，东北师范大学，2006年。

不断发展。但是社会分层又是权力和特权作用的结果，社会分层体现了统治阶级的意志，任何统治阶级为了维护自身及其集团的利益都会通过各种手段将掌握的权利和特权制度化、合法化和固定化，他们往往通过各种方式限制其他阶层的精英分子进入社会高层，这可能导致权力阶层的腐败，从而阻碍社会的进步和发展。

其二，就社会个体层面而言，其积极作用是指社会分层的存在有利于促进个体的发展，从而促进整个社会的进步和发展；其消极作用是指社会分层在一定意义上又有可能忽视人们的能力和贡献，从而对个人和社会的进步带来消极影响。首先，社会分层是对社会成员获取社会资源的能力和素质差异的肯定，赋予人们在社会地位上差异以合理性，对这种能力的肯定特别是对社会精英的非凡能力的认可有助于激励人们为增强自己的能力而不断努力。其次，社会分层也是因社会成员获取社会资源的机会不同而出现的一种现象，社会分层与个人能力之间发生一定的矛盾，即不是因为能力的不同而是因为机会的不均等导致了社会地位的不平等，社会地位较高者不一定是能力较强者或贡献较大者，因而导致了人们在社会地位方面上不平等，这种不合理性的存在一定程度上不利于个体的发展也不利于社会的整体进步。同时，人们现有社会地位还与人们原有社会地位的高低密不可分，马太效应的存在往往使得富者更富、穷者更穷，其结果是引发更严重的社会贫富两极分化现象，从而影响甚至危及整个社会的稳定和发展。

四　社会分层理论对本研究的适切性

社会分层理论的分析视角对于考察不同背景的大学生学习主动性的差异具有十分重要的意义。因为社会分层研究不仅要考察差异存在的事实，更重要的是要分析产生差异的原因。大学生作为社会群体中的特殊群体，他们无论是作为学生本身还是其家庭背景都存在不同等级和层次差异，他们在获取社会资源的机会上存在明显的差异。

从个体本身来说，性别、班级身份、政治面貌、所在学校层次及独生子女与否等都存在层次差异（新韦伯主义的社会分层指标越来越多，在原有的基础上又增加了种族、年龄等），由于他们在某个阶层中所掌握资源的差异，在学习中往往表现出不同的状态。比如，女生在入学机会及就业机会上往往少于男生，所以她们往往需要付出更多的学习努力来部分地补偿在这些机会上的不利地位,所以她们在学习上往往表现得更为积极和主动。应佳的实证研究发现,男女生在学习主动性上存在显著性差异,女生在学习主动性上的得分显著高于男生。[1] 班干部、学生党员与普通学生这种制度化的地位差异在主观上和客观上都促成了学生不同心理状态,无形中将其等级化,形成班级学生社会分层,班干部和党员的社会角色及其角色期待发展了与此角色要适应的特殊角色观念以及角色责任感,使他们在学习和生活中严格要求自己,从而以身示范,同时这种角色资源使他们的知识、能力和人格都得到了较好的锻炼。应佳研究发现,校(院)级学生干部在学习主动性及学习归因、学习意义感和学习调整因子上得分均显著高于从未担任过学生干部的同学,在学习调整因子上,校(院)级学生干部不仅显著高于非学生干部的得分,还显著高于班干部的得分。[2] 他认为造成这种现象的原因,一方面校(院)级学生干部在长期的培养锻炼中具备了较强的组织协调能力和管理能力,因此对于自身学习进程的调整控制更有方法和策略;另一方面,校(院)级学生干部经过多年的工作锻炼,较完全没有担任过学生干部或仅担任过班干部的同学具有更强的独立精神和自主精神,因此面对学习的挫折和干扰具有更强的自制力。不同层次的高校往往在校舍、教学仪器、网络设施等以及师资整体水平上是存在差距的,因此在不同层次高校的学生往往占有学校教育的资源存在明显的差异。龚秀美[3]认为,造成高职学生学习主动性不高两个重要原因是"社会的偏见导致的失落感"和"学校提供的学习条件与氛围"。

从家庭背景来说,根据国内外多元标准的划分模式,按个体所占有的资源的类型和多少可以将家庭背景划分为不同的职业阶层、不同的文化阶层和不同的经济阶层。家庭出身将深刻地影响着学生的学习表现和学业成就,美国沃尔夫和鲍尔斯[4]的研究表明:智力并不是影响学业成就的主要因素,学业成就深受家庭的影响。

经济分层对大学生学习主动性的影响。经济分层是指按照收入差异(包括城乡、区域和职业收入差距)来划分社会群体。社会分层和社会流动是紧密相连的,著名俄裔美籍社会学家索罗金在《社会流动》一书中

---

[1] 应佳:《大学生学习主动性、时间管理倾向与成就动机的关系研究》,硕士学位论文,重庆大学,2010年。
[2] 同上。
[3] 龚秀美:《高职新生学习主动性状况调查及对策》,《群文天地》2011年第6期。
[4] 李春玲:《中国城镇社会流动》,社会科学文献出版社1997年版,第136页。

提出："教育是使人从社会底层向社会上层流动的电梯，学校通过考试来进行选拔，从而决定人们的社会地位。"① 因此，那些处于劣势位置的阶层群体往往将教育看作是至关重要的社会流动机制，总是有着追求更高、更好的教育的迫切要求，从而使他们跳出自身的劣势阶层位置，获得较好的社会地位，因此他们的学习目标非常明确，学习中也就更加勤奋刻苦、积极上进了。

文化分层对大学生学习主动性的影响。文化分层主要是指以社会成员的受教育程度来衡量社会分层结构。乔菲②认为，不同文化阶层的子女在学业成功上的差异同样巨大，在各级学校教育中学习失败、辍学留级、中途弃学的，主要是文化层次、社会地位较低阶层的子女。父母的文化程度越高，对子女的教育期望就越高、支持的力度越大，对子女在教育过程中能提供的帮助也越直接，因此子女学习主动并获得优异成绩和学业成功的可能性也就越大（家长对子女受教育程度的期望同样会影响到子女对自己学习的态度和受教育程度的期望。有很多学生由于家长对自己期望不高，丧失了对学习的兴趣和信心，在学习中消极被动）。文化分层对学生教育过程的影响可以冲淡职业分层和经济分层的影响，乔菲③认为，"家庭文化资本对于学生来说具有关键的影响作用，主要是影响他们的学习行为、态度、和目标价值观，进而影响到学生在学习过程中的表现和成绩，这有时甚至超过了学校教育对学生的影响。"

职业分层对大学生学习主动性的影响。职业是个人在社会中所从事的作为主要生活来源的工作，职业所包含的工作技能只具有分类的意义而不具有等级的意义。但是，职业又是人们在社会分工体系中所处的职能位置，现代社会人们的收入、权力、声望、特权等，大都根植于职业，也就是说，获得某种职业的同时也获得了相应的社会地位。本文主要依据大学生父母的职业分类，采用美国社会学家吉登斯的社会分层理论的三分法，即市场对体力和能力的占有、对教育和技术资格的占有、对生产资料和财产的占有，确定学生家庭在社会分层中所处的位置。行业和职业的差别会影响家庭经济条件的差别，会间接影响子女的学习主动性。

---

① 张衡、王云兰：《我国教育公平与社会分层互动关系探讨明》，《教育发展研究》2006年第2期。

② 乔菲：《我国社会分层对教育过程公平的影响研究》，硕士学位论文，东北师范大学，2006年。

③ 同上。

以上介绍的是学习主动性研究的几种代表性的理论。除此之外，学习主动性还有很多其他的相关理论支撑，如需要层次理论、人本主义理论及内在动机理论等。尽管学习主动性有众多的理论体系做基础，但是各种理论之间并不矛盾，它们之间互相补充，相得益彰，共同构成了学习主动性研究的理论基石。

第四章

问卷编制

问卷是收集数据了解大学生学习主动性特点及其影响因素的主要工具，可靠而有效的问卷是实现研究目的的必要条件，基于有助于提高大学生学习主动性的根本目的，需要编制的问卷包括《大学生学习主动性特征问卷》和《大学生学习主动性影响因素问卷》。本章介绍问卷的编制流程：第一，采用开放式问卷调查的方式收集问卷编制的第一手资料。第二，基于第二章大学生学习主动性的界定、第三章学习主动性的理论基础和开放式问卷收集的一手资料设计出问卷初稿。第三，问卷初稿经试测—质量分析—问卷修订后形成正式问卷。第四，正式问卷的结构分析和验证，问卷的信度和效度检验。

第一节 开放式问卷调查

一 调查目的

要准确测量大学生的学习主动性，不仅需要理论上的基础，还需要来自实践中的资料。为了全面了解大学生学习主动性的典型行为特征，除了文献综述部分和大学生学习主动性的理论基础部分的理论支撑，来自学生本人对学习主动性的生动描述也是了解学习主动性行为表征的重要素材，因此，开放式问卷调查的目的是通过对学生的调查以获得关于大学生学习主动性行为表现和影响因素的一手资料，为编制符合我国国情的《大学生学习主动性特征问卷》和《大学生学习主动性影响因素问卷》提供丰富的素材，以佐证从理论上导出的主动性行为特征。

二 调查方法

(一) 被试

开放式问卷调查选取了江西省 3 所高校（2 所本科高校，1 所专科高校），分别是江西师范大学、南昌工程学院和鹰潭职业技术学院，3 所大学共发放开放式问卷 209 份，其中，江西师范大学 83 份，南昌工程学院 58 份，鹰潭职业技术学院 68 份。文科学生 115 人，理科学生 94 人；男生 95 人，女生 114 人；大学一年级 59 人，二年级 61 人，三年级 48 人，四年级 41 人。回收 206 份，有效问卷 201 份，问卷回收率为 98.6%，有效回收率为 96.2%。

(二) 研究材料

1. 指导语

亲爱的同学：

您好！首先，感谢你能参加此次问卷调查！

您可能发现，自己身边有些同学全身心地积极主动地投入到学习中，而有些同学没有。课题研究正是要和你一起探讨这种现象，以期改善大学生的学习状况。你的宝贵意见对我们的研究十分重要，希望能得到你的热心帮助。问卷不记名，而且我们也会对你所提供的信息给予严格保密，请放心作答。

以下问题，请结合自身情况认真地回答，越详细全面，给我们的帮助就越大。衷心感谢你的支持与合作！祝你学业进步！

2. 开放式问卷题目

(1) 请列出至少 5 条符合大学生学习主动性的特征或行为。

(2) 请列举至少 5 条影响大学生学习主动性的因素。

(3) 您认为自己目前的学习主动性如何？原因是什么？

3. 调查程序

以班级为单位，以研究者本人为主试，采取当场发放当场收回的方式要求大学生以开放的方式进行回答，回答时限是一节课时间之内，但要求学生之间不能互相讨论和交流。

三 调查结果

充分利用开放式问卷调查结果的关键是对材料的分析和处理，课题研究采用内容分析法对开放式问卷调查的结果进行总结和归纳,主要步骤是:(1) 问卷编码;(2) 频次统计,即统计每个类别的回答频次;(3) 内容归类,主要采用比较法比较不同被试对同一问题回答的异同。为了保证编码结果和统计结果的准确性,这项工作由两组工作人员完成,一组是两名研究生,另一组是研究者本人及一位同事,然后通过对比两组归类结果以获得求同存异的项目。其中,开放式问卷的问题3共设置了两问,设置第二问的目的是为了从另一侧面了解影响大学生学习主动性的因素,而第一问是为了第二问而设计的,学生对这一问的回答可以让研究者大致了解学生的学习主动性水平,通过对材料的编码发现,学生的回答词语大致可以分为三类,即好(包括较好)、中、差,其中,回答好的代表词主要有"比较强""良好""好""不错"或"较高"等,这类学生共50名,占总人数的24.88%;回答中等的词语主要是"一般",这类学生共82名,占总人数的40.80%;回答"差""不好""不够"或"不高"的学生共69名,占总人数的34.33%。以上结果说明被调查的209名学生自我评估的学习主动性水平分布合理,这从另一侧面说明开放式调查的被试分布合理,这些被试具有一定的代表性。对问题1、问题2及问题3的第二问的整理结果分别见表4-1和4-2。

表4-1　　　　开放式问卷调查的内容分析(主动性行为)

典型行为描述	频次	类目
有学习目标;学习目标明确可行;学习上,渴望获得成功;有清晰的目标或规划;有短期或长期的学习计划;努力完成学习目标和计划;有很好的时间安排;自主反思;能自主安排学习计划和任务,且能坚持;制定适合自己的计划并实施	42	学习目的性
坚持不懈;有刻苦钻石学问的韧劲;经得住外界的诱惑和干扰;无人监督情况下很好的学习,自觉完成既定学习任务;为更好发展,放弃娱乐、上网、聊天等活动,留出更多时间学习;学习中严于律己,慎独能力强	75	学习控制性
勤于思考学习中的问题;寻找更好的学习方法;学习上,我敢于质疑和批判;经常自主进行一些探索性学习;主动进行一些研究性学习;擅于主动探索知识及技能;学习中追根溯源	67	学习创造性
学习乐在其中;热爱学习;喜欢做作业;有上进心;对学习很感兴趣;学习中,我能保持适度的焦虑和紧张;对完成学习任务很自信;能始终保持学习热情;对学习中的困难不畏惧、不厌弃;喜欢学校氛围;只关心学习上的事	86	学习情感性

续表

典型行为描述	频次	类目
我课前经常预习；我课后经常复习；我上课能认真记笔记；我上课总能保持注意力集中；我能认真对待课后作业；我上课能做到不迟到、不早退；课余会抽出更多时间学习；我努力提高自身各方面的素养；我平时喜欢博览群书；通过多种渠道搜集学习资料；我常去图书馆、自习室（或实验室）自习；常去图书馆借阅图书资料	116	学习自发性
积极发言；我积极参加课外学习活动；常把学到的相关理论主动运用到实践；我经常主动与老师交流学习；我经常主动与同学交流学习；学习中涉及别人配合时，我总是尽力与之沟通	74	学习互动性

表4-1呈现的是学生对主动性行为的描述，表中第一列是学生的学习主动性行为描述的编码结果，第二列是相应的特征行为出现的频次，第三列是根据第一列的编码结果和第二列的频次统计结果进行的内容分类的初步结果。如学习目的性的归类结果主要源自于对"目标""目的""成功""规划""计划"的归纳；学习控制性主要源自于对"坚持""刻苦""韧劲""放弃娱乐""严于律己"等词语的归类。

表4-2　　开放式问卷调查的内容分析（主动性影响因素）

典型描述	频次	类目
"读书无用论"思想；重物质的社会浮躁风气；当前的就业形势；社会的竞争压力；大学生就业机制；电子信息类（电脑、手机、网络游戏）的外在诱惑；高等教育的专业设置和调整	52	社会影响因素
父母对学业的期待和关注；家庭经济状况（包括为减轻家庭负担兼职太多）；父母受教育程度；家庭氛围的和谐程度；家庭教育（包括家长过多的帮助孩子，使孩子产生依赖感；一些父母从小没有培养好学生主动读书的习惯；溺爱使孩子缺乏处理问题的能力）	89	家庭影响因素
学校的课程设置；教师的课堂教学内容；我更愿意听教学水平高的教师授课；我更愿意听学术水平高的教师授课；教师教书育人的敬业精神；教师为人师表的风范；教师的知识修养；学校和班级的学习风气；学校的学术氛围；寝室的学习风气；学校图书馆和自习室的可坐率；学校图书资料的数量及质量；学校的教学仪器设备；学校的考评制度；学校的奖惩机制；学校和教师的教学要求高低（或宽严）程度；教师对学生的指导和监督；学校的课外（社团）活动；师生关系的和谐程度	134	学校影响因素

续表

典型描述	频次	类目
达到或超过优异标准的欲望；对自己行为能力的推测和判断；对学习中的挫折、失败能不断地自我激励；懒散心理，缺乏吃苦耐劳精神；贪图玩乐的心理状态；个人情感问题困扰；克服困难，达到预定目的的意志力；挫折承受能力；身体健康，精力充沛；学习责任心和使命感；对学习的兴趣爱好；我习惯于积极主动地学习；学习的方法与技巧；独立思考问题、解决问题的能力；宽广和专精相济的知识结构；开拓创新的意识；良好的应变能力；善于接受或制定富有挑战性和可行性的奋斗目标；良好的时间管理能力，能分清事情的轻重缓急；善于控制自己思想感情和举止行为的能力；对环境的适应能力；自我反思能力；自我约束和自我要求的意识和能力；浮躁而功利的心态；良好的沟通能力	230	个人影响因素

表 4-2 呈现的是学生对学习主动性影响因素的描述，表中第一列、第二列和第三列的内容同表 4-1，分别是学生的描述、相应频次和研究者的初步归类结果。上表结果表明，影响因素归类结果主要指向学生本人、学校、家庭和社会。如个人因素的归类主要源自于"我""自己""个人""本人""自我"等词语。词语的频次统计结果显示，学生认为影响自我主动性的因素排序是：个人、学校、家庭和社会。

第二节 大学生学习主动性特征问卷的编制

一 问卷初稿编制

根据主动性及学习主动性的定义、大学生学习主动性的理论基础和开放式问卷调查结果初步编制出包含 55 个项目的《大学生学习主动性特征问卷》。为了保证问卷项目的内容效度，我们邀请了有关专家、教师和学生（包括心理学教师 9 人，心理学博士生 6 人，高等教育学研究生 18 人，教学与课程论研究方向研究生 5 人，公共事业管理本科生 16 人）对问卷的每个项目进行可读性和适宜性评价。根据他们的指导和建议，删除了不能代表维度含义和内涵重复的项目共 9 个，问卷由 55 个项目变成了 47 个项目，如删除了"在组织活动中经常充当组织者或指挥者角色""积极参加竞赛活动并努力争取胜""我对目前专业很满意""无人监管我也能自觉学习""上课能认真听讲，不分心"等。同时根据他们的建议增加"学习中需要他人配合时，我会尽力与之沟通"等项目。再次请同事、研究生对问卷进行仔细审阅，修改问卷中表述不清、语意模糊、容易给被试造成误解的项目。最后,通过题项的筛选与整合及经验的思辨,最终形成了包含学习目的性、学习控制性、学习创造性、学习情感性、学习自发性和学习互动性6个维度47个项目的"大学生学习主动性特征的预测问卷"。问卷答案采用Likert 5点量表,由"完全不符合""比较不符合""基本符合""比较符合"到"完全符合",依次赋值1、2、3、4、5。得分越低表明大学生主动学习的意愿越不强烈,得分越高表明其学习主动性越强,主动学习的意愿越强烈。

二 问卷预测

(一)预测样本

预测样本选自南昌市2所高校(1所本科高校,1所专科高校),共发放问卷240份,回收有效问卷218份,问卷有效回收率为90.8%(见表4-3)。

表4-3 预测样本(n=218)

性别		学校		年级			
男	女	专科	本科	一	二	三	四
86	132	91	127	59	38	43	78

(二)施测过程

采用初步编制的大学生学习主动性特征问卷,以班级为单位进行团体施测,问卷为纸笔自陈式。问卷分发和收集皆由课题主持人完成。正式调查前由主试通过统一的指导语,介绍调查的目的与意义,介绍匿名的保证和对被调查者回答问题的要求等,鼓励被试客观、真实、认真作答。答题完毕后,由主试统一回收问卷,答题时间约为10分钟。

(三)数据输入及清理

问卷回收后,采用两种方法进行整理,一是人工初筛,二是软件清理。人工初筛即首先对问卷进行仔细整理,剔除不合格问卷。尽管研究采取了多种措施来防范被试作答时的不良行为,但问卷回收后,依然发现有一些无效问卷需要剔除。

无论是人工筛选还是借助软件清理,剔除无效问卷都遵循以下原则:整份问卷答案成规则作答;同一题目选多个答案;整份问卷漏答题目占整份问卷题目 10% 以上；答案严重偏于高分或低分。将有效问卷的数据录入社会科学统计软件包 SPSS 23.0 和 LSREL 8.80 统计软件中进行数据分析。

三 预测问卷项目分析

项目分析即对问卷初稿中的 47 道题中每道题的质量进行分析，剔除与主动性总分关系不甚密切的项目即区分度不显著的项目，采用的方法是临界比法和相关法。临界比法即检验每道题是否能显著区分高分和低分组的被试。临界比法操作程序是：①求出每个被试在所有项目上的总分；②按总分从高到低进行排序；③分别找到高分段及低分段的临界分数（两端各占总人数的 27%）；④根据临界分数将问卷得分分成高分组、低分组和中间组三组；⑤用独立样本 t 检验检验高分组和低分组在每道题上的差异，如果题目的临界值达到显著水平，表示该题项能鉴别不同被试的反应程度；如果题目的 t 检验结果没有达到显著性，表示该题不能区分不同反应的被试，应该删除该题。吴明隆指出如果所有题目都达到显著性，为了提高题目的鉴别功能，可以将临界值大于 3.00 作为题目筛选的依据。① 表 4-4 是课题研究初始问卷 47 道题目的 t 检验结果。

表 4-4　　　　　　　　初始问卷临界比法检验结果

题目名称	t	P	题目名称	t	P
1. 我有明确的学习目标	8.640	0.000	9. 我能认真对待课后作业	8.252	0.000
2. 我会制定短期或长期的学习计划	7.634	0.000	10. 我努力提高自身各方面的素养	3.447	0.000
3. 我会努力完成学习目标和计划	7.166	0.000	11. 我经常逃课	2.702	0.008
4. 我课前能自觉预习	5.763	0.000	12. 我总是突击应付考试	3.619	0.000
5. 我课后能自觉复习	6.300	0.000	13. 我上课能做到不迟到、不早退	8.983	0.000
6. 我上课能认真记笔记	6.418	0.000	14. 我把大量的课余时间用于学习	10.249	0.000
7. 我上课总能保持注意力集中	7.348	0.000	15. 我经常通过多种渠道搜集学习资料	9.524	0.000
8. 我上课会积极主动发言	6.306	0.000	16. 我平时喜欢博览群书	9.826	0.000

---

① 吴明隆：《问卷统计分析实务》，重庆大学出版社 2010 年版，第 146 页。

续表

题目名称	t	P	题目名称	t	P
17. 我积极参加课外学习活动	8.114	0.000	33. 我常去图书馆、自习室（或实验室）自习	5.388	0.000
18. 我常去图书馆借阅图书资料	8.259	0.000	34. 学习上，我经常会坚持自己的观点和行为	7.690	0.000
19. 我经常把所学理论主动运用到实践	8.589	0.000	35. 我经常反思自己的学习	8.102	0.000
20. 我经常主动与老师交流学习	11.244	0.000	36. 学习中，我能自我调节情绪	12.825	0.000
21. 我经常主动与同学交流学习	10.453	0.000	37. 学习上，我有强烈的求知欲	8.570	0.000
22. 学习中需他人配合时，我会尽力与之沟通	8.008	0.000	38. 我认为上大学关系自己的前途和命运	8.518	0.000
23. 学习中，我善于发现问题	9.544	0.000	39. 学习上，我渴望获得成功	7.069	0.000
24. 学习中，我勤于思考问题	8.675	0.000	40. 为防被超越，我总先于他人采取学习行动	7.770	0.000
25. 学习中，我常常不满足于现状	6.652	0.000	41. 学习上，我有强烈的好奇心	10.188	0.000
26. 学习上，我敢于质疑和批判	11.768	0.000	42. 学习上，我有强烈的责任感	10.890	0.000
27. 我总是在寻找更好的学习方法	10.212	0.000	43. 我对学习很感兴趣	10.335	0.000
28. 我经常自主进行一些探索性学习	6.876	0.000	44. 我感觉学习是件愉快的事	7.927	0.000
29. 我从不怀疑并完全接受书本知识和老师观点	0.157	0.876	45. 学习中，我能保持适度的焦虑和紧张	6.874	0.000
30. 我会克服学习中的各种难题	6.178	0.000	46. 我对知识学习很自信	8.367	0.000
31. 当别人玩乐时，我能排除干扰，继续学习	5.506	0.000	47. 我能经常保持学习热情	9.410	0.000
32. 当学习遇到困难和问题时，我倾向于独立解决	6.172	0.000			

表 4-4 表明，第 11 题和第 29 题的 t 值小于 3（$t_{11}=2.702$，$p<0.05$；$t_{29}=0.157$，$P>0.05$），根据吴明隆提出的标准，可以考虑删除上述两题。

项目分析的第二种方法是相关法，相关法即求取每道题与总分的积差相关系数，相关系数显著且达到一定的临界值表示该题与学习主动性总分关系密切，或者说该题对测量大学生学习主动性的贡献是显著的，反之，若相关不显著或相关显著但没有达到临界值，则表示该题与大学生学习主动性关系不密切或者对测量大学生学习主动性贡献不大，具体的相关分析结果见表 4-5。

表 4-5　　初始问卷各题与总分的相关

题目名称	相关系数 r	P	题目名称	相关系数 r	P
1. 我有明确的学习目标	0.590 **	0.000	21. 我经常主动与同学交流学习	0.627 **	0.000
2. 我会制定短期或长期的学习计划	0.506 **	0.000	22. 学习中需他人配合时，我会尽力与之沟通	0.553 **	0.000
3. 我会努力完成学习目标和计划	0.526 **	0.000	23. 学习中，我善于发现问题	0.654 **	0.000
4. 我课前能自觉预习	0.420 **	0.000	24. 学习中，我勤于思考问题	0.637 **	0.000
5. 我课后能自觉复习	0.472 **	0.000	25. 学习中，我常常不满足于现状	0.489 **	0.000
6. 我上课能认真记笔记	0.430 **	0.000	26. 学习上，我敢于质疑和批判	0.457 **	0.000
7. 我上课总能保持注意力集中	0.535 **	0.000	27. 我总是在寻找更好的学习方法	0.621 **	0.000
8. 我上课会积极主动发言	0.470 **	0.000	28. 我经常自主进行一些探索性学习	0.497 **	0.000
9. 我能认真对待课后作业	0.537 **	0.000	29. 我从不怀疑并完全接受书本知识和老师观点	0.085	0.210
10. 我努力提高自身各方面的素养	0.368 **	0.000	30. 我会克服学习中的各种难题	0.610 **	0.000
11. 我经常逃课	-0.072	0.288	31. 当别人玩乐时，我能排除干扰，继续学习	0.414 **	0.000
12. 我总是突击应付考试	-0.120	0.080	32. 当学习遇到困难和问题时，我倾向于独立解决	0.433 **	0.000
13. 我上课能做到不迟到、不早退	0.474 **	0.000	33. 我常去图书馆、自习室（或实验室）自习	0.541 **	0.000
14. 我把大量的课余时间用于学习	0.572 **	0.000	34. 学习上，我经常会坚持自己的观点和行为	0.535 **	0.000
15. 我经常通过多种渠道搜集学习资料	0.646 **	0.000	35. 我经常反思自己的学习	0.487 **	0.008
16. 我平时喜欢博览群书	0.620 **	0.000	36. 学习中，我能自我调节情绪	0.647 **	0.000
17. 我积极参加课外学习活动	0.547 **	0.000	37. 学习上，我有强烈的求知欲	0.528 **	0.000
18. 我常去图书馆借阅图书资料	0.565 **	0.000	38. 我认为上大学关系自己的前途和命运	0.524 **	0.000
19. 我经常把所学理论主动运用到实践	0.617 **	0.000	39. 学习上，我渴望获得成功	0.492 **	0.000
20. 我经常主动与老师交流学习	0.570 **	0.000	40. 为防被超越，我总先于他人采取学习行动	0.588 **	0.000

续表

题目名称	相关系数 r	P	题目名称	相关系数 r	P
41. 学习上，我有强烈的好奇心	0.599**	0.000	45. 学习中，我能保持适度的焦虑和紧张	0.594**	0.000
42. 学习上，我有强烈的责任感	0.660**	0.000	46. 我对知识学习很自信	0.630**	0.000
43. 我对学习很感兴趣	0.648**	0.000	47. 我能经常保持学习热情	0.409**	0.000
44. 我感觉学习是件愉快的事	0.481**	0.000			

吴明隆在《问卷统计分析实务》一书中指出如果题目与总分相关不显著或相关系数小于0.4，则表示这样的题目与测验总分所测的特质不一致，最好删除。表4-5显示，第11题（$r=-0.072$，$p=0.288>0.05$）、第12题（$r=-0.120$，$p=0.080>0.05$）和第29题（$r=0.085$，$p=0.210>0.05$），这3道题与总分的相关不显著，要考虑删除。第10题的相关是显著的（$r=0.368$，$p=0.000<0.001$）但系数值低于0.4，表示可能需要删除该题，而其余43道题的相关系数都大于0.4且都在0.001的显著水平上显著。

四 预测问卷同质性检验

同质性是指问卷所编制的所有项目都指向所欲测量的相同特质或潜在构想。同质性检验的目的是删除异质项目，以保证所有项目具有统一的内在指向性。同质性检验采用两种方法进行，一是信度检验，二是因素负荷量。[①] 信度指的是量表的一致性或稳定性，一般来说，题目数越多信度会越高，而信度检验旨在检视题目被删除后信度是否反而显著提高，如果存在这种情形，则说明被删除的项目与其他题目的同质性不高，在项目分析时可考虑删除这样的项目。在信度分析时，除了计算量表的信度外，在SPSS软件中的信度分析中的"统计量"描述中勾选"项目删除后的度量"则会得到表4-6的相关结果。表中α值所在列即是删除该题后，量表的内部一致性系数值，而没有删除任何项目时整份问卷的Cronbach's α系数（内部一致性）是0.935。表4-6显示第11、12、29这3道题被删除后问卷的内部一致性系数在0.935以上，说明可能需要删除这3个项目。

---

① 吴明隆：《问卷统计分析实务》，重庆大学出版社2010年版，第184页。

表中"修正的项目总相关"是指某项目与除去该项目的其他项目总分的相关,如果相关小于 0.400,表示该项目与其余项目的相关为低度相关,该项目与其余项目所要测量的心理或潜在特质同质性不高,在项目分析时也可考虑将此题项删除。[①] 表 4-6 中的第 10、11、12、25、29、32 的相关值均小于 0.4 显示这 6 道题可能需要删除。

表 4-6　　　　　　　　同质性检验——信度检验结果

题目名称	修正的项目总相关	α	题目名称	修正的项目总相关	α
1. 我有明确的学习目标	0.565	0.932	15. 我经常通过多种渠道搜集学习资料	0.615	0.932
2. 我会制定短期或长期的学习计划	0.468	0.933	16. 我平时喜欢博览群书	0.589	0.932
3. 我会努力完成学习目标和计划	0.484	0.933	17. 我积极参加课外学习活动	0.505	0.933
4. 我课前能自觉预习	0.421	0.934	18. 我常去图书馆借阅图书资料	0.533	0.933
5. 我课后能自觉复习	0.412	0.934	19. 我经常把所学理论主动运用到实践	0.574	0.932
6. 我上课能认真记笔记	0.399	0.934	20. 我经常主动与老师交流学习	0.514	0.933
7. 我上课总能保持注意力集中	0.507	0.933	21. 我经常主动与同学交流学习	0.588	0.932
8. 我上课会积极主动发言	0.449	0.933	22. 学习中需他人配合时,我会尽力与之沟通	0.503	0.933
9. 我能认真对待课后作业	0.516	0.933	23. 学习中,我善于发现问题	0.606	0.932
10. 我努力提高自身各方面的素养	0.348	0.934	24. 学习中,我勤于思考问题	0.580	0.932
11. 我经常逃课	-0.141	0.938	25. 学习中,我常常不满足于现状	0.332	0.934
12. 我总是突击应付考试	-0.179	0.939	26. 学习上,我敢于质疑和批判	0.414	0.934
13. 我上课能做到不迟到、不早退	0.427	0.934	27. 我总是在寻找更好的学习方法	0.572	0.932
14. 我把大量的课余时间用于学习	0.556	0.933	28. 我经常自主进行一些探索性学习	0.449	0.933

---

① 吴明隆:《问卷统计分析实务》,重庆大学出版社 2010 年版,第 184 页。

续表

题目名称	修正的项目总相关	α	题目名称	修正的项目总相关	α
29. 我从不怀疑并完全接受书本知识和老师观点	-0.005	0.936	39. 学习上，我渴望获得成功	0.509	0.933
30. 我会克服学习中的各种难题	0.585	0.932	40. 为防被超越，我总先于他人采取学习行动	0.431	0.933
31. 当别人玩乐时，我能排除干扰，继续学习	0.403	0.934	41. 学习上，我有强烈的好奇心	0.596	0.932
32. 当学习遇到困难和问题时，我倾向于独立解决	0.372	0.934	42. 学习上，我有强烈的责任感	0.555	0.933
33. 我常去图书馆、自习室（或实验室）自习	0.520	0.933	43. 我对学习很感兴趣	0.621	0.932
34. 学习上，我经常会坚持自己的观点和行为	0.432	0.933	44. 我感觉学习是件愉快的事	0.614	0.932
35. 我经常反思自己的学习	0.500	0.933	45. 学习中，我能保持适度的焦虑和紧张	0.421	0.934
36. 学习中，我能自我调节情绪	0.474	0.933	46. 我对知识学习很自信	0.556	0.933
37. 学习上，我有强烈的求知欲	0.614	0.932	47. 我能经常保持学习热情	0.610	0.932
38. 我认为上大学关系自己的前途和命运	0.492	0.933			

同质性检验的第二种方法是检查因素分析的因素负荷量（factor loading）。因素负荷量表示题项与因素（所测特质）关系的程度，某道题在共同因素上（第一个因子，指总量表）的因素负荷量愈高，表示这道题与共同因素的关系愈密切，亦即其同质性愈高；相反，题目在共同因素上的因素负荷量愈低，表示题项与共同因素的关系愈不密切，亦即其同质性愈低。一般认为，如果因素负荷量小于 0.45 则可考虑删除该题。[①] 我们对初始量表进行因素分析得到的所有题目的因素负荷量见表 4-7，该表表明第 10、11、12、25、29、32 这 6 道题的因素负荷量小于 0.45，表明这 6 道题可能需要删除。

[①] 吴明隆：《问卷统计分析实务》，重庆大学出版社 2010 年版，第 184 页。

表 4-7　　　　　　　　　同质性检验——因素负荷量

题目名称	因素负荷	题目名称	因素负荷
1. 我有明确的学习目标	0.594	25. 学习中，我常常不满足于现状	0.356
2. 我会制定短期或长期的学习计划	0.498	26. 学习上，我敢于质疑和批判	0.489
3. 我会努力完成学习目标和计划	0.506	27. 我总是在寻找更好的学习方法	0.600
4. 我课前能自觉预习	0.468	28. 我经常自主进行一些探索性学习	0.467
5. 我课后能自觉复习	0.465	29. 我从不怀疑并完全接受书本知识和老师观点	-0.005
6. 我上课能认真记笔记	0.468	30. 我会克服学习中的各种难题	0.623
7. 我上课总能保持注意力集中	0.541	31. 当别人玩乐时，我能排除干扰，继续学习	0.466
8. 我上课会积极主动发言	0.488	32. 当遇到困难和问题时，我倾向于独立解决	0.387
9. 我能认真对待课后作业	0.559	33. 我常去图书馆、自习室（或实验室）自习	0.546
10. 我努力提高自身各方面的素养	0.412	34. 学习上，我经常会坚持自己的观点和行为	0.472
11. 我经常逃课	-0.160	35. 我经常反思自己的学习	0.517
12. 我总是突击应付考试	-0.209	36. 学习中，我能自我调节情绪	0.511
13. 我上课能做到不迟到、不早退	0.479	37. 学习上，我有强烈的求知欲	0.656
14. 我把大量的课余时间用于学习	0.581	38. 我认为上大学关系自己的前途和命运	0.523
15. 我经常通过多种渠道搜集学习资料	0.638	39. 学习上，我渴望获得成功	0.542
16. 我平时喜欢博览群书	0.607	40. 为防被超越，我总先于他人采取学习行动	0.470
17. 我积极参加课外学习活动	0.553	41. 学习上，我有强烈的好奇心	0.633
18. 我常去图书馆借阅图书资料	0.561	42. 学习上，我有强烈的责任感	0.608
19. 我经常把所学理论主动运用到实践	0.610	43. 我对学习很感兴趣	0.665
20. 我经常主动与老师交流学习	0.547	44. 我感觉学习是件愉快的事	0.669
21. 我经常主动与同学交流学习	0.626	45. 学习中，我能保持适度的焦虑和紧张	0.462
22. 学习中需他人配合时，我会尽力与之沟通	0.543	46. 我对知识学习很自信	0.580
23. 学习中，我善于发现问题	0.635	47. 我能经常保持学习热情	0.642
24. 学习中，我勤于思考问题	0.609		

五 预测问卷分析小结

以上采用临界比法、项目总分相关法对预测问卷的项目进行了项目区分度分析，采用信度检验和因素分析法分析了预测问卷的同质性，无论是项目区分度分析还是同质性检验，其本质都是为了找到测量学习主动性这一特质没有贡献或贡献太小的题目，综合上述分析结果，从统计的角度来看预测问卷需要删除的题目是第 10、11、12、25、29、32 题（见表 4-8）。这 6 道题在 5 个删除指标中，显示需被删除的指标个数分别是 3、5、4、3、5、2，可见，这些题目被删除在统计上有充分的理由。除此之外，进一步分析其理论意义，也发现这些题目具有理论上删除的必要。同时，通过理论分析还发现，第 14 题"我把大量的课余时间用于学习"包含了第 33 题"我常去图书馆、自习室（或实验室）自习"，第 15 题"我经常通过多种渠道搜集学习资料"包含了第 18 道"我常去图书馆借阅图书资料"的意义，而第 14 和第 15 题的所有统计指标分别优于第 33 和第 18 题，所以继续删除第 33 题和第 18 题，最后形成了由 39 个题项构成的正式问卷。

表 4-8　　　　大学生学习主动性预测问卷分析小结

题目序号	极端组 决断值	题目与总分相关 题目与总分相关	题目与总分相关 校正题目与总分相关	同质性检验 题目删除后α值	同质性检验 因素负荷值	未达标准指标数	备注
1	8.640	0.590**	0.565**	0.932	0.594	0	保留
2	7.634	0.506**	0.468**	0.933	0.498	0	保留
3	7.166	0.526**	0.484**	0.933	0.506	0	保留
4	5.763	0.420**	0.421**	0.934	0.468	0	保留
5	6.300	0.472**	0.412**	0.934	0.465	0	保留
6	6.418	0.430**	0.399**	0.934	0.468	0	保留
7	7.348	0.535**	0.507**	0.933	0.541	0	保留
8	6.306	0.470**	0.449**	0.933	0.488	0	保留
9	8.252	0.537**	0.516**	0.933	0.559	0	保留
10	3.447	0.368**	0.348**	0.934	0.412	3	删除
11	2.702	-0.072	-0.141	0.938	-0.160	5	删除
12	3.619	-0.120	-0.179	0.939	-0.209	4	删除
13	8.983	0.474**	0.427**	0.934	0.479	0	保留

续表

题目序号	极端组 决断值	题目与总分相关 题目与总分相关	题目与总分相关 校正题目与总分相关	同质性检验 题目删除后α值	同质性检验 因素负荷值	未达标准指标数	备注
14	10.249	0.572**	0.556**	0.933	0.581	0	保留
15	9.524	0.646**	0.615**	0.932	0.638	0	保留
16	9.826	0.620**	0.589**	0.932	0.607	0	保留
17	8.114	0.547**	0.505**	0.933	0.553	0	保留
18	8.259	0.565**	0.533**	0.933	0.561	0	保留
19	8.589	0.617**	0.574**	0.932	0.610	0	保留
20	11.244	0.570**	0.514**	0.933	0.547	0	保留
21	10.453	0.627**	0.588**	0.932	0.626	0	保留
22	8.008	0.553**	0.503**	0.933	0.543	0	保留
23	9.544	0.654**	0.606**	0.932	0.635	0	保留
24	8.675	0.637**	0.580**	0.932	0.609	0	保留
25	6.652	0.389**	0.332	0.934	0.356	3	删除
26	11.768	0.457**	0.414**	0.934	0.489	0	保留
27	10.212	0.621**	0.572**	0.932	0.600	0	保留
28	6.876	0.497**	0.449**	0.933	0.467	0	保留
29	0.157	0.085	−0.005	0.936	−0.005	5	删除
30	6.178	0.610**	0.585**	0.932	0.623	0	保留
31	5.506	0.414**	0.403**	0.934	0.466	0	保留
32	6.172	0.433**	0.372**	0.934	0.387	2	删除
33	5.388	0.541**	0.520**	0.933	0.546	0	保留
34	7.690	0.535**	0.432**	0.933	0.472	0	保留
35	8.102	0.487**	0.500**	0.933	0.517	0	保留
36	12.825	0.647**	0.474**	0.933	0.511	0	保留
37	8.570	0.528**	0.614**	0.932	0.656	0	保留
38	8.518	0.524**	0.492**	0.933	0.523	0	保留
39	7.069	0.492**	0.509	0.933	0.542	0	保留
40	7.770	0.588**	0.431**	0.933	0.470	0	保留
41	10.188	0.599**	0.596&**	0.932	0.633	0	保留
42	10.890	0.660**	0.555**	0.933	0.608	0	保留
43	10.335	0.648**	0.621**	0.932	0.665	0	保留

题目序号	极端组 决断值	题目与总分相关 题目与总分相关	校正题目与总分相关	同质性检验 题目删除后α值	因素负荷值	未达标准指标数	备注
44	7.927	0.481**	0.614**	0.932	0.669	0	保留
45	6.874	0.594**	0.421**	0.934	0.462	0	保留
46	8.367	0.630**	0.556**	0.933	0.580	0	保留
47	9.410	0.409**	0.610**	0.932	0.642	0	保留
删除标准	≤3.00	≤0.40	≤0.40	≥0.935	≤0.450		

综上，从统计角度删除的题项有第10、11、12、25、29、32，从理论角度删除的题项有第18、33题，删除这8道题后，问卷最终形成含39道题的正式问卷。正式问卷形成后，通过网络调查和现场调查回收了8332份有效问卷。

An-derson, J. C., Gerbin, D. W. 建议，在发展理论的过程中，首先应通过探索性因素分析建立模型，再用验证性因素分析去检验和修正模型。① 两种因素分析缺少任何一个，因素分析都将是不完整的。② 因此，我们把数据随机分成两部分，其中的4376个被试的数据用于探索性因素分析，4131份被试数据用于验证性因素分析。③

六 正式问卷结构探索性因素分析④

尽管通过开放式访谈结果的编码曾初步对项目进行过归类，理论上也有一些设想，但由于部分项目已被删除，问卷的结构可能已发生变化。因此，需借助探索性因素分析法进一步探索问卷的结构。

（一）探索性因素分析适宜性检验

要进行探索性因素分析，首先必须明确问卷及各题项是否适合应用

---

① 侯杰泰：《结构方程模型及其应用》，教育科学出版社2004年版，第138—139页。
② Anderson J. C., Gerbin D. W., *Structrual equation modeling in practice: A review and recommended two-step approach*, Psychological Bulletin, 1998, p. 411.
③ 研究采用SPSS中随机抽样的方法抽取了用于探索性因素分析和验证性因素分析的两部分数据，存在部分数据被重复抽取的可能，因此两部分数据加起来大于总人数。
④ 探索性因素分析是通过研究多个可直接测量的变量间相关系数矩阵（或协方差矩阵）的内部依赖关系，找出能综合所有变量的不可测量的少数几个随机变量，即因素，使得同一因素内变量间相关性较高，不同因素间变量相关性较低。

因素分析。KMO（Kaiser-Meyer-Olkin）、反映像相关矩阵和 Bartlett 球形检验可以用来判定整体数据是否适宜进行因素分析。KMO 用于检查变量之间的偏相关性（其值介于 0—1 之间），当 KMO 越大，则变量间的净相关系数越小，越适合进行因素分析。学者 Kaiser 认为进行因素分析的普遍准则是 KMO 值至少在 0.6 以上，如果 KMO 值小于 0.5，则说明数据不适合用因素分析。[①] 反映像相关矩阵的对角线数值代表每一个变量的取样适当性量数（MSA）。[②] 如果说 KMO 是判别问卷是否适合进行因素分析，而 MSA 则是判别个别题项是否适合因素分析。一般而言，如果个别题项的 MSA 值小于 0.5，表示该题项不适合进行因素分析，在进行因素分析时可考虑将之删除。[③] Bartlett 球形检验判断的是相关阵是否是单位阵，如果相关阵是单位阵，则各变量独立，不能进行因素分析。

4376 个被试的数据分析结果得到的 KMO 值为 0.967，已接近于 1，表示变量间具有共同因素存在，数据适合进行因素分析；各题项中的 MSA 值在 0.911 至 0.985 之间，均大于 0.5，所以 39 道题都适合进行因素分析；Bartlett 球形检验的卡方值为 85323.903，自由度为 741，P = 0.000<0.001，表明变量的相关矩阵显著，可以对数据进行因素分析。

（二）维度的提取

研究采用主成分分析方法（PFA）进行因子抽取，以"特征值大于 1、特征值形成的陡坡图、抽取因素所能解释的变量大小"[④] 三个指标为因子抽取依据。结果发现，特征值大于 1 的公因子有 7 个（见表 4-9），而且这 7 个公因子的散点基本位于陡坡上（R. Cattell 认为当特征值开始很平滑下降时就不抽取），可见其特征根作用明显（见图 4-1），所以我们抽取 7 个公因子，这 7 个公因子的累计贡献率为 59.537%。39 个题项的因子载荷在 0.411—0.824 之间，共同度[⑤]在 0.438—0.700 之间（见表

[①] 吴明隆：《问卷统计分析实务》，重庆大学出版社 2010 年版，第 217 页。
[②] 同上书，第 220 页。
[③] 同上。
[④] 刘云艳：《幼儿好奇心结构的探索性因素分析》，《心理科学》2004 年第 1 期。
[⑤] 共同度也称为公因子方差。进行探索性因素分析时，首先检查各题项的公因子方差。公因子方差是指提取公因子后，各变量中所含原始信息能被提取的公因子所表示的程度，取值介于 0—1 之间，取值越大，则表明该变量能被公因子解释的程度越高，反之越低，越不适合进行因素分析。因此，共同性估计值的高低可作为项目分析时筛选题项是否合适的指标之一，若题项的共同性低于 0.20 可考虑将该题项删除。

4-10),这表明39个题目进行探索性因素分析后,其在因素载荷和共同度两项指标上都达到了基本要求,七因子的模型可以较好地代表问卷的结构。7个因子的内部一致性系数取值在0.702—0.894之间,说明每个因子的题项构成具有较高的同质性。

表 4-9 公因子特征值及贡献率

因子	初始解 特征值	初始解 贡献率	初始解 累计贡献率	旋转后因子解 特征值	旋转后因子解 贡献率	旋转后因子解 累计贡献率
1	14.547	37.301	37.301	4.923	12.623	12.623
2	2.062	5.286	42.587	4.474	11.473	24.095
3	1.843	4.725	47.312	3.235	8.296	32.391
4	1.433	3.674	50.987	3.233	8.291	40.682
5	1.242	3.185	54.172	2.917	7.479	48.161
6	1.082	2.774	56.946	2.456	6.296	54.457
7	1.011	2.591	59.537	1.981	5.080	59.537

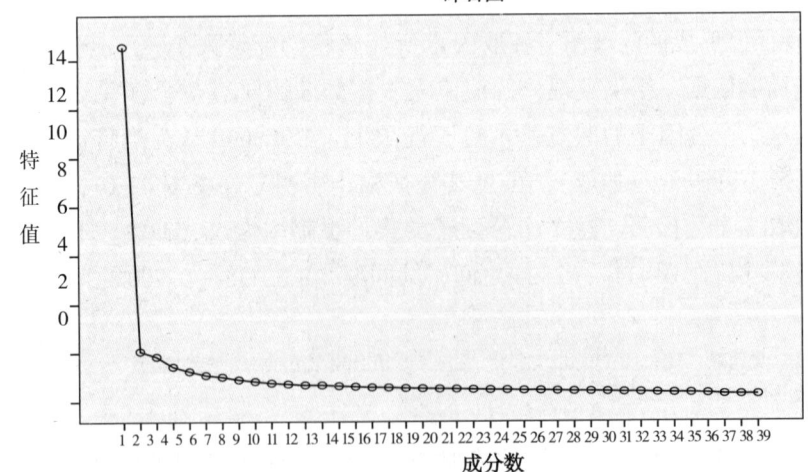

图 4-1 碎石图

表 4-10　　39 个题目的载荷和共同度（n=4376）

因子命名及 Alpha 系数	题项	公因子 1	2	3	4	5	共同度
学习情感性 (0.894)	29. 学习上，我有强烈的求知欲	0.764					0.644
	32. 为防被超越，我总先于他人采取学习行动	0.688					0.527
	33. 学习上，我有强烈的好奇心	0.747					0.635
	35. 我对学习很感兴趣	0.813					0.677
	36. 我感觉学习是件愉快的事	0.794					0.653
	37. 学习中我能保持适度的焦虑和紧张	0.611					0.438
	38. 我对知识学习很自信	0.682					0.512
	39. 我能经常保持学习热情	0.772					0.608
学习创造性 (0.879)	19. 学习中，我善于发现问题		0.820				0.676
	20. 学习中，我勤于思考问题		0.824				0.695
	21. 学习上，我敢于质疑和批判		0.799				0.658
	22. 我总是在寻找更好的学习方法		0.717				0.580
	23. 我经常自主进行一些探索性学习		0.694				0.588
	24. 我会努力克服学习中的各种难题		0.643				0.561
学习互动性 (0.848)	8. 我上课会积极主动发言			0.665			0.571
	12. 我经常通过多种渠道搜集学习资料			0.703			0.596
	13. 我平时喜欢博览群书			0.674			0.613
	14. 我积极参加课外学习活动			0.753			0.606
	15. 我经常把所学理论主动运用到实践			0.708			0.571
	16. 我经常主动与老师交流学习			0.753			0.633
	17. 我经常主动与同学交流学习			0.662			0.568
	18. 学习中需他人配合时，我会尽力与之沟通			0.485			0.569
学习自觉性 (0.832)	4. 我课前能自觉预习				0.613		0.593
	5. 我课后能自觉复习				0.637		0.596
	6. 我上课能认真记笔记				0.784		0.635
	7. 我上课总能保持注意力集中				0.770		0.630
	9. 我能认真对待课后作业				0.741		0.579
	10. 我上课能做到不迟到、不早退				0.616		0.540
	11. 为实现目标，我把大量课余时间用于学习				0.535		0.539

续表

因子命名及 Alpha 系数	题项	公因子 5	公因子 6	公因子 7	共同度
学习目的性 (0.794)	1. 我有明确的学习目标	0.771			0.651
	2. 我会制订短期或长期的学习计划	0.810			0.685
	3. 我会努力完成学习目标和计划	0.755			0.615
学习控制性 (0.760)	25. 当别人玩乐时，我能排除干扰，继续学习		0.570		0.527
	26. 学习上，我经常会坚持自己的观点和行为		0.648		0.531
	27. 我经常反思自己的学习		0.661		0.521
	28. 学习中，我能自我调节情绪		0.722		0.571
学习需要性 (0.702)	30. 我认为上大学关系自己的前途和命运			0.731	0.652
	31. 学习上，我渴望获得成功			0.763	0.700
	34. 学习上，我有强烈的责任感			0.411	0.476

（三）因子命名

1. 学习情感性。情感是由理智感、道德感、美感等基本要素组成的，是客观事物是否符合自身需要而产生的一种情感体验。学习情感性是学习者在学习过程中产生的一种主观体验[1]，是学生对学习是否满足需要的一种价值判断，包括超越自我、超越他人的成就感[2]，对学习表现出某种兴趣爱好及反应后的满足[3]，对知识学习很自信[4]，对学习的恐惧和焦虑[5]（如对考试感到焦虑等），对学习的热情和愉悦[6]以及对国家与集体、对人、对己的道德责任感[7]等。刘云艳[8]认为，好奇心是认知与情感的成分

---

[1] Scherer, K. R., *On the Nature and Function of Emotion: A Component Process Aapproach. In K. R. Scherer, &P. Ekman (Eds.), Approaches to Emotion*, Hillsdale, NJ: Erlbaum, 1984, pp. 293-317.

[2] 周家骥等：《情感目标和评价的研究》，《心理科学》2002年第6期。

[3] 同上。

[4] 同上。

[5] 陈平、刘敏：《小学生学习主动性培养的实验研究》，《教育研究》1995年第11期。

[6] 周家骥等：《情感目标和评价的研究》，《心理科学》2002年第6期。

[7] 同上。

[8] Pekrun, R., Gtstz, T., Titz, W. &Perry, R. P., "Academic Emotions in Students'Self-regulat-ed Learning and Achievement: A Program of Qualitative and Quantitative Research", *Educational Psychologist*, Vol. 37, No. 2, 2002, pp. 91-105.

之一。根据因子所包含的题项及上述前人研究的理论分析，我们把第一个因子命名为"学习情感性"。陈平[①]、应佳[②]等人在研究学生的学习主动性时，都认为"学习情感性"是学习主动性的重要特征。从因子提取的结果来看，"学习情感性"这一因子在问卷中贡献率最大，说明它不仅仅是学习主动性的重要特征，更是学习主动性的核心要素。

2. 学习创造性。创造性是指个体产生新奇独特的、有社会价值的产品的能力或特性，具有流畅性、变通性和独创性三个基本特征。[③] 学习创造性是指学习者在学习过程中所表现出来的创造性，即学生在学习活动中是积极的探索者，他们敢于除旧布新，敢于自我发现，敢于批判反思，重视作为学习策略主要成分的学习方法的选择、使用、调节和控制。[④] 根据问卷项目中的相关内容，如学生能经常自主进行一些探索性学习，在学习中善于发现问题，善于寻找更好的学习方法，而且能对学习中遇到的问题敢于质疑和批判，都反映了学生在学习中不墨守成规、求新求异的创新意识和创新思维能力，故把这个因子命名为"学习创造性"。杨明均[⑤]认为，学习主动性主要体现在学习的主动适应性和创造性上，创造性是主动性发展的最高表现。除此之外，王立彦[⑥]和郝连科[⑦]等认为学习创造性是学习主动性的一个构成因子。"学习创造性"维度的产生符合大学的基本学习规律，因为，大学生的任务不仅要获取知识，也要创新知识，而创新也就意味着打破传统和超越现实和自我，而打破和超越的过程就是发挥学生主动性的过程。所以，创造性是构成大学生学习主动性不可或缺的一个维度。

3. 学习互动性。马克思指出："社会——不管其形式如何——究竟是什么呢？是人们交互作用的产物。"符号互动论认为，客体的意义源于个体与

[①] 陈平、刘敏：《小学生学习主动性培养的实验研究》，《教育研究》1995年第11期。
[②] 应佳：《大学生学习主动性、时间管理倾向与成就动机的关系研究》，硕士学位论文，重庆大学，2010年。
[③] 教育部人事司制定：《教育心理学考试大纲》，北京师范大学出版社2002年版，第146页。
[④] 林崇德：《关于创造性学习的特征》，《北京师范大学学报》（人文社会科学版）2000年第1期。
[⑤] 杨明均：《试论学生的学习主动性》，《四川教育学院学报》2002年第1期。
[⑥] 王立彦：《论学生学习主动性的培养》，《教学与管理》1990年第2期。
[⑦] 郝连科：《大学生网络学习主动性的教学策略研究》，硕士学位论文，东北师范大学，2008年。

他人的互动，而非客体本身所具有的①。因此，学习互动理应是大学生学习生活的基本内容之一。从广义上来说，学习互动性是指大学生与周围环境的交互过程，这种交互既体现在师生、生生间也体现在学生与各种物化资源间，在各种沟通与对话中实现知识的传播和人与人情感的交流。juler 认为，"在所有教育中，教材都是基本的，学生和文字教材间的交互与他们和人之间的交互同等重要，事实上，他们与人之间的很多交互都不仅仅是两个人的谈话，而应是两个人在学习了教材的基础上进行的复杂的交谈"②。课堂主动发言，师生间及生生间交流学习，学习中与他人互相配合、积极沟通，理论与实践的交互以及学生与书本的对话等都体现了上述学习互动的概念，即都反映了学习过程中人与人、人与环境之间的交往与互动，故第三个因子命名为"学习互动性"。互动意味着是一种双向的关系，而要维系这种双向关系，必然要求互动双方充分发挥积极性和主动性，因此，"学习互动性"理应也是学习主动性的一个重要特征，李芳③和胡淑飞④等人的观点也进一步证实了这种观点。

4. 学习自觉性。学习自觉性是学生为实现学习目标而自觉自愿地执行学习任务的状态，是在学习需要、学习动机、学习兴趣、学习态度及学习责任心等内在因素共同作用下的一系列自觉学习活动。王立彦⑤认为，学习自觉性是学习主动性四大特征之一，它是指学生不管教师的要求是宽还是严，而是惜时如金，勤奋追求，课前能做好预习，课上能认真思考，课下能及时复习、巩固和运用。可见，学习主动性的形成以学习自觉为主要表现形式。课前自觉预习、上课认真记笔记、课后自觉复习、做作业、自觉上自习尤其能做到把大量课后时间用于学习等均是大学生发挥主观能动性、自觉自愿地规划、管理自己学习的外在表现，故把第四个因子命名为"学习自觉性"。

5. 学习目的性。学习目的性是指学习者根据自身的需要，预先设想

---

① 陈成文：《社会学》，湖南师范大学出版社 2005 年版，第 202—204 页。
② 转引自丁洪霞《基于社会建构主义理论的网络教学交互理论研究》，硕士学位论文，辽宁师范大学，2002 年。
③ 李芳：《基于家庭教育的小学低年级学生学习主动性培养研究》，硕士学位论文，山东师范大学，2011 年。
④ 胡淑飞：《情感教学策略促进学生地理学习主动性研究》，硕士学位论文，西南大学，2008 年。
⑤ 王立彦：《论学生学习主动性的培养》，《教学与管理》1990 年第 2 期。

自己的学习目标和结果，并努力执行学习目标和计划。学习目的性是学生学习需要最终能否得以满足的桥梁，是学习动机的重要成分。学生一旦有了明确、自觉的目的，就会为了实现这个目的而以极大的热情和坚定的毅力，按一定的方向去努力奋斗。王立彦[1]、张寿[2]和高应波[3]都认为学习目的性是学习主动性的重要特征。学生在学习中是否有明确的目标并为此制订短期或长期的学习计划，而且是否会努力完成学习目标和计划，这些都和学习目的相关，所以第五个因子命名为"学习目的性"。

6. 学习控制性。学习控制性是个体在学习过程中按照社会和学校的期望和要求对自我的认知、情绪、行为等方面施加管理和控制，使自我在这些方面的表现符合社会和学校的期望和要求。[4] 王立彦[5]认为，学生的学习主动性的一个重要表现是，学生具有一定的献身精神，为了达到理想和目的甘愿吃苦，不怕困难和挫折，具有坚强的毅力和埋头拼搏、持之以恒的精神。邢虹[6]和张寿[7]在讨论学习主动性特征时都指出，遇到学习困难时顽强的自制力和坚强的毅力以及排除干扰能力都是学习主动性的表现。应佳[8]认为，学生对内外部干扰的克服和维持以及对自己的学习行为、态度的自我调节也是大学生学习主动性的重要特征。根据心理学关于学习自控性的概念，问卷题项所反映的诸如克服学习困难、排除各种学习干扰、坚持自己的学习观点和行为以及自我调节学习时的情绪等方面都是个体对自我的认知、情绪和行为等的管理的控制，即符合心理学关于学习控制性的内涵，因此，第六个因子命名为"学习控制性"。

7. 学习需要性。需要是人对一定客观事物需求的表现，是人脑对生理和社会需求的反映，是一种来自主体本身的心理动力，是个体一切积极性的内在力量源泉。[9] 学习需要则是指个体在学习上有某种缺乏或不平衡

---

[1] 王立彦：《论学生学习主动性的培养》，《教学与管理》1990年第2期。
[2] 张寿：《对主动性学习理论的思考》，《延边大学学报》（社会科学版）2003年第3期。
[3] 高应波：《浅议学生学习主动性的培养》，《现代企业教育》2007年第2期。
[4] 杨慧芳、刘金花：《高自控与低自控儿童的控制归因、自我期望比较研究》，《心理发展与教育》2003年第3期。
[5] 王立彦：《论学生学习主动性的培养》，《教学与管理》1990年第2期。
[6] 邢虹：《中专生数学学习主动性的调查研究及其培养途径》，硕士学位论文，辽宁师范大学，2005年。
[7] 张寿：《对主动性学习理论的思考》，《延边大学学报》（社会科学版）2003年第3期。
[8] 应佳：《大学生学习主动性、时间管理倾向与成就动机的关系研究》，硕士学位论文，重庆大学，2010年。
[9] 李迪明：《高中生学习需要的探索》，《教育科学论坛》2008年第6期。

感，进而产生学习欲望和要求，形成学习动机，并驱使个体进行学习的心理状态，① 是社会、学校和家庭对学生的客观要求在学生头脑中的主观反映，是激发学生进行各种学习活动的内部力量。虽然关于学习需要的分类众说纷纭，但它大致包括：求知的需要、自我表现的需要、获得认可和欣赏的需要、承担责任的需要以及发展的需要等[②]。"学习上，我有强烈的求知欲"，反映了学生的求知需要；"学习上，我渴望获得成功"反映了学生在学习中的成就需要；"我认为上大学关系自己的前途和命运"，这反映了学生学习中的发展需要。所以，研究把第七个因子命名为"学习需要性"。布鲁纳曾说过"学习是一个主动过程，对于学习最好的激发乃是对所学材料的需要。"Frese 等人[③]认为，个人的需要性因素是个人主动性的重要的预测源。陈平等人[④]也认为，学习需要是小学生的学习主动性的重要表现之一。实际上，学习需要性不仅是小学生学习主动性的重要表现，根据研究发现它还是大学生学习主动性的重要维度，应佳[⑤]的研究也部分地证明了这个观点。因此，大学生是否具有强烈的学习需要是衡量其是否拥有学习主动性的重要标准之一。

七 正式问卷结构验证性因素分析

探索性因素分析发现，正式问卷结构模型由 7 个因子组成，分别测量的是学习需要性、学习目的性、学习情感性、学习控制性、学习自觉性、学习互动性和学习创造性这 7 种大学生学习主动性特质。为了进一步验证学习主动性这一因子结构，我们利用随机抽取的另外 4131 份被试的数据采用 LISREL8.80 统计软件对大学生学习主动性问卷进行验证性因素分析，以再次验证正式问卷的结构效度（见图 4-2）。为了评价这一模型的统计合理性，我们采用以下拟合指数来评价模型：（1）相对拟合指数（CFI）、正规拟合指数（NFI）、非正规拟合指数（NNFI）、增量拟合指数（IFI），其取值区间为（0—1），数值越大表示拟合度越佳。表 4-11 表

---

① 李玉环：《大学生学习需要的不足与唤醒对策探析》，《理工高教研究》2007 年第 4 期。
② 李迪明：《高中生学习需要的探索》，《教育科学论坛》2008 年第 6 期。
③ Frese, M., & Fay, D., "Personal initiative (PI): An active performance concept for work in the 21st century", *Research in Organizational Behavior*, Vol. 23, No. 1, 2001, pp. 133-187.
④ 陈平、刘敏：《小学生学习主动性培养的实验研究》，《教育研究》1995 年第 11 期。
⑤ 应佳：《大学生学习主动性、时间管理倾向与成就动机的关系研究》，硕士学位论文，重庆大学，2010 年。

明，模型的 CFI 为 0.978，IFI 为 0.978，NFI 为 0.977，NNFI 为 0.976，均接近于 1，这说明模型拟合良好。(2) 近似误差指数 (RMSEA)，其取值区间为 (0—1)，其指数越小，表示模型拟合度佳。RMSEA 指数如果小于 0.1 则表明拟合较好，小于 0.08 则表明拟合的非常好，低于 0.01 则表明拟合的非常出色。[①] 表 4-11 表明模型的 RMSEA 为 0.0637 (见表 4-11)，小于 0.08，所以，RMSEA 指标显示模型拟合非常好。总之，以上拟合指数都达到了较好的标准，说明该大学生学习主动性的七因子模型是合理的。进而，图 4-3 显示，39 道题的指标负荷值[②]在 0.43—0.81 之间，而对模型指标负荷值的考察，"要综合参考 t 值、标准化解及修正指数 (modification index，简记为 MI)，取 t 值大于 2 为显著，一般来说，希望标准化的负荷在 0.6 或以上，如果小于 0.5，对应的指标要考虑删除。不过，如果仅仅看修正指数或因子负荷，但缺乏其他实质理论根据（如题目含义）的支持，随便将题目增删转移，并不合适"。[③] 在 39 个指标负荷值中，"我上课能做到不迟到、不早退"这道题在自觉性因子上的负荷值小于 0.5，"配合他人"在学习互动性的负荷为 0.59，其余 37 个指标的负荷值均在 0.6 以上，因此，考虑删除"我上课能做到不迟到、不早退"这道题，保留 38 道题。得到修正模型，结果见图 4-3 和表 4-11 中修正模型的拟合指数。

表 4-11 表明，修正模型的拟合指数比初始模型略胜一筹，表现为，误差均方根变小了，NFI、NNFI、CFI、IFI 都增大了，而卡方检验显示卡方差值为 546.803，自由度差值为 37，卡方值远远大于显著性水平为 0.01 的临界值 59.86，因此修正模型比初始模型更拟合数据。

表 4-11　　　　　　　　　　模型拟合指数比较

拟合指数	Df	χ^2	χ^2/df	RMSEA	NFI	NNFI	CFI	IFI
初始模型	681	10126.967	14.870	0.0637	0.977	0.976	0.978	0.978
修正模型	644	9580.164	14.876	0.0629	0.978	0.977	0.979	0.979

---

① 孟晓梅：《初中生性格优势问卷的编制及其影响因素研究》，硕士学位论文，西北师范大学，2012 年。

② 指标负荷：是题目在因子上的负荷，描述了因子与题目之间的密切关系，其值在 0.5 以上，表示该题目对因子的解释力度达到标准，可以保留该题目。

③ 侯杰泰：《结构方程模型及其应用》，教育科学出版社 2004 年版，第 138—139 页。

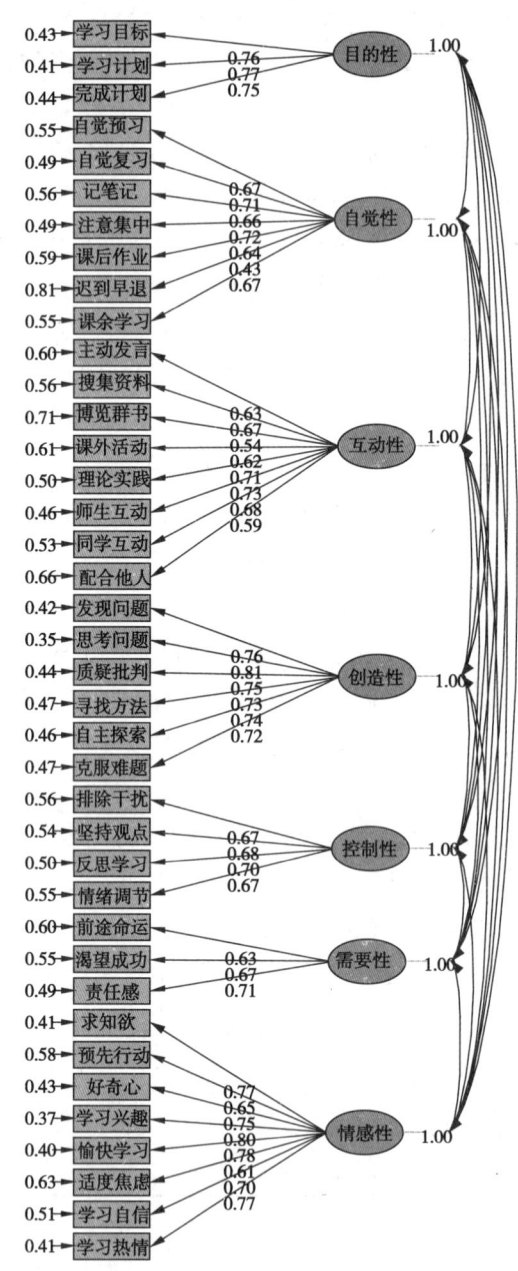

Chi-Square=12108.48, df=681, P-value=0.00000, RMSEA=0.064

图 4-2 大学生学习主动性问卷验证性因素分析初始结构

总之，修正模型的拟合度指数和各指标负荷值均支持通过探索性因素

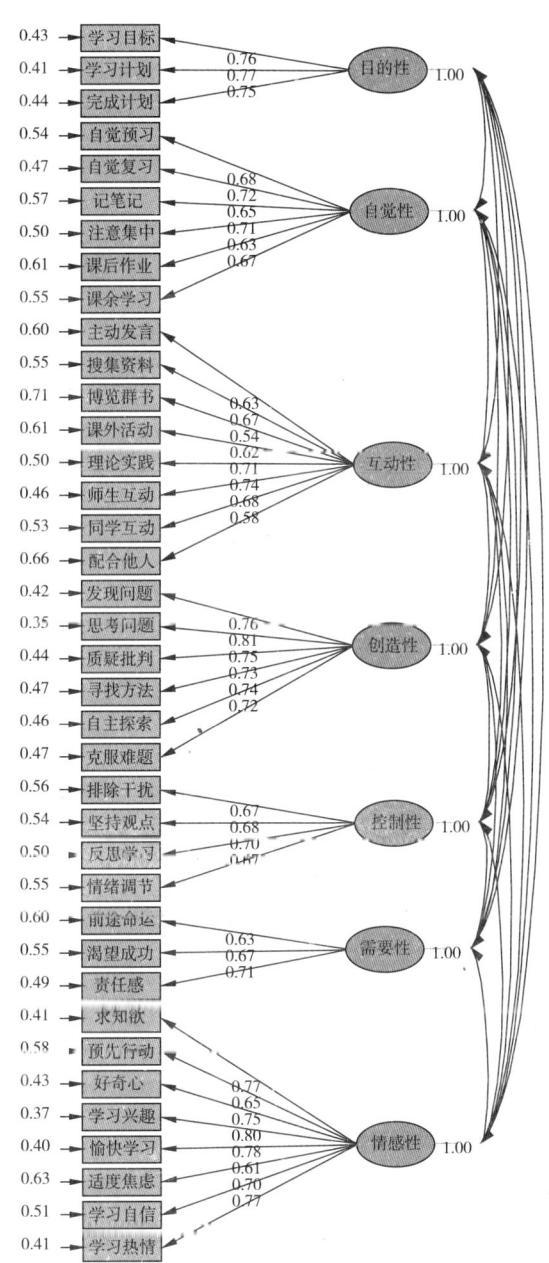

Chi-Square=11175.01, df=644, P-value=0.00000, RMSEA=0.063

图 4-3　大学生学习主动性问卷验证性因素分析修正结构

分析确定的七因子假设模型,进一步说明了整个问卷内在结构的合理性。

八、正式问卷结构高阶因子分析

验证性因素分析的研究结果表明，删除第 10 题后，模型与数据拟合很好，说明基于理论假设和探索分析得到的学习主动性 7 因子结构模型获得了统计上的支持。但 7 个因子是否与学习主动性之间形成较强的内在关联呢？为了回答这一问题，我们进一步对此进行验证，模型运行结果见图 4-4，模型拟合指数见表 4-12。

表 4-12　　　　　　　　　　　模型拟合指数

拟合指数	df	χ^2	χ^2/df	RMSEA	NFI	NNFI	CFI	IFI
二阶模型	658	10473.452	15.92	0.0651	0.976	0.975	0.977	0.977

表 4-12 表明，二阶因子模型与数据拟合良好，近似误差均方根（RMSEA）小于 0.08，NFI、NNFI、CFI、IFI 均接近于 1。

图 4-5 表明，二阶因子系数值都很高，表现为，各一阶因子（学习目的性、学习自觉性、学习互动性、学习创造性、学习控制性、学习需要性、学习情感性）与二阶因子（学习主动性）的关系分别是 0.74、0.79、0.88、0.87、0.93、0.74、0.90，根据负荷大小从高到低依次是学习控制性、学习情感性、学习互动性、学习创造性、学习自觉性、学习目的性和学习需要性。

总之，二阶因子分析表明，问卷较好地实现了研究的设想，即由 38 个测量指标分别测量学习主动性的 7 个因子，7 个因子共同构成了学习主动性。

九　正式问卷结构路径分析

验证性因素分析和高阶因子分析验证了所有测量题目是否较好地测量到了所想测量的对象即学习主动性及其结构，但没有回答各个因子间存在怎样的关系，我们进一步通过路径分析来回答这一问题。路径分析（path analysis）是一种将观察变量间的关系以模型化的方式进行分析的统计技术。[①] 根据结构方程模型的原理，模型中不受任何其他变量影响但影响其

---

① 邱皓政、林碧芳：《结构方程模型的原理与应用》，中国轻工业出版社 2009 年版，第 198 页。

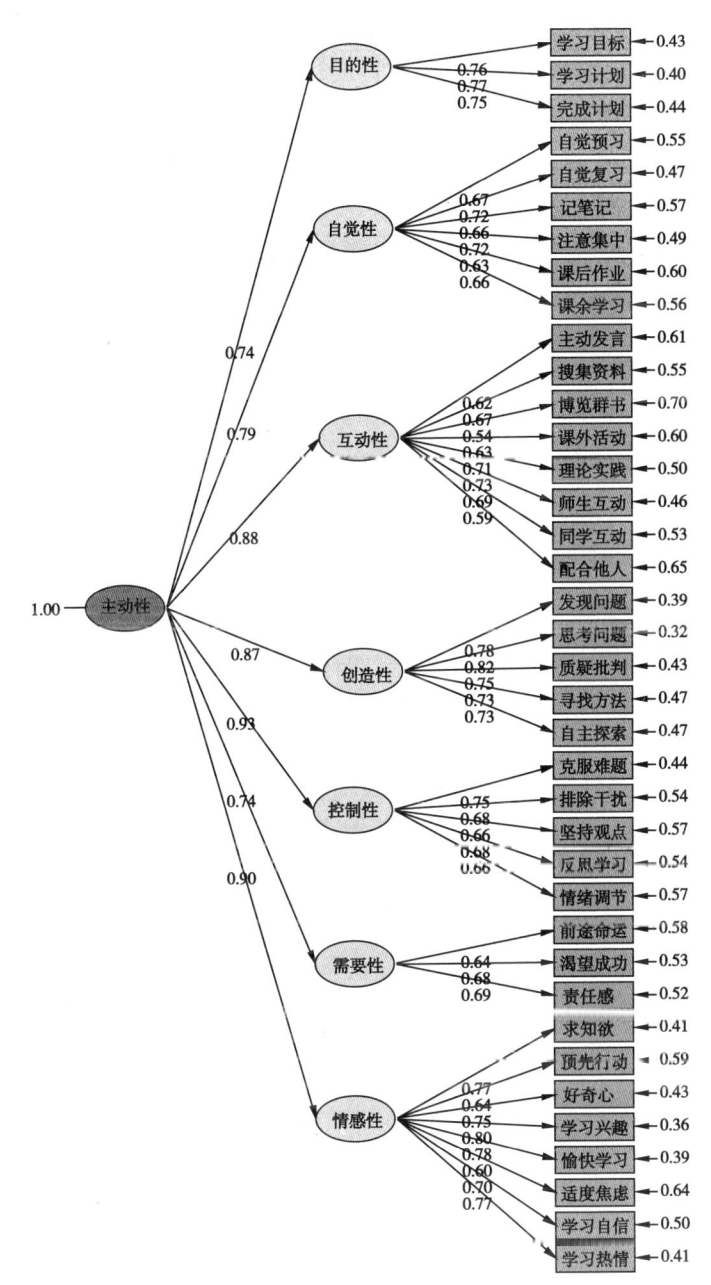

图 4-4　大学生学习主动性问卷验证性因素分析高阶结构

Chi-Square=12175.13, df=658, P-value=0.00000, RMSEA=0.065

他变量的变量称为外源变量（exogenous variable），即路径图中会指向任何其他变量但不被任何变量以单箭头指向的变量（自变量）；模型中会受到任何一个其他变量影响的变量，即路径图中会受到任何一个其他变量以单箭头指向的变量（可能是因变量，也可能是自变量），称为内生变量（endogenous variable）。根据教育学及心理学相关学习理论，我们的假设是：第一，学习需要性是外源变量，会直接影响其他6个因子，即学习目的性、学习自觉性、学习互动性、学习创造性、学习控制性和学习情感性。第二，学习目的性、学习情感性、学习控制性、学习自觉性、学习互动性和学习创造性是内生变量，这六个变量既可能影响其他因子也可能受到其他因子的影响。第三，学习需要性会直接影响学生树立明确的学习目标，制订短期或长期的学习计划以及完成学习目标和计划的努力程度。学习目的性又会提高学生学习的好奇心、责任感、兴趣、愉快及热情等学习情感体验，同时也会影响学习控制性，包括调节学生情绪，促使学生经常反思自己的学习并排除学生在学习中的各种干扰，坚持自己的观点和行为。学习目的性还会影响和制约学习自觉性、学习互动性和学习创造性。第四，学习情感性直接影响学习控制性、自觉性、互动性和创造性。第五，学习控制性直接影响学习自觉性、互动性和创造性。第六，学习自觉性直接影响学习互动性和创造性。第七，学习互动性直接影响学习创造性。第八，除上述直接作用外，两两间均存在间接作用。假设的路径关系图和初始模型拟合指数分别见图4-5和表4-13。

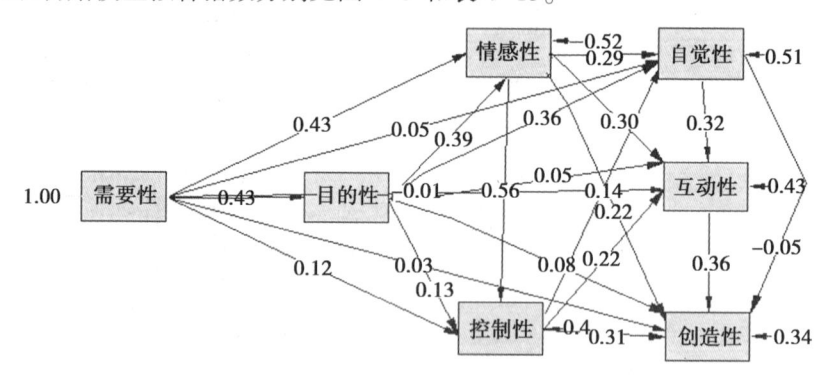

图4-5 初始模型结构关系及因子路径系数

表4-13表明，初始模型拟合相当完美，但图4-6的路径系数T值表明需要性对互动性的T值为-0.92，不符合T值最小为2的标准，因此，考虑对初始模型进行修正，删除需要性对互动性的直接影响，得到修正模型，结果见图4-7和表4-13中修正模型的拟合指数。

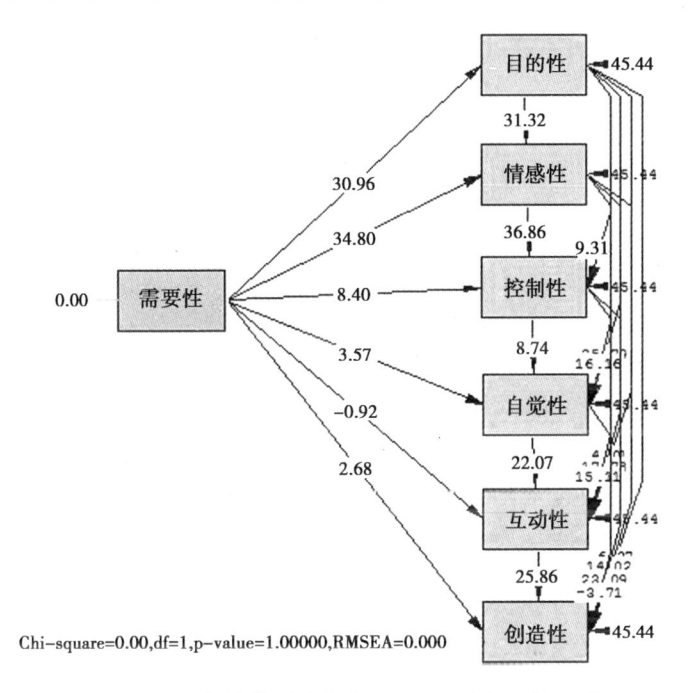

图 4-6　初始模型结构关系及因子路径系数 T 值

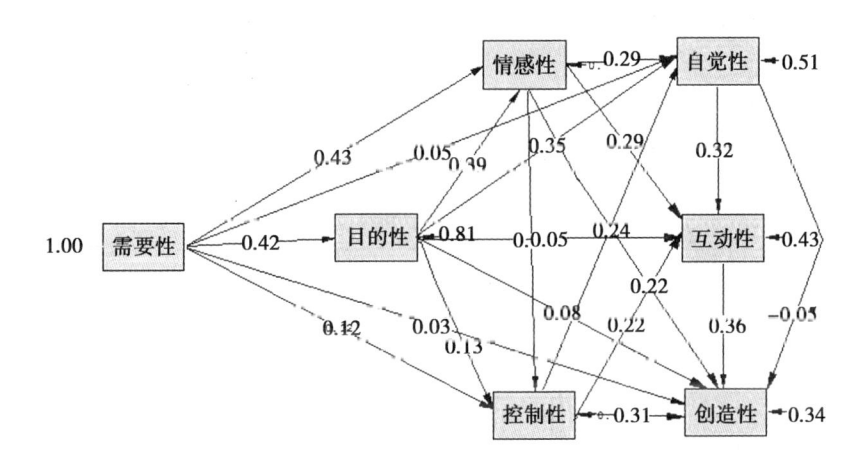

图 4-7　修正模型结构关系及因子路径系数

表 4-13　学习主动性因子结构关系模型拟合指数（n=4131）

拟合指数	df	χ^2	χ^2/df	RMSEA	NNFI	CFI	IFI
初始模型	1	0.000	0.000	\multicolumn{4}{c}{The Fit is Perfect}			
修正模型	2	0.838	0.419	0.000	1.000	1.000	1.000

表 4-13 中修正模型的 RMSEA、NNFI、CFI、IFI 四个拟合指数值显示模型拟合良好，这说明图 4-7 所示的 7 个因子间的关系模型即是学习主动性 7 个因子间的结构关系。

为了进一步了解各因子间的效应量关系，我们对因子间的效应量进行了深入分析，其结果见表 4-14。因子间的影响效应可以从直接效应[①]（direct effect）、间接效应（indirect effect）、总效应（total effect）三方面考查。间接效应的强度可直接由两端点变量之间的直接效应标准回归系数相乘而得。[②] 总效应是直接效应与间接效应的和。

上表分析结果表明：

第一，学习需要性对学习互动性的直接效应不显著。

图 4-7 显示，学习需要性对学习互动性的直接效应不显著。图 4-7 中有 20 个直接箭头，这就是 20 个直接效应，表 4-14 表明这 20 个直接效应均显著。这 20 个直接效应分别是学习需要性分别直接影响学习目的性、学习情感性、学习控制性、学习自觉性、学习创造性；学习目的性分别直接影响学习情感性、学习控制性、学习自觉性、学习互动性、学习创造性；学习情感性分别直接影响学习控制性、学习自觉性、学习互动性、学习创造性；学习控制性分别直接影响学习自觉性、学习互动性、学习创造性；学习自觉性分别直接影响学习互动性、学习创造性；学习互动性直接影响学习创造性。

表 4-14　　　　　　潜在变量路径分析各项效果分解

自变量		因变量（内生变量）									
		学习目的性		学习情感性		学习控制性		学习自觉性		学习互动性		学习创造性
		标准化效应	t 值	标准化效应	t 值	标准化效应	t 值	标准化效应	t 值	标准化效应	t 值	标准化效应	t 值
外源变量	学习需要性												
	直接效应	0.43	30.96	0.43	34.80	0.12	8.40	0.05	3.57			0.03	2.69
	间接效应			0.17	22.02	0.39	33.88	0.40	32.73	0.45	39.97	0.46	38.28
	整体效应	0.43	30.96	0.60	48.29	0.51	37.60	0.45	32.15	0.45	39.97	0.49	37.12

---

① 箭头的回归系数显著表示该因果变量间具有直接效应，反之，表示不存在直接效应；两个变量间具有一个或多个中介变量间的直接效应均显著，表示这两个变量间存在间接效应。

② 邱皓政、林碧芳：《结构方程模型的原理与应用》，中国轻工业出版社 2009 年版，第 212—215 页。

续表

自变量		因变量（内生变量）										
		学习目的性		学习情感性		学习控制性		学习自觉性		学习互动性		学习创造性	
		标准化效应	t值	标准化效应	t值	标准化效应	t值	标准化效应	t值	标准化效应	t值	标准化效应	t值
内生变量	学习目的性												
	直接效应			0.39	31.32	0.13	9.31	0.36	25.79	0.05	3.94	0.08	6.37
	间接效应					0.22	23.87	0.16	20.02	0.35	32.32	0.31	26.78
	整体效应			0.39	31.32	0.35	24.57	0.52	39.03	0.40	30.41	0.39	28.33
	学习情感性												
	直接效应					0.56	36.86	0.29	16.16	0.30	18.46	0.22	14.04
	间接效应							0.08	8.51	0.24	21.63	0.35	29.25
	整体效应					0.56	36.86	0.37	23.43	0.54	38.05	0.57	38.33
	学习控制性												
	直接效应							0.14	8.74	0.22	15.11	0.31	23.10
	间接效应									0.04	8.13	0.08	13.83
	整体效应							0.14	8.74	0.26	17.28	0.39	28.44
	学习自觉性												
	直接效应									0.32	22.06	-0.05	-3.71
	间接效应											0.11	16.78
	整体效应									0.32	22.06	0.06	4.59
	学习互动性												
	直接效应											0.36	25.86
	间接效应												
	整体效应											0.36	25.86

注：（1）t值大于1.96时，* p<0.05；大于2.58时，** p<0.01；大于3.29时，*** p<0.001，表中系数值均是标准化解。

（2）学习需要性对学习创造性的t值为2.69，p<0.01，其余t值都大于3.29，p<0.001。

第二，学习自觉性高的学生其学习创造性不一定高。

上述20个显著的直接效应从大到小依次是：学习情感性→学习控制性（0.56）、学习需要性→学习目的性（0.34）、学习需要性→学习情感性（0.34）、学习目的性→学习情感性（0.39）、学习目的性→学习自觉性（0.36）、学习互动性→学习创造性（0.36）、学习自觉性→学习互动性（0.32）、学习控制性→学习创造性（0.31）、学习情感性→学习互动性（0.30）、学习情感性→学习自觉性（0.29）、学习控制性→学习互动性（0.22）、学习情感性→学习创造性（0.22）、学习控制性→学习自觉性

(0.14)、学习目的性→学习控制性（0.13）、学习需要性→学习控制性（0.12）、学习目的性→学习创造性（0.08）、学习需要性→学习自觉性（0.05）、学习目的性→学习互动性（0.05）、学习需要性→学习创造性（0.03）、学习自觉性→学习创造性（-0.05）。学习自觉性对学习创造性的效应值为负数，说明自觉性高与创造性可能存在反向关系，即学习自觉性高的学生其学习创造性不一定高。

第三，学习情感性对学习控制性影响较大。

Cohen[①]提出，标准化系数小于 0.10 为小效果，0.30 左右为中效果，0.50 以上为大效果。据此可以看出，学习情感性对学习控制性为大效果，后 5 个直接效应为小效果，其余 14 个为中等效果。

第四，学生学习创造性的高低主要受到其他因子的间接影响。

根据 15 个间接效应量的大小，间接效应量从大到小依次是：学习需要性→学习创造性（0.46）、学习需要性→学习互动性（0.45）、学习需要性→学习自觉性（0.40）、学习需要性→学习控制性（0.39）、学习目的性→学习互动性（0.35）、学习情感性→学习创造性（0.35）、学习目的性→学习创造性（0.31）、学习情感性→学习互动性（0.24）、学习目的性→学习控制性（0.22）、学习需要性→学习情感性（0.17）、学习目的性→学习自觉性（0.16）、学习自觉性→学习创造性（0.11）、学习情感性→学习自觉性（0.08）、学习控制性→学习创造性（0.08）、学习控制性→学习互动性（0.04）。15 个间接效应中，前 12 个是中等效果量，后三个是小效果量。从最后一个内生变量即学习创造性来看，其他因子对学习创造性的影响主要通过间接途径而产生。

第五，激发学生学习兴趣或自我提高内驱力是提高学习主动性的基本途径。

直接效应加上间接效应即可获得总效应。表 4-14 中总效应值共有 21 个，从大到小依次是：学习需要性→学习情感性（0.60）、学习情感性→学习创造性（0.57）、学习情感性→学习控制性（0.56）、学习情感性→学习互动性（0.54）、

学习目的性→学习自觉性（0.52）、学习需要性→学习控制性（0.51）、学习需要性→学习创造性（0.49）、学习需要性→学习互动性

---

① Cohen, *Statistical Power Analysis for the Behavioral Sci-ences*, NJ: Lawrence rlbaum, 1998, pp. 293-389.

(0.45)、学习需要性→学习自觉性（0.45）、学习需要性→学习目的性（0.43）、学习目的性→学习互动性（0.40）、学习目的性→学习创造性（0.39）、学习目的性→学习情感性（0.39）、学习控制性→学习创造性（0.39）、学习情感性→学习自觉性（0.37）、学习互动性→学习创造性（0.36）、学习目的性→学习控制性（0.35）、学习自觉性→学习互动性（0.32）、学习控制性→学习互动性（0.26）、学习控制性→学习自觉性（0.14）、学习自觉性→学习创造性（0.06）。上述因子间的效果中具有大效果的是前6个，最后1个是小效果量，其余14个是中等效果量。前6个效果量的自变量集中为学习需要性、目的性和情感性。可见，帮助学生建立学习的认知需要和成就需要，帮助他们树立明确的学习目标以及激发学生对学习的兴趣对激发学生的学习主动性起着至关重要的作用。由此，学习需要性不仅是学习情感性的重要基础，也是学习控制性、学习目的性、学习创造性、学习互动性和学习自觉性的基础，是大学生学习主动性的来源；学习目的性是学习情感性、学习互动性、学习控制性和学习创造性的重要基础，大学生只有明确了自己的学习目标，在学习中才会保持高度的求知欲和学习热情并体验到学习的乐趣。学习目的性除了增强学生的学习情感体验外，还会促进学生在学习中与周围环境的沟通、对话过程，促进对自我的认知、情绪、行为等的管理和控制以及促使学生独立思考，自己探索。一旦对学习产生了积极的情感体验，学生在学习中才会更主动地自我控制和自觉学习，并主动与外界进行交流与互动，同时也乐意独立思考，自己探索。大学生的学习自我管理和控制能力对学习主动性也产生了重要的作用，主要表现在它会制约着大学生学习创造性、学习互动性及学习自觉性的产生。虽然学习自觉性对学习创造性的影响不大，但是通过学习互动性这个中介对学习创造性影响还是比较大的，说明同伴之间的交流与互动是学习创造性的重要源泉。一般学习自觉性强的人比较愿意和他人交流，来提升自己。

十　正式问卷信度检验

信度（reliability）是指测验或问卷工具所测得结果的稳定性及一致性，问卷的信度愈大，则其测量标准误愈小，代表问卷愈稳定。[1] 在李克

---

[1] 吴明隆：《问卷统计分析实务》，重庆大学出版社2010年版，第237页。

特态度问卷法中常用的信度检验方法是 Cronbach'α 系数及折半信度 (Split-half rdliabilty)，一般采用 Cronbach'α 系数和折半信度对正式问卷的稳定性进行测评。吴明隆指出，α<0.50，表示量表非常不理想，舍弃不用；0.50≤α<0.60，表示量表不理想，问卷需重新编制或修订；0.60≤α<0.70，问卷可以勉强接受，最好增列题项或修改语句；0.70≤α<0.80，问卷可以接受；0.80≤α<0.90，问卷信度高；α>0.90，问卷非常理想，信度很高。[1] 经分析，自编大学生学习主动性正式问卷其 Cronbach'α 系数为 0.959，这说明问卷非常理想，信度很高。而问卷各维度的内部一致性系数在 0.702—0.894 之间，说明各维度的内部一致性也较高。总问卷的分半信度系数为 0.895，各维度的分半信度在 0.652—0.873 之间（见表4-15）。根据心理测量学的要求，信度系数达到 0.70 以上即可接受，总问卷信度系数远远高于 0.70。总之，以上结果表明大学生学习主动性正式问卷的内部一致性系数和分半信度系数都达到测量学标准，可以作为测量大学生学习主动性的可信工具。

表 4-15　　　　　　　正式问卷的信度系数（n=8332）

因子	α 系数	分半信度
目的性	0.794	0.798
自觉性	0.832	0.839
互动性	0.848	0.837
创造性	0.879	0.845
控制性	0.760	0.751
需要性	0.702	0.652
情感性	0.894	0.873
总量表	0.959	0.895

十一　正式问卷效度检验

（一）结构效度检验

检验结构效度的常用方法是因素分析，该方法被认为是最有力的效度

---

[1] 吴明隆：《问卷统计分析实务》，重庆大学出版社 2010 年版，第 244 页。

鉴别方法。① 探索性因素分析和验证性因素分析表明，自编《大学生学习主动性》量表的结构效度很好，即测到了假设的 7 因子学习主动性结构模型。根据心理测量学理论，一个问卷各维度之间以及各维度与问卷总分之间的相关系数、问卷每道题与总分的相关也可以作为衡量问卷结构效度的指标。问卷各个维度之间应该具有中等程度的相关，如果相关太高，说明维度之间有重合，重合维度可以合并；如果各个维度之间的相关太低，说明测量的是不同的心理品质。心理学家 Tuker 指出，一个良好的问卷结构要求维度与测验的相关在 0.3—0.8 之间，各维度之间的相关在 0.1—0.6 之间。② 经分析，正式问卷各维度之间的相关系数在 0.448—0.723 之间，各维度与总问卷之间的相关系数在 0.659—0.891 之间，且相关显著（P<0.001），属于中度相关（见表 4-16）。这说明自编量表具有良好的结构效度。而 38 道题与总分的相关系数在 0.443—0.727 之间且均在 0.001 的显著性水平上显著（见表 4-17）。

表 4-16　　　　　问卷各维度间及维度与总量表之间的相关

	需要性	目的性	情感性	控制性	自觉性	互动性	创造性	总量表
需要性	1							
目的性	0.448***	1						
情感性	0.607***	0.585***	1					
控制性	0.519***	0.519***	0.698***	1				
自觉性	0.456***	0.619***	0.636***	0.555***	1			
互动性	0.448***	0.540***	0.682***	0.628***	0.660***	1		
创造性	0.481***	0.535***	0.711***	0.713***	0.551***	0.723***	1	
总量表	0.659***	0.718***	0.891***	0.809***	0.803***	0.864***	0.852***	

***. 表示在 0.001 水平（双侧）上显著相关

表 4-17　　　　　　各题项与总问卷的相关系数

题项	1	2	3	4	5	6	7	8	9
总问卷	0.603***	0.604***	0.624***	0.578***	0.618***	0.548***	0.629***	0.590***	0.597***

---

① 刘云艳：《幼儿好奇心结构的探索性因素分析》，《心理科学》2004 年第 1 期。
② 孟晓梅：《初中生性格优势问卷的编制及其影响因素研究》，硕士学位论文，西北师范大学，2012 年。

续表

题项	1	2	3	4	5	6	7	8	9
题项	10	11	12	13	14	15	16	17	18
总问卷	0.639***	0.667***	0.537***	0.561***	0.637***	0.655***	0.640***	0.581***	0.689***
题项	19	20	21	22	23	24	25	26	27
总问卷	0.723***	0.647***	0.674***	0.674***	0.711***	0.633***	0.612***	0.644***	0.606***
题项	28	29	30	31	32	33	34	35	36
总问卷	0.723***	0.443***	0.506***	0.638***	0.715***	0.632***	0.717***	0.700***	0.587***
题项	37	38							
总问卷	0.672***	0.727***							

注：*** 表示在 0.001 水平（双侧）上显著相关。

（二）内容效度检验

内容效度是通过系统检查指标内容以确定量表项目是不是所欲测量的行为领域的代表性取样。确定内容效度最常用的方法是专家判断法，即邀请有关专家对题目的适当性和问卷的科学性进行评定。本问卷是在开放式问卷调查基础上并结合国内外相关的研究成果和实际的访谈而提炼出来的。在正式施测前，邀请了心理学专家和大学教师对题目与原定内容的适当性做出判断，请一些在校心理学研究生和高等教育学研究生多次修订和审查，也邀请了被试群体的代表对问卷的内容进行了修改，最终他们一致认为该问卷基本涵盖了大学生学习主动性的各个方面，能有效评定大学生学习主动性，问卷具有较高的内容效度。

十二 小结

以上由 38 道题组成的大学生学习主动性正式问卷历经了问卷初编-预测-项目分析-同质性检验-结构分析-信度和效度检验等环节，说明课题组所编制的问卷具有较好的质量。为了明确因子的真正内涵（因子命名）、验证问卷结构的稳定性和普适性、探查因子之间的关系，我们利用正式施测的数据对问卷进行了探索性因素分析、验证性因素分析和路径分析。An-derson, J. C., Gerbin, D. W. 建议，在发展理论的过程中，首先应通过探索性因素分析建立模型，再用验证性因素分析去检验和修正模型。① 两种因素分析缺少任何一个，因素分析都将是不完整的。② 根据这一思路，研究首先对一半有效数据进行了探索性因素分析，以提取出学习主动性因子并为因子命名。但是因子是否由问卷设置的相应题目来测量？每个题目对各个因子的解释力度有多大？进而这几个因子间有什么关系？需根据探索性因素分析结果及相关理论先对题目与因子间关系及因子间相互关系提出假设并借用结构方程模型来验证假设。

通过对问卷进行探索性因素分析和验证性因素分析，结果显示，大学生学习主动性是有一个内部层级的系统，体现为学习主动性是一个包含学习需要性、学习目的性、学习情感性、学习控制性、学习自觉性、学习互动性及学习创造性的整合过程，其结构如图4-8所示。

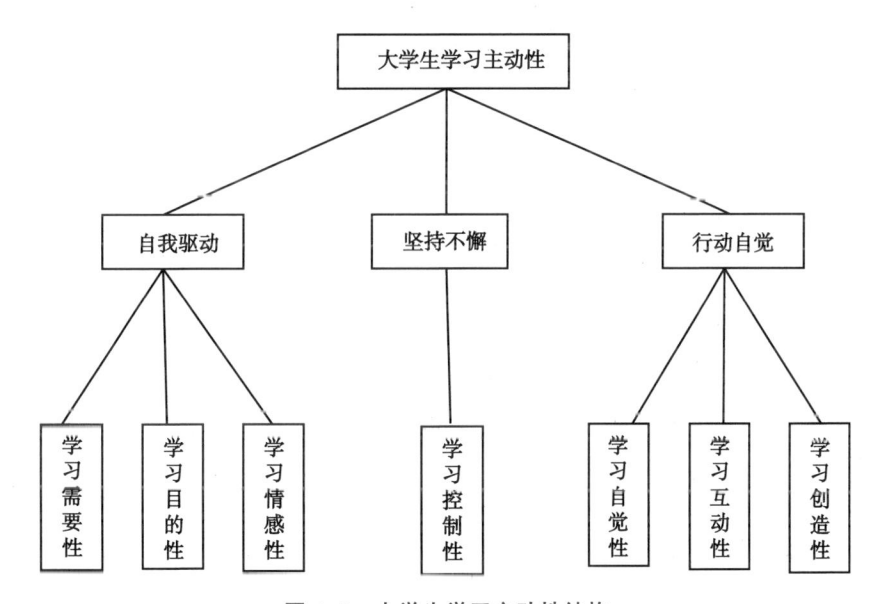

图 4-8　大学生学习主动性结构

学习需要性、学习目的性和学习情感性从其功能来看，属于大学生学习"知"和"情"的层面，这是大学生主动学习的内驱力，故合称为"自我驱动"。学习过程中，人们通常会遇到挫折、失败和干扰，这就需要个体不断克服挫折和困难、坚持不懈，这属于大学生学习"意"的层面，故称为"坚持不懈"。学习自觉性、学习互动性和学习创造性是学生

---

① 侯杰泰：《结构方程模型及其应用》，教育科学出版社 2004 年版，第 138-139 页。
② Anderson J. C., Gerbin D. W., *Structrual equation modeling in practice: A review and recommended two-step approach*, Psychological Bulletin, 1998, pp. 411-423.

学习主动性的行为表现，属于"行"的层面，因此合称为"行动自觉"。上述七个因子相互联系、相互作用，共同构成了大学生学习主动性的维度结构，其相互关系见图4-8。当一个人根据自身发展的现有水平与追求产生学习需要时，这种学习需要能引起学习动机，促进学生制定具体的学习目标，有了学习需要和明确的学习目标，就能激起学生学习"想学""要学"的积极情感，在上述因子的共同作用下，学生才会主动与教师和同学互动交流，并积极排除来自外部和自身的干扰和困难，自觉坚持学习，独立地甚至是创造性地完成学习任务，这就是大学生学习主动性的内在结构体系。

第三节　大学生学习主动性影响因素问卷编制

一　问卷初稿编制

根据开放式问卷调查结果、文献资料的分析结果以及访谈资料的分析结果初步编写了76个题项，然后经过仔细分析、认真筛选、删除重复项目，形成了一份包含55道题的《大学生学习主动性影响因素问卷》（以下简称《影响因素问卷》）初稿。问卷答案采用5级计分的方法，从"完全不符合""比较不符合""基本符合""比较符合"到"完全符合"，分别赋予1—5分。

二　问卷预测

影响因素问卷试测的样本、施测过程、数据输入及清理过程与《大学生学习主动性特征问卷》的试测过程同步进行。

三　预测问卷项目分析

首先对55个题项进行项目区分度（Item discrimination）的分析，采用精确性较高的相关法计算区分度，即通过计算各个项目得分与测验总分之间的相关系数来估计项目区分度。经计算我们发现初始问卷中的55个题项与总分的相关都达到了显著水平，用此方法无法筛选题项。采用临界比法来考察项目的区分度，发现题项的临界比率都达到了显著水平，而且除题1"读书无用论"社会风气的临界比值小于3.00外，其他题项的临界比值都大于3.00，所以照此方法考虑删除题1。在学生背景资料中有

"父亲受教育程度"和"母亲受教育程度"两题，而在《大学生学习主动性影响因素问卷》中同样出现了题9"父母受教育程度"题项，所以考虑删除问卷中的题9，至此，问卷保留了53个项目。

四 预测问卷探索性因素分析

为了进一步完善问卷结构，以形成正式问卷，除了要对各题项进行项目分析，还要对问卷进行因素分析，剔除不符合因素分析标准的题目。

因素分析适宜性检验表明影响因素问卷预测数据的KMO值为0.856，表示变量间具有共同因素存在，数据适合进行因素分析。Bartlett球形检验的卡方值为6004.544，自由度为1485，$P=0.000<0.001$，表明变量的相关矩阵显著，可以对课题研究的数据进行因素分析。各题项中的MSA值在0.900—0.984之间，都大于0.5，所以53道题都适合进行因素分析。采用主成分分析方法提取因子，采用方差极大值进行旋转，以特征值大于1为标准提取因子，结果有14个因素的特征值大于1，累积方差贡献率为68.749%，各因子特征值、贡献率和因子累积贡献率见表4-18，因子载荷见表4-19。

表4-18　大学生学习主动性影响因素的因子贡献率（N=218）

因子	特征值	贡献率（%）	累积贡献率（%）
1	13.452	7.982	7.982
2	3.552	7.590	15.572
3	3.374	6.852	22.424
4	2.498	6.301	28.725
5	2.318	6.237	34.961
6	1.888	4.934	39.895
7	1.738	4.856	44.751
8	1.619	4.320	49.071
9	1.460	4.250	53.321
10	1.330	3.618	56.940
11	1.251	3.510	60.450
12	1.241	3.231	63.680
13	1.081	2.560	66.241
14	1.011	2.508	68.749

表 4-19　　各因子的项目及载荷

因子	题项	公因子 1	2	3	4	5	6	7	共同度
因子一	12. 我们学校的课程合理	0.475							0.692
	13. 教师教学内容符合我的需要	0.612							0.741
	14. 我的教师教学水平高	0.792							0.759
	15. 我的教师学术水平高	0.844							0.747
	16. 我的教师爱岗敬业	0.850							0.750
	17. 教师在学习和工作主动性方面的以身作则	0.784							0.771
	18. 我的教师知识渊博	0.751							0.703
因子二	41. 对专业的兴趣		0.419	0.449			0.519	0.535	0.610
	42. 我有积极学习的习惯		0.573						0.709
	43. 我有良好的学习方法		0.739						0.659
	44. 我愿意思考学习问题		0.784						0.713
	45. 我有扎实的专业知识		0.775						0.697
	46. 我具备开拓创新能力		0.743						0.689
	47. 我有明确的学习目标		0.655						0.612
因子三	33. 我渴望获得学习成功			0.581					0.674
	34. 我在学习上很自信			0.796					0.761
	35. 我能在学习中不断自我激励			0.795					0.761
	36. 我有点懒散贪玩			0.633					0.659
	37. 我喜欢学习			0.493					0.611
	38. 我有克服困难，达到预定目标的意志力			0.760					0.735
因子四	29. 我校的考评制度合理				0.803				0.750
	30. 我校的奖惩机制合理				0.801				0.766
	31. 学校和教师会提出适度的学习要求				0.663				0.646
	32. 我参加了大量的课外（社团）活动				0.561				0.682

第四章 问卷编制

续表

因子	题项	公因子 1	2	3	4	5	6	7	共同度
因子五	40. 我有强烈的学习责任感					0.574			0.589
	48. 我有良好的时间管理能力	0.414	0.509	0.443		0.609	0.357	0.347	0.685
	49. 我善于控制自己和情感和行为					0.619			0.605
	50. 我有良好的应变能力					0.716			0.638
	51. 我经常自我反思					0.638			0.606
	52. 我能自我约束自己					0.734			0.698
	53. 我有点浮躁					0.543			0.652
因子六	3. 我感受到严峻的就业形势						0.759		0.719
	4. 我感受到就业过程中有不规范现象						0.790		0.700
	5. 我喜欢玩电脑、手机等电子信息产品						0.522		0.561
	6. 我认为国家设置的高等教育专业是合理的						0.671		0.697
因子七	21. 我校学习风气良好							0.747	0.742
	22. 我班级学习风气良好							0.751	0.782
	23. 我寝室学习风气良好							0.756	0.681
	24. 我与同学暗自竞争				0.439	0.342	0.416	0.449	0.633
因子八	25. 我校图书馆和自习室随时都可以找到座位	0.676							0.634
	26. 我校图书资料丰富而优质	0.702							0.750
	27. 我校教学仪器设备先进	0.608							0.616
	28. 我校物质生活条件良好	0.711							0.649
因子九	9. 父母受教育程度		0.486						0.567
	10. 我的家庭氛围和谐		0.751						0.704
	11. 我父母经常激励我好好学习		0.699						0.666
因子十	1. 我常得"读书可能无用"			0.813					0.763
	2. 我感受到急功近利的社会浮躁风气			0.731					0.747
因子十一	54. 我有良好的沟通能力				0.555				0.501
	55. 我对学习任务很明确				0.697				0.624

因子	题项	公因子 1	2	3	4	5	6	7	共同度
因子十二	7. 父母对我的学业很关注					0.703			0.730
	8. 我的家庭经济比较困难					0.679			0.640
因子十三	39. 我身体状况良好						0.816		0.756
因子十四	19. 我的老师经常指导我							0.618	0.621
	20. 我与老师关系和谐							0.624	0.724

因素分析剔除项目的标准有：①因素载荷小于 0.4 的题目。题目因素载荷显示的是该题目与某公共因素的相关，题目的载荷越大，说明该题目与公共因素的关系越密切；若载荷较小，说明由某公共因素所反映的心理特质无法由此题目推测。②遵循变量相对独立的原则，将在两个或两个以上维度中都出现的，且载荷值近似的题目删除。③在同一维度中，若两个题目之间的相关系数较高，则只保留其中的一道题目，以遵循简约性原则。④剔除共同度小于 0.2 的题目。共同度反映了公共因素对题目的解释程度，即共同度是各题目效度系数的估计值。⑤删除分类不当或与理论建构完全不符的题目。[①] ⑥删除一个题项自成一个因子的题项。根据以上标准，表 4-19 表明，影响因素问卷中的题 39 "身体的健康状况"自成一个因子，因此删除该题。题 24 "同学之间的学习竞争"、题 41 "对专业的兴趣"、题 48 "良好的时间管理能力"这几个题项在几个维度中的载荷值接近，所以这 3 道题均考虑删除。

另外，题 1 "读书无用论的社会风气"和题 2 "急功近利的社会浮躁风气"，题 3 "我感受到严峻的就业形势"和题 6 "国家设置的高等教育专业的合理化程度"，题 9 与背景资料"父母受教育程度"，题 11 "父母对子女主动学习的激发"和题 7 "父母对自己学业的关注"，题 16 "我更愿意听爱岗敬业的教师授课"和题 17 "教师在学习和工作主动性方面的以身作则"，题 35 "对学习中的挫折能不断地自我激励的能

[①] 转引自王馨竹《大学生金钱态度的结构、特点及影响因素研究》，博士学位论文，辽宁师范大学，2011 年。

力"和题 38"我有克服困难,达到预定目标的意志力",题 49"我善于调控自己的情感和行为"与题 52"自我约束的意识和能力"及题 53"个人浮躁而功利的心态",题 40"学习责任心和使命感"包含题 55"对大学生任务的认识"的内涵,题 36"懒散贪玩心理"和题 38"克服困难,达到预定目标的意志力",这八组题目间存在意义上的重复,因此分别删除其中一题或两题。题 21"学校的学习风气"、题 22"班级的学习风气"、题 23"寝室的学习风气"都是考察学习风气的题项,而学校学习风气可以包含班级和寝室学习风气,因此保留题 21,删除题 22 和题 23。

根据以上项目分析、因素分析和理论分析,问卷共删除了题 1、题 6、题 9、题 11、题 17、题 22、题 23、题 24、题 35、题 36、题 39、题 41、题 48、题 52、题 53、题 55 这 16 道题,问卷剩下 41 道题。

五 正式问卷结构探索性因素分析

影响因素问卷正式施测的被试与《大学生学习主动性特征问卷》为同一批被试,其施测过程、数据输入及清理过程的正式施测过程同步进行。正式施测数据是来自全国高校的 8332 份样本,用于影响因素探索性分析的是从中随机抽取的 4216 份样本数据。因素分析的适宜性检验结果是:KMO 值为 0.962,Bartlett 球形检验的卡方值为 76763.139,自由度为 820,$P = .000 < 0.001$,各题项中的 MSA 值在 0.905 至 0.979 之间,都大于 0.5,以上指标表明数据适合进行因素分析。采用主成分法得取因子,提取标准是特征值大于 1,分析结果提取了 8 个公因子,这 8 个因子的累计贡献率为 59.859%,8 个公因子的特征值、贡献率详见表 4-20,提取因子个数碎石图见图 4-9。

表 4-20　　　　　　　　公因子特征值及贡献率

因子	初始解			旋转后因子解		
	特征值	贡献率	累计贡献率	特征值	贡献率	累计贡献率
1	13.818	33.703	33.703	13.818	33.703	33.703
2	2.813	6.860	40.564	2.813	6.860	40.564
3	1.870	4.562	45.125	1.870	4.562	45.125
4	1.647	4.018	49.143	1.647	4.018	49.143

续表

因子	初始解			旋转后因子解		
	特征值	贡献率	累计贡献率	特征值	贡献率	累计贡献率
5	1.356	3.307	52.450	1.356	3.307	52.450
6	1.197	2.918	55.369	1.197	2.918	55.369
7	1.094	2.669	58.037	1.094	2.669	58.037
8	1.054	2.570	60.607	1.054	2.570	60.607

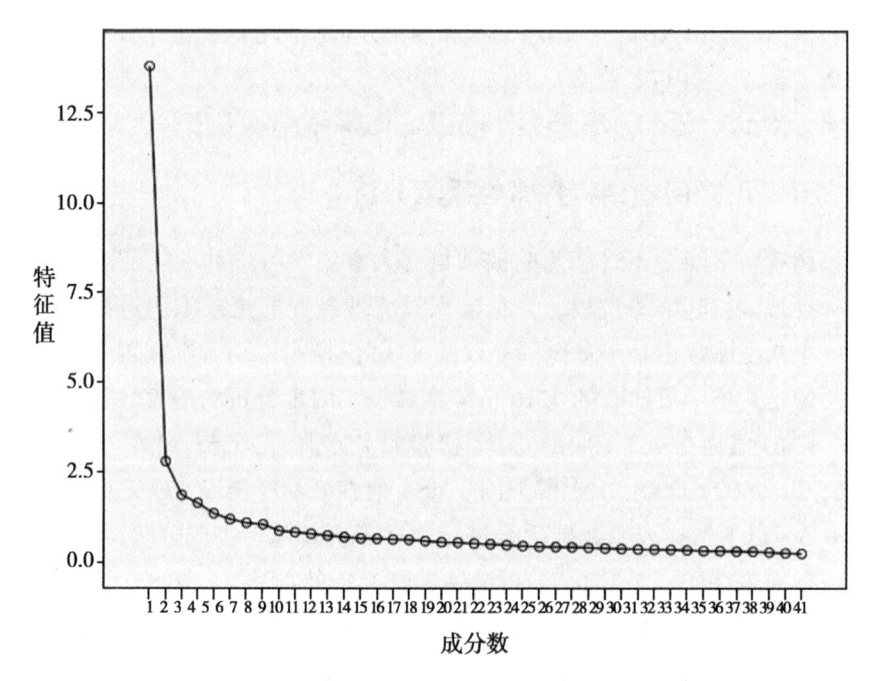

图 4-9 大学生学习主动性影响因素问卷探索性因素分析碎石图

从各因子和原始变量的相关系数得知，各因素的意义不是很明显，为了使同一变量在不同公因子上的载荷间的差异更加显著，可以对初始因子载荷矩阵进行旋转，相关系数向 0—1 分化，从而更加容易进行解释。本部分采用 Promax 法进行斜交旋转，得到旋转因素负荷矩阵。旋转后各因子包括的项目、因子负荷、因子命名及 α 系数见表 4-21。

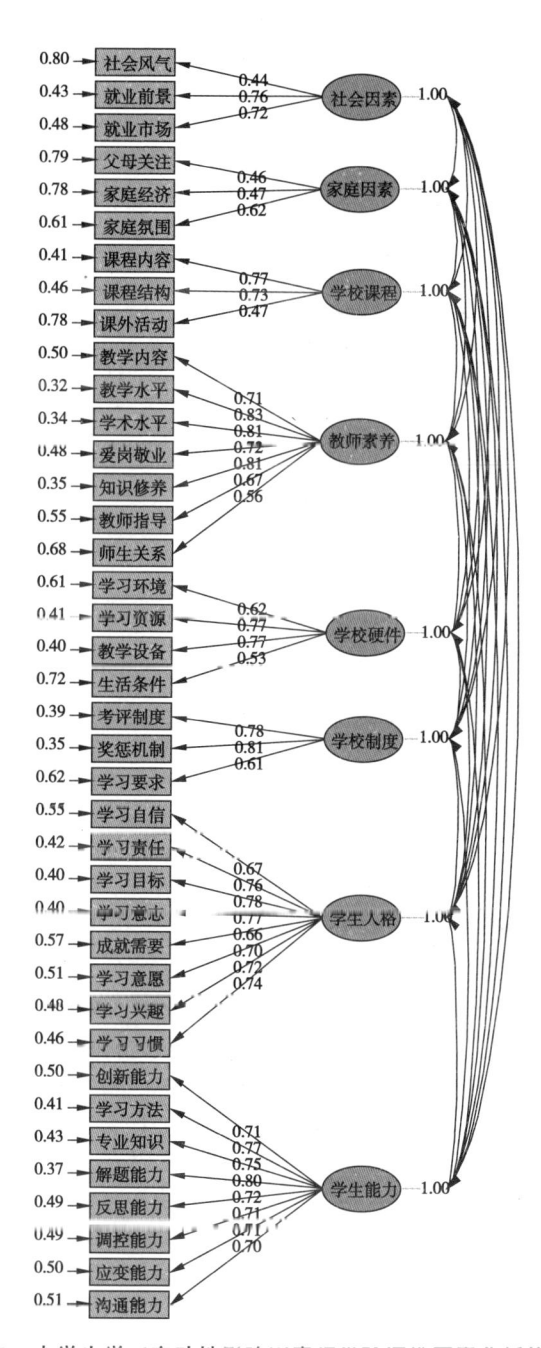

图 4-11　大学生学习主动性影响因素问卷验证性因素分析修正模型

图 4-11 表明 39 个项目对应于问卷的 8 个因子，其因子负荷在 0.44—0.81 之间。根据评价模型优劣的一般拟合指数来看（见表 4-22），修正模型与数据拟合更好，其中，卡方值降低了 1481.871，自由度减少了 71，卡方值显著大于临界值 88.4，误差均方根（RMSEA）变小了，NNFI、CFI、IFT 都显著增大，上述指标均说明修正模型比初始模型更好地拟合了数据。

表 4-22 学习主动性影响因素结构关系模型拟合指数（n=4131）

拟合指数	Df	χ^2	χ^2/df	RMSEA	NNFI	CFI	IFI
初始模型	751	8499.695	11.318	0.0539	0.976	0.978	0.978
修正模型	674	7017.824	10.412	0.0514	0.978	0.980	0.980

总之，验证性因素分析结果表明，大学生学习主动性影响因素问卷的 39 个项目较好地测量了 8 个因子，进一步说明了影响因素问卷的结构效度良好。

七 正式问卷信度检验

为了检验问卷是否可靠，与《大学生学习主动性特征问卷》信度检验方法类似，采用 Cronbach α 系数和折半信度对含有 39 道题的最终问卷进行信度检验。分析结果（见表 4-23）表明，整份问卷的 Cronbach α 系数值为 0.934，问卷各维度的内部一致性系数在 0.456—0.895 之间，这说明该问卷和各维度内部均具有较高的内部一致性。总问卷的折半信度系数为 0.801，斯皮尔曼—布朗校正系数为 0.804，各维度的分半信度在 0.471—0.845 之间。以上结果表明问卷的测量结果是可靠可信的。

表 4-23 正式问卷的信度（n=8332）

因子	α 系数	分半信度
社会因素	0.689	0.736
家庭因素	0.456	0.471
学校课程	0.689	0.556
教师素养	0.852	0.797
学校硬件	0.750	0.713
学校制度	0.805	0.734

表 4-21　各因子的项目及载荷

因子命名及 Alpha 系数	题项	公因子 1	2	3	4	5	共同度
学生人格因素 (0.899)	26. 我有完成学习任务的自信心	0.729					0.581
	27. 我有强烈的学习责任感	0.769					0.614
	28. 我有明确的学习目标	0.824					0.686
	29. 我有克服困难，达到预定目标的意志力	0.812					0.662
	30. 我渴望在学习上获得成功	0.736					0.558
	31. 我愿意思考学习问题	0.740					0.572
	32. 我对所学知识技能都比较感兴趣	0.736					0.580
	33. 我习惯于积极主动地学习	0.747					0.612
学生知识、能力因素 (0.903)	34. 我具备开拓创新的能力		0.707				0.550
	35. 我具有良好的学习方法与技巧		0.744				0.623
	36. 我具有扎实而丰富的专业知识		0.740				0.577
	37. 我有良好的分析解决问题的能力		0.797				0.655
	38. 我经常自我反思		0.777				0.614
	39. 我善于调控自己的情感和行为		0.776				0.607
	40. 我有良好的应变能力		0.823				0.698
	41. 我有良好的沟通能力		0.795				0.655
学校教师与学风因素 (0.885)	11. 我的教师教学内容符合我的需求			0.753			0.644
	12. 我的教师教学整体水平较高			0.860			0.757
	13. 我的教师学术水平较高			0.764			0.596
	14. 我遇到的教师大都爱岗敬业			0.835			0.700
	15. 我的教师知识渊博			0.863			0.751
	16. 我的教师经常指导我			0.670			0.472
	17. 我与教师关系和谐			0.631			0.505
	18. 我校的学习风气良好			0.594			0.545
学校硬件因素 (0.765)	19. 我校图书馆和自习室随时都可以找到座位				0.789		0.645
	20. 我校图书资料丰富而优质				0.855		0.739
	21. 我校教学仪器设备先进				0.786		0.660
	22. 我校物质生活条件良好				0.532		0.520
学校制度因素 (0.773)	23. 我校考评制度合理					0.839	0.713
	24. 学校的奖惩机制					0.843	0.729
	25. 学校和教师对我们会提出适度的学习要求					0.682	0.554

续表

因子命名及 Alpha 系数	题项	公因子 6	公因子 7	公因子 8	共同度
社会因素 (0.631)	1. 我感受到社会有急功近利、一日暴富的浮躁风气	0.690			0.522
	2. 我感受到严峻的就业形势	0.754			0.619
	3. 我感受到就业过程中有不规范现象	0.748			0.594
	4. 我喜欢玩电脑、手机等电子信息产品	0.612			0.404
学校课程因素 (0.637)	8. 我所在学校的课程内容科学合理		0.730		0.548
	9. 我所在学校的课程结构多样化		0.791		0.637
	10. 我参加了大量的课外（社团）活动		0.684		0.499
家庭因素 (0.552)	5. 我父母对我的学业很关注			0.757	0.580
	6. 我的家庭经济比较困难			0.690	0.524
	7. 我的家庭幸福和谐，气氛温馨			0.662	0.546

注：题目序号与预测问卷不能一一对应，因为删除了题目后对剩下的题目进行了重新编序。

从表 4-20 和表 4-21 可以看出，大学生学习主动性影响因素是由 8 个因子构成的，结合原始问卷各题项的具体含义，我们对这 8 个因子分别命名如下：

因素一：学生人格。因素一包括的题项是：26、27、28、29、30、31、32、33 共 8 题，主要涉及的是学生个体学习需要（成就需要、认知需要）、自信心、责任感、意志力、兴趣及习惯等方面的内容。俞文钊教授（1989）认为个性（人格）的心理结构是复杂的、多层次的、多水平系统，主要由个性倾向性与个性心理特征所组成。个性倾向性主要包括需要、动机、兴趣、理想、信念和世界观等，这些都是人进行活动的基本动力；个性心理特征，主要包括能力、气质和性格。因此，把因素一命名为"学生人格"。

因素二：学生知识能力。因素二包括的题项是：34、35、36、37、38、39、40、41 共 8 题，主要涉及的是学生自身所具有的与学习相关的各种知识和能力，所以因素二命名为"学生知识能力"。

因素三：学校教师与学风。因素三包括的题项是：11、12、13、14、15、16、17、18共8题，主要涉及的是学校教师的知识素养、能力素养和品德素养以及师生关系和学习风气，所以因素三命名为"学校教师与学风"。

因素四：学校硬件。因素四包括的题项是：19、20、21、22共4题，主要涉及的是学校学习和生活的硬件设施条件，所以因素四命名为"学校硬件因素"。

因素五：学校制度。因素五包括的题项是：23、24、25共3题，主要涉及的是考评制度和奖惩制度及对学生的管理要求，所以因素五命名为"学校制度"。

因素六：社会因素。因素六包括的题项是：1、2、3、4共4题，主要涉及的是就业前景、市场规范及利益和电子产品等社会诱惑，所以因素六命名为"社会因素"。

因素七：学校课程。因素七包括的题项是：8、9、10共3题，主要涉及的是学校课程内容、课程结构及课外活动内容，所以研究命名因素七为"学校课程因素"。

因素八：家庭因素。因素八包括的题项是：5、6、7共3题，主要涉及的是家庭经济状况、家庭氛围及父母对子女学业的关注，所以因素八命名为"家庭因素"。

六 正式问卷结构验证性因素分析

根据探索性因素分析发现，含有41个项目的正式问卷结构模型由8个因子组成，分别测量的是学生人格、学生知识能力、家庭因素、社会因素、学校硬件因素、学校课程因素、学校教师与学风因素和学校制度因素。为了验证上述结构的合理性，我们采用LISREL8.80统计软件对影响因素问卷进行验证性因素分析，其结构及标准系数解见图4-10。

图4-10表明41个项目对应于问卷的8个因子，其因子负荷在0.42—0.81之间。表4-22表明，模型拟合指数达到较好的标准。但第4题"我喜欢玩电脑手机等电子信息产品"对社会因素的标准系数较低，第18题"我校的学习风气良好"不属于教师素养，所以尝试删除这两道题，得到修正模型见图4-11。

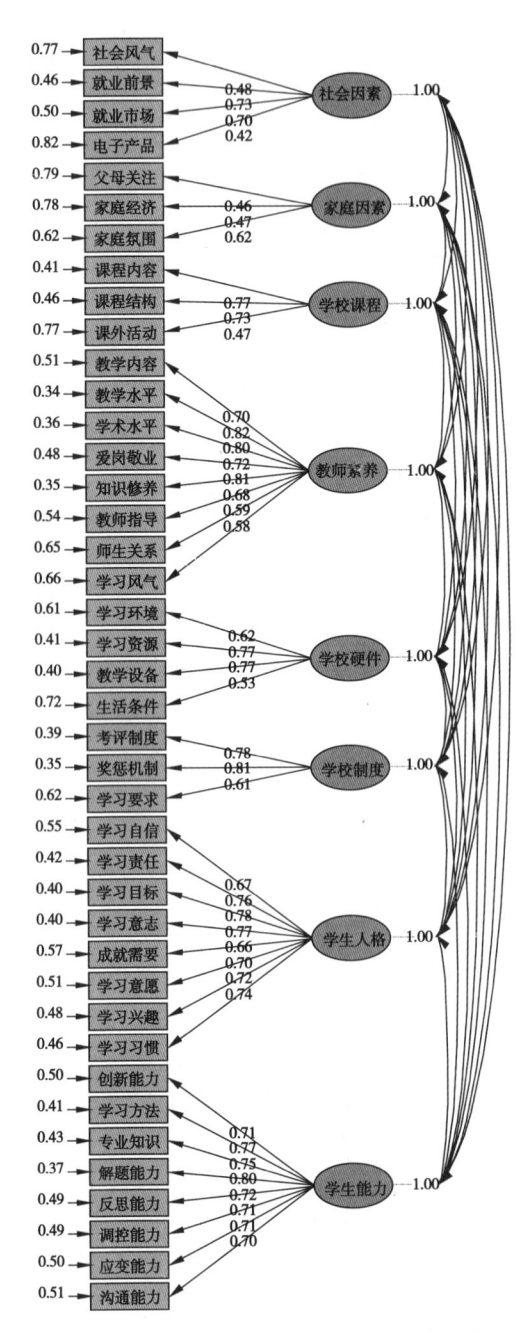

图 4-10　大学生学习主动性影响因素问卷
验证性因素分析初始模型

续表

因子	α系数	分半信度
学生人格	0.877	0.839
学生能力	0.895	0.845
总问卷	0.934	0.804

八 正式问卷效度检验

（一）结构效度检验

验证性因素分析表明问卷较好地测量到了影响因素的社会、家庭、学校和个人因素几大因子构成的结构。另外，因子与总分的相关及各因子间的相关显著性和相关程度可以对问卷的结构效度进行度量。表4-24表明，影响因素各维度之间的相关系数在0.192—0.764之间，各维度与总问卷之间的相关系数在0.483—0.844之间，且相关均显著（P<0.001），属于中度相关，说明各因子与总体概念相当一致。可见问卷具有良好的结构效度。

表4-24　　　　　　问卷各维度及维度与总问卷之间的相关

	社会	家庭	课程	教师	硬件	制度	人格	能力	总问卷
社会	1								
家庭	0.309***	1							
课程	0.251***	0.361***	1						
教师	0.370***	0.308***	0.432***	1					
硬件	0.192***	0.223***	0.458***	0.428***	1				
制度	0.212***	0.290***	0.496***	0.435***	0.580***	1			
人格	0.302***	0.324***	0.440***	0.544***	0.422***	0.476***	1		
能力	0.228***	0.256***	0.424***	0.520***	0.435***	0.420***	0.764***	1	
总问卷	0.483***	0.498***	0.606***	0.785***	0.651***	0.661***	0.844***	0.816***	1

注：*** 在0.001水平（双侧）上显著相关。

（二）内容效度

本问卷是在开放式问卷调查基础上并结合国内外相关的研究成果和实际的访谈而提炼出来的。在正式施测前，邀请了心理学专家和大学教师对题目与原定内容的适当性做出判断,请一些在校心理学研究生和高等教育学研究生多次修订和审查,也邀请了被试群体的代表对问卷的内容进行了修改,最终他们一致认为该问卷基本涵盖了影响大学生学习主动性因素的各个方面,能有效评定大学生学习主动性的影响因素,问卷具有较高的内容效度。

九 小结

通过对问卷进行探索性因素分析和验证性因素分析,结果显示,大学生学习主动性影响因素是一个包含外部因素和内部因素的层级系统。外部因素包括家庭因素、社会因素和学校因素,学校因素包括学校硬件、学校课程、教师素养和学校制度;内部因素即学生因素,包括学生人格因素和学生知识能力因素。另外,根据理论分析,我们把学生人格因素和学生知识、能力因素这二个因素归为——个人因素;把学校教师因素、学校硬件因素、学校制度因素、学校课程因素这四个因素归为——学校因素;家庭因素和社会因素各归为一类。根据研究的假设,我们认为大学生学习主动性受到内外因素的影响,其中,个人因素属于内因,学校、家庭和社会属于外因。这些因素的结构见图4-12。

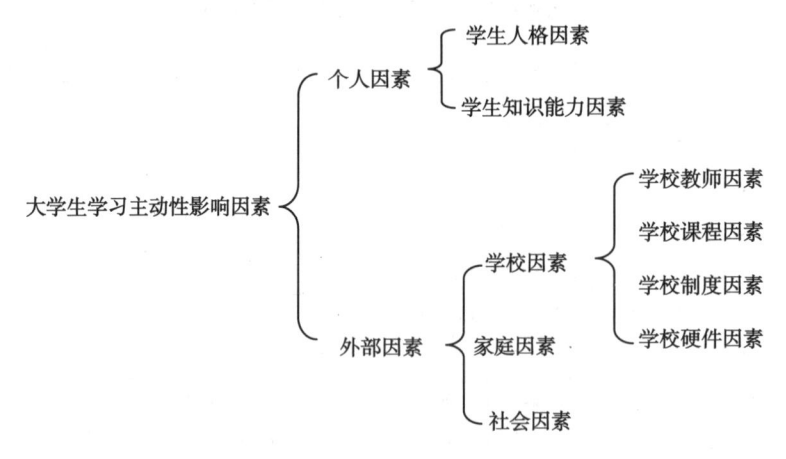

图4-12 大学生学习主动性影响因素结构

第五章

大学生学习主动性特点研究

大学生学习主动性有何特点？揭示其表现特点是后续研究的基础，为此，采用自编《大学生学习主动性特征问卷》对全国普通本科院校和专科院校进行抽样调查，以了解全国大学生学习主动性整体水平状况及自身特征和背景各异（人口学变量、家庭背景变量和成绩水平变量）的学生其主动性的特点和规律。

第一节 研究目的

采用自编《大学生学习主动性特征问卷》，考察大学生在地域、学校类型、学科类别、年级、性别、生源地、与父母关系、是否独生子女、政治面貌、父母职业类型及学习成绩等方面上的差异。为社会、学校、家长及大学生本人提高学习主动性提供建议奠定基础。

第二节 研究方法

一 被试

采用随机抽样方式对江西师范大学、岭南师范学院、湖北理工学院、鲁东大学、南昌工程学院（本）等100余所高校的全日制在校本、专科学生进行了现场调查和网络调查，共回收问卷8672份，其中有效问卷8332份，问卷有效回收率96.08%。学校分布及被试分布分别见表5-1和表5-2。

表 5-1　　　　　　　　　有效问卷的学校分布

学校名称	人数	百分比（%）
江西师范大学	678	8.1
岭南师范学院	593	7.1
湖北理工学院	461	5.5
鲁东大学	439	5.3
南昌工程学院（本）	363	4.4
宜春学院（本科）	302	3.6
九江学院（本科）	261	3.1
泉州师范学院	237	2.8
江西外语外贸职业学院（专科）	230	2.8
江西科技学院（专）	223	2.7
青岛科技大学	206	2.5
集美大学	195	2.3
江西科技学院（本）	186	2.2
南昌大学	183	2.2
江西农业大学	178	2.1
云南师范大学	172	2.1
中医学院	167	2
南昌大学共青学院（本科）	156	1.9
华东交大	159	1.9
陕西职业技术学院	153	1.8
江西工业职业技术学院（专科）	144	1.7
江西理工大学	125	1.5
杭州电子科技大学	122	1.5
江西制造学院（专科）	120	1.4
广东职业技术学院	114	1.4
广东药学院	110	1.3
四川师范大学	107	1.3
九江学院（专科）	106	1.3
浙江工商大学	106	1.3
东华理工大学	97	1.2
江西现代学院（专科）	88	1.1
宜春学院（专科）	76	0.9

续表

学校名称	人数	百分比（%）
南昌教育学院（专科）	69	0.8
宁波大学	69	0.8
江西生物科技职业学院（专科）	61	0.7
浙江师范大学	58	0.7
河南师范大学	58	0.7
南昌大学共青学院（专科）	57	0.7
江西教育学院（专）	56	0.7
莆田学院	56	0.7
浙江水利水电学院	52	0.6
厦门城市职业学院	51	0.6
济南大学	51	0.6
江西教育学院（本）	50	0.6
西藏职业技术学院	47	0.6
华侨大学	43	0.5
福州大学	32	0.4
武汉理工大学	32	0.4
龙岩学院	29	0.3
浙江财经大学	24	0.3
兰州大学	24	0.3
洛阳师范学院	22	0.3
天津工业大学	22	0.3
温州医科大学	22	0.3
中国地质大学	21	0.3
武汉设计工程学院	21	0.3
西南大学	19	0.2
中国美术学院	18	0.2
中南林业科技大学	18	0.2
西藏大学	17	0.2
邵阳学院	13	0.2

续表

学校名称	人数	百分比（%）
厦门大学	12	0.1
重庆理工大学	12	0.1
滁州学院	12	0.1
其他高校	327	3.9
合计	8332	100

注：由于部分数据源自网络调查，有些高校调查人数较少，表中只列出调查人数高于10人的院校，低于10人的高校没有一一列举，合并为其他高校。

表5-2　　　　　　　　有效样本人口统计学分布

类型		人数①	百分比（%）
地域学校	东部	2812	33.7
	中部	4901	58.8
	西部	607	7.3
	本科	6580	79.0
	专科	1752	21.0
专业	文科	4743	56.9
	理科	3558	42.7
年级	本科一年级	2396	36.4
	本科二年级	1719	26.1
	本科三年级	1772	26.9
	本科四年级	693	10.5
	专科一年级	769	43.9
	专科二年级	865	49.4
	专科三年级	118	6.7

---

① 注：缺失值是统计分析人员和数据采集人员最不愿意见到但是又无法完全避免的现象。在大型调查中，即使有非常严格的质量控制，含有缺项、漏项的记录也可以非常容易地达到10%；而在进行如家庭收入等敏感问题调查时，缺失值问题就更加突出。参见张文彤《SPSS11统计分析教程（高级篇）》，北京希望电子出版社2002年版，第21页。本表的统计分析中，对缺失值予以省略，在本章后续分析中，用序列均值法处理缺失值问题。

续表

类型		人数①	百分比（%）
性别	男	3154	37.9
	女	5131	61.6
家庭所在地	农村	4825	57.9
	乡镇	1093	13.1
	县城	1190	14.3
	地级市	843	10.1
	省会或直辖市	339	4.1
家庭月收入	1000 元以下	1337	16.0
	1001—4000 元	4373	52.5
	4001—7000 元	1639	19.7
	7001—10000 元	562	6.7
	10001 以上	322	3.9
是否贫困生	是	2848	34.2
	否	5484	65.8
与父亲关系	疏远	296	3.6
	一般	3324	39.9
	亲密	4712	56.6
与母亲关系	疏远	119	1.4
	一般	2348	28.2
	亲密	5865	70.4
是否独生子女	是	2062	24.7
	否	6270	75.3
是否党员	是	649	7.8
	否	7683	92.2
是否担任学生干部	是	5688	68.3
	否	2644	31.7
父母职业类型	优势阶层	502	6.0
	中间阶层	1699	20.4
	基础阶层	5028	60.3

续表

类型		人数①	百分比（%）
是否谈恋爱	是	2435	29.2
	否	5897	70.8
学习成绩	下	229	2.7
	中下	968	11.6
	中等	4033	48.4
	中上	2463	29.6
	上	639	7.7

二　研究工具

采用第四章自编《大学生学习主动性特征问卷》对全国大学生进行抽样调查。问卷涉及以下两部分内容。第一部分内容是个人基本资料。涉及的内容有学生所在学校、学校的层次、专业、学科类别、年级、性别、生源地、与父母关系、独生子女与否、政治面貌、父母职业类型及学习成绩等方面的信息，为探讨大学生学习主动性特点因个体、家庭、学校的背景不同可能存在差异提供分析基础。第二部分内容是大学生学习主动性特征问卷。这份自编的《大学生学习主动性特征问卷》共包括38道测试题，经理论分析、探索性因素分析和验证性因素分析，这些题目共分成7个子维度，它们是学习目的性、学习自觉性、学习互动性、学习创造性、学习控制性、学习需要性和学习情感性。题目构成情况如下：

1. 学习目的性，由第1题、第2题和第3题共3道题测量，得分越高，说明大学生能根据自身需要预先确立学习目标，然后主动制订学习计划并以较高的行动热情去执行学习计划。

2. 学习自觉性，由第4、5、6、7、9和10题共6道题测量，得分越高，说明大学生能自觉地为实现学习目标而采取行动，能自发地做到课前预习、上课认真听讲记笔记、课后认真对待作业自觉复习所学内容。

3. 学习互动性，由第8题、第11题到第17题共8道题测量，得分越高，表示大学生为了实现目标而自发地与周围环境进行沟通和对话，如愿意在课堂上与教师互动，课后能做到主动搜集学习资料、博览群书并主动把理论用于实践，遇到不能解答的问题主动找教师、同学或其他人寻求帮助。

4. 学习创造性，由第18题到第23题共6道题测量，得分越高，表示大学生在学习过程中勇于质疑和批判、善于思考问题和发现问题、能独立探索并独自解决问题。

5. 学习控制性，由第24题到第27题共4道题测量，得分越高，表示大学生在学习中碰到任何难题越能够努力克服困难、排除干扰、坚持不懈、不断反思并进行自我情绪和方法上的调控。

6. 学习需要性，由第29题、第30题和第33题共3道题测量，得分越高，表示大学生有强烈的求知欲、在学习上渴望获得成功、在追求学业成就上有强烈的心理倾向。

7. 学习情感性，由第28题、第31题、第32题和第34到38题共8道题测量，得分越高，表示大学生对学习有强烈的兴趣、好奇心、自信心和责任感，这样的学生认为学习是件愉快的事，因此，对学习经常保持较高的热情和适度的焦虑，于是总会先于他人采取积极的学习行动。

三 研究程序

数据收集通过两种方式进行，一是现场调查，二是采用问卷星进行网络调查。

现场调查以教学班为单位对大学生进行群体施测。主试为课题组成员及其所在单位的研究生，研究生都接受过统一的专门培训，要求了解课题的研究设计和研究目的，熟悉问卷指导语和填答要求，对问卷内容比较了解。正式调查前由主试通过统一的指导语，介绍调查目的和意义，介绍匿名的保证要求和对被调查者回答问题的要求等，鼓励被试客观、真实、认真作答。答题完毕后，由主试统一回收问卷。

网络调查主要借助问卷星和微信平台实现，研究者首先把设计好的问卷转移到相应平台，然后通过学生、研究者全国各地的教师、同学、朋友、师兄妹等关系帮助转发，实现对全国高校展开调查的覆盖，被试分布在全国150多所高校。

四 数据处理

问卷回收后，现场调查数据采用社会科学统计软件包SPSS23.0直接录入，网络调查数据则先从问卷星平台和微信平台导出数据，导入SPSS

软件后把所有调查数据合并为一个 SPSS 文档。最后对合并数据文档进行清理，包括剔除无效样本、选项编码和缺失值处理等内容。

（一）剔除无效样本

一般而言，缺失数据达 10% 以上或呈现规律作答则可以将该样本视为无效样本。因此课题研究按以下 3 个原则剔除无效样本：（1）未作答达到一定比率：有 10% 及以上的题目未作答的被试；（2）连续选择某一选项达到一定比率：连续选择某一个选项达 10% 及以上的被试；（3）顺序作答：顺序作答（如 A、B、C、D、E）重复 2 次及以上的被试。根据以上原则共剔除无效样本 340 人，具体情况见表 5-3。

表 5-3　　　　　　　剔除无效样本（N=8672）

剔除规则	剔除样本数	剔除比例（%）
缺失作答（原则1）	101	1.16
连续单一作答（原则2）	207	2.39
顺序作答（原则3）	32	0.37
合计	340	3.92

由上表可知，连续单一作答（原则 2）比例最大，其次是缺失作答（原则 1），最后是顺序作答（原则 3）。其可能原因是网络调查的可控性受限，有些学生作答态度不是特别认真。总体而言，无效问卷占总样本数的 3.92%，调查的有效回收率达 96.08%，有效问卷 8332 份，有效回收比率较为理想。

（二）选项编码及计分

剔除无效样本后，对剩余 8332 个有效样本作答数据进行选项编码，编码规则如下：

1. 基本信息部分题目：A、B、C、D、E 依次记为 1、2、3、4、5。

2. 主动性测量和影响因素部分题目：完全不符合、比较不符合、基本符合、比较符合、完全符合依次记为 1、2、3、4、5。

3. 含有缺失值题目：统一记为 0。

共有 103 题需要进行选项编码及计分。

（三）缺失值处理

采用 SPSS 中的"序列均值"法进行替换，具体做法是用该题目上所有被试作答的均值替换该题上的缺失值。公式表示如下：

$$X_{imiss} = (\sum_{i=1}^{N} X_{ji}) / N$$

其中，X_{imiss}表示第j题缺失，X_{ji}表示样本i在第j题上的作答，N为样本数。

第三节 结果分析

大学生学习主动性特征的揭示主要基于两个角度，一是从全面整体的角度进行分析，即对所有调查被试的主动性总分进行特征分析，包括总体水平分析和群体差异分析。其中，一级群体差异分为四个层面，即地域、学校、家庭和个体，二级群体差异表现为，学校分为学校层次、学科类别、本科年级和专科年级4个方面；家庭分为生源地、父母职业类型、家庭收入状况、贫困生与否、与父亲关系、与母亲关系、独生子女与否共7个方面；个体层次分为性别、政治面貌、学生干部与否、情感状态和学习成绩水平共5个方面。二是从学习主动性的7个维度角度进行分析，也包括总体水平分析和群体差异分析，群体差异分析的层级与主动性总体水平分析的层级相同。分析逻辑思路见本章小结部分的图5-39。

一 大学生学习主动性整体特征

(一) 大学生学习主动性总分分布特征

样本分数的分布特征是反映抽样合理性的重要指标，一般而言，如果分数呈正态分布或近似正态分布，则说明取样是合理的。对8332个有效样本被试的主动性总分进行描述统计分析，统计量结果见表5-4，正态分布直方图见图5-1。

表5-4　　大学生学习主动性总分描述统计量（N=8332）

平均值	标准差	中位数	众数	最高分	最低分	全距	偏度	偏度标准误	峰度	峰度标准误
3.111	0.598	3.079	3.000	5.000	1.080	3.920	0.124	0.027	0.330	0.054

表5-4表明，来自全国100余所共8332名大学生的学习主动性得分范围（研究设计的最高分是5分，最低分是1分）是1.080—5.000分，

全距为 3.920 分,平均分为 3.111 分,标准差为 0.598,说明全国大学生的学习主动性处于中等水平。中位数为 3.079,众数为 3.000,与平均分较为接近。测验分数分布的偏态量为 0.124(标准误为 0.027),峰度量为 0.330(标准误为 0.054)。中位数、众数和平均数接近,偏态量接近于 0,峰度量小于 3(张文彤,2004),说明分数分布呈近似正态分布。分数分布直方图进一步表明全体被试主动性得分分布近似于正态分布(图 5-1)。

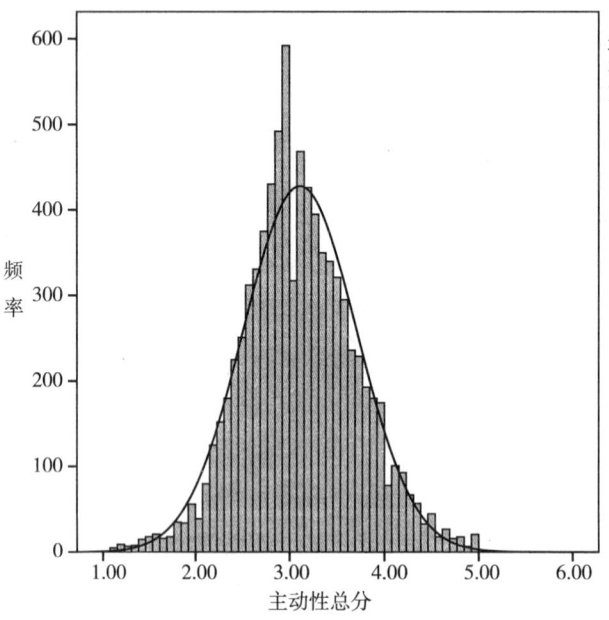

图 5-1 大学生学习主动性总分分布直方图

为了进一步检验主动性分数的正态性,绘制了正态分布检验 P-P 图,结果见图 5-2 的正态 P-P 图和图 5-3 的趋降正态 P-P 图。正态 P-P 图是通过考查实际累积概率与正态分布所期望的理论累积概率间的吻合程度来检验数据的正态性,图中间的实线是期望累积概率线,围绕在直线周围的圆圈是观察累积概率,如果圆圈聚集在直线周围,则表示检验变量与正态分布匹配。趋降正态 P-P 图是根据正态分布理论计算的理论值与实际值之差的分布图,也叫分布的残差图,如果图中所有代表残差的点都在 y=0 这条直线上下波动,且残差绝对值不超过 .1,则可以判断数据是符合正态分布的(张文彤,2004)。图 5-3 显示观察累积概率与期望累积概率基本吻合,图的上下边界值表明主动性总分的残差值波动范围在 -0.02 至

0.04 之间，残差绝对值远远低于 0.1，因而可以认为来自全国 100 余所大学的 8332 名大学生的学习主动性得分服从正态分布，即绝大多数大学生的学习主动性处于中等水平，主动性水平较低或较高的学生所占比例较小，次数分布特征见表 5-5。

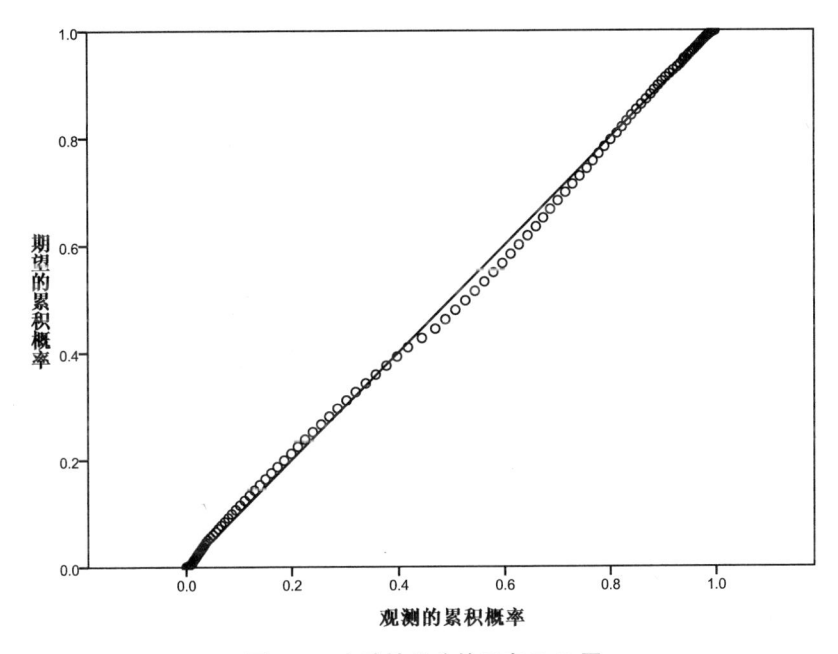

图 5-2　主动性总分的正态 P-P 图

表 5-5　8332 名大学生学习主动性得分次数分布

组别	人数	百分比（%）	累积人数	累积百分比（%）
1.01—2.00	242	2.9	242	2.9
2.01—3.00	3584	43.0	3826	45.9
3.01—4.00	3925	47.1	7751	93.0
4.01—5.00	581	7.0	8332	100.0
合计	8332	100.0		

表 5-5 显示，中间分数段占总人数的 90.1%，低于 2 分占总人数的 2.9%，4—5 分占总人数的 7%，进一步说明大学生学习主动性得分呈正态分布的特征。

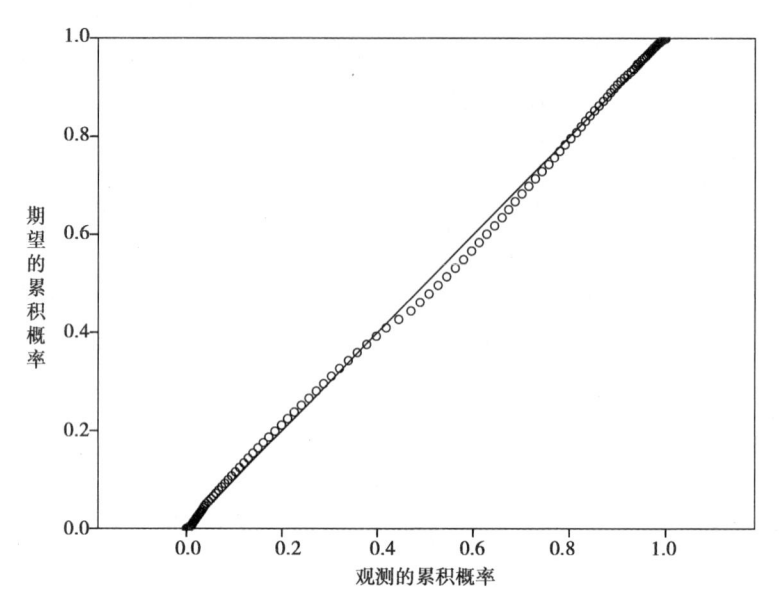

图 5-3 主动性总分的趋降正态 P-P 图

(二) 大学生学习主动性总分群体差异分析

对大学生学习主动性总分进行整体描述能够从总体上揭示其分布规律，但不能揭示其跨群体差异的特点，为了揭示跨群体差异特征，采用单因素方差分析法对地域、年级、生源地、与父母关系、父母职业类型、成绩水平的主动性差异进行分析，采用独立样本 t 检验对学校层次、学科类别、是否贫困、是否独生子女、是否党员、是否班干部、性别不同的大学生学习主动性差异进行分析，结果见表 5-6。

表 5-6　　　　　　　　大学生学习主动性群体差异分析

		人数	平均数	标准差	统计量	P
地域	东部	2812	3.1430	0.61533	20.557	0.000
	中部	4901	3.0787	0.58771		
	西部	607	3.2155	0.57425		
学校层次	本科院校	6580	3.1138	0.58841	0.937	0.349
	专科学校	1752	3.0982	0.63098		
学科类别	人文科	4743	3.1149	0.59041	0.779	0.436
	理工科	3558	3.1046	0.60717		

续表

		人数	平均数	标准差	统计量	P
本科年级	一年级	2396	3.1676	0.58684	12.444	0.000
	二年级	1719	3.1046	0.59293		
	三年级	1772	3.0582	0.58961		
	四年级	693	3.0932	0.56452		
专科年级	一年级	769	3.1467	0.60582	4.445	0.012
	二年级	865	3.0538	0.65796		
	三年级	118	3.1077	0.56766		
生源地	农村	4825	3.1260	0.59733	5.800	0.000
	乡镇	1093	3.0917	0.59147		
	县城	1190	3.0488	0.57307		
	地级市	843	3.1077	0.61935		
	省会或直辖市	339	3.1909	0.63442		
父母职业类型	优势阶层	502	3.0933	0.62528	0.242	0.785
	中间阶层	1699	3.1114	0.58961		
	基础阶层	5028	3.1126	0.59150		
家庭月收入	1000元以下	1337	3.2292	0.65219	16.944	0.000
	1001—4000元	4373	3.0873	0.58433		
	4001—7000元	1639	3.0769	0.57172		
	7001—10000元	562	3.0998	0.58992		
	10001以上	322	3.1663	0.64052		
是否贫困	是	2848	3.1893	0.60011	8.708	0.000
	否	5484	3.0696	0.59224		
与父亲关系	疏远	296	2.9765	0.66863	100.427	0.000
	一般	3324	3.0088	0.57164		
	亲密	4712	3.1908	0.59850		
与母亲关系	疏远	119	3.0259	0.73057	106.921	0.000
	一般	2348	2.9622	0.58398		
	亲密	5865	3.1717	0.58945		
是否独生子女	是	2062	3.1039	0.61649	-0.580	0.562
	否	6270	3.1127	0.59130		
性别	男	3154	3.1554	0.65081	5.314	0.000
	女	5131	3.0836	0.56138		

续表

		人数	平均数	标准差	统计量	P
是否党员	是	649	3.2528	0.58900	6.330	0.000
	否	7683	3.0985	0.59682		
是否学生干部	是	5688	3.1763	0.59032	14.935	0.000
	否	2644	2.9690	0.58868		
是否谈恋爱	是	2435	3.1041	0.60660	-0.637	0.524
	否	5897	3.1132	0.59389		
成绩水平	下	229	2.6288	0.64235	373.728	0.000
	中下	968	2.7302	0.56388		
	中等	4033	3.0340	0.53734		
	中上	2463	3.3094	0.54565		
	上	639	3.5763	0.59215		

注：地域、年级、生源地、与父母关系、父母职业类型、成绩水平计算的是 F 统计量，学校层次、学科类别、是否贫困、是否独生子女、是否党员、是否班干部、性别计算的是 T 统计量。

表 5-6 表明，大学生学习主动性总分存在地域、年级、生源地、家庭经济状况、与父母关系、性别、党员、担任学生干部及成绩水平的差异性（$p<0.05$），而在学校层次、学科类别、独生子女与否和父母职业类型上没有显著性差异（$p>0.05$）。以上十五个分类归纳为四大类因素分别是地域因素、学校因素、家庭因素和个体特点，图 5-4、图 5-5 和图 5-6 分别呈现了地域、学校因素、家庭因素和个体因素各群体差异的对比图。

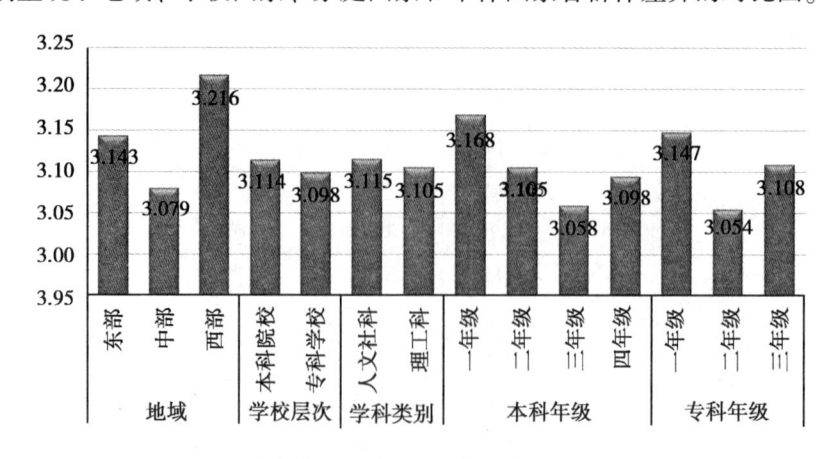

图 5-4 主动性总分的地域因素、学校因素差异对比

图 5-4 进一步形象地表达了表 5-6 中对地域因素和学校因素差异的检验结果，即地域不同和所处年级不同的大学生其学习主动性存在显著性差异，学校层次不同和学科类别不同不存在显著性差异。在地域差异上，学习主动性从高到低依次是西部、东部和中部大学生。从年级特点来看，在本科院校中，大一和大二学生的学习主动性较高，其次是大四学生，学习主动性最低的是大三学生；在专科学校中，学习主动性从高到低依次是大一、大三和大二。这表明，无论是本科院校还是专科学校，刚入学的学生学习主动性较高，其次是毕业年级的学生，学习主动性最低的是中间年级的大学生。

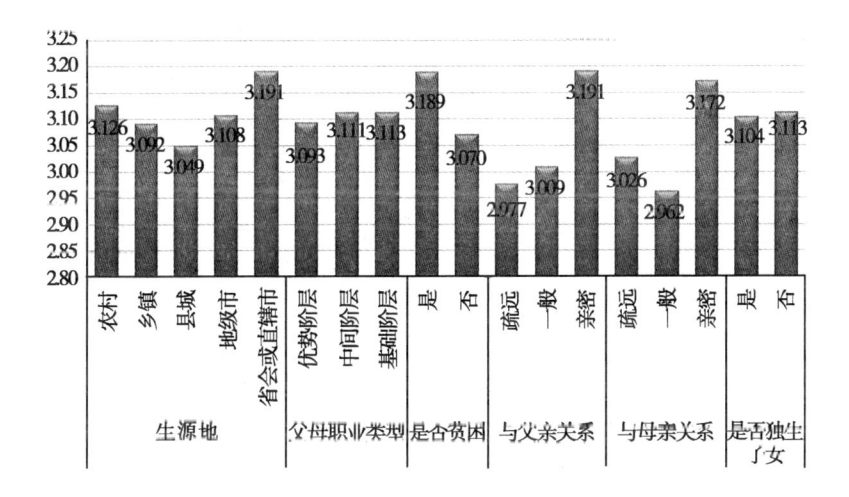

图 5-5　主动性总分的家庭背景因素差异对比

图 5-5 表达的是表 5-6 中对家庭因素差异的检验结果，即是否独生子女和父母职业类型因素的不同没有表现出对大学生学习主动性的显著影响，而学生的生源地、家庭经济状况和与父母的亲密关系的不同对大学生的学习主动性有显著的影响。从生源地来看，学习主动性水平从高到低依次是：来自省会城市或直辖市的学生、来自农村的学生、来自地级市的学生、来自乡镇的学生和来自县城的学生。家庭经济贫困的学生学习主动性要高于非贫困学生。与父母关系亲密的学生学习主动性最高。上述结果表明，来自农村及经济状况欠佳的家庭背景会激发大学生的学习主动性，另一方面，来自省会城市和地级市生源的学生及与父母关系亲密的学生学习主动性相对更高表明，外界环境的正确引导可以有效地激发大学生学习主动性。

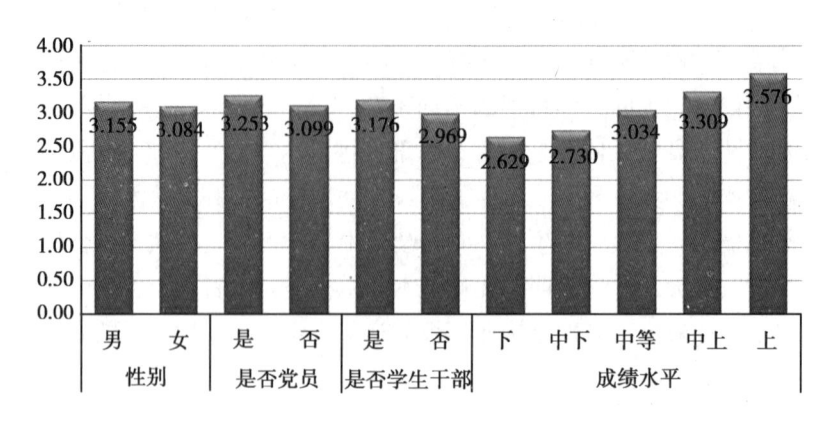

图 5-6 主动性总分的个体因素差异对比

图 5-6 表达的是表 5-6 中对个体因素差异的检验结果,即大学生本人具有的所有因素都表现出对学习主动性的显著影响。从性别来看,男生的学习主动性要高于女生。党员和学生干部的学习主动性显著高于非党员和非学生干部学生。成绩水平越高的人,学习主动性一定是越强的人。

表 5-7 进一步对三组以上的群体对比进行了验后多重比较。

表 5-7　　大学生学习主动性群体差异多重检验（LSD 检验）

	（I）级别	（J）组别	均值差（I-J）	标准误	显著性
地域	东部	中部	0.06429 ***	0.01411	0.000
		西部	-0.07251 **	0.02668	0.007
	中部	西部	-0.13680 ***	0.02566	0.000
本科年级	一年级	二年级	0.06303 **	0.01855	0.001
		三年级	0.10943 ***	0.01839	0.000
		四年级	0.07439 **	0.02531	0.003
	二年级	三年级	0.04640 *	0.01987	0.020
		四年级	0.01136	0.02641	0.667
	三年级	四年级	-0.03504	0.02629	0.183
专科年级	一年级	二年级	0.09291 **	0.03121	0.003
		三年级	0.03895	0.06226	0.532
	二年级	三年级	-0.05396	0.06180	0.383

续表

	（I）级别	（J）组别	均值差（I-J）	标准误	显著性
生源地	农村	乡镇	0.03431	0.02000	0.086
		县城	0.07721***	0.01932	0.000
		地级市	0.01834	0.02229	0.411
		省会或直辖市	-0.06485	0.03354	0.053
	乡镇	县城	0.04290	0.02501	0.086
		地级市	-0.01597	0.02737	0.560
		省会或直辖市	-0.09915**	0.03711	0.008
	县城	地级市	-0.05887*	0.02687	0.029
		省会或直辖市	-0.14206***	0.03675	0.000
	地级市	省会或直辖市	-0.08319*	0.03839	0.030
家庭月收入	1000元以下	1001—4000元	0.14187***	0.01863	0.000
		4001—7000元	0.15231***	0.02197	0.000
		7001—10000元	0.12935***	0.02997	0.000
		10001元以上	0.06287	0.03700	0.089
	1001—4000元	4001—7000元	0.01044	0.01726	0.546
		7001—10000元	-0.01252	0.02671	0.639
		10001元以上	-0.07900*	0.03442	0.022
	4001—7000元	7001—10000元	-0.02296	0.02914	0.431
		10001元以上	-0.08944*	0.03633	0.014
	7001—10000元	10001元以上	-0.06648	0.04166	0.111
与父亲关系	疏远	一般	-0.03225	0.03582	0.368
		亲密	-0.21423***	0.03539	0.000
	一般	亲密	-0.18198***	0.01338	0.000
与母亲关系	疏远	一般	0.06372	0.05545	0.251
		亲密	-0.14581**	0.05465	0.008
	一般	亲密	-0.20953***	0.01441	0.000
成绩水平	下	中下	-0.10133*	0.04044	0.012
		中等	-0.40516***	0.03739	0.000
		中上	-0.68056***	0.03802	0.000
		上	-0.94749***	0.04239	0.000
	中下	中等	-0.30383***	0.01970	0.000
		中上	-0.57922***	0.02088	0.000
		上	-0.84616***	0.02805	0.000
	中等	中上	-0.27540***	0.01407	0.000
		上	-0.54233***	0.02343	0.000
	中上	上	-0.26693***	0.02443	0.000

注：* 表示 P<0.05，** 表示 P<0.01，*** 表示 P<0.001。

综合上述所有分析，大学生学习主动性的跨群体差异特点归纳为图5-7。

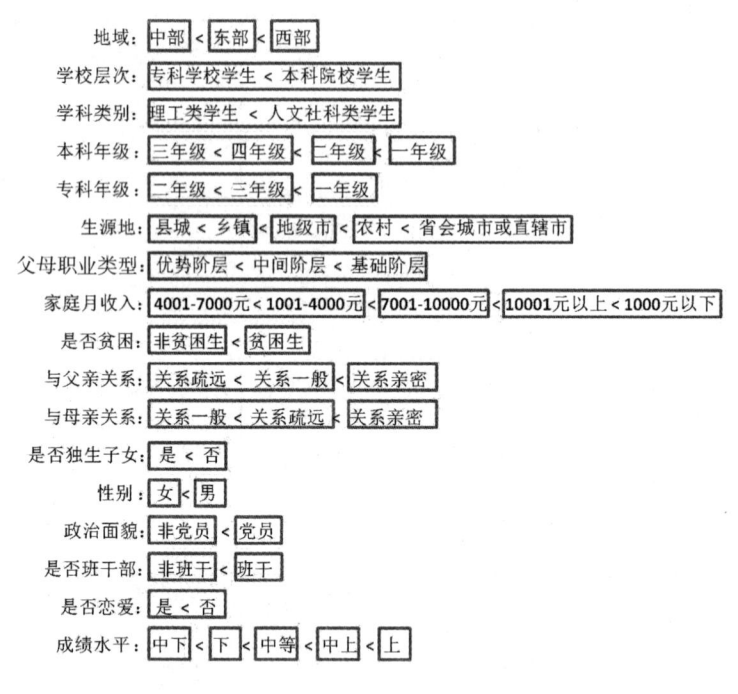

地域：	中部 < 东部 < 西部
学校层次：	专科学校学生 < 本科院校学生
学科类别：	理工类学生 < 人文社科类学生
本科年级：	三年级 < 四年级 < 二年级 < 一年级
专科年级：	二年级 < 三年级 < 一年级
生源地：	县城 < 乡镇 < 地级市 < 农村 < 省会城市或直辖市
父母职业类型：	优势阶层 < 中间阶层 < 基础阶层
家庭月收入：	4001-7000元 < 1001-4000元 < 7001-10000元 < 10001元以上 < 1000元以下
是否贫困：	非贫困生 < 贫困生
与父亲关系：	关系疏远 < 关系一般 < 关系亲密
与母亲关系：	关系一般 < 关系疏远 < 关系亲密
是否独生子女：	是 < 否
性别：	女 < 男
政治面貌：	非党员 < 党员
是否班干部：	非班干 < 班干
是否恋爱：	是 < 否
成绩水平：	中下 < 下 < 中等 < 中上 < 上

图 5-7 大学生学习主动性群体差异特点

注：矩形框内的不同组之间没有显著性差异，矩形框之间存在显著性差异。

二 大学生学习主动性 7 个维度的分布特征

（一）大学生学习主动性 7 维度分布特征

第四章的问卷编制部分通过探索性分析和验证性因素分析把大学生学习主动性分为 7 个子维度，即学习需要性、学习目的性、学习情感性、学习控制性、学习自觉性、学习互动性和学习创造性。每个维度分别由 3、6、8、6、4、3 和 8 道题组成，为了保证维度得分之间具有可比性，通过计算各维度上所有项目的平均分而不是维度得分总分来考察大学生在各维度上的差异情况，7 个维度得分的分布图见图 5-8，描述统计结果见表 5-8，维度得分对比图见图 5-9，各维度得分和题项得分描述统计量见表 5-9，各题项得分排序情况见表 5-10。

7 维度得分分布直方图表明 7 个维度得分的分布都呈现近似正态分

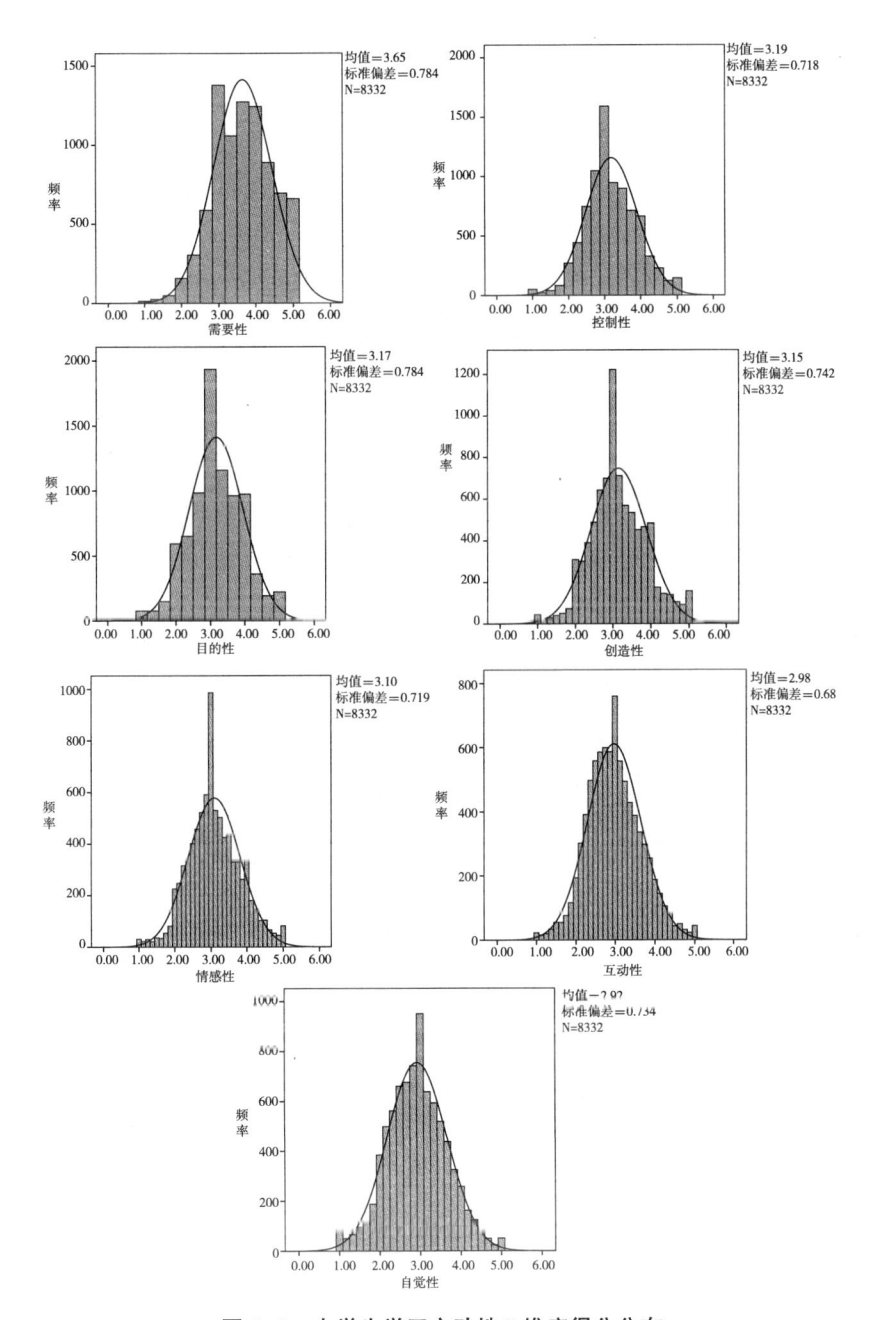

图 5-8　大学生学习主动性 7 维度得分分布

布，说明研究取样合理。

表 5-8　　　　　大学生学习主动性各维度得分描述统计量

	人数	极小值	极大值	均值	标准差
需要性	8332	1.00	5.00	3.650	0.784
控制性	8332	1.00	5.00	3.191	0.718
目的性	8332	1.00	5.00	3.170	0.784
创造性	8332	1.00	5.00	3.147	0.742
情感性	8332	1.00	5.00	3.096	0.719
互动性	8332	1.00	5.00	2.976	0.680
自觉性	8332	1.00	5.00	2.920	0.734

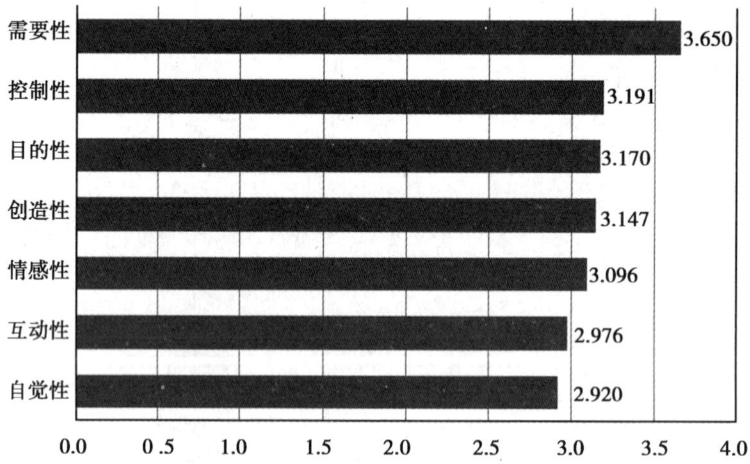

图 5-9　大学生学习主动性维度得分对比

表 5-9　　　　大学生学习主动性维度平均分和题项得
分描述统计表（n=8332)

维度	题目	最小值	最大值	均值	标准差
需要性 (3.650)	30. 学习上，我渴望获得成功	1	5	3.88	0.938
	29. 我认为上大学关系自己的前途和命运	1	5	3.63	1.005
	33. 学习上，我有强烈的责任感	1	5	3.44	0.999
控制性 (3.191)	27. 学习中，我能自我调节情绪	1	5	3.39	0.913
	25. 学习上，我经常坚持自己的观点和行为	1	5	3.26	0.882
	26. 我经常反思自己的学习	1	5	3.26	0.946
	24. 当别人玩乐时，我能排除干扰，继续学习	1	5	2.85	0.979

续表

维度	题目	最小值	最大值	均值	标准差
目的性 (3.170)	3. 我会努力完成学习目标和计划	1	5	3.28	0.917
	1. 我有明确的学习目标	1	5	3.18	0.913
	2. 我会制订短期或长期的学习计划	1	5	3.05	0.937
创造性 (3.147)	19. 学习中，我勤于思考问题	1	5	3.25	0.889
	21. 我总是在寻找更好的学习方法	1	5	3.25	0.943
	23. 我会努力克服学习中的各种难题	1	5	3.20	0.884
	18. 学习中，我善于发现问题	1	5	3.18	0.900
	20. 学习上，我敢于质疑和批判	1	5	3.06	0.954
	22. 我经常自主进行一些探索性学习	1	5	2.94	0.959
情感性 (3.096)	28. 学习上，我有强烈的求知欲	1	5	3.22	0.923
	32. 学习上，我有强烈的好奇心	1	5	3.19	0.937
	36. 学习中，我能保持适度的焦虑和紧张	1	5	3.18	0.920
	34. 我对学习很感兴趣	1	5	3.11	0.942
	35. 我感觉学习是件愉快的事	1	5	3.09	0.964
	37. 我对完成学习任务很自信	1	5	3.06	0.924
	38. 我能经常保持学习热情	1	5	3.02	0.929
	31. 为防被超越，我总预先采取学习行动	1	5	2.90	0.971
互动性 (2.976)	17. 学习中需配合时，我会尽力与之沟通	1	5	3.60	0.878
	16. 我经常主动与同学交流学习	1	5	3.18	0.959
	13. 我积极参加课外学习活动	1	5	3.09	1.032
	12. 我平时喜欢博览群书	1	5	3.00	1.015
	11. 我经常通过多种渠道搜集学习资料	1	5	2.96	0.945
	14. 我经常把所学理论主动运用到实践	1	5	2.88	0.927
	15. 我经常主动与老师交流学习	1	5	2.57	0.957
	8. 我上课会积极主动发言	1	5	2.52	1.023
自觉性 (2.920)	9. 我能认真对待课后作业	1	5	3.44	1.006
	6. 我上课能认真记笔记	1	5	3.30	1.045
	7. 我上课总能保持注意力集中	1	5	2.93	0.916
	10. 我把大量的课余时间用于学习	1	5	2.76	0.975
	5. 我课后能自觉复习	1	5	2.68	0.977
	4. 我课前能自觉预习	1	5	2.42	0.963

表 5-10　　大学生学习主动性各题项得分排序

项目	N	极小值	极大值	均值	标准差
30. 学习上，我渴望获得成功	8332	1	5	3.88	0.938
29. 我认为上大学关系自己的前途和命运	8332	1	5	3.63	1.005
17. 学习中需他人配合时，我会尽力与之沟通	8332	1	5	3.60	0.878
9. 我能认真对待课后作业	8332	1	5	3.44	1.006
33. 学习上，我有强烈的责任感	8332	1	5	3.44	0.999
27. 学习中，我能自我调节情绪	8332	1	5	3.39	0.913
6. 我上课能认真记笔记	8332	1	5	3.30	1.045
3. 我会努力完成学习目标和计划	8332	1	5	3.28	0.917
25. 学习上，我经常会坚持自己的观点和行为	8332	1	5	3.26	0.882
26. 我经常反思自己的学习	8332	1	5	3.26	0.946
21. 我总是在寻找更好的学习方法	8332	1	5	3.25	0.943
19. 学习中，我勤于思考问题	8332	1	5	3.25	0.889
28. 学习上，我有强烈的求知欲	8332	1	5	3.22	0.923
23. 我会努力克服学习中的各种难题	8332	1	5	3.20	0.884
32. 学习上，我有强烈的好奇心	8332	1	5	3.19	0.937
1. 我有明确的学习目标	8332	1	5	3.18	0.913
16. 我经常主动与同学交流学习	8332	1	5	3.18	0.959
18. 学习中，我善于发现问题	8332	1	5	3.18	0.900
36. 学习中，我能保持适度的焦虑和紧张	8332	1	5	3.18	0.886
34. 我对学习很感兴趣	8332	1	5	3.11	0.942
35. 我感觉学习是件愉快的事	8332	1	5	3.09	0.964
13. 我积极参加课外学习活动	8332	1	5	3.09	1.032
20. 学习上，我敢于质疑和批判	8332	1	5	3.06	0.954
37. 我对完成学习任务很自信	8332	1	5	3.06	0.924
2. 我会制订短期或长期的学习计划	8332	1	5	3.05	0.937
38. 我能经常保持学习热情	8332	1	5	3.02	0.929
12. 我平时喜欢博览群书	8332	1	5	3.00	1.015
11. 我经常通过多种渠道搜集学习资料	8332	1	5	2.96	0.945
22. 我经常自主进行一些探索性学习	8332	1	5	2.94	0.959
7. 我上课总能保持注意力集中	8332	1	5	2.93	0.916
31. 为防被超越，我总先于他人采取学习行动	8332	1	5	2.90	0.971
14. 我经常把所学理论主动运用到实践	8332	1	5	2.88	0.927

续表

项目	N	极小值	极大值	均值	标准差
24. 当别人玩乐时，我能排除干扰，继续学习	8332	1	5	2.85	0.979
10. 我把大量的课余时间用于学习	8332	1	5	2.76	0.975
5. 我课后能自觉复习	8332	1	5	2.68	0.977
15. 我经常主动与老师交流学习	8332	1	5	2.57	0.957
8. 我上课会积极主动发言	8332	1	5	2.52	1.023
4. 我课前能自觉预习	8332	1	5	2.42	0.963

表5-8、表5-9和表5-10的统计数据和图5-9的条形图显示大学生学习主动性在7个维度得分上具有如下特点：

1.7个维度的平均得分从高到低依次是需要性、控制性、目的性、创造性、情感性、互动性和自觉性。这说明大学生一定程度上明白自己需要做什么并能做到自我调控和制定相应的行动目标，但在这个过程中，他们的体验并不是特别好或者说学生的学习行动是基于现实的逼迫而不是兴趣，所以在寻求外界帮助上显得较为被动，体现为最终的行动不自觉性。

2. 大学生学习主动性的7维度得分分析

（1）需要性维度平均得分为3.650，与likert5点量表中值3进行单样本T检验结果显示需要性得分显著高于量表中值（t=75.639，P<0.001）。在题目得分上，"学习上，我渴望获得成功"的得分均值为3.88，"我认为上大学关系自己的前途和命运"的得分均值为3.63，"学习上，我有强烈的求知欲"的得分均值为3.44，这说明，我国大学生有着较为强烈的求知欲和学业成就倾向，能明确意识到学习的重要意义，认为学习是大学学习期间最重要的事情。这种对学习重要意义的认可以及自觉将学习和自己的前途与命运联系起来从而追求更高目标的学习需求表明当代大学生的精神风貌是积极和令人赞许的。表5-10显示，在38个大学生学习主动性指标中，构成需要性的三道题的得分分别排在第一、第二和第五位，说明大学生的学习追求较高。

（2）控制性维度平均得分为3.191，与likert5点量表中值3进行单样本T检验结果显示控制性得分显著高于量表中值（t=24.295，P<0.001）。在题目得分上，"当别人玩乐时，我能排除干扰，继续学习"的

得分均值为2.85，显著低于量表中值和该维度得分平均分，可见大部分大学生缺乏自制力，表现为易受他人干扰。同时在"坚持自己的观点和行为"（M=3.26）以及通过反思（M=3.26）来调控认知、情绪、行为等方面的水平也居于中等（M=3.39）。

（3）目的性维度平均得分为3.170，与likert5点量表中值3进行单样本T检验结果显示目的性得分显著高于量表中值（t=19.740，P<0.001）。在题目得分上，"我有明确的学习目标"得分平均值为3.18，"我会努力完成学习目标和计划"得分平均值为3.28，但"我会制订短期或长期的学习计划"得分平均值相对较低为3.05，这说明学生能根据自身需要预先设定学习目标并努力完成学习目标，但实现目标的计划性相对较弱。

（4）创造性维度平均得分为3.147，与likert5点量表中值3进行单样本T检验结果显示创造性得分显著高于量表中值（t=18.087，P<0.001），说明当前大学生在学习过程中独立思考、勇于探索、求新求异等方面的水平一般。在题目得分上，得分相对较高的是"勤于思考问题"（M=3.25）、"寻求更好的学习方法"（M=3.25）、"克服学习中各种难题"（M=3.20），相对较弱的是"发现问题"（M=3.18）的能力、"质疑和批判"（M=3.06）的精神，表现最不理想的是"自主性地探索性学习"（M=2.94），说明大部分大学生习惯于接受而不是发现，习惯于被动而不是主动，习惯于解释而不是质疑。

（5）情感性维度平均得分为3.096，与likert5点量表中值3进行单样本T检验结果显示情感性得分显著高于量表中值（t=12.233，P<0.001），说明大学生在学习过程中良好的情绪体验水平一般，即对学习的兴趣和热情、对未知事物的好奇心都不高，学习上的自信心不强，学习责任感欠缺，所以很难体验到学习过程带来的愉悦感。在题目得分上，得分从高到低依次是："求知欲"（M=3.22）、"好奇心"（M=3.19）、"学习中适度焦虑和紧张"（M=3.18）、"学习兴趣"（M=3.11）、"学习中的愉快体验"（M=3.09）、"学习自信"（M=3.06）、"学习热情"（M=3.02）、"学习上的先行行动"（M=2.90），说明多数学生兴趣不浓、学习过程体验不够积极、学习热情不高、自信心不强、在行动上更是没有先见之明。

（6）互动性维度平均得分为2.976，与likert5点量表中值3进行单样本T检验结果显示互动性得分显著低于量表中值（t=-3.256，P<0.01）。在题目得分上，高于3分的是"尽力与他人配合"（M=3.60）、"主动与同学交流"（M=3.18）和"积极参与课外活动"（M=3.09），等于3分的是"博览群书"（M=3.00），其他题目得分均低于3分，即"多渠道搜集资料"（M=2.96）、"理论用于实践"（M=2.88）、"主动与老师交流"（M=2.57）、"上课积极发言"（M=2.52），这几道题的得分在38个指标中分别排名倒数第二、第三、第七和第十二位，占问卷中项目平均自评得分3分以下共11个项目（见表5-10）中的4个。这说明大学生在学习中不太喜欢博览群书，不善于主动搜集资料，也没有把理论用于实践，不能主动与老师进行沟通，较难做到上课积极发言。

（7）自觉性维度平均得分为2.920，与likert5点量表中值3进行单样本T检验结果显示自觉性得分显著低于量表中值（t=-9.947，P<0.001）。在题目得分上，高于3分的是"认真对待课后作业"（M=3.44）、"上课能认真记笔记"（M=3.30），题目得分低于3分的是"上课保持注意力集中"（M=2.93）、"大量的课余时间用于学习"（M=2.76）、"课后自觉复习"（M=2.68）、"课前自觉预习"（M=2.42），这几道题的得分在38个指标中分别排名倒数第一、第四、第五和第九位，占问卷中项目平均自评得分3分以下共11个项目（见表5-10）中的4个。可见，当前大部分大学生上课注意力不太集中，课余时间不能自觉学习，学生的学习自觉性有待加强。

（二）大学生学习主动性维度得分群体差异分析

1. 大学生学习主动性7维度地域差异分析

把所调查的150余所大学（由于部分数据采用网络调查，所以部分大学人数偏少）根据其所在地分为东部、中部和西部大学。划分依据是国发《2000》33号文件，即东部包括北京、天津、河北、辽宁、上海、江苏、浙江、福建、山东、广东、海南，中部包括山西、吉林、黑龙江、安徽、江西、河南、湖北、湖南，西部包括重庆、四川、贵州、云南、西藏、陕西、甘肃、青海、宁夏、新疆、广西、内蒙古。对来自不同区域的大学生在学习主动性7个维度上的平均分进行单因素方差分析，以考察来源于不同区域的大学生在学习主动性维度上的差异特点，结果见表5-11和图5-10。

表 5-11　　　　　　大学生学习主动性维度在区域上的差异

维度	区域	人数	平均数	标准差	F	P
需要性	东部	2812	3.660	0.775	0.802	0.448
	中部	4901	3.641	0.797		
	西部	607	3.672	0.726		
目的性	东部	2812	3.159	0.773	2.674	0.069
	中部	4901	3.167	0.796		
	西部	607	3.239	0.737		
情感性	东部	2812	3.125	0.737	8.062***	0.000
	中部	4901	3.071	0.714		
	西部	607	3.167	0.661		
控制性	东部	2812	3.221	0.717	7.665***	0.000
	中部	4901	3.166	0.725		
	西部	607	3.251	0.644		
自觉性	东部	2812	2.932	0.733	33.576***	0.000
	中部	4901	2.886	0.735		
	西部	607	3.142	0.687		
互动性	东部	2812	3.024	0.682	30.888***	0.000
	中部	4901	2.931	0.676		
	西部	607	3.116	0.670		
创造性	东部	2812	3.220	0.751	28.638***	0.000
	中部	4901	3.096	0.739		
	西部	607	3.224	0.690		

注：*** 表示 $P<0.001$。

统计结果显示，处于不同地域的大学生在学习情感性、学习控制性、学习自觉性、学习互动性和学习创造性上存在极其显著的差异（$P<0.001$），在学习需要性和学习目的性上不存在显著的地域差异（$P>0.05$）。大学生在有显著差异的学习情感性、学习控制性、学习自觉性、学习互动性和学习创造性五个维度上的得分，均呈现西部>东部>中部的特点。可见，地处西部大学的大学生其学习主动性最强、其次是东部、再次是中部大学生。

多重比较显示（见表5-12），在学习情感性、学习控制性和学习创造性上，东部大学生与西部大学生的表现没有显著性差异，但西部和东部的

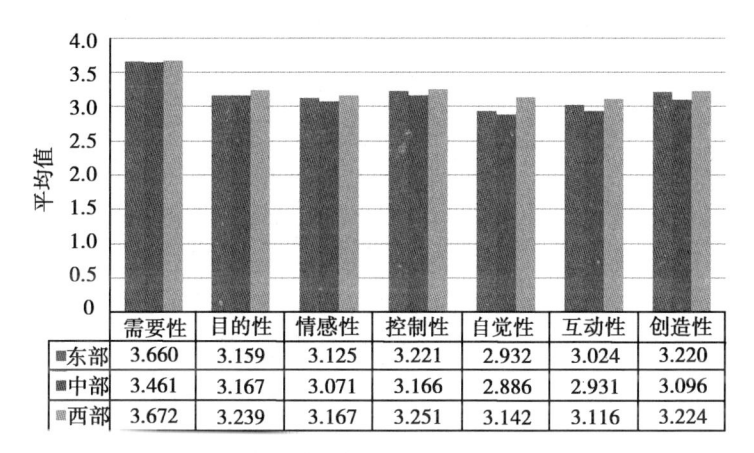

	需要性	目的性	情感性	控制性	自觉性	互动性	创造性
东部	3.660	3.159	3.125	3.221	2.932	3.024	3.220
中部	3.461	3.167	3.071	3.166	2.886	2.931	3.096
西部	3.672	3.239	3.167	3.251	3.142	3.116	3.224

图 5-10　大学生学习主动性维度区域差异对比

大学生在这两方面的表现都优于中部大学生。在学习自觉性和学习互动性上，呈现西部>东部>中部大学生的特点，总而言之，在学习主动性维度得分上，西部大学生的表现好，中部大学生的表现最不好。

表 5-12　　　　区域在各维度上的多重检验（LSD 检验）

因子	(I) 区域	(J) 区域	均值差 (I-J)	标准误	P
情感性	东部	中部	0.05316*	0.01699	0.002
		西部	0.04241	0.03214	0.187
	中部	西部	-0.09557*	0.03090	0.002
控制性	东部	中部	0.05545*	0.01696	0.001
		西部	-0.02990	0.03209	0.352
	中部	西部	-0.08535*	0.03085	0.006
自觉性	东部	中部	0.04536*	0.01729	0.009
		西部	-0.21041	0.03272	0.000
	中部	西部	-0.25578	0.03145	0.000
互动性	东部	中部	0.09317*	0.01604	0.000
		西部	-0.09204*	0.03031	0.002
	中部	西部	-0.18521*	0.02917	0.000
创造性	东部	中部	0.12400*	0.01749	0.000
		西部	-0.00391	0.03310	0.906
	中部	西部	-0.12791*	0.03182	0.000

注：* 表示 P <0.05，** 表示 P <0.01，*** 表示 P <0.001。

结合上述分析，处于不同地域的学生其学习主动性维度差异特点如图 5-11 所示。

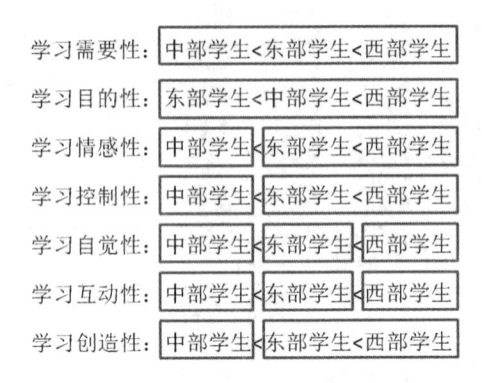

学习需要性： 中部学生<东部学生<西部学生
学习目的性： 东部学生<中部学生<西部学生
学习情感性： 中部学生<东部学生<西部学生
学习控制性： 中部学生<东部学生<西部学生
学习自觉性： 中部学生<东部学生<西部学生
学习互动性： 中部学生<东部学生<西部学生
学习创造性： 中部学生<东部学生<西部学生

图 5-11 大学生学习主动性维度差异的地域特点

注：矩形框内的不同组之间没有显著性差异，矩形框之间存在显著性差异。

2. 大学生学习主动性 7 维度学校差异分析

学校因素的差异主要分析的是学习主动性 7 维度在学校层次、学科类别和年级上的差异。

（1）学校层次差异

将所有大学生样本按照学校层级分为本科院校和专科学校两组，计算他们在学习主动性 7 个维度上的均值和标准差并进行独立样本 t 检验，以考察大学生学习主动性的学校层级差异，结果见表 5-13 和图 5-12。

表 5-13　　大学生学习主动性维度在学校层级上的差异

因子	本科院校（6850人） M	SD	专科学校（1752人） M	SD	t	P
需要性	3.662	0.775	3.603	0.818	2.711**	0.007
目的性	3.188	0.776	3.101	0.811	4.098***	0.000
情感性	3.103	0.711	3.072	0.748	1.579	0.114
控制性	3.197	0.708	3.167	0.752	1.518	0.129
自觉性	2.911	0.728	2.956	0.754	-2.259*	0.024
互动性	2.965	0.672	3.015	0.710	-2.628**	0.009
创造性	3.163	0.729	3.087	0.787	3.655***	0.000

注：* 表示 P<0.05，** 表示 P<0.01，*** 表示 P<0.001。

第五章　大学生学习主动性特点研究

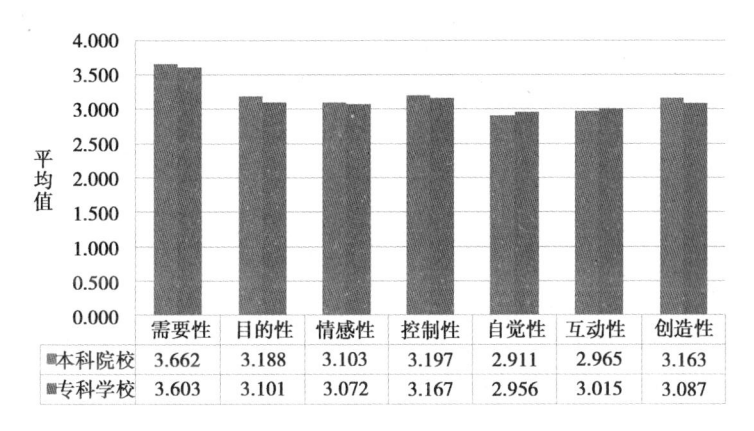

	需要性	目的性	情感性	控制性	自觉性	互动性	创造性
本科院校	3.662	3.188	3.103	3.197	2.911	2.965	3.163
专科学校	3.603	3.101	3.072	3.167	2.956	3.015	3.087

图 5-12　大学生学习主动性学校层次差异对比

统计结果显示：本科学生在学习需要性（P<0.01）、学习目的性（P<0.001）和学习创造性（P<0.01）三个维度上得分显著高于专科学生，在学习自觉性（P>0.05）和学习互动性（P>0.01）两个维度得分上显著低于专科学生，在学习情感性和学习控制性两个维度得分上没有显著性差异。这表明一般而言，本科大学生相对于专科大学生而言，学习需要性更强、学习目的性更明确，学习上的创造能力更强，但学习自觉性和互动性更弱。

结合上述分析，处于不同层次学校的学生其学习主动性维度差异特点如图5-13所示。

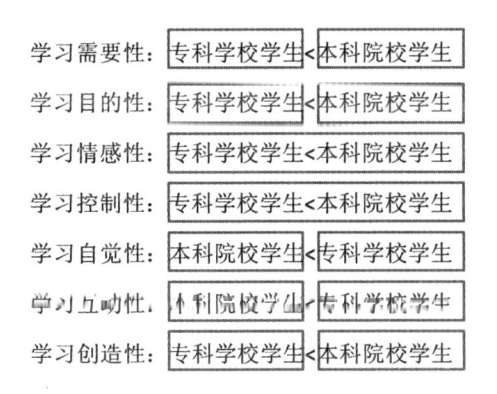

学习需要性：专科学校学生<本科院校学生
学习目的性：专科学校学生<本科院校学生
学习情感性：专科学校学生<本科院校学生
学习控制性：专科学校学生<本科院校学生
学习自觉性：本科院校学生<专科学校学生
学习互动性：本科院校学生<专科学校学生
学习创造性：专科学校学生<本科院校学生

图 5-13　大学生学习主动性维度差异的学校层次特点

注：矩形框内的不同组之间没有显著性差异，矩形框之间存在显著性差异。

（2）学科类别差异

人文社会科学包括人文科学与社会科学，人文科学以同人类利益有关的学科为研究对象，包括哲学、经济学、政治学、历史学、法学、文艺学、伦理学、语言学等。社会科学以社会现象为研究对象，包括政治学、经济学、军事学、法学、教育学、文艺学、史学、语言学、民族学、宗教学、社会学等，其任务是研究并阐述各种社会现象及其发展规律。理工科包括理科和工科，包含物理、化学、生物、工程、天文、数学及前面六大类的各种运用与组合的科目，是自然、科学和科技的统称。据此，将大学生样本分为人文社科和理工科两类，对不同学科类别的大学生在学习主动性7个因子的平均分进行独立样本t检验，以考察大学生学习主动性在不同学科类别上的差异，结果见表5-14和图5-14。

表5-14　　　　大学生学习主动性维度得分在学科类别上的差异

因子	人文社科（4743） M	SD	理工科（3558） M	SD	t	P
需要性	3.665	0.783	3.628	0.786	2.169*	0.030
目的性	3.181	0.776	3.152	0.794	1.646	0.100
情感性	3.099	0.711	3.093	0.729	0.372	0.710
控制性	3.202	0.709	3.177	0.729	1.557	0.120
自觉性	2.935	0.723	2.900	0.747	2.193*	0.028
互动性	2.981	0.679	2.971	0.682	0.675	0.500
创造性	3.129	0.738	3.171	0.746	-2.532*	0.011

注：* 表示 P <0.05。

统计结果显示：文科学生在学习需要性（P<0.05）和学习自觉性（P<0.05）上的得分要显著高于理科学生；而理科学生在学习创造性（P<0.05）上的得分显著高于文科学生。但文理科学生在学习目的性、学习情感性、学习控制性和学习互动性的得分差异无统计学意义（P>0.05）。这表明，相对理科大学生而言，人文社科类学生更清楚地意识到上大学关系自己的前途和命运，从而更自觉地学习，但在追求学业成就的心理倾向上相对较弱；而理工类学生在自觉自愿地执行学习任务上表现较不理想，但在发现问题、创造性地解决问题方面的表现优于文科类学生。

结合上述分析，处于不同学科类别的学生其学习主动性维度差异特点如图5-15所示。

第五章 大学生学习主动性特点研究

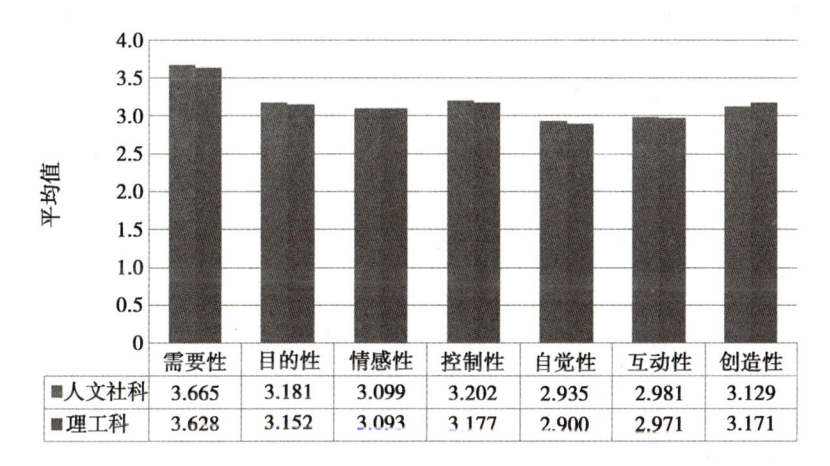

	需要性	目的性	情感性	控制性	自觉性	互动性	创造性
人文社科	3.665	3.181	3.099	3.202	2.935	2.981	3.129
理工科	3.628	3.152	3.093	3.177	2.900	2.971	3.171

图 5-14 大学生学习主动性学科类别差异对比

学习需要性：理工科学生 < 人文社科学生
学习目的性：理工科学生 < 人文社科学生
学习情感性：理工科学生 < 人文社科学生
学习控制性：理工科学生 < 人文社科学生
学习自觉性：理工科学生 < 人文社科学生
学习互动性：理工科学生 < 人文社科学生
学习创造性：人文社科学生 < 理工科学生

图 5-15 大学生学习主动性维度差异的学科类别特点

注：矩形框内的不同组之间没有显著性差异，矩形框之间存在显著性差异。

（3）年级差异

本科学生年级差异

将大学生样本按照年级分为本科一年级组、二年级组、三年级组和四年级组四组，分别计算他们在学习主动性7个维度得分上的均值和标准差，并进行单因素方差分析，以考察大学生学习主动性的年级层次差异，分析结果见表 5-15、表 5-16 和图 5-16。

表 5-15　　　　　　　　本科学生学习主动性维度的年级差异

因子	年级	人数	平均数	标准差	F	P
需要性	一年级	2396	3.729	0.763	12.492***	0.000
	二年级	1719	3.668	0.771		
	三年级	1772	3.588	0.784		
	四年级	693	3.608	0.781		
	总数	6580	3.662	0.775		
目的性	一年级	2396	3.153	0.760	5.904**	0.001
	二年级	1719	3.184	0.776		
	三年级	1772	3.197	0.784		
	四年级	693	3.292	0.800		
	总数	6580	3.188	0.776		
情感性	一年级	2396	3.147	0.703	6.060***	0.000
	二年级	1719	3.100	0.721		
	三年级	1772	3.053	0.719		
	四年级	693	3.088	0.683		
	总数	6580	3.103	0.711		
控制性	一年级	2396	3.240	0.712	5.765**	0.001
	二年级	1719	3.196	0.702		
	三年级	1772	3.151	0.714		
	四年级	693	3.171	0.691		
	总数	6580	3.197	0.708		
自觉性	一年级	2396	3.004	0.709	26.466***	0.000
	二年级	1719	2.905	0.746		
	三年级	1772	2.807	0.726		
	四年级	693	2.865	0.711		
	总数	6580	2.911	0.728		
互动性	一年级	2396	3.031	0.664	13.685***	0.000
	二年级	1719	2.956	0.684		
	三年级	1772	2.904	0.671		
	四年级	693	2.921	0.651		
	总数	6580	2.965	0.672		

续表

因子	年级	人数	平均数	标准差	F	P
创造性	一年级	2396	3.220	0.739	7.943***	0.000
	二年级	1719	3.127	0.719		
	三年级	1772	3.126	0.720		
	四年级	693	3.149	0.726		
	总数	6580	3.163	0.729		

注：* 表示 P<0.05，** 表示 P<0.01，*** 表示 P<0.001。

表 5-15 表明，来自本科院校四个年级的大学生在学习主动性 7 个维度上的表现均存在极其显著性的差异，具体结果为：学习需要性（F=12.492，P<0.001）、学习目的性（F=5.904，P<0.01）、学习情感性（F=6.060，P<0.001）、学习控制性（F=5.765，P<0.001）、学习自觉性（F=26.466，P<0.001）、学习互动性（F=13.685，P<0.001）、学习创造性（F=7.943，P<0.001）。7 个维度跨年级的得分顺序从高到低依次是学习需要性、学习控制性、学习目的性、学习创造性、学习情感性、学习互动性和学习自觉性，平均得分依次是 3.662、3.197、3.188、3.163、3.103、2.965、2.911，说明无论哪个年级的学生，学习需要性最强，但学习互动性和学习自觉性表现不尽如人意。

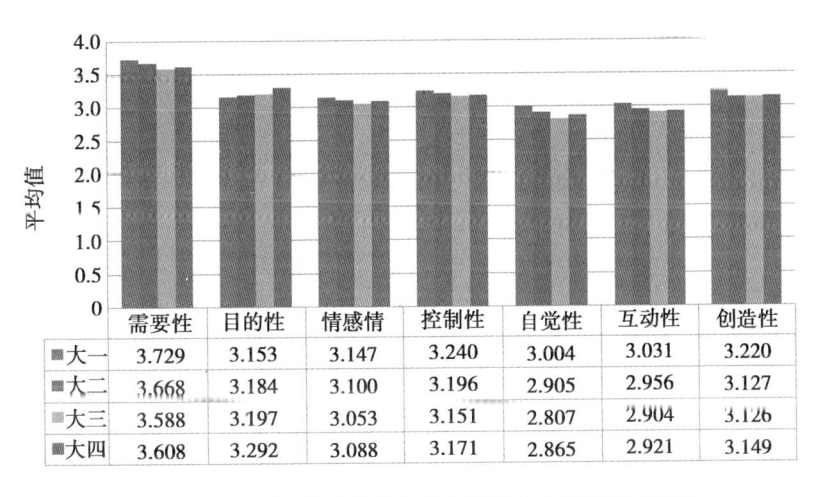

	需要性	目的性	情感情	控制性	自觉性	互动性	创造性
大一	3.729	3.153	3.147	3.240	3.004	3.031	3.220
大二	3.668	3.184	3.100	3.196	2.905	2.956	3.127
大三	3.588	3.197	3.053	3.151	2.807	2.904	3.126
大四	3.608	3.292	3.088	3.171	2.865	2.921	3.149

图 5-16 本科大学生学习主动性维度得分年级差异对比

图 5-16 进一步显示了本科大学生在学习主动性维度得分上的特点：

一是学习目的性得分随着年级的增长呈现上升趋势,即本科学生在大学四年期间,在学习目的性上经历着从懵懂迷茫到明确清晰的过程,年级越高,学习目的性越强。二是在学习需要性、学习情感性、学习控制性、学习自觉性、学习互动性、学习创造性六个维度得分呈现出共同的特点,即大学一年级学生、二年级学生和三年级学生在六个维度上的表现均呈依次下降趋势,大四毕业生猛然觉醒欲找回良好的学习状态,于是努力调整状态但很难回升到大一的水平,与大二学生的水平相当。

表 5-16 不同年级本科生在各维度上的多重检验(LSD 检验)

因子	(I) 年级	(J) 年级	均值差 (I-J)	标准误	P
需要性	一年级	二年级	0.06088*	0.02442	0.013
		三年级	0.14030***	0.02421	0.000
		四年级	0.12121***	0.03333	0.000
	二年级	三年级	0.07942**	0.02616	0.002
		四年级	0.06033	0.03477	0.083
	三年级	四年级	-0.01909	0.03462	0.581
目的性	一年级	二年级	-0.03085	0.02449	0.208
		三年级	-0.04378	0.02428	0.071
		四年级	-0.13928***	0.03342	0.000
	二年级	三年级	-0.01293	0.02623	0.622
		四年级	-0.10843**	0.03487	0.002
	三年级	四年级	-0.09550**	0.03472	0.006
情感性	一年级	二年级	0.04678*	0.02244	0.037
		三年级	0.09357***	0.02224	0.000
		四年级	0.05888	0.03061	0.054
	二年级	三年级	0.04679	0.02403	0.052
		四年级	0.01210	0.03194	0.705
	三年级	四年级	-0.03469	0.03180	0.275
控制性	一年级	二年级	0.04415*	0.02237	0.048
		三年级	0.08909***	0.02217	0.000
		四年级	0.06884*	0.03052	0.024
	二年级	三年级	0.04494	0.02395	0.061
		四年级	0.02469	0.03184	0.438
	三年级	四年级	-0.02026	0.03170	0.523

续表

因子	（I）年级	（J）年级	均值差（I-J）	标准误	P
自觉性	一年级	二年级	0.09900***	0.02288	0.000
		三年级	0.19746***	0.02268	0.000
		四年级	0.13909***	0.03122	0.000
	二年级	三年级	0.09846***	0.02450	0.000
		四年级	0.04010	0.03257	0.218
	三年级	四年级	-0.05836	0.03243	0.072
互动性	一年级	二年级	0.07507***	0.02118	0.000
		三年级	0.12686***	0.02099	0.000
		四年级	0.10922***	0.02890	0.000
	二年级	三年级	0.05179*	0.02268	0.022
		四年级	0.03414	0.03015	0.258
	三年级	四年级	-0.01765	0.03002	0.557
创造性	一年级	二年级	0.09324***	0.02299	0.000
		三年级	0.09403***	0.02279	0.000
		四年级	0.07105*	0.03137	0.024
	二年级	三年级	0.00079	0.02463	0.975
		四年级	-0.02220	0.03273	0.498
	三年级	四年级	-0.02298	0.03259	0.481

注：*表示 P <0.05。

表5-16的验后多重比较进一步通过检验的方法呈现主动性维度得分的跨年级特点。第一，在学习目的性上，四年级学生高于一年级、二年级和三年级学生，一年级、二年级和三年级学生的学习目的性虽然得分呈逐渐上升趋势但不存在显著性差异。第二，在学习需要性和学习自觉性得分上，一年级高于二年级、三年级和四年级，二年级高于三年级。第三，在学习情感性得分上，一年级高于二年级和三年级。第四，在学习控制性和学习创造性得分上，一年级高于二年级、三年级和四年级。第五，在学习互动性得分上，一年级高于二年级、三年级和四年级，二年级高于三年级和四年级。总之，除了目的性最低外，大一学生在其余6个维度上的得分都显著高于二年级、三年级和四年级学生，二年级学生在学习需要性、学习自觉性和学习互动性上表现都好于三年级学生。

结合上述分析，本科院校不同年级学生的学习主动性维度差异规律如图 5-17 所示。

学习需要性： 三年级学生<四年级学生 < 二年级学生 < 一年级学生

学习目的性： 一年级学生<二年级学生<三年级学生 < 四年级学生

学习情感性： 三年级学生<四年级学生 < 二年级学生 < 一年级学生

学习控制性： 三年级学生<四年级学生 < 二年级学生 < 一年级学生

学习自觉性： 三年级学生<四年级学生 < 二年级学生 < 一年级学生

学习互动性： 三年级学生<四年级学生 < 二年级学生 < 一年级学生

学习创造性： 三年级学生<二年级学生<四年级学生 < 一年级学生

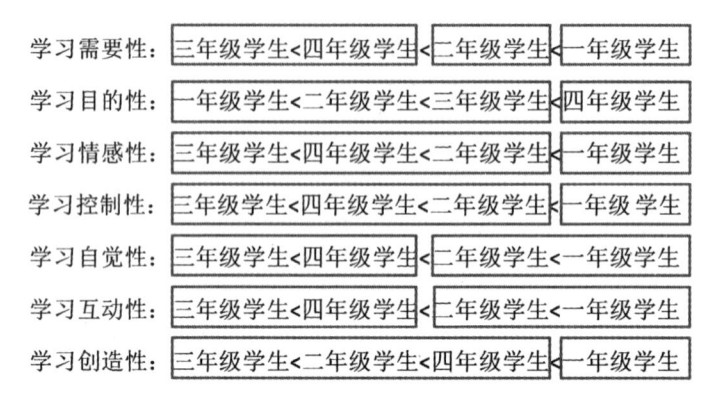

图 5-17 本科院校不同年级学生学习主动性维度差异特点

注：矩形框内的不同组之间没有显著性差异，矩形框之间存在显著性差异。

专科学生年级差异

将专科大学生样本按照年级分为一年级组、二年级组和三年级组三组，分别计算他们在学习主动性 7 个维度得分上的均值和标准差，并进行单因素方差分析，以考察大学生学习主动性的年级层次差异，分析结果见表 5-17、表 5-18 和图 5-18。

表 5-17 专科学生学习主动性维度的年级差异

因子	年级	人数	平均数	标准差	F	P
需要性	一年级	769	3.658	0.798	3.296*	0.037
	二年级	865	3.555	0.841		
	三年级	118	3.602	0.751		
	总数	1752	3.603	0.818		
目的性	一年级	769	3.126	0.791	3.874*	0.021
	二年级	865	3.058	0.837		
	三年级	118	3.260	0.720		
	总数	1752	3.101	0.811		

续表

因子	年级	人数	平均数	标准差	F	P
情感性	一年级	769	3.137	0.711	5.831**	0.003
	二年级	865	3.011	0.782		
	三年级	118	3.089	0.696		
	总数	1752	3.072	0.748		
控制性	一年级	769	3.168	0.734	0.164	0.849
	二年级	865	3.171	0.779		
	三年级	118	3.129	0.665		
	总数	1752	3.167	0.752		
自觉性	一年级	769	2.966	0.717	1.488	0.226
	二年级	865	2.934	0.784		
	三年级	118	3.057	0.762		
	总数	1752	2.956	0.754		
互动性	一年级	769	3.098	0.690	9.367***	0.000
	二年级	865	2.951	0.725		
	三年级	118	2.947	0.674		
	总数	1752	3.015	0.710		
创造性	一年级	769	3.147	0.769	3.999*	0.018
	二年级	865	3.037	0.809		
	三年级	118	3.061	0.712		
	总数	1752	3.087	0.787		

注：* 表示 P<0.05，** 表示 P<0.01，*** 表示 P<0.001。

表5-17表明，来自专科学校三个年级的大学生在以下几个维度上存在显著性的差异，具体结果为：学习需要性（F=3.296，P<0.05）、学习目的性（F=3.874，P<0.05）、学习情感性（F=5.831，P<0.01）、学习互动性（F=9.367，P<0.001）、学习创造性（F=3.999，P<0.05），而在学习控制性（F=0.164，P>0.05）和学习自觉性（F=1.488，P>0.05）上没有显著性差异。7个维度跨年级的得分顺序从高到低依次是学习需要性、学习控制性、学习目的性、学习创造性、学习情感性、学习互动性和学习自觉性，平均得分依次是3.603、3.167、3.101、3.087、3.072、3.015、2.956，与本科学生表现一致，即无论哪个年级的学生，学习需要性最强，学习互动性和自觉性表现差强人意。

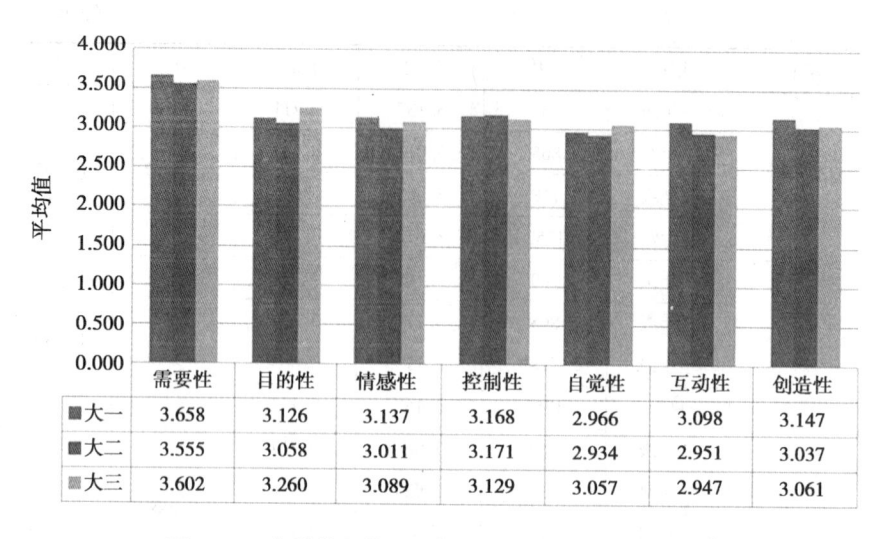

	需要性	目的性	情感性	控制性	自觉性	互动性	创造性
大一	3.658	3.126	3.137	3.168	2.966	3.098	3.147
大二	3.555	3.058	3.011	3.171	2.934	2.951	3.037
大三	3.602	3.260	3.089	3.129	3.057	2.947	3.061

图 5-18　专科学生学习主动性维度得分年级差异对比

图 5-18 进一步显示了专科大学生在学习主动性维度得分上的特点：第一，学习目的性大三学生最强，其次是大一学生，最弱的是大二学生。第二，在学习需要性、学习情感性和学习创造性三个维度得分呈现出共同的特点，即大一学生最强，其次是大三学生，最弱的是大二学生。第三，在学习互动性上，大一最强，大二次之，大三最弱。

表 5-18　不同年级专科学生在学习需要性上的多重检验（LSD 检验）

因子	（I）年级	（J）年级	均值差（I-J）	标准误	P
需要性	一年级	二年级	0.10390*	0.04047	0.010
		三年级	0.05674	0.08073	0.482
	二年级	三年级	-0.04717	0.08013	0.556
目的性	一年级	二年级	0.06833	0.04013	0.089
		三年级	-0.13375	0.08004	0.095
	二年级	三年级	-0.20208*	0.07945	0.011
情感性	一年级	二年级	0.12588**	0.03697	0.001
		三年级	0.04788	0.07375	0.516
	二年级	三年级	-0.07800	0.07321	0.287
互动性	一年级	二年级	0.14681***	0.03503	0.000
		三年级	0.15050*	0.06987	0.031
	二年级	三年级	0.00369	0.06935	0.958

续表

因子	(I) 年级	(J) 年级	均值差 (I-J)	标准误	P
创造性	一年级	二年级	0.10913**	0.03893	0.005
		三年级	0.08578	0.07766	0.269
	二年级	三年级	-0.02335	0.07708	0.762

注：* 表示 P <0.05，** 表示 P <0.01，*** 表示 P <0.001。

表 5-18 的验后多重比较进一步通过检验的方法呈现主动性维度得分的跨年级特点。第一，一年级表现相对较好的是学习需要性、学习情感性、学习互动性和学习创造性。第二，三年级表现相对较好的是学习目的性，一年级和二年级学生在目的性上没有显著性差异。第三，二年级学生在学习需要性、学习目的性、学习情感性、学习互动性和学习创造性 5 个维度上的表现都是最不理想的。

结合上述分析，专科学校不同年级学生的学习主动性维度差异规律如图 5-19 所示。

学习需要性:	二年级学生<三年级学生	一年级学生
学习目的性:	二年级学生<一年级学生	三年级学生
学习情感性:	二年级学生<三年级学生	一年级学生
学习控制性:	三年级学生<一年级学生<二年级学生
学习自觉性:	二年级学生<一年级学生<三年级学生
学习互动性:	三年级学生<二年级学生	一年级学生
学习创造性:	二年级学生<三年级学生	一年级学生

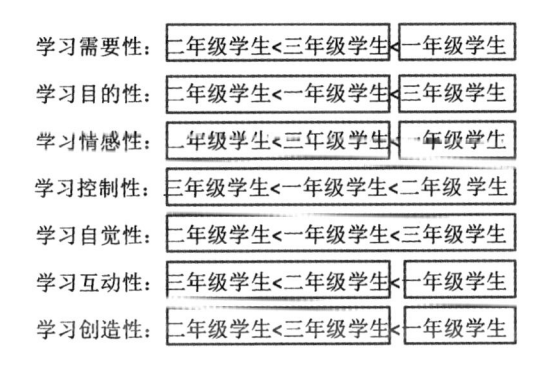

图 5-19 专科学校不同年级学生学习主动性维度差导特点

注：矩形框内的不同组之间没有显著性差异，矩形框之间存在显著性差异。

3. 大学生学习主动性 7 维度家庭差异分析

（1）家庭所在地差异

将被试按生源地分为农村、乡镇、县城、地级市和省会或直辖市五组，对不同生源地的大学生在学习主动性 7 个维度的平均分进行单因素方差分析和描述统计分析，以考察来源于不同生源地的大学生在学习主动性上的差异特点，结果见表 5-19 和图 5-20。

表 5-19　　大学生学习主动性在生源地上的差异

因子	家庭所在地	人数	平均数	标准差	F	P
需要性	农村	4825	3.678	0.776	3.967**	0.003
	乡镇	1093	3.592	0.800		
	县城	1190	3.617	0.770		
	地级市	843	3.625	0.794		
	省会或直辖市	339	3.617	0.839		
	总数	8290	3.650	0.783		
目的性	农村	4825	3.180	0.783	7.106***	0.000
	乡镇	1093	3.119	0.796		
	县城	1190	3.112	0.751		
	地级市	843	3.195	0.791		
	省会或直辖市	339	3.336	0.821		
	总数	8290	3.170	0.784		
情感性	农村	4825	3.124	0.716	5.509***	0.000
	乡镇	1093	3.071	0.702		
	县城	1190	3.022	0.696		
	地级市	843	3.078	0.750		
	省会或直辖市	339	3.125	0.773		
	总数	8290	3.098	0.718		
控制性	农村	4825	3.211	0.718	4.356**	0.002
	乡镇	1093	3.179	0.715		
	县城	1190	3.123	0.706		
	地级市	843	3.169	0.713		
	省会或直辖市	339	3.243	0.741		
	总数	8290	3.191	0.717		
自觉性	农村	4825	2.955	0.727	8.561***	0.000
	乡镇	1093	2.905	0.737		
	县城	1190	2.829	0.721		
	地级市	843	2.868	0.751		
	省会或直辖市	339	2.939	0.791		
	总数	8290	2.921	0.734		

续表

因子	家庭所在地	人数	平均数	标准差	F	P
互动性	农村	4825	2.970	0.679	6.528***	0.000
	乡镇	1093	2.980	0.671		
	县城	1190	2.927	0.665		
	地级市	843	3.017	0.695		
	省会或直辖市	339	3.125	0.730		
	总数	8290	2.976	0.681		
创造性	农村	4825	3.148	0.740	4.873**	0.001
	乡镇	1093	3.133	0.741		
	县城	1190	3.102	0.733		
	地级市	843	3.165	0.753		
	省会或直辖市	339	3.299	0.769		
	总数	8290	3.148	0.742		

注：* 表示 $P<0.05$，** 表示 $P<0.01$，*** 表示 $P<0.001$。

表5-19表明，生源地不同的大学生在学习主动性7个维度上的表现均存在极其显著性的差异，具体结果为：学习需要性（F=3.967，P<0.01）、学习目的性（F=7.106，P<0.001）、学习情感性（F=5.509，P<0.001）、学习控制性（F=4.356，P<0.01）、学习自觉性（F=8.561，P<0.001）、学习互动性（F=6.528，P<0.001）、学习创造性（F=4.873，P<0.01）。7个维度跨生源地的得分顺序从高到低依次是学习需要性、学习控制性、学习目的性、学习创造性、学习情感性、学习互动性和学习自觉性，平均得分依次是3.650、3.191、3.170、3.148、3.098、2.976、2.921，说明无论来自哪里的学生，都是学习需要性最强，但学习互动性和学习自觉性的表现不是十分理想。

图5-20进一步描述了出生地不同的大学生在学习主动性维度得分上的差异：在学习需要性上的得分，呈现乡镇<省会或直辖市=县城<地级市<农村的趋势；在学习目的性上的得分，是县城<乡镇<农村<地级市<省会或直辖市；在学习情感性上的得分，是县城<乡镇<地级市<农村<省会或直辖市；在学习控制性上的得分，是县城<地级市<乡镇<农村<省会或直辖市；在学习自觉性上的得分，是县城<地级市<乡镇<省会或直辖市<农村；在学习互动性上的得分，是县城<农村<乡镇<地级市<省会或直辖市；在学习创造性上的得分，是县城<乡镇<农村<地级市<省会或直辖市。

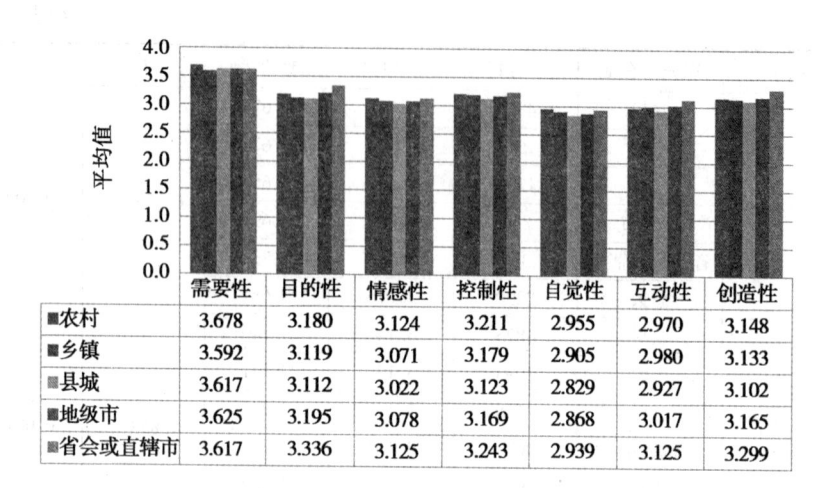

图 5-20 学习主动性维度得分生源地差异对比

	需要性	目的性	情感性	控制性	自觉性	互动性	创造性
农村	3.678	3.180	3.124	3.211	2.955	2.970	3.148
乡镇	3.592	3.119	3.071	3.179	2.905	2.980	3.133
县城	3.617	3.112	3.022	3.123	2.829	2.927	3.102
地级市	3.625	3.195	3.078	3.169	2.868	3.017	3.165
省会或直辖市	3.617	3.336	3.125	3.243	2.939	3.125	3.299

表 5-20 家庭出生地在各维度得分上的多重检验（LSD 检验）

因子	(I) 家庭所在地	(J) 家庭所在地	均值差 (I-J)	标准误	P
需要性	农村	乡镇	0.08609**	0.02623	0.001
		县城	0.06126*	0.02534	0.016
		地级市	0.05359	0.02923	0.067
		省会或直辖市	0.06182	0.04399	0.160
	乡镇	县城	-0.02483	0.03280	0.449
		地级市	-0.03250	0.03589	0.365
		省会或直辖市	-0.02427	0.04867	0.618
	县城	地级市	-0.00767	0.03525	0.828
		省会或直辖市	0.00057	0.04820	0.991
	地级市	省会或直辖市	0.00823	0.05035	0.870
目的性	农村	乡镇	0.06182*	0.02621	0.018
		县城	0.06896**	0.02532	0.006
		地级市	-0.01489	0.02921	0.610
		省会或直辖市	-0.15583***	0.04396	0.000
	乡镇	县城	0.00715	0.03278	0.827
		地级市	-0.07670*	0.03586	0.032
		省会或直辖市	-0.21765***	0.04864	0.000
	县城	地级市	-0.08385*	0.03522	0.017
		省会或直辖市	-0.22480***	0.04817	0.000
	地级市	省会或直辖市	-0.14095**	0.05032	0.005

续表

因子	(I) 家庭所在地	(J) 家庭所在地	均值差 (I-J)	标准误	P
情感性	农村	乡镇	0.05239*	0.02403	0.029
		县城	0.10125***	0.02322	0.000
		地级市	0.04568	0.02678	0.088
		省会或直辖市	-0.00111	0.04030	0.978
	乡镇	县城	0.04887	0.03005	0.104
		地级市	-0.00671	0.03288	0.838
		省会或直辖市	-0.05350	0.04459	0.230
	县城	地级市	-0.05558	0.03229	0.085
		省会或直辖市	-0.10236*	0.04416	0.020
	地级市	省会或直辖市	-0.04678	0.04613	0.311
控制性	农村	乡镇	0.03271	0.02400	0.173
		县城	0.08824***	0.02319	0.000
		地级市	0.04201	0.02675	0.116
		省会或直辖市	-0.03128	0.04026	0.437
	乡镇	县城	0.05553	0.03002	0.064
		地级市	0.00930	0.03285	0.777
		省会或直辖市	-0.06399	0.04455	0.151
	县城	地级市	-0.04623	0.03226	0.152
		省会或直辖市	-0.11952**	0.04411	0.007
	地级市	省会或直辖市	-0.07329	0.04608	0.112
自觉性	农村	乡镇	0.05045*	0.02454	0.040
		县城	0.12586***	0.02371	0.000
		地级市	0.08686**	0.02734	0.001
		省会或直辖市	0.01645	0.04116	0.689
	乡镇	县城	0.07541*	0.03069	0.014
		地级市	0.03641	0.03358	0.278
		省会或直辖市	-0.03400	0.04554	0.455
	县城	地级市	-0.03900	0.03298	0.237
		省会或直辖市	-0.10941*	0.04510	0.015
	地级市	省会或直辖市	-0.07042	0.04711	0.135

续表

因子	（I）家庭所在地	（J）家庭所在地	均值差（I-J）	标准误	P
互动性	农村	乡镇	-0.01046	0.02278	0.646
		县城	0.04329*	0.02201	0.049
		地级市	-0.04689	0.02538	0.065
		省会或直辖市	-0.15550***	0.03820	0.000
	乡镇	县城	0.05375	0.02849	0.059
		地级市	-0.03643	0.03117	0.243
		省会或直辖市	-0.14504**	0.04227	0.001
	县城	地级市	-0.09018**	0.03061	0.003
		省会或直辖市	-0.19879***	0.04186	0.000
	地级市	省会或直辖市	-0.10861*	0.04373	0.013
创造性	农村	乡镇	0.01516	0.02484	0.542
		县城	0.04647	0.02400	0.053
		地级市	-0.01646	0.02768	0.552
		省会或直辖市	-0.15049***	0.04167	0.000
	乡镇	县城	0.03131	0.03107	0.314
		地级市	-0.03161	0.03399	0.352
		省会或直辖市	-0.16565***	0.04610	0.000
	县城	地级市	-0.06293	0.03338	0.059
		省会或直辖市	-0.19696***	0.04566	0.000
	地级市	省会或直辖市	-0.13403**	0.04769	0.005

注：* 表示 $P<0.05$，** 表示 $P<0.01$，*** 表示 $P<0.001$。

图形描述只能给出直观的大小对比，这种大小是否存在显著性差异则需要检验，表5-20的多重比较显示：在学习需要性上，农村学生得分最高且显著高于乡镇学生和县城学生，来自乡镇、县城、省会城市和地级市的学生之间无显著差异，说明来自农村的学生越需要通过上大学改变自己的前途和命运。学习目的性的得分特点是，来自县城和乡镇的学生最低且没有显著性差异，来自农村和地级市的学生中等且没有显著性差异，来自省会城市或直辖市的学生学习目的性最强。在学习情感性上，处于低分等级的是来自县级、乡镇和地级市的学生且不存在显著性差异，处于高分档的是来自农村和省会城市的学生且彼此间不存在显著性差异。在学习控制性上，农村学生和省会城市学生显著高于县城学生，其余学生之间不存在显著性差异。在学习自觉性上，来自县城的学生最不自觉，来自地级市的学生和乡镇学生中等且无显著性差异，来自农村和省会城市的学生学习最自觉且无显著性差异。在学习互动性上，来自县城的学生最低，来自农村、乡镇和地级市的学生中等且无显著性差异，来自省会城市的学生最强。在学习创造性上，来自省会城市的学生得分显著最高，来自县城、乡镇、农村和地级市的学生比来自省会城市的学生显著更低且彼此之间没有显著性差异。

结合上述所有分析，来自家庭所在地的学习主动性维度差异规律如图5-21所示。

学习需要性：	乡镇学生<省会或直辖市学生<县城学生<地级市学生<农村学生
学习目的性：	县城学生<乡镇学生<农村学生<地级市学生<省会或直辖市学生
学习情感性：	县城学生<乡镇学生<地级市学生<农村学生<省会或直辖市学生
学习控制性：	县城学生<地级市学生<乡镇学生<农村学生<省会或直辖市学生
学习自觉性：	县城学生<地级市学生<乡镇学生<省会或直辖市学生<农村学生
学习互动性：	县城学生<农村学生<乡镇学生<地级市学生<省会或直辖市学生
学习创造性：	县城学生<乡镇学生<农村学生<地级市学生<省会或直辖市学生

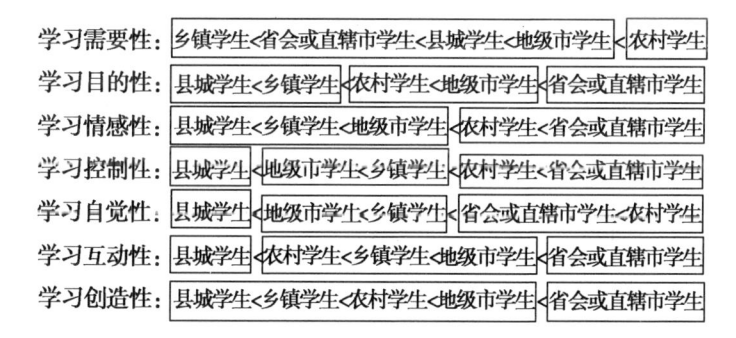

图 5-21　学习主动性维度得分生源地特点

注：矩形框内的不同组之间没有显著性差异，矩形框之间存在显著性差异。

（2）家庭社会地位差异

家庭社会地位以父母所从事的职业为标志并以社会地位高的一方为标准，分为三个阶层即优势阶层、中间阶层和基础阶层。优势阶层主要包括国家与社会管理者、经理人员、私营企业主等；中间阶层包括专业技术人员、办事人员、个体工商户等，如医生、教师、工程师、会计师、律师等；基础阶层主要指服务人员、工人、农民、半失业及失业、无业人员等。对来自不同社会地位家庭的大学生在学习主动性7个维度上的平均分进行描述统计和单因素方差分析，以考察父母职业类型对大学生学习主动性的影响，结果见表5-21和图5-22。

表 5-21　　大学生学习主动性维度在父母职业类型上的差异

因子	工作类型	人数	平均数	标准差	F	P
需要性	优势阶层	502	3.624	0.814	3.814	0.022
	中间阶层	1699	3.625	0.775		
	基础阶层	5028	3.680	0.776		
	总数	7229	3.663	0.779		
目的性	优势阶层	502	3.199	0.858	0.261	0.770
	中间阶层	1699	3.177	0.791		
	基础阶层	5028	3.173	0.775		
	总数	7229	3.176	0.785		
情感性	优势阶层	502	3.078	0.741	0.265	0.768
	中间阶层	1699	3.090	0.711		
	基础阶层	5028	3.099	0.709		
	总数	7229	3.095	0.712		
控制性	优势阶层	502	3.146	0.730	1.219	0.296
	中间阶层	1699	3.181	0.724		
	基础阶层	5028	3.195	0.709		
	总数	7229	3.188	0.714		
自觉性	优势阶层	502	2.790	0.766	12.402	0.000
	中间阶层	1699	2.888	0.737		
	基础阶层	5028	2.944	0.726		
	总数	7229	2.920	0.732		
互动性	优势阶层	502	2.992	0.738	2.938	0.053
	中间阶层	1699	3.005	0.672		
	基础阶层	5028	2.960	0.672		
	总数	7229	2.973	0.677		
创造性	优势阶层	502	3.200	0.791	3.008	0.049
	中间阶层	1699	3.170	0.726		
	基础阶层	5028	3.133	0.734		
	总数	7229	3.147	0.736		

注：* 表示 P<0.05，** 表示 P<0.01，*** 表示 P<0.001。

表 5-21 表明,来自家庭社会地位不同的大学生在学习需要性（F=3.814,P<0.05）、学习自觉性（F=12.402,P<0.001）2 个维度上存在显著性差异,在学习目的性（F=0.261,P>0.05）、学习情感性（F=0.265,P>0.05）、学习控制性（F=1.219,P>0.05）、学习互动性（F=2.938,P>0.05）和学习创造性（F=3.008,P=0.05）5 个维度上没有显著性差异。7 个维度跨家庭地位的得分顺序从高到低依次是学习需要性、学习控制性、学习目的性、学习创造性、学习情感性、学习互动性和学习自觉性,平均得分依次是 3.663、3.188、3.176、3.147、3.095、2.973、2.920,说明无论来自哪里的学生,都是学习需要性最强,但学习互动性和学习自觉性的表现不是十分理想。

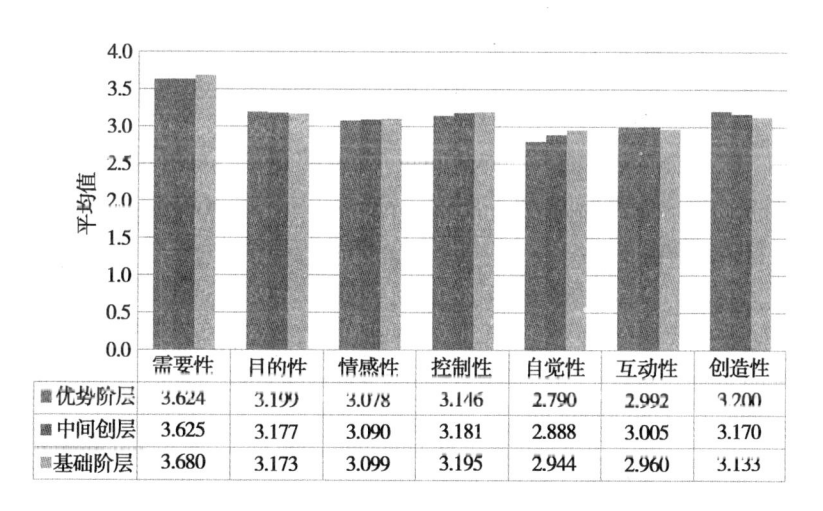

	需要性	目的性	情感性	控制性	自觉性	互动性	创造性
优势阶层	3.624	3.199	3.078	3.146	2.790	2.992	3.200
中间阶层	3.625	3.177	3.090	3.181	2.888	3.005	3.170
基础阶层	3.680	3.173	3.099	3.195	2.944	2.960	3.133

图 5-22　学习主动性维度得分家庭社会地位差异对比

图 5-22 进一步描述了家庭社会地位不同的大学生在学习主动性维度得分的对比情况,特点如下:第一,在学习需要性上,优势阶层<中间阶层<基础阶层;第二,在学习目的性上,基础阶层<中间阶层<优势阶层;第三,在学习情感性上,优势阶层<中间阶层<基础阶层;第四,在学习控制性上,优势阶层<中间阶层<基础阶层;第五,在学习自觉性上,优势阶层<中间阶层<基础阶层;第六,在学习互动性上,基础阶层<优势阶层<中间阶层;第七,在学习创造性上,基础阶层<中间阶层<优势阶层。

表 5-22　父母职业类型学习主动性维度上的多重检验（LSD 检验）

因子	(I) 父母职业类型	(J) 父母职业类型	均值差 (I-J)	标准误	P
需要性	优势阶层	中间阶层	−0.00137	0.03956	0.972
		基础阶层	−0.05602	0.03645	0.124
	中间阶层	基础阶层	−0.05465*	0.02185	0.012
自觉性	优势阶层	中间阶层	−0.09846**	0.03715	0.008
		基础阶层	−0.15480***	0.03423	0.000
	中间阶层	基础阶层	−0.05634**	0.02052	0.006

注：* 表示 P<0.05，** 表示 P<0.01，*** 表示 P<0.001。

图 5-22 显示的是各维度得分的直观大小比较，表 5-22 显示的是采用 LSD 检验多重比较检验法进一步对上述差异进行检验的检验结果，结果表明，在学习需要性上，基础阶层高于优势阶层。在学习自觉性上，基础阶层高于中间阶层，中间阶层高于优势阶层。

结合上述所有分析，来自家庭社会地位不同的学生其学习主动性维度差异规律如图 5-23 所示。

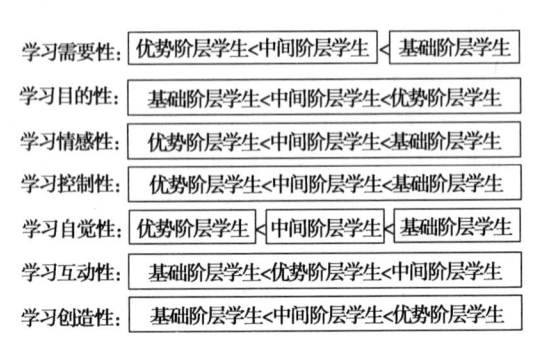

学习需要性：优势阶层学生<中间阶层学生 < 基础阶层学生
学习目的性：基础阶层学生<中间阶层学生<优势阶层学生
学习情感性：优势阶层学生<中间阶层学生<基础阶层学生
学习控制性：优势阶层学生<中间阶层学生<基础阶层学生
学习自觉性：优势阶层学生 < 中间阶层学生 < 基础阶层学生
学习互动性：基础阶层学生<优势阶层学生<中间阶层学生
学习创造性：基础阶层学生<中间阶层学生<优势阶层学生

图 5-23　学习主动性维度得分家庭社会地位特点

注：矩形框内的不同组之间没有显著性差异，矩形框之间存在显著性差异。

（3）家庭经济状况差异

家庭月收入差异

家庭月收入是衡量家庭经济地位的重要指标，调查中把家庭月收入分为 1000 元以下、1001—4000 元、4001—7000 元、7001—10000 元及 10000 元以上五个类别。

对家庭月收入不同的大学生在学习主动性 7 个维度的平均分进行描述统计分析和单因素方差分析，以考察家庭收入与大学生学习主动性的关系，结果见表 5-23 和图 5-24。

表 5-23　　　大学生学习主动性在家庭经济收入上的差异

因子	家庭月收入	人数	平均数	标准差	F	P
需要性	1000 元以下	1337	3.704	0.823	3.431**	0.008
	1001—4000 元	4373	3.657	0.772		
	4001—7000 元	1639	3.608	0.780		
	7001—10000 元	562	3.601	0.783		
	10001 元以上	322	3.659	0.807		
	总数	8233	3.651	0.785		
目的性	1000 元以下	1337	3.264	0.831	7.296***	0.000
	1001—4000 元	4373	3.140	0.768		
	4001—7000 元	1639	3.158	0.765		
	7001—10000 元	562	3.172	0.804		
	10001 元以上	322	3.248	0.853		
	总数	8233	3.170	0.785		
情感性	1000 元以下	1337	3.210	0.765	10.762***	0.000
	1001—4000 元	4373	3.079	0.708		
	4001—7000 元	1639	3.058	0.692		
	7001—10000 元	562	3.075	0.705		
	10001 元以上	322	3.145	0.802		
	总数	8233	3.098	0.720		
控制性	1000 元以下	1337	3.310	0.769	11.996***	0.000
	1001—4000 元	4373	3.162	0.708		
	4001—7000 元	1639	3.176	0.701		
	7001—10000 元	562	3.166	0.686		
	10001 元以上	322	3.255	0.741		
	总数	8233	3.193	0.718		
自觉性	1000 元以下	1337	3.079	0.778	19.872***	0.000
	1001—4000 元	4373	2.908	0.712		
	4001—7000 元	1639	2.865	0.726		
	7001—10000 元	562	2.871	0.716		
	10001 元以上	322	2.842	0.826		
	总数	8233	2.922	0.734		

续表

因子	家庭月收入	人数	平均数	标准差	F	P
互动性	1000 元以下	1337	3.113	0.739	19.639***	0.000
	1001—4000 元	4373	2.941	0.664		
	4001—7000 元	1639	2.942	0.642		
	7001—10000 元	562	2.984	0.679		
	10001 元以上	322	3.080	0.764		
	总数	8233	2.977	0.681		
创造性	1000 元以下	1337	3.251	0.807	12.562***	0.000
	1001—4000 元	4373	3.113	0.722		
	4001—7000 元	1639	3.122	0.718		
	7001—10000 元	562	3.185	0.726		
	10001 元以上	322	3.287	0.826		
	总数	8233	3.149	0.742		

注：* 表示 $P<0.05$，** 表示 $P<0.01$，*** 表示 $P<0.001$。

表 5-23 表明，家庭月收入不同的大学生在学习主动性 7 个维度上的表现均存在极其显著性的差异，具体结果为：学习需要性（F = 3.431，P<0.01）、学习目的性（F = 7.296，P<0.001）、学习情感性（F = 10.762，P<0.01）、学习控制性（F = 11.996，P<0.001）、学习自觉性（F = 19.872，P<0.001）、学习互动性（F = 19.639，P<0.001）、学习创造性（F = 12.562，P<0.001）。7 个维度跨家庭月收入的得分顺序从高到低依次是学习需要性、学习控制性、学习目的性、学习创造性、学习情感性、学习互动性和学习自觉性，平均得分依次是 3.651、3.193、3.170、3.149、3.098、2.977、2.922，说明无论来自哪里的学生，都是学习需要性最强，但学习互动性和学习自觉性的表现不是十分理想。

图 5-24 进一步描述了家庭月收入不同的大学生在学习主动性维度得分上的差异：在学习需要性上的得分，7001—10000 元< 4001—7000 元< 1001—4000 元<10001 元以上< 1000 元以下；在学习目的性上的得分，1001—4000 元< 4001—7000 元< 7001—10000 元<10001 元以上< 1000 元以下；在学习情感性上的得分，4001—7000 元<7001—10000 元<1001—4000 元<10001 元以上< 1000 元以下；在学习控制性上的得分，1001—4000 元< 7001—10000 元<4001—7000 元<10001 元以上< 1000 元以下；在学习自觉性上的得分，10001 以上<4001—7000 元<7001—10000 元<

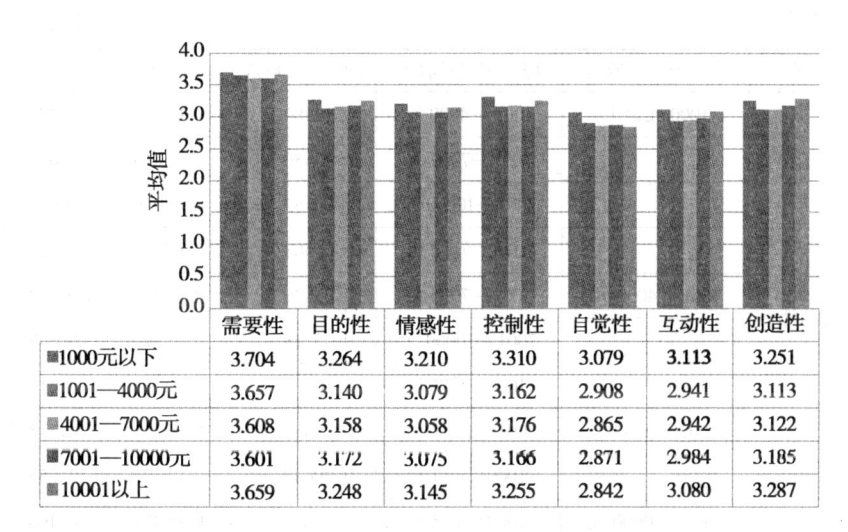

第五章 大学生学习主动性特点研究

	需要性	目的性	情感性	控制性	自觉性	互动性	创造性
1000元以下	3.704	3.264	3.210	3.310	3.079	3.113	3.251
1001—4000元	3.657	3.140	3.079	3.162	2.908	2.941	3.113
4001—7000元	3.608	3.158	3.058	3.176	2.865	2.942	3.122
7001—10000元	3.601	3.172	3.075	3.166	2.871	2.984	3.185
10001以上	3.659	3.248	3.145	3.255	2.842	3.080	3.287

图 5-24　学习主动性维度得分家庭月收入差异对比

1001—4000 元< 1000 元以下；在学习互动性的得分上，1001—4000 元< 4001—7000 元< 7001—10000 元<10001 元以上< 1000 元以下；在学习创造性的得分上，1001—4000 元< 4001—7000 元< 7001—10000 元<1000 元以下<10001 元以上。

表 5-24　　家庭出生地在各维度得分上的多重检验（LSD 检验）

因子	(I) 家庭月收入	(J) 家庭月收入	均值差 (I-J)	标准误	P
需要性	1000 元以下	1001—4000 元	0.04725	0.02451	0.054
		4001—7000 元	0.09663**	0.02890	0.001
		7001—10000 元	0.10289**	0.03942	0.009
		10001 元以上	0.04489	0.04868	0.356
	1001—4000 元	4001—7000 元	0.04937*	0.02271	0.030
		7001—10000 元	0.05564	0.03514	0.113
		10001 元以上	-0.00236	0.04528	0.958
	4001—7000 元	7001—10000 元	0.00626	0.03822	0.870
		10001 元以上	-0.05173	0.04780	0.279
	7001—10000 元	10001 元以上	-0.05800	0.05481	0.290

续表

因子	(I) 家庭月收入	(J) 家庭月收入	均值差 (I-J)	标准误	P
目的性	1000 元以下	1001—4000 元	0.12380***	0.02449	0.000
		4001—7000 元	0.10550***	0.02888	0.000
		7001—10000 元	0.09152*	0.03940	0.020
		10001 元以上	0.01508	0.04865	0.757
	1001—4000 元	4001—7000 元	-0.01830	0.02270	0.420
		7001—10000 元	-0.03228	0.03512	0.358
		10001 元以上	-0.10873*	0.04525	0.016
	4001—7000 元	7001—10000 元	-0.01398	0.03831	0.715
		10001 元以上	-0.09042	0.04777	0.058
	7001—10000 元	10001 元以上	-0.07644	0.05477	0.163
情感性	1000 元以下	1001—4000 元	0.13175***	0.02244	0.000
		4001—7000 元	0.15255***	0.02646	0.000
		7001—10000 元	0.13563***	0.03610	0.000
		10001 元以上	0.06517	0.04457	0.144
	1001—4000 元	4001—7000 元	0.02080	0.02079	0.317
		7001—10000 元	0.00387	0.03217	0.904
		10001 元以上	-0.06658	0.04146	0.108
	4001—7000 元	7001—10000 元	-0.01692	0.03510	0.630
		10001 元以上	-0.08738*	0.04377	0.046
	7001—10000 元	10001 元以上	-0.07045	0.05018	0.160
控制性	1000 元以下	1001—4000 元	0.14801***	0.02239	0.000
		4001—7000 元	0.13431***	0.02640	0.000
		7001—10000 元	0.14410***	0.03602	0.000
		10001 元以上	0.05536	0.04448	0.213
	1001—4000 元	4001—7000 元	-0.01370	0.02075	0.509
		7001—10000 元	-0.00391	0.03211	0.903
		10001 元以上	-0.09264*	0.04137	0.025
	4001—7000 元	7001—10000 元	0.00979	0.03502	0.780
		10001 元以上	-0.07894	0.04367	0.071
	7001—10000 元	10001 元以上	-0.08873	0.05008	0.076

续表

因子	(I) 家庭月收入	(J) 家庭月收入	均值差 (I-J)	标准误	P
自觉性	1000 元以下	1001—4000 元	0.17080***	0.02284	0.000
		4001—7000 元	0.21337***	0.02693	0.000
		7001—10000 元	0.20724***	0.03674	0.000
		10001 元以上	0.23640***	0.04536	0.000
	1001—4000 元	4001—7000 元	0.04257*	0.02116	0.044
		7001—10000 元	0.03644	0.03275	0.266
		10001 元以上	0.06560	0.04220	0.120
	4001—7000 元	7001—10000 元	-0.00613	0.03572	0.864
		10001 元以上	0.02303	0.04454	0.605
	7001—10000 元	10001 元以上	0.02916	0.05107	0.568
互动性	1000 元以下	1001—4000 元	0.17258***	0.02119	0.000
		4001—7000 元	0.17167***	0.02498	0.000
		7001—10000 元	0.12942***	0.03408	0.000
		10001 元以上	0.03305	0.04208	0.432
	1001—4000 元	4001—7000 元	-0.00090	0.01963	0.963
		7001—10000 元	-0.04316	0.03038	0.155
		10001 元以上	-0.13953***	0.03915	0.000
	4001—7000 元	7001—10000 元	-0.04225	0.03314	0.202
		10001 元以上	-0.13862**	0.04132	0.001
	7001—10000 元	10001 元以上	-0.09637*	0.04738	0.042
创造性	1000 元以下	1001—4000 元	0.13776***	0.02313	0.000
		4001—7000 元	0.12835***	0.02728	0.000
		7001—10000 元	0.06534	0.03721	0.079
		10001 元以上	-0.03606	0.04595	0.433
	1001—4000 元	4001—7000 元	-0.00940	0.02144	0.661
		7001—10000 元	-0.07242*	0.03317	0.029
		10001 元以上	-0.17382***	0.04274	0.000
	4001—7000 元	7001—10000 元	0.06302	0.03618	0.082
		10001 元以上	-0.10140	0.05174	0.050
	7001—10000 元	10001 元以上	-0.10140	0.05174	0.050

注：* 表示 $P<0.05$，** 表示 $P<0.01$，*** 表示 $P<0.001$。

图形描述只是给出了直观的大小对比,但无法检验这种大小的差异是否达到显著性,表5-24的多重检验的目的是找出两两对比间有显著性差异的组别,结果显示。

第一,在学习需要性上,来自月收入1000元以下家庭的学生显著高于月收入4001—7000元和70001—10000元家庭的学生,4001—7000元家庭的学生显著高于7001—10000元家庭的学生。第二,在学习目的性、学习控制性和学习创造性上,来自月收入1000元以下家庭的学生显著高于月收入1001—4000元、4001—7000元和70001—10000元家庭的学生,来自月收入10001元以上家庭的学生显著高于月收入1001—4000元家庭的学生。第三,在学习情感性上,来自月收入1000元以下家庭的学生显著高于月收入1001—4000元、4001—7000元和70001—10000元家庭的学生,来自月收入70001—10000元家庭的学生显著高于月收入4001—7000元家庭的学生。第四,在学习自觉性上,来自月收入1000元以下家庭的学生显著高于月收入1001—4000元、4001—7000元、70001—10000元和10001元以上家庭的学生,来自月收入1001—4000元家庭的学生显著高于月收入4001—7000元家庭的学生。第五,在学习互动性上,来自月收入1000元以下家庭的学生显著高于月收入1001—4000元、4001—7000元和70001—10000元家庭的学生,来自月收入10000元以上家庭的学生显著高于月收入1001—4000元、4001—7000元和70001—10000元家庭的学生。

结合上述所有分析,来自家庭经济地位不同的学生其学习主动性维度差异规律如图5-25所示。

学习需要性:	7001—10000元<4001—7000元<1001—4000元	10001元以上<1000元以下
学习目的性:	1001—4000元<4001—7000元<7001—10000元	10001元以上<1000元以下
学习情感性:	4001—7000元<7001—10000元<1001—4000元	10001元以上<1000元以下
学习控制性:	1001—4000元<7001—10000元<4001—7000元	10001元以上<1000元以下
学习自觉性:	10001元以上<4001—7000元	7001—10000元<1001—4000元	1000元以下
学习互动性:	1001—4000元<4001—7000元<7001—10000元	10001元以上<1000元以下
学习创造性:	1001—4000元<4001—7000元<7001—10000元	1000元以下<10001元以上

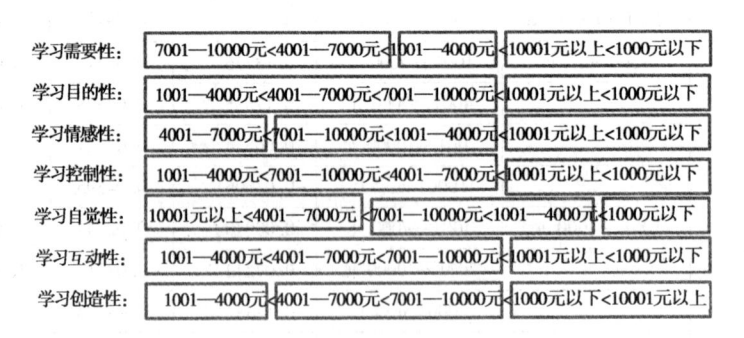

图5-25 学习主动性维度得分家庭月收入特点

注:矩形框内的不同组之间没有显著性差异,矩形框之间存在显著性差异。

贫困学生与否的差异

在大学期间是否被学校评定为贫困学生一定程度上也能反映家庭经济状况对大学生学习主动性的影响，将大学生样本按照是否被学校评定为贫困学生分成两组，计算他们在学习主动性7个维度上的均值和标准差并进行描述统计和独立样本t检验，以考察大学生的经济状况对大学生学习主动性的影响，结果见表5-25。

表5-25　　　大学生学习主动性维度在是否贫困生上的差异

	贫困生（2848）		非贫困生（5484）		t	P
	M	SD	M	SD		
需要性	3.750	0.773	3.598	0.785	8.395***	0.000
目的性	3.256	0.778	3.125	0.783	7.264***	0.000
情感性	3.184	0.722	3.051	0.713	8.092***	0.000
控制性	3.269	0.728	3.150	0.709	7.203***	0.000
自觉性	3.026	0.731	2.865	0.729	9.512***	0.000
互动性	3.029	0.694	2.948	0.672	5.151***	0.000
创造性	3.207	0.742	3.116	0.740	5.304***	0.000

注：*** 表示 $P<0.001$。

表5-25表明，在是否为贫困生这个角度来看，所有维度都表现出极其显著的差异，具体结果为：学习需要性（T=8.395，P<0.001）、学习目的性（T=7.264，P<0.001）、学习情感性（T=8.092，P<0.001）、学习控制性（T=7.203，P<0.001）、学习自觉性（T=9.512，P<0.001）、学习互动性（T=5.151，P<0.001）和学习创造性（T=5.304，P<0.001）。并且在所有的7个维度上，贫困生的得分都高于非贫困生，对比图见图5-26。

（4）家庭亲子关系差异

家庭关系是影响学习主动性的重要因素，其中，孩子与父母的关系是家庭关系中最重要的关系，以下分别从与父亲关系和与母亲关系两个角度探讨亲子关系对大学生学习主动性的影响。

与父亲关系的差异

将大学生样本按照与父亲关系的亲密程度分成疏远、一般和亲密三组，对与父亲关系不同的大学生在学习主动性7个维度上的平均分进行描述统计分析和单因素方差分析，以考察大学生与父亲的关系对大学生学习

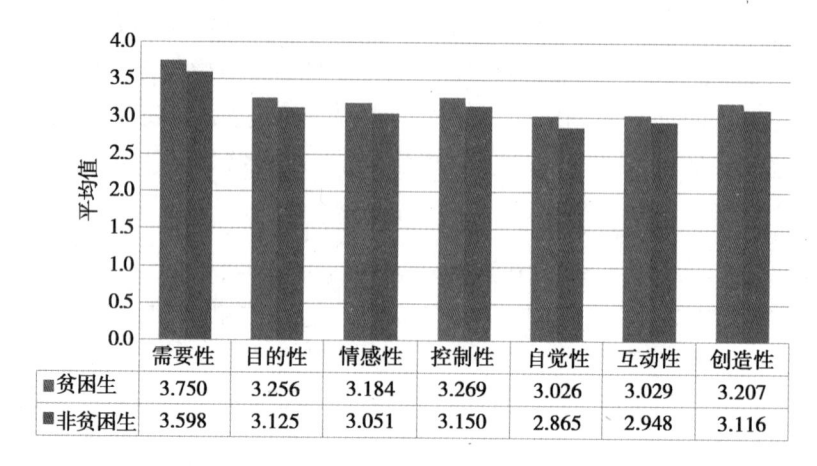

	需要性	目的性	情感性	控制性	自觉性	互动性	创造性
■贫困生	3.750	3.256	3.184	3.269	3.026	3.029	3.207
■非贫困生	3.598	3.125	3.051	3.150	2.865	2.948	3.116

图 5-26　学习主动性维度得分家庭经济地位差异对比

主动性差异的影响，结果见表 5-26 和图 5-27。

表 5-26　　　　大学生学习主动性维度在与父亲关系上的差异

因子	与父亲的关系	人数	平均数	标准差	F	P
需要性	疏远	296	3.570	0.870	29.262***	0.000
	一般	3324	3.576	0.775		
	亲密	4712	3.707	0.780		
目的性	疏远	296	2.949	0.856	83.620***	0.000
	一般	3324	3.055	0.764		
	亲密	4712	3.265	0.780		
情感性	疏远	296	2.959	0.815	59.181***	0.000
	一般	3324	3.003	0.702		
	亲密	4712	3.171	0.715		
控制性	疏远	296	3.080	0.735	45.977***	0.000
	一般	3324	3.108	0.705		
	亲密	4712	3.257	0.719		
自觉性	疏远	296	2.760	0.837	71.139***	0.000
	一般	3324	2.817	0.705		
	亲密	4712	3.003	0.736		
互动性	疏远	296	2.849	0.770	113.583***	0.000
	一般	3324	2.849	0.637		
	亲密	4712	3.073	0.688		

续表

因子	与父亲的关系	人数	平均数	标准差	F	P
创造性	疏远	296	3.034	0.820	58.831***	0.000
	一般	3324	3.048	0.716		
	亲密	4712	3.224	0.746		

注：* 表示 P<0.05，** 表示 P<0.01，*** 表示 P<0.001。

表5-26表明，大学生学习主动性维度在与父亲关系上的差异表现在学习主动性所有的7个维度上，且差异极其显著，具体结果为：学习需要性（F=29.262，P<0.001）、学习目的性（F=83.620，P<0.001）、学习情感性（F=59.181，P<0.001）、学习控制性（F=45.977，P<0.001）、学习自觉性（F=71.139，P<0.001）、学习互动性（F=113.583，P<0.001）和学习创造性（F=58.831，P<0.001）。

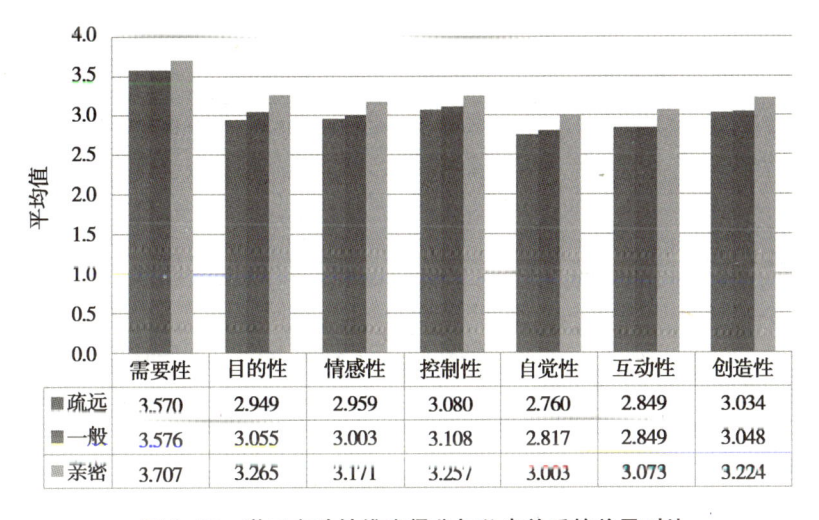

	需要性	目的性	情感性	控制性	自觉性	互动性	创造性
疏远	3.570	2.949	2.959	3.080	2.760	2.849	3.034
一般	3.576	3.055	3.003	3.108	2.817	2.849	3.048
亲密	3.707	3.265	3.171	3.257	3.003	3.073	3.224

图 5-27　学习主动性维度得分与父亲关系的差异对比

图 5-27 进一步描述了与父亲亲密关系不同的大学生在学习主动性维度得分上的差异情况，7 个维度的得分体现出完全一致的特点，即与父亲关系越亲密的大学生，其学习主动性维度得分越高。表 5-27 进一步揭示了其特点。

表 5-27　　　　　　　与父亲的关系的多重检验（LSD 检验）

因子	(I) 与父亲的关系	(J) 与父亲的关系	均值差 (I-J)	标准误	P
需要性	疏远	一般	-0.00579	0.04741	0.903
		亲密	-0.13745*	0.04683	0.003
	一般	亲密	-0.13166*	0.01770	0.000
目的性	疏远	一般	-0.10523*	0.04709	0.025
		亲密	-0.31518*	0.04652	0.000
	一般	亲密	-0.20995*	0.01758	0.000
情感性	疏远	一般	-0.04427	0.04329	0.307
		亲密	-0.21151*	0.04277	0.000
	一般	亲密	-0.16724*	0.01617	0.000
控制性	疏远	一般	-0.02769	0.04330	0.523
		亲密	-0.17640*	0.04278	0.000
	一般	亲密	-0.14870*	0.01617	0.000
自觉性	疏远	一般	-0.05670	0.04413	0.199
		亲密	-0.24277*	0.04360	0.000
	一般	亲密	-0.18606*	0.01648	0.000
互动性	疏远	一般	-0.00046	0.04073	0.991
		亲密	-0.22408*	0.04023	0.000
	一般	亲密	-0.22362*	0.01521	0.000
创造性	疏远	一般	-0.01394	0.04469	0.755
		亲密	-0.18934*	0.04414	0.000
	一般	亲密	-0.17540*	0.01669	0.000

注：* 表示 P<0.05，** 表示 P<0.01，*** 表示 P<0.001。

表 5-27 显示，在学习需要性、学习情感性、学习控制性、学习自觉性、学习互动性和学习创造性 6 个维度上的得分体现出完全一致的特点，即与父亲关系疏远和一般的学生，上述 6 个主动性维度表现没有显著性差异，与父亲关系亲密的大学生，上述 6 个主动性维度表现得分最高。在学习目的性上，与父亲关系疏远、一般和亲密不同的三类大学生，两两之间都存在显著性差异。

结合上述所有分析，与父亲关系不同的学生其学习主动性维度差异规律如图 5-28 所示。

学习需要性： 与父亲关系疏远学生<与父亲关系一般学生 < 与父亲关系亲密学生
学习目的性： 与父亲关系疏远学生<与父亲关系一般学生 与父亲关系亲密学生
学习情感性： 与父亲关系疏远学生<与父亲关系一般学生 < 与父亲关系亲密学生
学习控制性： 与父亲关系疏远学生<与父亲关系一般学生 < 与父亲关系亲密学生
学习自觉性： 与父亲关系疏远学生<与父亲关系一般学生 < 与父亲关系亲密学生
学习互动性： 与父亲关系疏远学生<与父亲关系一般学生 < 与父亲关系亲密学生
学习创造性： 与父亲关系疏远学生<与父亲关系一般学生 < 与父亲关系亲密学生

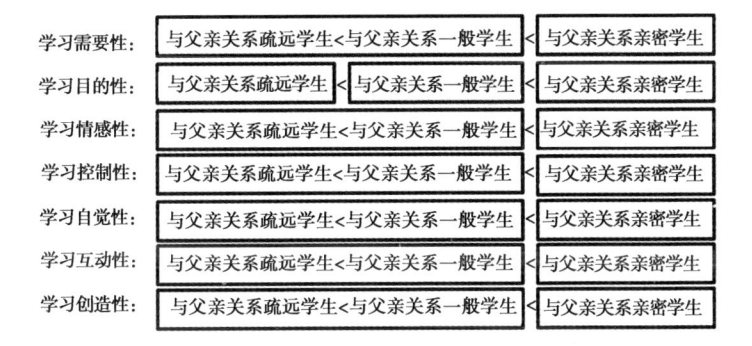

图 5-28 学习主动性维度得分与父亲亲密关系特点

注：矩形框内的不同组之间没有显著性差异，矩形框之间存在显著性差异。

与母亲关系上的差异

将大学生样本按照与母亲关系的亲密程度分成疏远、一般和亲密三组，对与母亲关系不同的大学生在学习主动性 7 个维度上的平均分进行描述统计分析和单因素方差分析，以考察大学生与母亲的关系对大学生学习主动性差异的影响，结果见表 5-28 和图 5-29。

表 5-28　　大学生学习主动性维度在与母亲关系上的差异

因子	与母亲的关系	人数	平均数	标准差	F	P
需要性	疏远	119	3.670	0.987	48.765***	0.000
	一般	2348	3.515	0.786		
	亲密	5865	3.703	0.773		
目的性	疏远	119	2.947	0.923	107.556***	0.000
	一般	2348	2.979	0.765		
	亲密	5865	3.250	0.775		
情感性	疏远	119	3.055	0.867	55.942***	0.000
	一般	2348	2.965	0.721		
	亲密	5865	3.150	0.708		
控制性	疏远	119	3.139	0.832	51.601***	0.000
	一般	2348	3.066	0.717		
	亲密	5865	3.242	0.709		

续表

因子	与母亲的关系	人数	平均数	标准差	F	P
自觉性	疏远	119	2.776	0.911	79.076***	0.000
	一般	2348	2.765	0.720		
	亲密	5865	2.985	0.725		
互动性	疏远	119	2.883	0.754	110.236***	0.000
	一般	2348	2.804	0.649		
	亲密	5865	3.046	0.679		
创造性	疏远	119	3.070	0.869	57.338***	0.000
	一般	2348	3.011	0.731		
	亲密	5865	3.203	0.736		

注：* 表示 P<0.05，** 表示 P<0.01，*** 表示 P<0.001。

表 5-28 表明，大学生学习主动性维度在与母亲关系上的差异表现在学习主动性所有的 7 个维度上，且差异极其显著，具体结果为：学习需要性（F=48.765，P<0.001）、学习目的性（F=107.556，P<0.001）、学习情感性（F=55.942，P<0.001）、学习控制性（F=51.601，P<0.001）、学习自觉性（F=79.076，P<0.001）、学习互动性（F=110.236，P<0.001）和学习创造性（F=57.338，P<0.001）。

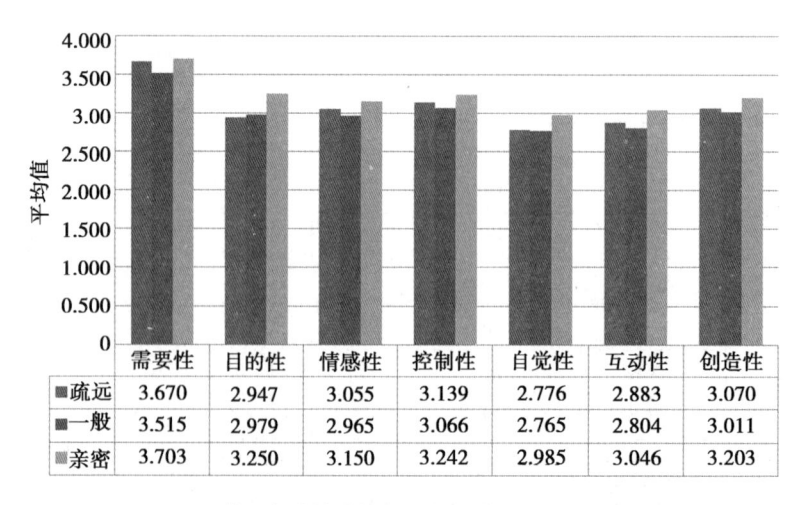

	需要性	目的性	情感性	控制性	自觉性	互动性	创造性
疏远	3.670	2.947	3.055	3.139	2.776	2.883	3.070
一般	3.515	2.979	2.965	3.066	2.765	2.804	3.011
亲密	3.703	3.250	3.150	3.242	2.985	3.046	3.203

图 5-29　学习主动性维度得分与母亲关系的差异对比

图 5-29 进一步描述了与母亲亲密关系不同的大学生在学习主动性维

度得分上的差异情况,特点如下,第一,学习目的性上,与母亲关系疏远的学生得分最低,关系一般的学生得分居中,关系亲密的学生得分最高。第二,在学习需要性、学习情感性、学习控制性、学习自觉性、学习互动性和学习创造性6个维度的得分体现出一致的特点,即与母亲关系一般的学生得分最低,与母亲关系疏远的学生得分居中,与母亲关系亲密的学生得分最高。表5-29进一步揭示了其特点。

表 5-29　　　　　　与母亲的关系的多重检验(LSD 检验)

因子	(I) 与母亲的关系	(J) 与母亲的关系	均值差 (I-J)	标准误	P
需要性	疏远	一般	0.15414*	0.07327	0.035
		亲密	-0.03386	0.07220	0.639
	一般	亲密	-0.18799***	0.01904	0.000
目的性	疏远	一般	-0.03264	0.07274	0.654
		亲密	-0.30341***	0.07168	0.000
	一般	亲密	-0.27077***	0.01891	0.000
情感性	疏远	一般	0.08917	0.06709	0.184
		亲密	-0.09493	0.06611	0.151
	一般	亲密	-0.18410***	0.01744	0.000
控制性	疏远	一般	0.07285	0.06704	0.277
		亲密	-0.10359	0.06606	0.117
	一般	亲密	-0.17644***	0.01742	0.000
自觉性	疏远	一般	0.01079	0.06831	0.874
		亲密	-0.20909**	0.06731	0.002
	一般	亲密	-0.21988***	0.01775	0.000
互动性	疏远	一般	0.07937	0.06311	0.209
		亲密	-0.16293**	0.06219	0.009
	一般	亲密	-0.24230***	0.01640	0.000
创造性	疏远	一般	0.05874	0.06923	0.396
		亲密	-0.13284	0.06823	0.052
	一般	亲密	-0.19158***	0.01799	0.000

注:* 表示 P<0.05,** 表示 P<0.01,*** 表示 P<0.001。

表5-29显示,第一,在学习需要性上,与母亲关系疏远的学生和与

母亲关系亲密的学生得分都显著高于与母亲关系一般的学生。第二，在学习目的性、学习自觉性和学习互动性 3 个维度的得分上，与母亲关系亲密的学生得分显著高于与母亲关系疏远和与母亲关系一般的学生。第三，在学习情感性、学习控制性和学习创造性 3 个维度的得分上，与母亲关系亲密的学生显著高于与母亲关系一般的学生。

结合上述所有分析，与母亲关系不同的学生其学习主动性维度差异规律如图 5-30 所示。

学习需要性：	与母亲关系一般学生<	与母亲关系疏远学生<	与母亲关系亲密学生
学习目的性：	与母亲关系疏远学生<	与母亲关系一般学生<	与母亲关系亲密学生
学习情感性：	与母亲关系一般学生<	与母亲关系疏远学生<	与母亲关系亲密学生
学习控制性：	与母亲关系一般学生<	与母亲关系疏远学生<	与母亲关系亲密学生
学习自觉性：	与母亲关系一般学生<	与母亲关系疏远学生<	与母亲关系亲密学生
学习互动性：	与母亲关系一般学生<	与母亲关系疏远学生<	与母亲关系亲密学生
学习创造性：	与母亲关系一般学生<	与母亲关系疏远学生<	与母亲关系亲密学生

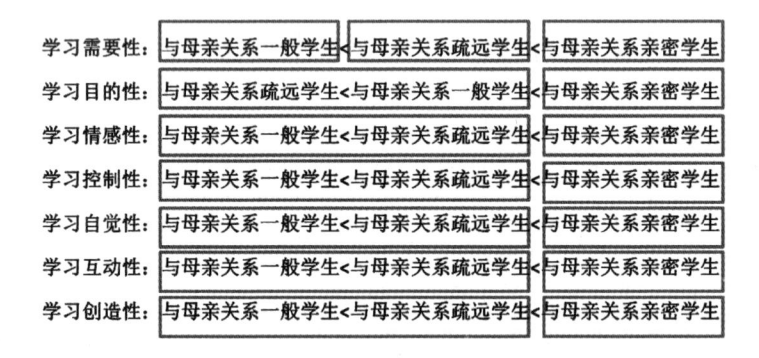

图 5-30　学习主动性维度得分与母亲亲密关系特点

注：矩形框内的不同组之间没有显著性差异，矩形框之间存在显著性差异。

(5) 独生子女与否上的差异

一般认为，家庭子女的多寡对孩子的成长有重要影响，对孩子在学习上的主动性表现也会产生重大影响。将大学生样本分为独生和非独生子女两组，计算他们在学习主动性 7 个得分上的均值和标准差，并进行描述统计分析和独立样本 t 检验，以考察大学生的学习主动性在不同独生子女与否上的差异，结果见表 5-30 和图 5-31。

表 5-30　大学生学习主动性维度得分在独生子女与否上的差异

	独生子女 (2062)		非独生子女 (6270)		t	P
	M	SD	M	SD		
需要性	3.626	0.820	3.658	0.772	−1.550	0.121
目的性	3.149	0.810	3.176	0.775	−1.358	0.174
情感性	3.085	0.748	3.100	0.709	−0.794	0.427
控制性	3.166	0.738	3.199	0.711	−1.801	0.072
自觉性	2.860	0.758	2.940	0.724	−4.191***	0.000

续表

	独生子女（2062）		非独生子女（6270）		t	P
	M	SD	M	SD		
互动性	3.009	0.688	2.965	0.678	2.577*	0.010
创造性	3.174	0.751	3.138	0.738	1.874	0.061

注：* 表示 P<0.05，** 表示 P<0.01，*** 表示 P<0.001。

表5-30表明，从是否为独生子女这个角度来看，其特点可以归纳为两点，第一，在学习需要性（T=-1.550，P>0.05）、学习目的性（T=-1.358，P>0.05）、学习情感性（T=-0.794，P>0.05）、学习控制性（T=-1.801，P>0.05）和学习创造性（T=1.874，P>0.05）这5个维度上的得分均没有显著性差异。第二，独生子女与否在学习自觉性和学习互动性2个维度的表现有显著性差异，其中学习自觉性差异极其显著（T=-4.191，P<0.001），学习互动性差异显著（T=2.577，P<0.001），非独生子女的学习自觉性显著高于独生子女，独生子女的互动性显著高于非独生子女，直观地对比见图5-31。

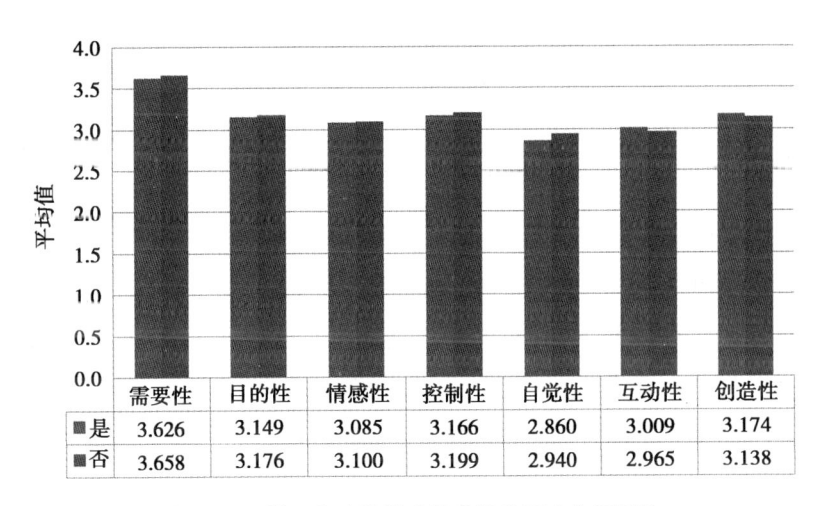

	需要性	目的性	情感性	控制性	自觉性	互动性	创造性
是	3.626	3.149	3.085	3.166	2.860	3.009	3.174
否	3.658	3.176	3.100	3.199	2.940	2.965	3.138

图5-31 学习主动性维度得分独生子女与否对比

4. 大学生学习主动性7维度个体差异分析

（1）性别差异

一般认为，性别不同的学生其学习主动性会不同，我们将大学生样本按照性别分为男生和女生两组，计算他们在学习主动性及7个维度得分上的均值和标准差并进行描述统计分析和独立样本 t 检验，以考察大学生学习主动性的性别差异，结果见表 5-31 和图 5-32。

表 5-31　　　　　　　　大学生学习主动性的性别差异

	男（3154）		女（5131）		t	P
	M	SD	M	SD		
需要性	3.610	0.824	3.675	0.757	-3.583***	0.000
目的性	3.150	0.837	3.182	0.750	-1.727	0.084
情感性	3.158	0.771	3.060	0.682	5.876***	0.000
控制性	3.261	0.775	3.149	0.677	6.656***	0.000
自觉性	2.850	0.792	2.964	0.692	-6.663***	0.000
互动性	3.068	0.731	2.920	0.642	9.395***	0.000
创造性	3.279	0.795	3.066	0.696	12.443***	0.000

注：* 表示 P<0.05，** 表示 P<0.01，*** 表示 P<0.001。

表 5-31 表明，大学生学习主动性维度差异的性别特点如下，第一，学习目的性（T=-1.727，P>0.05），男女学生的表现没有显著性差异。第二，在学习需要性（T=-3.583，P<0.001）和学习自觉性（T=-6.663，P<0.001）2 个维度上，女生得分高于男生。第三，在学习情感性（T=5.876，P<0.001）、学习控制性（T=6.656，P<0.001）、学习互动性（T=9.395，P<0.001）和学习创造性（T=12.443，P<0.001）这 4 个维度上，男生得分显著高于女生。直观地对比见图 5-32。

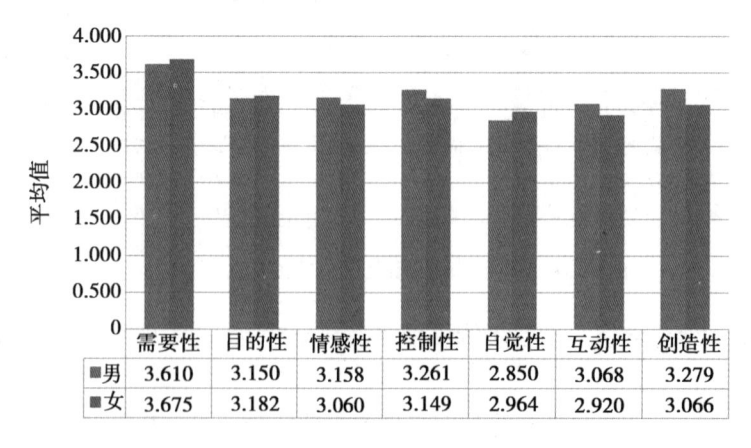

	需要性	目的性	情感性	控制性	自觉性	互动性	创造性
男	3.610	3.150	3.158	3.261	2.850	3.068	3.279
女	3.675	3.182	3.060	3.149	2.964	2.920	3.066

图 5-32　学习主动性维度得分性别差异对比

结合上述分析，性别不同的学生其学习主动性维度差异特点如图 5-33 所示。

学习需要性：男生<女生

学习目的性：男生<女生

学习情感性：女生<男生

学习控制性：女生<男生

学习自觉性：男生<女生

学习互动性：女生<男生

学习创造性：女生<男生

图 5-33　大学生学习主动性维度差异的性别特点

注：无矩形框表示存在显著性差异，矩形框内表示不存在显著性差异。

（2）政治面貌上的差异

政治面貌即指在大学期间是否加入了中共党员队伍，党员身份一定程度上体现了大学生的思想意识和政治觉悟，因此考察大学生政治面貌与大学生学习主动性的关系意义重大。我们将大学生群体按照是不是中国共产党党员分为中共党员和非党员两组，计算他们在学习主动性 7 个维度得分上的均值和标准差，并进行描述统计分析和独立样本 t 检验，以考察政治面貌对大学生学习主动性差异的影响，分析结果见表 5-32 和图 5-34。

表 5-32　　　　　大学生学习主动性在是否党员上的差异

	党员（649）		非党员（7683）		t	P
	M	SD	M	SD		
需要性	3.762	0.795	3.640	0.783	3.786***	0.000
目的性	3.391	0.835	3.151	0.777	7.083***	0.000
情感性	3.244	0.691	3.084	0.720	5.455***	0.000
控制性	3.264	0.719	3.185	0.717	2.693**	0.007
自觉性	3.025	0.757	2.911	0.731	3.795***	0.000
互动性	3.157	0.691	2.960	0.677	7.088***	0.000
创造性	3.289	0.731	3.135	0.742	5.102***	0.000

注：* 表示 P<0.05，** 表示 P<0.01，*** 表示 P<0.001。

表 5-32 表明，大学生的党员身份在大学生学习主动性 7 个维度均存在极其显著性差异，具体结果为，学习需要性（T=3.786，P<0.001）、学习目的性（T=7.083，P<0.001）、学习情感性（T=5.455，P<0.001）、学习控制性（T=2.693，P<0.01）、学习自觉性（T=3.795，P<0.001）、学习互动性（T=7.088，P<0.001）和学习创造性（T=5.102，P<0.001）。在所有的 7 个维度上，党员学生得分均高于非党员学生。直观地对比如图 5-34 所示。

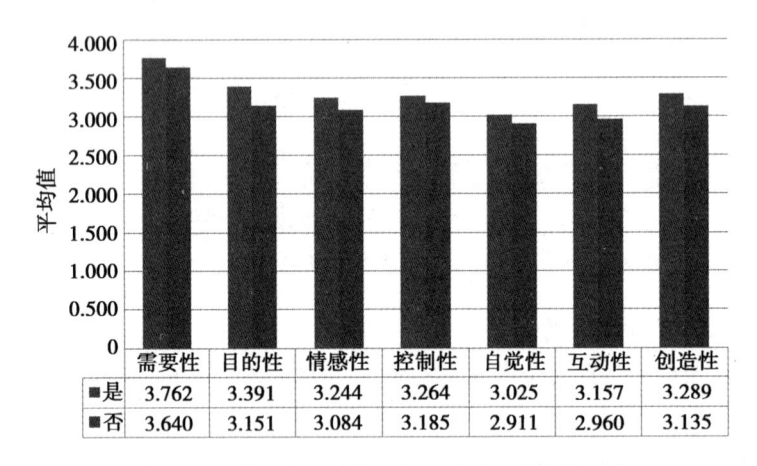

	需要性	目的性	情感性	控制性	自觉性	互动性	创造性
是	3.762	3.391	3.244	3.264	3.025	3.157	3.289
否	3.640	3.151	3.084	3.185	2.911	2.960	3.135

图 5-34　学习主动性维度得分党员身份差异对比

（3）学生班级身份差异

学生的班级身份这里指学生是否担任学生干部，包括担任班级、学院和学校的干部。学生的干部身份一般赋予学生更高的自律要求，一般认为，担任学生干部的学生，其学习主动性要高于非学生干部。我们将大学生群体按照是否担任学生干部分为学生干部和非学生干部两组，计算他们在学习主动性 7 个维度得分上的均值和标准差，并进行描述统计分析和独立样本 t 检验，以考察学生干部身份对大学生学习主动性差异的影响，分析结果见表 5-33 和图 5-35。

表 5-33　大学生学习主动性维度得分在是否担任学生干部上的差异

	担任干部（5688）		未担任干部（2644）		t	P
	M	SD	M	SD		
需要性	3.705	0.775	3.531	0.790	9.492***	0.000
目的性	3.226	0.772	3.047	0.796	9.761***	0.000

续表

	担任干部（5688）		未担任干部（2644）		t	P
	M	SD	M	SD		
情感性	3.156	0.709	2.967	0.722	11.265***	0.000
控制性	3.247	0.712	3.070	0.715	10.550***	0.000
自觉性	2.969	0.733	2.815	0.725	8.970***	0.000
互动性	3.068	0.669	2.778	0.662	18.473***	0.000
创造性	3.219	0.735	2.993	0.734	13.038***	0.000

注：*** 表示 P<0.001。

表5-33表明，大学生的学生干部身份在大学生学习主动性7个维度均存在极其显著性差异，具体结果为，学习需要性（T=9.492，P<0.001）、学习目的性（T=9.761，P<0.001）、学习情感性（T=11.265，P<0.001）、学习控制性（T=10.550，P<0.01）、学习自觉性（T=8.970，P<0.001）、学习互动性（T=18.473，P<0.001）和学习创造性（T=13.038，P<0.001）。在所有的7个维度上，学生干部得分均高于非学生干部。差异对比如图5-35所示。

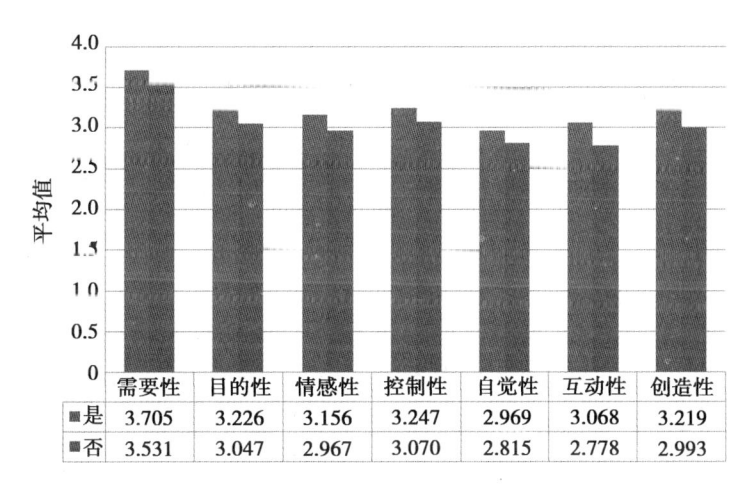

	需要性	目的性	情感性	控制性	自觉性	互动性	创造性
是	3.705	3.226	3.156	3.247	2.969	3.068	3.219
否	3.531	3.047	2.967	3.070	2.815	2.778	2.993

图5-35 学习主动性维度得分学生干部身份差异对比

(4) 情感状态差异

情感状态是指大学期间是否谈恋爱。一般情况而言，谈恋爱的学生可能由于情感的干扰影响到学习上的投入，没有谈恋爱的学生其学习主动性可能要高于谈恋爱的学生。我们将大学生群体按照是否有男、女朋友分为谈恋爱和没有谈恋爱两组，计算他们在学习主动性 7 个维度得分上的均值和标准差，并进行描述统计分析和独立样本 t 检验，以考察大学生谈恋爱对大学生学习主动性差异的影响，分析结果见表 5-34 和图 5-36。

表 5-34　　大学生学习主动性维度得分在是否谈恋爱上的差异

	是（2435）		否（5897）		t	P
	M	SD	M	SD		
需要性	3.625	0.805	3.660	0.775	-1.828	0.068
目的性	3.186	0.795	3.163	0.779	1.203	0.229
情感性	3.093	0.739	3.098	0.710	-0.294	0.769
控制性	3.163	0.731	3.203	0.712	-2.322*	0.020
自觉性	2.891	0.740	2.932	0.731	-2.309*	0.021
互动性	2.991	0.690	2.970	0.676	1.305	0.192
创造性	3.143	0.755	3.149	0.736	-0.338	0.735

注：* 表示 $P<0.05$。

表 5-34 表明，大学生是否谈恋爱在大学生学习主动性 7 个维度上的得分差异特点有：第一，在学习控制性（T=-2.322，P<0.05）和学习自觉性（T=-2.309，P<0.05）上存在显著性差异，谈恋爱学生的学习控制性和学习自觉性低于没有谈恋爱的学生。第二，在学习需要性（T=-1.828，P>0.05）、学习目的性（T=1.203，P>0.05）、学习情感性（T=-0.294，P>0.05）、学习互动性（T=1.305，P>0.05）和学习创造性（T=-0.338，P>0.05）5 个维度上，谈恋爱与否没有显著性差异。差异对比如图 5-36 所示。

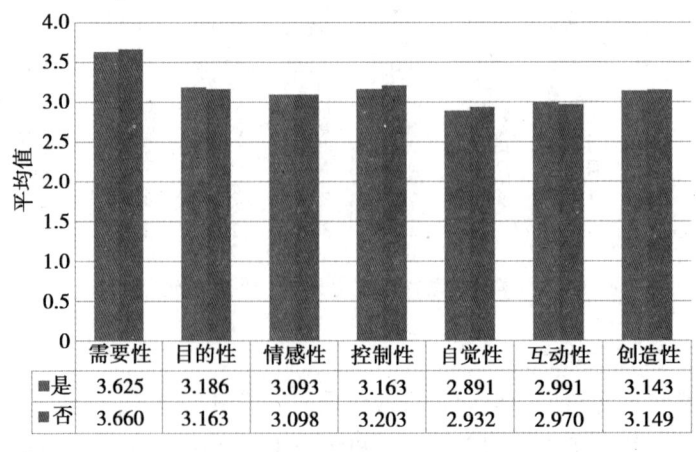

	需要性	目的性	情感性	控制性	自觉性	互动性	创造性
■是	3.625	3.186	3.093	3.163	2.891	2.991	3.143
■否	3.660	3.163	3.098	3.203	2.932	2.970	3.149

图 5-36　学习主动性维度得分恋爱身份差异对比

（5）学习成绩差异

学习成绩与学习主动性存在密切的相互关系，学习主动性高的学生一般来说其学习成绩会更好，反过来，学习成绩好的学生其学习主动性应该也更高。我们将大学生群体根据学生自述的班级成绩水平分为"下""中下""中等""中上"和"上"五组，对不同成绩的大学生在学习主动性7个维度得分上的平均分进行描述统计和单因素方差分析，以考察大学生学习成绩和大学生学习主动性的关系，分析结果见表5-35和图5-37。

表5-35　　　　　大学生学习主动性在与学习成绩上的差异

因子	成绩水平	人数	平均数	标准差	F	P
需要性	下	229	3.229	0.925	164.029***	0.000
	中下	968	3.313	0.810		
	中等	4033	3.570	0.755		
	中上	2463	3.848	0.710		
	上	639	4.048	0.773		
目的性	下	229	2.533	0.868	378.789***	0.000
	中下	968	2.662	0.734		
	中等	4033	3.068	0.702		
	中上	2463	3.441	0.718		
	上	639	3.762	0.774		
情感性	下	229	2.641	0.843	271.463***	0.000
	中下	968	2.705	0.694		
	中等	4033	3.009	0.659		
	中上	2463	3.303	0.672		
	上	639	3.604	0.701		
控制性	下	229	2.806	0.827	170.598***	0.000
	中下	968	2.880	0.723		
	中等	4033	3.117	0.671		
	中上	2463	3.369	0.682		
	上	639	3.581	0.734		
自觉性	下	229	2.231	0.771	352.732***	0.000
	中下	968	2.456	0.695		
	中等	4033	2.842	0.656		
	中上	2463	3.162	0.680		
	上	639	3.429	0.752		

续表

因子	成绩水平	人数	平均数	标准差	F	P
互动性	下	229	2.519	0.672	184.748***	0.000
	中下	968	2.656	0.644		
	中等	4033	2.923	0.634		
	中上	2463	3.127	0.657		
	上	639	3.372	0.749		
创造性	下	229	2.786	0.845	210.794***	0.000
	中下	968	2.779	0.724		
	中等	4033	3.066	0.689		
	中上	2463	3.334	0.703		
	上	639	3.627	0.754		

注：*** 表示 P<0.001。

表5-35表明，成绩不同的大学生在学习主动性7个维度上的表现均存在极其显著性的差异，具体结果为：学习需要性（F=164.029，P<0.01）、学习目的性（F=378.789，P<0.001）、学习情感性（F=271.465，P<0.001）、学习控制性（F=170.598，P<0.01）、学习自觉性（F=352.732，P<0.001）、学习互动性（F=184.748，P<0.001）、学习创造性（F=210.794，P<0.01）。

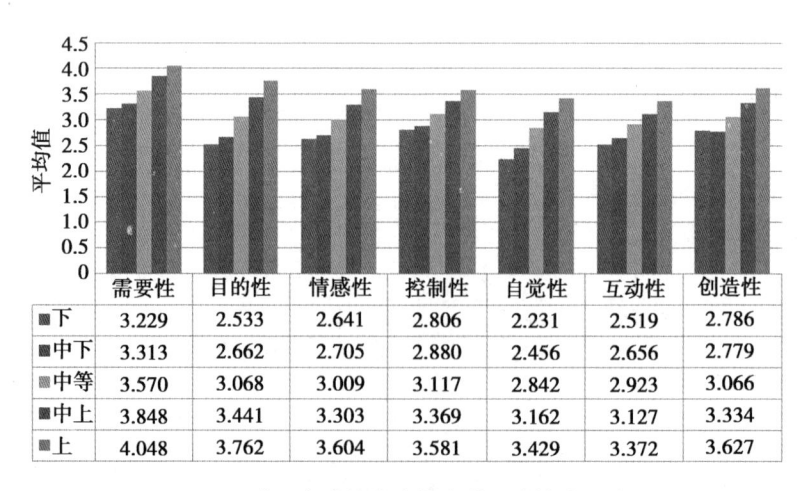

	需要性	目的性	情感性	控制性	自觉性	互动性	创造性
■下	3.229	2.533	2.641	2.806	2.231	2.519	2.786
■中下	3.313	2.662	2.705	2.880	2.456	2.656	2.779
■中等	3.570	3.068	3.009	3.117	2.842	2.923	3.066
■中上	3.848	3.441	3.303	3.369	3.162	3.127	3.334
■上	4.048	3.762	3.604	3.581	3.429	3.372	3.627

图5-37 学习主动性维度得分学习成绩差异对比

图5-37进一步描述了成绩水平不同的大学生在学习主动性维度得分上的差异特点，7个维度呈现出完全一致的特点，即学习水平越高的学生

其学习主动性越高，具体的两两差异比较结果见表 5-36。

表 5-36　成绩水平在各因子及总分上的多重检验（LSD 检验）

因子	(I) 学习成绩	(J) 学习成绩	均值差 (I-J)	标准误	P
需要性	下	中下	-0.08483	0.05550	0.126
		中等	-0.34168***	0.05131	0.000
		中上	-0.61989***	0.05218	0.000
		上	-0.81946***	0.05817	0.000
	中下	中等	-0.25685***	0.02703	0.000
		中上	-0.53506***	0.02865	0.000
		上	-0.73463***	0.03850	0.000
	中等	中上	-0.27821***	0.01931	0.000
		上	-0.47778***	0.03216	0.000
	中上	上	-0.19957***	0.03353	0.000
目的性	下	中下	-0.12944*	0.05300	0.015
		中等	-0.53544***	0.04900	0.000
		中上	-0.90777***	0.04983	0.000
		上	-1.22886***	0.05555	0.000
	中下	中等	-0.40600***	0.02582	0.000
		中上	-0.77833***	0.02736	0.000
		上	-1.09942***	0.03677	0.000
	中等	中上	-0.37233***	0.01845	0.000
		上	-0.69342***	0.03071	0.000
	中上	上	-0.32109***	0.03202	0.000
情感性	下	中下	-0.06394	0.04969	0.198
		中等	-0.36774***	0.04593	0.000
		中上	-0.66191***	0.04671	0.000
		上	-0.96289***	0.05208	0.000
	中下	中等	-0.30379***	0.02420	0.000
		中上	-0.59797***	0.02565	0.000
		上	-0.89894***	0.03446	0.000
	中等	中上	-0.29418***	0.01729	0.000
		上	-0.59515***	0.02879	0.000
	中上	上	-0.30098***	0.03002	0.000

续表

因子	（I）学习成绩	（J）学习成绩	均值差（I-J）	标准误	P
控制性	下	中下	-0.07423	0.05072	0.143
		中等	-0.31142***	0.04689	0.000
		中上	-0.56328***	0.04768	0.000
		上	-0.77570***	0.05316	0.000
	中下	中等	-0.23719***	0.02470	0.000
		中上	-0.48905***	0.02618	0.000
		上	-0.70147***	0.03518	0.000
	中等	中上	-0.25186***	0.01765	0.000
		上	-0.46428***	0.02939	0.000
	中上	上	-0.21242***	0.03064	0.000
自觉性	下	中下	-0.22500***	0.04987	0.000
		中等	-0.61094***	0.04610	0.000
		中上	-0.93008***	0.04688	0.000
		上	-1.19709***	0.05227	0.000
	中下	中等	-0.38594***	0.02429	0.000
		中上	-0.70508***	0.02574	0.000
		上	-0.97209***	0.03459	0.000
	中等	中上	-0.31914***	0.01735	0.000
		上	-0.58615***	0.02890	0.000
	中上	上	-0.26701***	0.03013	0.000
互动性	下	中下	-0.13676**	0.04793	0.004
		中等	-0.40428***	0.04431	0.000
		中上	-0.60767***	0.04506	0.000
		上	-0.85296***	0.05024	0.000
	中下	中等	-0.26752***	0.02335	0.000
		中上	-0.47091***	0.02474	0.000
		上	-0.71620***	0.03325	0.000
	中等	中上	-0.20339***	0.01668	0.000
		上	-0.44868***	0.02777	0.000
	中上	上	-0.24529***	0.02896	0.000

续表

因子	（I）学习成绩	（J）学习成绩	均值差（I-J）	标准误	P
创造性	下	中下	0.00744	0.05196	0.886
		中等	-0.27956***	0.04803	0.000
		中上	-0.54798***	0.04885	0.000
		上	-0.84126***	0.05445	0.000
	中下	中等	-0.28700***	0.02531	0.000
		中上	-0.55543***	0.02682	0.000
		上	-0.84870***	0.03604	0.000
	中等	中上	-0.26843***	0.01808	0.000
		上	-0.56170***	0.03010	0.000
	中上	上	-0.29327***	0.03139	0.000

注：* 表示 P<0.05，** 表示 P<0.01，*** 表示 P<0.001。

表5-36两两多重比较结果显示：第一，在学习需要性、学习情感性、学习控制性和学习创造性上，学习水平处于下与中下的学生没有显著性差异。第二，除第一点所描述的特点，其余所有两两比较均存在显著性差异，并且成绩水平高的学生相应的维度得分显著高于成绩水平低的学生。

结合上述所有分析，成绩水平不同的学习主动性维度差异规律如图5-38所示。

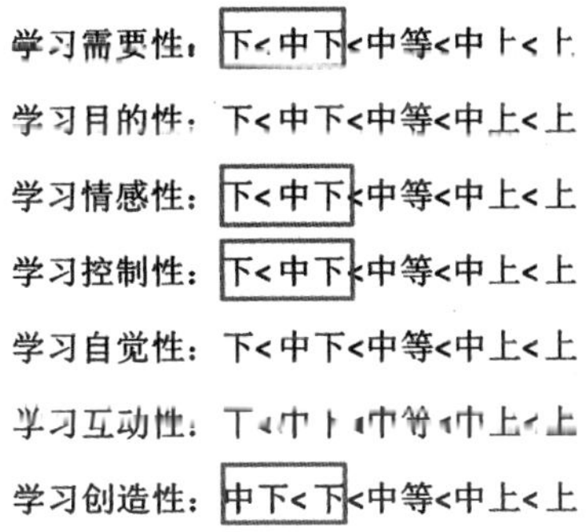

学习需要性：|下<中下|<中等<中上<上
学习目的性：下<中下<中等<中上<上
学习情感性：|下<中下|<中等<中上<上
学习控制性：|下<中下|<中等<中上<上
学习自觉性：下<中下<中等<中上<上
学习互动性：下<中下<中等<中上<上
学习创造性：|中下<下|<中等<中上<上

图5-38　学习主动性维度得分成绩水平特点

注：矩形框内的不同组之间没有显著性差异，矩形框之间存在显著性差异。

第四节　小结与分析

一　大学生学习主动性总分特点

为了从总体上了解大学生的学习主动性水平，研究对大学生学习主动性总分进行了描述性统计分析和推断性统计检验，其总体特点可归纳为以下几点。

（一）大学生学习主动性总分整体分布特点

1. 全国大学生学习主动性水平中等

大学生学习主动性平均分为 3.11，居于 1—5 分之间的中间水平。

2. 全国大学生学习主动性水平呈正态分布

约 90% 的学生主动性水平在 2—4 分之间，2 分以下的约占 3%，4—5 分的约占 7%。

（二）大学生学习主动性总分跨群体差异特点

1. 地处西部学校的学生学习主动性平均水平最高

大学生学习主动性水平存在地域差异，学习主动性水平从高到低依次是西部、东部和中部，且两两之间均存在显著性差异，即西部高于东部、西部高于中部、东部高于中部。

2. 本科院校和专科学校的大学生学习主动性没有显著性差异

3. 人文社科类学生与理工类学生的学习主动性没有显著性差异

4. 处于中间年级的学生学习主动性最弱

无论是在本科院校还是在专科学校，不同年级的学生学习主动性都显著不同。其中，在本科院校中，四个年级学生的学习主动性得分从高到低依次是大一、大二、大四、大三。大一年级的学生学习主动性最强，显著高于大二、大三和大四学生。二年级学生显著高于三年级学生，说明大三年级学生的学习主动性是最弱的。在专科学校中，三个年级学生的学习主动性得分从高到低依次是大一、大三、大二。大一年级的学生学习主动性最强，显著高于大二年级学生。可见，无论是在本科院校中还是在专科学校中，学习主动性最高的是新进校的学生，最弱的是中间年级学生，居中的是毕业班学生。

5. 来自大城市和农村的学生学习主动性更强

家庭因素中，父母的职业类别和是否独生子女没有显著地影响大学生的学习主动性，但家庭所处的地理环境、家庭的经济地位和家庭的精神环境显著影响大学生的学习主动性。

地理环境即学生的生源地，出生地不同的大学生其学习主动性得分从高到低依次是省会城市或直辖市、农村、地级市、乡镇、县城。来自省会城市或直辖市和农村的学生学习主动性最强且显著高于来自其他地方的学生。来自地级市的学生中等，来自县级和乡镇的学生主动性没有显著性差异且最弱。

6. 家庭经济条件特别不好或特别好的家庭其孩子的学习主动性相对更高

家庭经济地位主要由家庭月收入和是否被学校评为贫困生两个指标来衡量。学习主动性得分在家庭月收入上的排序从高到低依次是：1000元以下、10001元以上、7001—10000元、1001—4000元、4001—7000元。来自月收入1000元以下和10001元以上家庭的学生学习主动性没有显著性差异且显著高于来自其他收入水平家庭的学生。来自月收入7001—10000元家庭的学生其学习主动性中等，来月收入1001—4000元和4001—7000元家庭的学生主动性没有显著性差异且最低。这说明来自家庭经济条件特别不好和特别好的家庭的学生学习主动性相对更高。被评为贫困学生的学习主动性显著高于非贫困生。

7. 与父母关系越亲密的大学生，其学习主动性越强

家庭的精神环境主要体现在父母的亲子关系上，由与父亲的亲密关系和与母亲的亲密关系来体现。与父亲亲密关系的学习主动性得分从高到低依次是关系亲密、关系一般、关系疏远，与父亲关系亲密的大学生其学习主动性最强且显著高于关系一般和关系疏远的学生，与父亲关系一般和关系疏远的大学生学习主动性没有显著性差异。与母亲亲密关系的学习主动性得分从高到低依次是关系亲密、关系疏远、关系一般，与母亲关系亲密的大学生其学习主动性最强且显著高于关系一般和关系疏远的学生，与母亲关系一般和关系疏远的大学生学习主动性没有显著性差异。这说明，无论是与父亲还是与母亲的关系，都是关系亲密的大学生学习主动性得分最高。

8. 男大学生的学习主动性显著高于女大学生

9. 党员大学生的学习主动性显著高于非党员学生

10. 班干部的学习主动性显著高于非班干部

11. 是否恋爱没有显著影响大学生的学习主动性

12. 学习成绩越好的大学生，其学习主动性越高

学习成绩水平以学生在班级所处的水平分为五个等级，即下、中下、中等、中上和上。大学生的学习主动性得分在学习成绩水平上从高到低依次是：上、中上、中等、中下、下，两两比较结果显示，所有的成绩水平之间均存在极其显著的差异且成绩越好的学生其学习主动性也相应更高。

二　大学生学习主动性维度表现特征

（一）大学生学习主动性维度分布特征

为了进一步了解大学生的学习主动性水平的详细特点，研究对大学生学习主动性7个维度得分进行了描述性统计分析，其特点可归纳为以下几点：

1. 7个维度得分分布均呈近似正态分布

2. 大学生的学习自觉性最有待提高

7个维度得分从高到低依次是：学习需要性（3.650）、学习控制性（3.191）、学习目的性（3.170）、学习创造性（3.147）、学习情感性（3.096）、学习互动性（2.976）、学习自觉性（2.920），大学生学习主动性除学习需要性得分较高，其余各个方面都有待于进一步提高和培育，特别是学习自觉性。

3. 大学生的思想认识主动性高于行为主动性

通过对39道题的详细分析得到以下结论：（1）当前大学生对学习价值和意义有一定的认知，具有较为强烈的追求学业成就的心理倾向。（2）大学生在学习中具有一定的自我管控性，基本上能做到自我反思、自我调控。同时，面对学习中的困难和干扰也具有一定的坚持性，但意志力还需进一步加强。（3）对学习持有的情感体验，学习中的探索与批判精神，自觉自愿地执行学习任务，制定和执行学习目标等方面，大学生都表现得不尽如人意。（4）大学生在与周围环境，包括与教师、同学及其他物化资源的沟通、对话方面表现最为不理想。

（二）大学生学习主动性维度群体差异特征

1. 地域差异

地域差异是指大学所处的不同地域，根据大学所属地域分为东部大学、中部大学和西部大学。大学生学习主动性的地域差异有如下三点：

第一，三个地域的大学生在7个维度上的得分具有较为一致的顺序。

东部、中部和西部大学生 7 个维度的得分从高到低的顺序如下。

东部：需要性、控制性、创造性、目的性、情感性、互动性、自觉性；

中部：需要性、目的性、控制性、创造性、情感性、互动性、自觉性；

西部：需要性、控制性、目的性、创造性、情感性、互动性、自觉性；

无论来自哪个地域大学的大学生，都有较强的学习需要性，但学习情感性、学习互动性和学习自觉性较差。

第二，学习目的性和学习需要性没有显著的地域差异。

第三，学习情感性、学习控制性、学习自觉性、学习互动性和学习创造性的共同特点是：中部学生得分最低，东部学生得分居中，西部学生得分最高。

2. 学校差异

（1）学校层次差异

不同层次学校是指本科层次的学校和专科层次的学校，对两类学校学生的学习主动性维度进行分析得到以下的特点：

第一，本科院校和专科学校的学生在学习主动性 7 个因子上的平均得分排序具有一致性。

本科院校：需要性、控制性、目的性、创造性、情感性、互动性和自觉性；

专科学校：需要性、控制性、目的性、创造性、情感性、互动性和自觉性。

第二，在学习自觉性和学习控制性上，专科学校学生与本科院校学生之间没有显著性差异。

第三，在学习需要性、学习目的性和学习创造性上，本科院校学生得分显著高于专科学校学生。

首先，本专科学生都渴望获得学习成功，但本科生对学习的意义认识更清楚，学习责任感更强。

在学习需要性上，本科院校学生得分显著高于专科学校学生的行为表现是"我认为上大学关系自己的前途和命运"（$M_{本} = 3.65$，$M_{专} = 3.55$，$t = 3.540$，$P < 0.001$）和"学习上，我有强烈的责任感"（$M_{本} = 3.45$，

$M_{专}=3.40$，$t=2.181$，$P<0.05$），而在"学习上，我渴望获得成功"（$M_{本}=3.89$，$M_{专}=3.86$，$t=0.901$，$P>0.05$）并没有显著性差异。说明无论是本科院校学生还是专科学校学生都渴望在学习上获得成功，但本科学生更清楚地认识到学习的意义和责任。

其次，本科生的学习目标更明确，计划性更强。

在学习目的性上，本科院校学生得分显著高于专科学校学生的行为表现是"有明确的学习目标"（$t=2.805$，$P<0.01$）、"制定学习计划"（$t=4.523$，$P<0.05$）和"执行计划"（$t=3.094$，$P<0.01$），说明本科院校的学生学习目标更明确，能做到为实现学习目标制定相应的计划并坚持执行。

最后，本科生发现问题并解决问题的主动性强于专科生。

在学习创造性上，本科院校学生在所有指标上得分都显著高于专科学校学生，检验结果为"发现问题"（$t=2.249$，$P<0.05$）、"思考问题"（$t=2.059$，$P<0.05$）、"质疑和批判"（$t=2.432$，$P<0.05$）、"寻找更好的学习方法"（$t=3.494$，$P<0.001$）、"自主探索"（$t=2.267$，$P<0.05$）、"努力克服难题"（$t=6.609$，$P<0.001$），说明本科院校学生在发现问题和解决问题的主动性上要强于专科学校学生。

第四，在学习自觉性和学习互动性上，专科学校学生优于本科院校学生。

首先，本科生和专科生的课前预习和课后学习的自觉性都不高。

在学习自觉性上，专科学校学生得分显著高于本科院校学生的行为表现是"课前预习"（$t=4.047$，$P<0.001$）和"上课认真记笔记"（$t=6.329$，$P<0.001$），2个指标的平均分别是2.42、3.30，说是尽管专科学校学生在课前预习得分上高于本科院校学生，但这个习惯两类学生都不好，上课记笔记的习惯较好且专科生的表现优于本科院校学生。而在"课后复习"（$t=1.128$，$P>0.05$）、"上课集中注意力"（$t=1.151$，$P>0.05$）、"认真对待课后作业"（$t=1.591$，$P>0.05$）、"课余学习"（$t=1.944$，$P>0.05$）上没有显著性差异，4个指标的平均分依次是2.68、2.93、3.44、2.76。说明无论本科院校学生还是专科学校学生都不能自觉地利用课后学习时间。

其次，专科学生在与人沟通方面更为活跃，但本科生和专科生的课外拓展学习主动性都不高。

在学习互动性上，专科学校学生得分显著高于本科院校学生的行为表现是"上课积极主动发言"（$t=8.256$，$P<0.001$）、"主动和老师交流"（$t=4.365$，$P<0.001$）和"主动和同学交流"（$t=3.251$，$P<0.001$），3个指标的平均分依次是2.52、2.57、3.18。说明所有学生上课发言的积极性和与老师交流的积极性都不高，但专科学校学生表现优于本科院校学生。在"主动搜集资料"（$t=-2.005$，$P=0.05$）、"博览群书"（$t=-0.558$，$P>0.05$）、"参加课外活动"（$t=0.767$，$P>0.05$）、"理论用于实践"（$t=1.038$，$P>0.05$）、"配合他人"（$t=-0.219$，$P>0.05$）上没有显著性差异，5个指标的平均分依次是2.96、3.00、3.09、2.88、3.60。说明无论本科院校学生还是专科学校学生都不能为了搞好学习而主动进行课外学习和拓展学习。

（2）学科类别差异

学科类别是指人文社会学科和理工学科，简称文科和理科，对文理科学生的学习主动性维度差异进行分析发现两类学生的学习主动性差异特点如下：

第一，两大科类的大学生在7个维度上的得分具有较为一致的顺序。

文科：需要性、控制性、目的性、创造性、情感性、互动性、自觉性；

理科：需要性、控制性、创造性、目的性、情感性、互动性、自觉性；

理科学生的创造性相较于文科生排序靠前。

第二，在学习目的性、学习情感性、学习控制性和学习互动性4个维度上，人文社科类学生与理工类学生的学习主动性没有显著性差异。

第三，在学习需要性和学习自觉性2个维度上，人文社科学生得分高于理工类学生。

首先，文理科学生都具有较高的学习成就需要，但文科学生认为上大学关乎自己的前途和命运，学习责任感更强。

在学习需要性上，人文社科学生得分高于理工类学生的是"我认为上大学关系自己的前途和命运"（$t=2.047$，$P<0.05$）和"学习上，我有强烈的责任感"（$t=2.616$，$P<0.01$），而在"学习上，我渴望获得成功"（$M_{文}=3.9$，$M_{理}=3.87$，$t=0.461$，$P>0.05$）即在学习的成就需要上文理科学生都有很高的需求且没有显著性差异。说明两个学科的学生都具有高成就学习需要，但文科学生更渴望通过大学改变命运，因而学习的责任感更强。这可能与文科学生的专业相对而言更难就业有关。

其次，文理科学生的上课注意力都不集中，课后较难自觉学习。

在学习自觉性上，人文社科学生得分高于理工类学生的是"课前自觉预习"（$t=3.860$，$P<0.001$）、"上课认真记笔记"（$t=6.758$，$P<0.001$）、"认真对待课后作业"（$t=2.107$，$P<0.05$），而在"课后花大量时间用于学习上"（$t=1.631$，$P>0.05$）和"课堂注意力的集中"（$t=1.818$，$P>0.05$）上没有显著性差异，在"课后自觉复习"（$t=6.512$，$P<0.001$）上，反而理科学生得分高于文科学生。说明在学习形式上，文科生在课前、课中和课后的表现均优于理科生，但在实质上，如课后学习时间的充分利用和集中注意力听讲方面，文科生与理科生的得分没有显著性差异，这是大学生的通病，即很大比例的大学生上课为点名，下课不学习。而由于理科的学习一般更难，所以在课后复习上，理科生的得分反而高于文科生。

第四，理科学生的质疑精神和发现问题思考问题的主动性高于文科学生。

在创造性维度上，理科类学生优于文科类学生主要表现在"善于发现问题"（$t=2.736$，$P<0.01$）、"勤于思考问题"（$t=3.556$，$P<0.001$）和"敢于质疑和批判"（$t=3.711$，$P<0.001$）。

（3）年级差异

本科院校学生与专科学校学生学习主动性的跨年级差异既有相同点，又有不同点，下面分别进行介绍。

本科四个年级在7个维度上的得分特点归纳如下：

第一，本科四个年级的大学生在7个维度上的得分具有较为一致的顺序，学习目的性随着年级的升高排序越来越靠前。

四个年级学生在7个维度上的得分顺序是：

一年级：需要性、控制性、创造性、目的性、情感性、互动性、自觉性；

二年级：需要性、控制性、目的性、创造性、情感性、互动性、自觉性；

三年级：需要性、目的性、控制性、创造性、情感性、互动性、自觉性；

四年级：需要性、目的性、控制性、创造性、情感性、互动性、自觉性。

第二，低年级学生对读大学的意义抱有更高的期待。

在学习需要性上，存在年级差异的是"我认为上大学关系自己的前途和命运"（$F=9.164$，$P<0.001$）和"学习上，我渴望获得成功"（$F=18.699$，$P<0.001$），两个维度的共同得分特点都是，大一和大二学生作为一组，得分显著高于大三和大四的学生，而在"学习上，我有强烈的责任感"没有显著性差异（$F=2.294$，$P>0.05$）。说明低年级学生相对于高年级学生而言，对读大学生的意义抱有更高的期望和成功的渴望。

第三，大学生的学习目的性随年级升高而提高。

在学习目的性上，存在年级差异的是"有明确的学习目标"（$F=4.888$，$P<0.01$）、"制定学习计划"（$F=5.763$，$P<0.01$）和"努力实现目标"（$F=4.776$，$P<0.001$），共同特点是三个指标都是随着年级升高得分越高，但在"努力实现目标"这个指标上四年级学生显著高于其余三个年级的学生。说明大学生在大学学习经历着由放松到紧张的过程，只有到了大四才真正意识到要为实现目标而努力奋斗。

第四，低年级学生经常进行学习反思，所有年级学生的学习自制力有待加强。

在学习控制上，存在年级差异的是"坚持自我观点"（$F=3.153$，$P<0.05$）和"反思学习行为"（$F=5.121$，$P<0.01$）、"自我调节情绪"（$F=5.426$，$P<0.001$），三个指标的平均分依次是3.27、3.26、3.39，得分的共同特点是，低年级学生的得分显著高于高年级学生，而在"排除干扰进行学习"上没有显著性差异（$F=2.221$，$P>0.05$），平均分是2.87。说明低年级学生相对于高年级学生而言，能做到经常反思自我学习行为并进行调整，但四个年级的学生都难以做到排除干扰进行学习，容易受到外界的影响，说明学生抗干扰能力有待加强。

第五，在发现问题并解决问题的主动性上，大一学生最为突出。

在学习创造性上，所有指标均存在年级差异，检验结果是"发现问题"（$F=7.484$，$P<0.001$）、"思考问题"（$F=8.833$，$P<0.001$）、"质疑和批判"（$F=4.173$，$P<0.01$）、"寻找更好的学习方法"（$F=4.241$，$P<0.01$）、"自主探索"（$F=4.094$，$P<0.01$）、"努力克服难题"（$F=3.746$，$P<0.05$），四个年级的学生在6个指标上的得分具有完全一致的

特点,都是一年级学生的得分显著高于其他三个年级的学生,说明一年级学生更愿意在发现问题和解决问题上做出努力。

第六,四个年级学生的学习热情都不高,一年级学生的学习兴趣相对更浓。

在学习情感性上,存在年级差异的有"求知的欲望"($F=4.826$,$P<0.01$)、"先于他人的行动"($F=7.378$,$P<0.001$)、"好奇心"($F=8.636$,$P<0.001$)、"学习兴趣"($F=3.863$,$P<0.01$)、"愉快学习"($F=5.592$,$P<0.01$)和"适度焦虑"($F=3.813$,$P<0.05$),6个指标的平均分分别是3.22、2.91、3.2、3.11、3.10、3.2。6个指标的得分规律基本一致,都是一年级学生的得分显著高于其他三个年级学生的得分,其他三个年级中在6个指标上都是三年级得分最低。在"学习自信"($F=0.014$,$P>0.05$)和"学习热情"($F=0.146$,$P>0.05$)上都没有显著性差异,平均分分别是3.07和3.02。上述分析说明两点,一是一年级学生相对于其他三个年级的学生对学习有更强的求知欲望、学习兴趣更浓、学习过程更愉快,所以在学习中会有适度的焦虑感而先于他人采取行动。二是所有学生对学习的热情都不高。

第七,学生上课主动发言的积极性和与教师交流的主动性很低,缺乏主动搜集资料的习惯。

在学习互动性上,存在年级差异的有"上课积极主动发言"($F=7.905$,$P<0.001$)、"博览群书"($F=3.014$,$P<0.05$)、"参加课外活动"($F=35.736$,$P<0.001$)、"理论用于实践"($F=5.097$,$P<0.01$)、"主动和同学交流"($F=13.080$,$P<0.001$)和"配合他人"($F=11.009$,$P<0.05$),6个指标均表现为一年级学生得分均分别显著高于其他三个年级,其他三个年级的得分三年级最低,说明一年级学生为了学习更愿意做出积极的努力。6个指标的平均分分别是2.47、3.01、3.09、2.88、3.16、3.61,说明学生愿意与他人和同学交流,但在学习上积极主动性较差。而在"主动和老师交流"($F=2.563$,$P>0.05$)和"主动搜集资料"($F=0.120$,$P>0.05$)上没有显著性差异,2个指标的平均分分别是2.54和2.97,说明所有学生都不会主动与老师沟通交流,也不会去主动搜集相关资料。

第八,大一、大二、大四、大三学生的学习自觉性依次降低。

在学习自觉性上,四个年级的学生在所有指标上的得分均存在显著性差异，检验结果如下，"课前自觉预习"（F=31.102，P<0.001）、"课后自觉复习"（F=45.731，P<0.001）、"上课认真记笔记"（F=12.847，P<0.001）、"课堂集中注意力"（F=17.075，P<0.001）、"认真对待课后作业"（F=22.0147，P<0.001）、"课后花大量时间用于学习上"（F=3.049，P<0.05），6个指标的得分规律是一年级学生几乎在所有指标上的得分都最高，大三学生在预习、复习、记笔记和集中注意力方面得分最低，大四学生在课后作业和课后学习上得分最低。说明大一学生的学习自觉性最高，其次是大二学生，再次是大四学生，最后的是大三学生。

专科三个年级学生在7个维度上的得分特点归纳如下：

第一，学习目的性随着年级的升高排序越来越靠前。

三个年级在7个维度上的得分顺序是：

一年级：需要性、控制性、创造性、情感性、目的性、互动性、自觉性；

二年级：需要性、控制性、目的性、创造性、情感性、互动性、自觉性；

三年级：需要性、目的性、控制性、情感性、创造性、互动性、自觉性。

第二，学习控制性和学习自觉性不存在年级差异。

第二，一年级学生和毕业班学生对大学改变人生的意义认识更深刻。

在学习需要性上，存在年级差异的是"我认为上大学关系自己的前途和命运"（F=3.614，P<0.05）和"学习上，我渴望获得成功"（F=3.359，P<0.05），两个维度的平均得分分别是3.55和3.86，其跨年级的特点是，在读大学的意义认识上，大一和大三学生作为一组，得分显著高于大二年级学生；在成就需要上，大一年级显著高于大二和大三年级学生。而在"学习上，我有强烈的责任感"（M=3.4）没有显著的年级差异（F=1.001，P>0.05）。说明所有学生都有较强的学习责任感，相对而言，大一学生更渴望获得学习上的成功，大一和大三学生都充分认识到上大学的重要意义，大二学生的表现相对较弱。

第四，所有学生学习目标较明确但缺乏计划性，毕业班学生在为实现学习目标上最为努力，其次是大一学生，最不努力的是大二学生。

在学习目的性上，存在年级差异的是"努力实现学习目标"（F=6.307，P<0.01），总平均分3.22，三个年级得分从高到低依序是大三、

大一、大二,且所有两两比较之间均存在显著性差异。在"有明确的学习目标"($F=1.688$,$P>0.05$)和"制定学习计划"($F=2.652$,$P>0.05$)上没有显著性差异,两个指标的平均分分别是3.13和2.96。上述结果说明毕业班学生在"努力实现学习目标"上表现最为突出,其次是大一学生,最弱的是大二学生。所有年级学生都有较为明确的学习目标但缺乏相应的学习计划。

第五,所有学生都缺乏质疑精神和主动探索的习惯,在思考问题和寻求更好地解决方法上,三个年级的学生表现依次是大一、大三、大二。

在学习创造性上,存在年级差异的是,"思考问题"($F=3.274$,$P<0.05$)、"寻找更好的学习方法"($F=4.709$,$P<0.01$)、"努力克服难题"($F=4.745$,$P<0.01$)。

在思考问题和努力克服难题方面,一年级和三年级的得分无显著差异且显著高于二年级学生,在寻找更好的学习方法上一年级学生得分显著高于二年级和三年级学生,说明在思考问题并努力寻找方法解决问题方面,一年级学生最努力,三年级次之,二年级最弱。而在"发现问题"($F=2.020$,$P>0.05$)、"质疑和批判"($F=1.712$,$P>0.05$)、"自主探索"($F=2.786$,$P>0.05$)上不存在显著地年级差异,3个指标的平均得分分别是3.14、3.01、2.89,说明三个年级的学生都缺乏质疑精神和主动探索的习惯。

第六,所有学生都想好好学习却缺乏学习兴趣和学习热情,一年级学生表现相对较好。

在学习情感性上,存在年级差异的有"预见性行动"($F=5.625$,$P<0.01$)、"好奇心"($F=6.867$,$P<0.01$)、"愉快学习"($F=5.813$,$P<0.01$)和"学习热情"($F=4.743$,$P<0.01$)。4个指标的平均分分别是2.88、3.19、3.08、3.01,说明学生在学习上缺乏未雨绸缪的习惯,对学习有一定的好奇心但学习热情较低,因而较难体验到学习的快乐。跨年级特点是均表现为一年级得分显著高于二年级得分,二、三年级无显著性差异,说明一年级学生无论是在预见性行动方面还是在良好的学习体验方面都好于二、三年级学生。而在"求知的欲望"($F=2.564$,$P>0.05$)、"学习兴趣"($F=2.431$,$P>0.05$)、"适度焦虑"($F=1.178$,$P>0.05$)和"学习自信"($F=1.941$,$P>0.05$)4个指标上都没有显著性差异。4个指标的平均分分别是3.2、3.08、3.1、3.02,说明学生有较强的求知欲望,没有好好学习也会有焦虑感，但对学习较难提起兴趣，学习自信心也不高。

第七，专科学生配合他人的主动性较强但学习主动性有待加强，一年级学生参加活动和与教师同学之间在学习互动性上，存在年级差异的有"博览群书"（F=7.768，P<0.01）、"参加课外活动"（F=13.721，P<0.01）、"理论用于实践"（F=5.154，P<0.01）、"主动和老师交流"（F=8.133，P<0.01）和"主动和同学交流"（F=5.976，P<0.01）5个指标，而在"上课积极主动发言"（F=2.132，P>0.05）、"主动搜集资料"（F=0.999，P>0.05）和"配合他人"（F=1.088，P<0.05）共3个指标上没有显著性差异。

有显著差异的5个指标得分特点是一年级学生的得分分别显著高于二年级和三年级学生。没有显著性差异的3个指标中，平均得分最高的是"配合他人"（M=3.6），"搜集资料"得分居中（M=2.92），"上课主动发言"得分最低（M=2.69）。

说明相对而言，一年级学生参加课外活动和与教师同学的交流的主动性相对更高。同时，专科三个年级的学生在"配合他人"方面表现突出，但在课堂参与性和课后主动找资料方面有待加强。

3. 家庭差异

（1）家庭所在地差异

生源地指学生的出生地，由于生源地的不同所产生的大学生学习主动性差异特点表现为以下几个方面：

5个生源地在7个维度上的得分特点归纳如下：

第一，来自省会城市或直辖市的学生，其学习目的性、创造性和互动性排序相对靠前。

5个生源地学生在7个维度上的得分顺序是：

农村：需要性、控制性、目的性、创造性、情感性、互动性、自觉性；

乡镇：需要性、控制性、创造性、目的性、情感性、互动性、自觉性；

县城：需要性、控制性、目的性、创造性、情感性、互动性、自觉性；

地级市：需要性、目的性、控制性、创造性、情感性、互动性、自觉性；

省会或直辖市：需要性、目的性、创造性、控制性、互动性、情感性、自觉性。

第二，所有学生对读大学的意义认识较为清楚但农村学生的期待最高。

在学习需要性上，存在生源地差异的是"学习上，我渴望获得成功"（$F=3.88$，$P<0.05$）和"学习上，我有强烈的责任感"（$F=3.44$，$P<0.01$），两个指标的平均分分别是 3.88 和 3.44，得分特点是农村学生得分显著高于来自其他地方的学生。在"我认为上大学关系自己的前途和命运"（$F=1.97$，$P>0.05$）上没有显著性差异，平均分为 3.63，说明无论来自哪里的学生都认识到大学的意义但农村学生更渴望学习上的成功，希望通过读大学改变命运，因而更有学习上的责任感。

第三，来自省会或直辖市的学生学习目的性更明确、计划性更强。

在学习目的性上，所有指标都存在生源地差异，检验结果是"有明确的学习目标"（$F=5.929$，$P<0.01$）、"制定学习计划"（$F=7.065$，$P<0.01$）和"努力实现目标"（$F=5.166$，$P<0.01$），3 个指标的平均分依次是 3.18、3.05、3.28，特点是省会或直辖市的学生目标性显著高于农村和地级市的学生，农村和地级市的学生又显著高于县城和乡镇学生。省会或直辖市的学生学习计划性显著高于地级市学生，地级市学生显著高于县、乡及农村学生。省会或直辖市的学生为实现目标的努力程度显著高于农村学生，农村学生显著高于地级市、县和乡镇学生。说明大城市的学生学习目标更明确，计划性更强，努力程度也更高。其次是农村和地级市学生，再次是县城和乡镇学生。

第四，所有学生的抗干扰能力有待提高，农村学生自我控制能力相对更强。

在学习控制性上，存在生源地差异的是"排除干扰进行学习"（$F=2.85$，$P<0.05$）、"反思学习行为"（$F=3.26$，$P<0.05$）、"自我调节情绪"（$F=4.727$，$P<0.01$），三个指标的平均分依次是 2.85、3.26、3.39，得分的共同特点是农村最高，县城最低，其余居中。说明尽管农村学生的学习控制性相对更强但在排除干扰进行学习方面都做得不够好。在"坚持自我观点"（$F=2.314$，$P>0.05$）上没有显著性差异，平均分是 3.26，说明所有学生在拥有自我观点上表现一般。

第五，来自省会城市或直辖市学生的创造性显著高于来自其他地方的学生。

在学习创造性上，所有指标均存在显著的生源地差异，检验结果是"发现问题"（F=5.545，P<0.001）、"思考问题"（F=5.464，P<0.001）、"质疑和批判"（F=3.439，P<0.01）、"寻找更好的学习方法"（F=2.536，P<0.05）、"自主探索"（F=3.526，P<0.01）、"努力克服难题"（F=2.725，P<0.05），6个指标平均得分依次是3.18、3.25、3.06、3.25、2.94、3.21。说明相对而言、学生的质疑精神和自主探索精神较弱。6个指标得分的跨生源地特点都是来自省会城市或直辖市的学生显著高于来自其他地方的学生。

第六，来自大城市或农村的学生对学习更有兴趣、学习过程更愉快，但所有学生在学习上都缺乏预见性，对学习热情不高，自信心不足。

在学习情感性上，存在年级差异的有"求知的欲望"（F=5.685，P<0.01）、"好奇心"（F=3.28，P<0.05）、"学习兴趣"（F=5.251，P<0.001）、"愉快学习"（F=7.428，P<0.001）和"适度焦虑"（F=4.133，P<0.01），5个指标的平均分分别是3.22、3.2、3.11、3.09、3.18。5个指标的平均分都比中值分高一点，5个指标跨生源地的得分规律基本一致，都是来自省会城市或直辖市和农村学生的得分显著高于来自其他地方学生的得分。说明来自大城市或农村的学生相对于其他地方的学生对学习更有兴趣、学习过程更愉快，所以在学习中会有适度的焦虑感。在"预见性行动"（F=2.003，P>0.05）、"学习自信"（F=1.165，P>0.05）和"学习热情"（F=2.361，P>0.05）上都没有显著性差异，平均分分别是2.9、3.06和3.02。说明所有学生在学习上缺乏预见性，对学习热情不高，自信心不足。

第七，所有学生参加课外活动较为主动，但上课时积极性不高也不太愿意与教师沟通交流。来自省会城市或直辖市的学生相对而言学习互动性最高。学生的阅读面与生源地的城市级别成正比关系。

在学习互动性上，存在生源地差异的有"上课积极主动发言"（F=4.324，P<0.001）、"主动搜集资料"（F=7.275，P<0.001）、"博览群书"（F=10.521，P<0.001）、"理论用于实践"（F=5.041，P<0.001）、"主动和老师交流"（F=3.505，P<0.01）、"主动和同学交流"（F=3.18，P<0.01）和"配合他人"（F=2.818，P<0.05），这7个指标的跨生源地得分特点是，得分显著高于来自其他地方的学生，其他地方学生的得分从高到低大致是地级市、乡镇、农村和县城。"博览群书"这个指标得分相

对不一样，不同生源地得分从高到低依次是省、地、县、乡、农。说明学生的阅读面与生源地的城市级别成正比关系。7个指标的平均分分别是2.52、2.96、3.09、2.88、2.57、3.18、3.60，说明尽管存在上述差异，但学生在上课的积极性和主动与老师沟通的主动性方面较为欠缺。而在"参加课外活动"（F=35.736，P>0.05）上没有显著性差异，平均分为3.09，说明所有学生在参加课外活动方面都比较主动。

第八，来自农村的学生学习自觉性最高，所有学生能做到上课记笔记和完成好课外作业，但较难做到自觉预习、复习和利用课余时间自觉学习。

在学习自觉性上，来自5类地方的学生在所有指标上的得分均存在显著性差异，检验结果如下，"课前自觉预习"（F=6.83，P<0.001）、"课后自觉复习"（F=3.225，P<0.05）、"上课认真记笔记"（F=3.807，P<0.01）、"课堂集中注意力"（F=7.157，P<0.001）、"认真对待课后作业"（F=6.862，P<0.001）、"课后花大量时间用于学习上"（F=3.823，P<0.01），6个指标跨生源地得分特点有两个，一是在自觉预习和上课集中注意力方面，来自农村和乡镇的学生得分显著高于其他地方的学生。二是在自觉复习、记笔记、课后认真做作业和利用课余时间学习方面，来自农村和省会城市的学生得分显著高于其他地方的学生。6个指标的平均分依次是2.42、2.68、3.3、2.93、3.44、2.78，说明所有学生除了能做到上课记笔记和完成好课外作业，在自觉预习、复习和利用课余时间自觉学习方面表现较差。

（2）家庭社会地位差异

父母职业类型是指父母所处的阶层（优势阶层、中间阶层和基础阶层），其孩子在学习主动性7个维度上的特点可归纳为以下几点：

第一，来自优势阶层家庭的学生其创造性排序靠前。

3个阶层的学生在7个维度上的得分顺序是：

优势阶层：需要性、创造性、目的性、控制性、情感性、互动性、自觉性；

中间阶层：需要性、控制性、目的性、创造性、情感性、互动性、自觉性；

基础阶层：需要性、控制性、目的性、创造性、情感性、互动性、自觉性。

第二，学习目的性、学习情感性、学习控制性、学习互动性和学习创造性均不存在显著的跨阶层差异。

第三，来自基础阶层家庭的学生更期望通过上大学改变命运。

在学习需要性上，来自三个阶层的学生得分存在显著性差异（$M_{优}$=3.624，$M_{中}$=3.625，$M_{基}$=3.680，F=3.814，P<0.05），其差异体现在基础阶层的得分显著高于优势阶层和中间阶层的得分。说明来自基础阶层的学生更渴望学习上的成功，希望通过读大学改变命运，因而更有学习上的责任感。

第四，来自基础阶层、中间阶层、社会阶层的学生其学习自觉性依次降低，所有学生能做到上课记笔记和完成好课外作业，但较难做到自觉预习、复习和利用课余时间自觉学习。

在学习自觉性上，来自5类地方的学生在所有指标上的得分均存在显著性差异，检验结果如下，"课前自觉预习"（F=8.958，P<0.001）、"上课认真记笔记"（F=9.327，P<0.001）、"课堂集中注意力"（F=11.933，P<0.001）、"认真对待课后作业"（F=4.97，P<0.01）、"课后花大量时间用于学习上"（F=7.004，P<0.01），5个指标表现出基本一致的跨生源地特点，即基础阶层得分显著高于中间阶层，中间阶层得分显著高于优势阶层。5个指标的平均分依次是2.41、3.31、2.93、3.45、2.75，说明所有学生除了能做到上课记笔记和完成好课外作业，在自觉预习、集中注意力听讲和利用课余时间自觉学习方面表现较差。在"课后自觉复习"（F=3.225，P<0.05）上没有显著性差异，平均分2.67，说明所有学生在课后自觉复习方面都不太自觉。

（3）家庭经济地位差异

家庭月收入差异

第一，来自中高收入家庭的学生创造性排名靠前。

家庭月收入不同在7个维度上的得分从高到低顺序如下：

1000元以下：需要性、控制性、目的性、创造性、情感性、互动性、自觉性；

1001—4000元：需要性、控制性、目的性、创造性、情感性、互动性、自觉性；

4001—7000元：需要性、控制性、目的性、创造性、情感性、互动性、自觉性；

7001—10000元：需要性、创造性、目的性、控制性、情感性、互动性、自觉性；

10001元以上：需要性、创造性、控制性、目的性、情感性、互动性、自觉性。

第二，在学习自觉性上，家庭月收入1000元以下的大学生最自觉，家庭月收入10000元以上的大学生最不自觉。

第三，在其余6个维度上，存在共同特点，即家庭月收入1000元以下和家庭月收入10000元以上的大学生的得分都没有显著性差异，且显著高于其他收入家庭的学生。

第四，家庭月收入在1001—4000元、4001—7000元、7001—10000元这三组家庭间，学生的学习主动性有依次提高的规律。

是否贫困生差异

第一，贫困生与非贫困性在7个维度上的得分排序完全一致。

贫困生与否在7个维度上的得分从高到低顺序如下：

是：需要性、控制性、目的性、创造性、情感性、互动性、自觉性；

否：需要性、控制性、目的性、创造性、情感性、互动性、自觉性。

第二，贫困生在7个维度上的得分都显著高于非贫困生。

第三，贫困生与非贫困生在博览群书指标上没有显著性差异。

第四，贫困生在其余的37个主动性测量指标上的得分都显著高于非贫困生。

(4) 家庭亲子关系差异

与父母亲的关系分为亲密、一般和疏远三个级别，与父母关系的亲密程度不同所产生的学习主动性差异特征为：

第一，与父母关系越亲密，学习目的性的排序越靠前。

与父亲关系程度不同在7个维度上的得分从高到低顺序如下：

疏远：需要性、控制性、创造性、情感性、目的性、互动性、自觉性；

一般：需要性、控制性、目的性、创造性、情感性、互动性、自觉性；

亲密：需要性、目的性、控制性、创造性、情感性、互动性、自觉性。

与母亲关系程度不同在7个维度上的得分从高到低顺序如下：

疏远：需要性、控制性、创造性、情感性、目的性、互动性、自觉性；

一般：需要性、控制性、创造性、目的性、情感性、互动性、自觉性；

亲密：需要性、目的性、控制性、创造性、情感性、互动性、自觉性。

第二，与父（母）亲关系亲密程度不同在7个维度上均存在极其显著的差异。

第三，与父（母）亲关系亲密程度不同在38个指标上均存在极其显著的差异。

所有分析表明，与父母关系亲密的学生，学习主动性最高，关系一般和关系疏远的学生之间，学习主动性没有显著性差异。

（5）独生子女与否差异

独生子女与否是指学生是否为独生子女，独生子女与否上的特点有以下几点。

第一，非独生子女的控制性、目的性排序更靠前。

两类群体在7个维度上从高到低的排序如下：

独生子女：需要性、创造性、控制性、目的性、情感性、互动性、自觉性；

非独生子女：需要性、控制性、目的性、创造性、情感性、互动性、自觉性。

第二，是否独生子女在学习需要性、目的性、情感性、控制性和创造性上没有显著性差异，但在以下指标上还是存在显著性差异。

在学习需要性上，非独生子女的学习责任感更强（$M_{独生}=3.38$，$M_{非独生}=3.46$，$t=3.483$，$P<0.001$）。

在学习目的性上，非独生子女的学习目标更明确（$M_{独生}=3.13$，$M_{非独生}=3.20$，$t=-2.976$，$P<0.01$）。

在学习情感性上，非独生子女的学习兴趣更浓（$M_{独生}=3.07$，$M_{非独生}=3.12$，$t=-2.230$，$P<0.05$），学习过程更愉快（$M_{独生}=3.04$，$M_{非独生}=3.11$，$t=-2.649$，$P<0.01$），独生子女学习上更自信（$M_{独生}=3.10$，$M_{非独生}=3.04$，$t=2.149$，$P<0.01$）。

在学习控制性上，非独生子女的反思能力更强（$M_{独生}=3.20$，$M_{非独生}=3.27$，$t=-3.138$，$P<0.01$）。

在学习创造性上，独生子女在发现问题（$M_{独生}=3.22$，$M_{非独生}=3.17$，

t=2.186，P<0.05)、质疑和批判（$M_{独生}=3.11$，$M_{非独生}=3.04$，t=2.889，P<0.01)、自主探索（$M_{独生}=2.98$，$M_{非独生}=2.92$，t=2.57，P<0.05）上的得分显著高于非独生子女。

第三，非独生子女在学习自觉性上的得分显著高于独生子女。

在学习自觉性上，非独生子女比独生子女得分显著更高的是"课前自觉预习"（$M_{独生}=2.36$，$M_{非独生}=2.43$，t=-2.886，P<0.01)、"上课认真记笔记"（$M_{独生}=3.19$，$M_{非独生}=3.34$，t=-5.456，P<0.001)、"课堂集中注意力"（$M_{独生}=2.88$，$M_{非独生}=2.94$，t=-2.399，P<0.05）、"认真对待课后作业"（$M_{独生}=3.39$，$M_{非独生}=3.46$，t=-2.871，P<0.01）和"课后花大量时间用于学习上"（$M_{独生}=2.68$，$M_{非独生}=2.78$，t=-4.348，P<0.001)。在"课后自觉复习"（$M_{独生}=2.66$，$M_{非独生}=2.68$，t=-0.976，P>0.05）在上没有显著性差异。

第四，独生子女在课外阅读和参与实践活动方面的主动性上高于非独生子女。

在学习互动性上，独生子女得分显著高于非独生子女得分的有"博览群书"（$M_{独生}=3.11$，$M_{非独生}=2.95$，t=5.514，P<0.001)、"参加课外活动"（$M_{男}=3.13$，$M_{女}=3.08$，t=1.974，P<0.05)、"理论用于实践"（$M_{独生}=2.97$，$M_{非独生}=2.85$，t=5.128，P<0.001)。在"主动搜集资料"（$M_{独生}=2.99$，$M_{非独生}=2.95$，t=1.737，P>0.05)、"主动和老师交流"（$M_{独生}=2.58$，$M_{非独生}=2.56$，t=0.677，P>0.05)、"主动和同学交流"（$M_{独生}=3.21$，$M_{非独生}=3.17$，t=1.479，P>0.05)、"配合他人"（$M_{独生}=3.62$，$M_{非独生}=3.60$，t=0.081，P>0.05）指标得分上没有显著性差异。而在"上课积极主动发言"（$M_{独生}=2.46$，$M_{非独生}=2.53$，t=-2.926，P<0.01）上，非独生子女的得分反而显著更高。

总之，非独生子女比独生子女得分显著更高的有学习目标、学习责任感、学习兴趣、愉快学习、学习反思、课前预习、认真记笔记、集中注意力听讲、上课积极主动发言、课后作业、课余学习。独生子女比非独生子女得分显著更高的有博览群书、参加课外活动、理论用于实践、质疑和批判、发现问题、自主探索。

4. 个体差异

（1）性别差异

男女大学生在学习主动性上的特点主要体为以下两个方面。

第一，男生的情感性、创造性和互动性排序更靠前，女学生的目的性和自觉性更靠前。

男生：需要性、创造性、控制性、情感性、目的性、互动性、自觉性；

女生：需要性、目的性、控制性、创造性、情感性、自觉性、互动性。

第二，男女学生在学习目的性上没有显著性差异。

第三，在学习需要性和学习自觉性上，女生高于男生。

首先，女生更渴望学习上的成功，希望通过上大学改变命运，男女学生都有较强的学习责任感。

在学习需要性上，女生得分显著高于男生的是"我认为上大学关系自己的前途和命运"（$M_男=3.57$，$M_女=3.66$，$t=-3.958$，$P<0.001$）、"学习上，我渴望获得成功"（$M_男=3.83$，$M_女=3.91$，$t=-3.601$，$P<0.001$），而在"学习上，我有强烈的责任感"（$M_男=3.43$，$M_女=3.45$，$t=-1.061$，$P>0.05$）上没有显著性差异。

其次，女生比男生上课更认真、课后学习更自觉，男女学生课前预习的主动性都不强。

在学习自觉性上，男女学生得分存在显著性差异的是"课后自觉复习"（$M_男=2.71$，$M_女=2.66$，$t=2.19$，$P<0.05$）、"上课认真记笔记"（$M_男=3.03$，$M_女=3.17$，$t=-19.088$，$P<0.001$）、"课堂集中注意力"（$M_男=2.89$，$M_女=2.95$，$t=-3.239$，$P<0.01$）、"课后花大量时间用于学习上"（$M_男=3.33$，$M_女=3.51$，$t=-8.119$，$P<0.001$），在"认真对待课后作业"（$M_男=2.72$，$M_女=2.78$，$t=-2.406$，$P<0.05$）、"课前自觉预习"（$M_男=2.43$，$M_女=2.41$，$t=0.630$，$P>0.05$）上没有显著性差异。

第四，在学习情感性、学习控制性、学习互动性和学习创造性上，男生高于女生。

其次，男生有更强的求知欲和好奇心，有更高的自信心和学习热情，因此总是会预先行动。

在学习情感性上，男生得分显著高于女生的是"求知的欲望"（$M_男=3.31$，$M_女=3.17$，$t=6.623$，$P<0.001$）、"先于他人的行动"（$M_男=2.97$，$M_女=2.86$，$t=5.310$，$P<0.001$）、"好奇心"（$M_男=3.30$，$M_女=3.13$，$t=8.263$，$P<0.001$）、"学习自信"（$M_男=3.18$，$M_女=2.98$，$t=$

9.831，P<0.001）和"学习热情"（$M_男$ = 3.09，$M_女$ = 2.98，t = 4.855，P<0.001）。在"学习兴趣"（$M_男$ = 3.13，$M_女$ = 3.10，t = 1.544，P>0.05）、"愉快学习"（$M_男$ = 3.10，$M_女$ = 3.09，t = 0.735，P>0.05）、"适度焦虑"（$M_男$ = 3.18，$M_女$ = 3.18，t = 0.066，P>0.05）上没有显著性差异。

其二，男生的独立性、自制力和自我调节能力显著高于女生。

在学习控制性上，男生在所有指标上的得分均显著高于女生，分析结果是"排除干扰进行学习"（$M_男$ = 2.92，$M_女$ = 2.82，t = 4.606，P<0.001）、"坚持自我观点"（$M_男$ = 3.36，$M_女$ = 3.20，t = 8.072，P<0.001）、"反思学习行为"（$M_男$ = 3.32，$M_女$ = 3.22，t = 4.778，P<0.001）和"自我调节情绪"（$M_{党员}$ = 3.44，$M_{非党员}$ = 3.36，t = 3.914，P<0.001）。

其三，男生的人际交往主动性、拓展学习主动性和实践主动性显著高于女生。

在学习互动性上，男生得分显著高于女生的有"上课积极主动发言"（$M_男$ = 2.63，$M_女$ = 2.45，t = 7.699，P<0.001）、"主动搜集资料"（$M_男$ = 2.99，$M_女$ = 2.94，t = 2.293，P<0.05）、"博览群书"（$M_男$ = 3.05，$M_女$ = 2.97，t = 3.349，P<0.01）、"参加课外活动"（$M_男$ = 3.25，$M_女$ = 3.00，t = 10.367，P<0.001）、"理论用于实践"（$M_男$ = 3.04，$M_女$ = 2.79，t = 11.722，P<0.001）、"主动和老师交流"（$M_男$ = 2.72，$M_女$ = 2.48，t = 10.818，P<0.001）、"主动和同学交流"（$M_男$ = 3.25，$M_女$ = 3.14，t = 5.018，P<0.001），在"配合他人"（$M_男$ = 3.62，$M_女$ = 3.59，t = 1.422，P>0.05）指标得分上没有显著性差异。

其四，男生的质疑精神、发现问题并自主努力解决问题的能力显著高于女生。

在学习创造性上，男生在所有指标上的得分均显著高于女生，检验结果如下"发现问题"（$M_男$ = 3.30，$M_女$ = 3.10，t = 9.623，P<0.001）、"思考问题"（$M_男$ = 3.38，$M_女$ = 3.17，t = 10.458，P<0.001）、"质疑和批判"（$M_男$ = 3.24，$M_女$ = 2.95，t = 13.224，P<0.001）、"寻找更好的学习方法"（$M_男$ = 3.35，$M_女$ = 3.19，t = 6.998，P<0.001）、"自主探索"（$M_男$ = 3.10，$M_女$ = 2.83，t = 12.431，P<0.001）、"努力克服难题"（$M_男$ = 3.30，$M_女$ = 3.15，t = 7.247，P<0.001）。

(2) 政治面貌差异

学生政治面貌是党员和非党员，大学生在政治面貌上的不同其学习主动性的特点有以下几个方面。

第一，党员的学习目的性和创造性排序更靠前。

党　员：需要性、目的性、创造性、控制性、情感性、互动性、自觉性；

非党员：需要性、控制性、目的性、创造性、情感性、互动性、自觉性。

第二，党员在7个维度上的得分均显著高于非党员。

第三，党员非党员都较为深刻地认识到读大学的意义，但党员有更高的成就需要和责任感。

在学习需要性上，党员得分高于非党员的是"学习上，我渴望获得成功"（$M_{党员}=3.96$，$M_{非党员}=3.87$，$t=2.304$，$P<0.05$）和"学习上，我有强烈的责任感"（$M_{党员}=3.63$，$M_{非党员}=3.43$，$t=4.97$，$P<0.001$），而在"我认为上大学关系自己的前途和命运"（$M_{党员}=3.69$，$M_{非党员}=3.62$，$t=1.772$，$P>0.05$）上没有显著性差异。

第四，党员的学习目标更明确，计划性更强。

在学习目的性上，党员在所有指标上的得分均显著高于非党员，结果如下，"有明确的学习目标"（$M_{党员}=3.38$，$M_{非党员}=3.16$，$t=5.390$，$P<0.001$）、"制定学习计划"（$M_{党员}=3.29$，$M_{非党员}=3.03$，$t=6.646$，$P<0.01$）和"努力实现目标"（$M_{党员}=3.50$，$M_{非党员}=3.26$，$t=6.155$，$P<0.01$）。

第五，党员发现问题并解决问题的主动性高于非党员。

在学习创造性上，党员的得分均显著高于非党员，检验结果如下"发现问题"（$M_{党员}=3.34$，$M_{非党员}=3.16$，$t=4.778$，$P<0.001$）、"思考问题"（$M_{党员}=3.4$，$M_{非党员}=3.24$，$t=4.364$，$P<0.001$）、"质疑和批判"（$M_{党员}=3.23$，$M_{非党员}=3.05$，$t=4.624$，$P<0.001$）、"寻找更好的学习方法"（$M_{党员}=3.39$，$M_{非党员}=3.24$，$t=4.026$，$P<0.001$）、"自主探索"（$M_{党员}=3.03$，$M_{非党员}=2.93$，$t=2.724$，$P<0.01$）、"努力克服难题"（$M_{党员}=3.34$，$M_{非党员}=3.19$，$t=4.044$，$P<0.001$）。

第六，党员的自律性显著高于非党员。

在学习控制性上，存在政治面貌差异的是"排除干扰进行学习"（$M_{党员}=2.99$，$M_{非党员}=2.84$，$t=3.661$，$P<0.001$）。而在"坚持自我观点"（$M_{党员}=3.31$，$M_{非党员}=3.26$，$t=1.463$，$P>0.05$）、"反思学习行为"（$M_{党员}=3.31$，$M_{非党员}=3.25$，$t=1.159$，$P>0.05$）和"自我调节情绪"（$M_{党员}=3.45$，$M_{非党员}=3.39$，$t=1.549$，

P>0.05）三个指标上没有显著性差异。

第七，非党员在情感维度上表现最弱的是预见性行动。

在学习情感性上，所在指标均存在显著性差异，结果是"求知的欲望"（$M_{党员}$=3.28，$M_{非党员}$=3.21，t=4.626，P<0.001）、"先于他人的行动"（$M_{党员}$=3.06，$M_{非党员}$=2.89，t=4.290，P<0.001）、"好奇心"（$M_{党员}$=3.30，$M_{非党员}$=3.19，t=2.946，P<0.01）、"学习兴趣"（$M_{党员}$=3.24，$M_{非党员}$=3.10，t=3.717，P<0.001）、"愉快学习"（$M_{党员}$=3.23，$M_{非党员}$=3.08，t=3.850，P<0.001）、"适度焦虑"（$M_{党员}$=3.31，$M_{非党员}$=3.17，t=3.868，P<0.001）、"学习自信"（$M_{党员}$=3.23，$M_{非党员}$=3.04，t=4.958，P<0.001）和"学习热情"（$M_{党员}$=3.20，$M_{非党员}$=3.00，t=5.303，P<0.001）。

第八，党员与非党员在博览群书上没有显著性差异。

在学习互动性上，存在年级差异的有"上课积极主动发言"（$M_{党员}$=2.76，$M_{非党员}$=2.49，t=6.452，P<0.001）、"主动搜集资料"（$M_{党员}$=3.11，$M_{非党员}$=2.95，t=4.171，P<0.001）、"参加课外活动"（$M_{党员}$=3.32，$M_{非党员}$=3.07，t=5.745，P<0.001）"理论用于实践"（$M_{党员}$=3.06，$M_{非党员}$=2.87，t=4.982，P<0.001）、"主动和老师交流"（$M_{党员}$=2.89，$M_{非党员}$=2.54，t=8.848，P<0.001）、"主动和同学交流"（$M_{党员}$=3.34，$M_{非党员}$=3.17，t=4.481，P<0.001）和"配合他人"（$M_{党员}$=3.71，$M_{非党员}$=3.60，t=3.106，P<0.01），在"博览群书"（$M_{党员}$=3.08，$M_{非党员}$=3.00，t=1.939，P>0.05）指标得分上没有显著性差异。其中，在上课积极发言和主动与老师交流方面，尽管党员得分显著高于非党员，但两类大学生得分都不高。

第九，所有学生在课前预习、课后复习、利用课余时间学习都不够自觉，但党员的表现好于非党员。

在学习自觉性上，党员与非党员得分均存在显著性差异的是，"课前自觉预习"（$M_{党员}$=2.49，$M_{非党员}$=2.41，t=2.129，P<0.01）、"课后自觉复习"（$M_{党员}$=2.80，$M_{非党员}$=2.66，t=3.339，P<0.01）、"上课认真记笔记"（$M_{党员}$=3.45，$M_{非党员}$=3.29，t=3.766，P<0.01）、"课堂集中注意力"（$M_{党员}$=3.03，$M_{非党员}$=2.92，t=3.043，P<0.01）、"课后花大量时间用于学习上"（$M_{党员}$=2.89，$M_{非党员}$=2.74，t=3.622，P<0.01），

在"认真对待课后作业"（$M_{党员}$=3.49，$M_{非党员}$=3.44，t=1.127，P>0.05）上没有显著性差异。

(3) 班级身份差异

班级身份主要指班干部和非班干部,这两类学生在学习主动性维度得分上的特点是:

第一,班干部的互动性排序靠前。

班干部:需要性、控制性、目的性、创造性、情感性、互动性、自觉性;

非班干部:需要性、控制性、目的性、创造性、情感性、自觉性、互动性。

第二,班干部在所有7个维度上的得分均显著高于非班干部。

第三,班干部在主动性的38个指标上的得分均显著高于非班干部。

对主动性量表的38个指标进行独立样本t检验,发现班干部在所有题目所描述的行为表现上均十分显著好于非班干部($P<0.001$),进一步表明了班干部在学习主动性上的突出之处。

(4) 情感状态差异

是否谈恋爱这两类学生在学习主动性上的特点主要表现为:

第一,两类学生在7个维度上的得分顺序基本一致。

恋爱:需要性、控制性、目的性、创造性、情感性、互动性、自觉性;

没有恋爱:需要性、控制性、目的性、创造性、情感性、自觉性、互动性。

第二,是否恋爱在学习需要性、目的性、创造性、情感性和互动性上没有显著性差异。

第三,恋爱中的学生在反思学习行为和自我情绪调节方面显著低于没有谈恋爱的学生。

在学习控制性上,存在差异的是"反思学习行为"($M_{是}=3.27$, $M_{否}=3.22$, $t=-2.373$, $P<0.05$)和"自我调节情绪"($M_{是}=3.41$, $M_{否}=3.35$, $t=-2.651$, $P<0.01$),没有显著性差异的是"排除干扰进行学习"($M_{是}=2.84$, $M_{否}=2.86$, $t=-0.827$, $P>0.05$)和"坚持自我观点"($M_{是}=3.24$, $M_{否}=3.27$, $t=-1.350$, $P>0.05$)

第四,恋爱中的学生上课注意力没那么集中,课后作业的完成也要差一些。所有学生课前自觉预习、课后自觉复习和利用课余时间进行学习的主动性都不高。

在学习自觉性上,是否谈恋爱的指标得分存在显著性差异的是,"课堂集中注意力"($M_是=2.89$,$M_否=2.94$,$t=-2.689$,$P<0.01$)和"认真对待课后作业"($M_是=3.40$,$M_否=3.46$,$t=-2.583$,$P>0.05$)。说明谈了恋爱的学生上课注意力没那么集中,课后作业的完成也要差一些。在"课前自觉预习"($M_是=2.39$,$M_否=2.43$,$t=-1.379$,$P>0.05$)、"课后自觉复习"($M_是=2.65$,$M_否=2.69$,$t=-1.434$,$P>0.05$)、"上课认真记笔记"($M_是=3.27$,$M_否=3.31$,$t=-1.538$,$P>0.05$)、"课后花大量时间用于学习上"($M_是=2.74$,$M_否=2.76$,$t=-0.787$,$P<0.01$)上没有显著性差异。说明不管有没有谈恋爱,学生课前自觉预习、课后自觉复习和利用课余时间学习的主动性都不高。

(5) 成绩水平差异

学生的学习成绩水平分为下、中下、中、中上、上五个等级,学生的成绩水平在班级所处位置的不同在所测得的学习主动性上表现出以下特点:

第一,学习目的性越强、自觉性越高,学习成绩越好。

五类学生在7个维度上的得分从高到低的排序如下:

下:需要性、控制性、创造性、情感性、目的性、互动性、自觉性;

中下:需要性、控制性、创造性、情感性、目的性、互动性、自觉性;

中:需要性、控制性、目的性、创造性、情感性、互动性、自觉性;

中上:需要性、目的性、控制性、创造性、情感性、自觉性、互动性;

上:需要性、目的性、创造性、情感性、控制性、自觉性、互动性。

第二,在主动性7个维度上都存在极其显著的成绩水平差异。

验后多重比较发现,在学习需要性、学习情感性、学习控制性和学习创造性上,成绩水平居下和中下两类学生之间没有显著性差异,其余所有的成绩水平之间在7个维度上的表现均存在显著性差异。

第三,在主动性38个测量指标上都存在极其显著的成绩水平差异。

总之,学习成绩水平与学习主动性成正相关关系。

三 大学生学习主动性特征小结

以上对4个层面17个不同群体类别(地域;学校层次、学科类别、本科年级、专科年级;生源地、父母职业类型、家庭月收入、是否贫困生、与父亲关系、与母亲关系、独生子女与否；性别、政治面貌、班级身份、情感状态、学习成绩水平）的大学生在学习主动性总分及7个维度上的表现进行了分析，分析逻辑见图5-39，分析结果的归纳见表5-37。

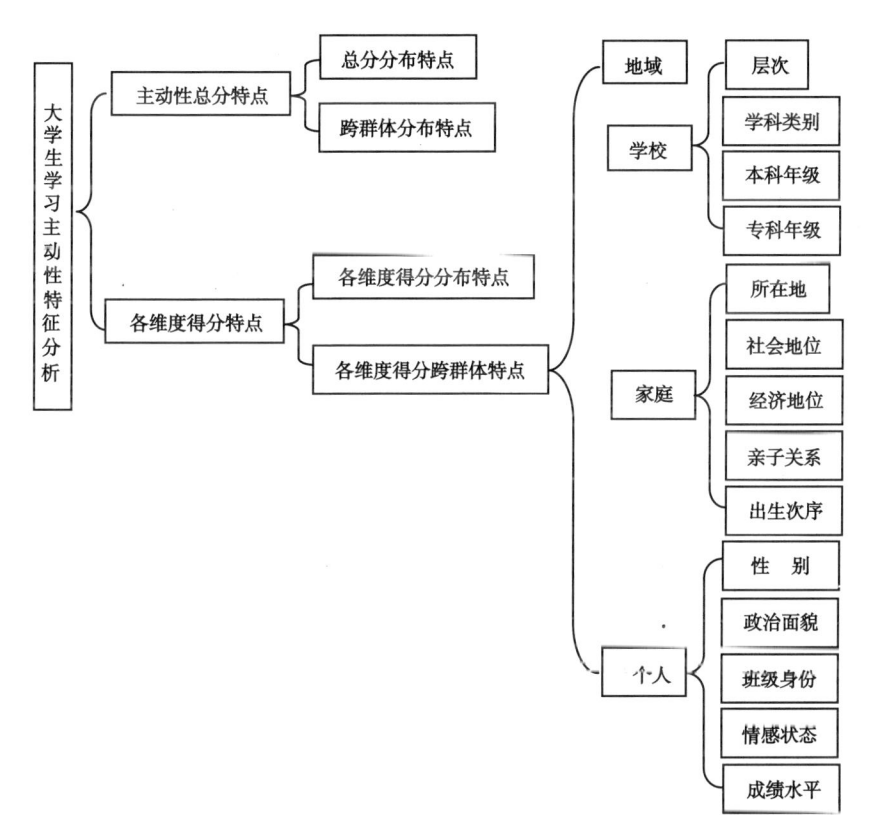

图5-39 大学生学习主动性特征分析逻辑

表5-37　　　　　　　　不同群体大学生学习主动性特征

总分及因子	有显著性差异				无显著性差异
	地域	学校	家庭	个体	
主动性总分	地域	本科年级 专科年级	生源地 家庭月收入 贫困生与否 与父亲关系 与母亲关系	性别 政治面貌 是否班干部 成绩水平	学校层次 学科类别 父母职业类别 独生子女与否 是否恋爱

续表

总分及因子	有显著性差异				无显著性差异
	地域	学校	家庭	个体	
需要性		学校层次 学科类别 本科年级 专科年级	生源地 父母职业类别 家庭月收入 贫困生与否 与父亲关系 与母亲关系	性别 政治面貌 是否班干部 成绩水平	地域 独生子女与否 是否恋爱
目的性		学校层次 本科年级 专科年级	生源地 家庭月收入 贫困生与否 与父亲关系 与母亲关系	政治面貌 是否班干部 成绩水平	地域 学科类别 父母职业类别 独生子女与否 性别 是否恋爱
情感性	地域	本科年级 专科年级	生源地 家庭月收入 贫困生与否 与父亲关系 与母亲关系	性别 政治面貌 是否班干部 成绩水平	学校层次 学科类别 父母职业类别 独生子女与否 是否恋爱
控制性	地域	本科年级	生源地 家庭月收入 贫困生与否 与父亲关系 与母亲关系	性别 政治面貌 是否班干部 是否恋爱 成绩水平	学校层次 学科类别 专科年级 父母职业类别 独生子女与否
自觉性	地域	学校层次 学科类别 本科年级 专科年级	生源地 父母职业类别 家庭月收入 贫困生与否 与父亲关系 与母亲关系 独生子女与否	性别 政治面貌 是否班干部 是否恋爱 成绩水平	
互动性	地域	学校层次 本科年级 专科年级	生源地 家庭月收入 贫困生与否 与父亲关系 与母亲关系 独生子女与否	性别 政治面貌 是否班干部 成绩水平	学科类别 父母职业类别 是否恋爱
创造性	地域	学校层次 学科类别 本科年级 专科年级	生源地 家庭月收入 贫困生与否 与父亲关系 与母亲关系	性别 政治面貌 是否班干部 成绩水平	父母职业类别 独生子女与否 是否恋爱

第六章

大学生学习主动性影响机制研究

第五章的研究结果表明，大学生学习主动性整体水平中等，主动性总分及维度值均存在跨群体差异，来自不同学校、不同家庭的学生其学习主动性为什么会呈现不同的特征？同一所学校的学生其学习主动性为什么会不一样？什么因素对大学生的学习主动性影响最大？本章拟从社会因素、学校因素、家庭因素和个人因素四个不同的层面探讨大学生学习主动性现状背后的影响机制。

第一节 研究目的

国内外研究表明，个体主动性是多种因素综合作用的结果，同样，大学生学习主动性也是内因和外因综合作用的结果，具体而言，影响因素包括大学生本人、学校因素、家庭因素和社会因素，且学校、家庭和社会对学生学习主动性的影响均以个人为中介。因此，本章的研究目的即是探查并验证以上影响因素对大学生学习主动性的影响机制，为提高大学生的学习主动性措施的提出提供可资借鉴的依据。

第二节 研究方法

一 被试

本章调查被试与第五章"大学生学习主动性特点研究"的被试是同一批被试。

二 研究工具

采用第四章自编《大学生学习主动性影响因素问卷》（见附录2），问卷包括39道题，每道题的答案采用5级计分的方法，从"完全不符合""比较不符合""基本符合""比较符合"到"完全符合"，分别赋值1、2、3、4、5。数值越大表明该题所描述的情况与大学生的实际情况越吻合。第四章对问卷进行的探索性和验证性因素分析结果表明，8个影响因素归属于以下4个维度：(1)社会因素，包含3道题，涉及"社会风气""就业形势"和"社会诱惑"三个方面。(2)家庭因素，包含3道题，涉及"父母关注""家庭经济"和"家庭氛围"三个方面。(3)学校因素，包含17道题，涉及"教师素养""学校制度""学校课程"和"学校硬件"四个方面。(4)学生（个人）因素，包含16道题，涉及"学生人格"和"学生知识能力"两个因素。

除此之外，第四章编制的《大学生学习主动性量表》中涉及的学生基本信息也是影响大学生学习主动性的影响源，这些变量分为学校因素、家庭因素和个人因素，学校因素分为学校所在区域、学校层次；家庭因素包括家庭所在地、父母职业、家庭经济状况、亲子关系、子女数量；个人因素包括性别、年级、所学专业、政治面貌、是否班干、是否恋爱、成绩水平。

三 研究程序

数据收集通过两种方式进行，一是现场调查，二是采用问卷星进行网络调查。

现场调查以教学班为单位对大学生群体进行问卷调查。正式调查前由主试通过统一的指导语，介绍调查的目的与意义，介绍匿名的保证和对被调查者回答问题的要求等，从而鼓励他们客观、真实、认真作答。答题完毕后，由主试统一回收问卷。

网络调查主要借助问卷星和微信平台实现，研究者首先把设计好的问卷转移到相应平台，然后通过学生、研究者全国各地的教师、同学、朋友、师兄妹等关系帮助转发，实现对全国高校展开调查的覆盖，被试分布在全国150多所高校。

四 数据处理

将有效问卷的数据录入社会科学统计软件包 SPSS23.0 和 LISREL8.8 中进行数据分析。数据的相关清理工作和预处理同第五章。

第三节 研究结果

社会认知理论认为行动目标是由行动者根据特定的外部环境所制定的，其特定的社会行为是主体、行为、环境三种因素交互作用的结果。所以大学生在学习中的主动表现与其存在的特定社会环境、家庭环境、学校条件以及个人特质及价值观密不可分，这些特定的影响因素也必定存在很大的相关性。

一 假设的影响因素与学习主动性的相关分析

对假设的影响因素与学习主动性进行 Pearson 相关分析，结果显示，学生人格、学生知识能力、教师素养、学校制度、学校硬件、学校课程、社会、家庭与学习主动性的相关系数都呈其极显著的正相关（P <0.001）（见表6-1）。与学习主动性的相关系数从大到小依次是：学生人格、学生知识能力、学校课程、教师素养、家庭、学校制度、学校物质条件和社会，相应的相关系数值依次是 0.593、0.513、0.355、0.293、0.293、0.289、0.258、0.202。我们把学生人格和学生知识能力整合为个人因素，把教师素养、学校制度、学校硬件和学校课程整合为学校因素。进而，对个人、学校、家庭、社会与学习主动性进行相关分析，结果见表6-2。表6-2表明，所有相关系数都呈显著正相关（P <0.001），相关程度从高到低依次是：个人、学校、家庭、社会，相关系数依次是 0.588、0.376、0.293、0.202。

表 6-1 假设的影响因素与学习主动性的相关分析（r，n=8332）

变量	M	SD	社会	学校制度	学校课程	教师素养	学校硬件	家庭	学生人格	知识能力	主动性
社会	3.508	0.723	1								
学校制度	3.355	0.781	0.212***	1							
学校课程	3.231	0.773	0.251***	0.496***	1						

续表

变量	M	SD	社会	学校制度	学校课程	教师素养	学校硬件	家庭	学生人格	知识能力	主动性
教师素养	3.645	0.693	0.370***	0.435***	0.432***	1					
学校硬件	3.254	0.787	0.192***	0.580***	0.458***	0.428***	1				
家庭	3.505	0.719	0.309***	0.290***	0.361***	0.308***	0.223***	1			
学生人格	3.517	0.677	0.302***	0.476***	0.440***	0.544***	0.422***	0.324***	1		
知识能力	3.443	0.701	0.228***	0.420***	0.424***	0.520***	0.435***	0.256***	0.764***	1	
主动性	3.111	0.598	0.202***	0.289***	0.355***	0.293***	0.258***	0.293***	0.593***	0.513***	1

注：*** $P<0.001$。

表6-2　　　个人、学校、家庭、社会与大学生学习主动性相关分析（r, $n=8332$）

变量	M	SD	社会	家庭	学校	个人	主动性
社会	3.508	0.723	1				
家庭	3.505	0.719	0.309***	1			
学校	3.441	0.581	0.356***	0.375***	1		
个人	3.480	0.647	0.281***	0.308***	0.646***	1	
主动性	3.111	0.598	0.202***	0.293***	0.376***	0.588***	1

注：*** $P<0.001$。

表6-3　　　学习主动性影响因素测量指标与大学生学习主动性相关分析（r, $n=8332$）

一级指标	二级指标	测量指标	相关系数
社会	社会因素	我感受到就业过程中有不规范现象	0.197***
		我感受到严峻的就业形势	0.192***
		我感受到社会上急功近利、一日暴富的浮躁风气	0.186***
家庭	家庭因素	我父母对我的学业很关注	0.230***
		我的家庭幸福和谐，气氛温馨	0.225***
		我的家庭经济比较困难	0.157***
学校	学校课程	我参加了大量的课外（社团）活动	0.294***
		我所在学校的课程内容科学合理	0.275***
		我所在学校的课程结构多样化	0.266***
	教师素养	我与老师关系和谐	0.321***

续表

一级指标	二级指标	测量指标	相关系数
		教师经常指导我，我会更努力学习	0.273***
		我更愿意听爱岗敬业的教师授课	0.249***
		教师知识修养水平高，我会更认真听讲	0.241***
		我更愿意听学术水平高的教师授课	0.201***
		我更愿意听教学水平高的教师授课	0.188***
		教师教学内容乏味使我不愿意听课	0.026*
	学校硬件	我校图书资料丰富而优质	0.233***
		我校教学仪器设备先进	0.206***
		我校物质生活条件良好	0.182***
		我校图书馆和自习室随时都可以找到座位	0.163***
	学校制度	学校和教师对我们会提出适度的学习要求	0.270***
		我校奖惩机制合理	0.241***
		我校考评制度合理	0.227***
个人	学生人格	我有明确的学习目标	0.594***
		我有强烈的学习责任感	0.510***
		我愿意思考学习问题	0.432***
		我有克服困难，达到预定目标的意志力	0.416***
		我习惯于积极主动地学习	0.404***
		我有完成学习任务的自信心	0.397***
		我渴望在学习上获得成功	0.371***
		我对所学知识、技能都比较感兴趣	0.370***
	知识能力	我有良好的沟通能力	0.999***
		我具备开拓创新的能力	0.365***
		我具有良好的分析和解决问题的能力	0.359***
		我具有良好的学习方法与技巧	0.356***
		我经常自我反思	0.351***
		我善于调控自己的情感和行为	0.326***
		我具有扎实而丰富的专业知识	0.325***
		我有良好的应变能力	0.298***

注：*** $P<0.001$。

表6-1表明研究假设的八个影响因素与大学生的学习主动性均呈显

著正相关（P<0.001），说明这八个因素与大学生学习主动性存在不同程度的密切关系，以下就每个因素的题目与主动性的关系进行深入的分析，积差相关系数表见表6-3。

第一，相对于其他变量而言，大学生的人格特征与学习主动性的关系最为密切。具体而言，构成人格的各个成分与学习主动性的关系密切程度从高到低依次是（见表6-3）："我有明确的学习目标""我有强烈的学习责任感""我愿意思考问题""我有克服困难，达到预定目标的意志力""我习惯于积极主动的学习""我有完成学习任务的自信心""我渴望获得学习上的成功""对所学知识技能比较感兴趣"。对应的相关系数值分别是0.594、0.510、0.432、0.416、0.404、0.397、0.371、0.370，所有相关系数都在0.001的显著性水平上显著。可见，学生的目标意识、责任感、学习意愿、意志力、主动学习、自信心、成就需要及对学习的兴趣等人格因素都是影响学习主动性的重要因素。

第二，学习主动性关系的密切程度排第二的是学生知识和能力因素。从单个指标来看，构成学生知识、能力因素的各个题项分别与大学生学习主动性的相关系数呈显著正相关且均在0.001的显著性水平上显著。8个指标与学习主动性的相关系数从高到低依次是："良好的沟通能力""开拓创新的能力""良好的分析问题、解决问题的能力""良好的学习方法与技巧""自我反思能力""情感和行为的调节能力""扎实而丰富的专业知识""良好的应变能力"，对应的相关系数值为0.999、0.365、0.359、0.356、0.351、0.326、0.325、0.298。可见，良好的沟通能力、创新能力、解决问题能力、学习方法与技巧、自我反思能力、情绪调控能力、扎实而丰富的专业知识以及良好的应变能力对大学生的学习主动性都具有重要的影响。

第三，学校课程因素是影响大学生学习主动性的第三大因素。构成学校课程因素的各个题项与大学生学习主动性的相关系数均呈显著正相关且在0.001的显著性水平上显著，相关的密切程度从高到低依次是："学校的各类课外（社团）活动""课程内容合理化""课程结构多样化"，对应的相关系数分别是0.294、0.275、0.266。由此可见，课外活动、课程内容、课程结构的合理性对大学生的学习主动性具有重要影响。

第四，学校教师的素养、师生关系及学风是影响大学生学习主动性的第四大因素。从单个指标来看，构成该因素的各个题项分别与大学生学习主动性的相关系数呈显著相关，除教学内容在 0.05 的显著性水平上显著，其他指标均在 0.001 的显著性水平上显著。根据相关系数的大小从高到低依次是："师生关系的和谐程度""教师对学生的指导和监督""教师爱岗敬业的精神""教师的知识修养""教师的学术水平""教师的教学水平""教师的教学内容"，相关系数分别是 0.321、0.273、0.249、0.241、0.201、0.188、0.026。由此可见，良好的师生关系、教师对学生是否有指导、教师的责任感、教师的知识素养、教师的学术水平、教学水平等因素都对大学生的学习主动性具有重要的影响，相对而言融洽的师生关系最有利于调动学生学习的主动性，教师的教学内容对学生学习主动性的影响程度相对较低。

第五，家庭因素与大学生的学习主动性密不可分。从单个项目来看，构成家庭因素的各个题项分别与大学生学习主动性的相关系数呈显著正相关且均在 0.001 的显著性水平上显著。各题项与学习主动性的关系从高到低依次是："父母对孩子学业的关注""家庭氛围的和谐程度""家庭经济状况"，对应的相关系数分别是 0.230、0.225、0.157。由此可见，父母对孩子学业的关注、家庭氛围及家庭经济状况对大学生学习主动性具有重要的影响。

第六，学校制度因素也会影响大学生的学习主动性。构成学校制度因素的各个题项与大学生学习主动性的相关系数均呈显著正相关且都在 0.001 的显著性水平上显著，相关系数从大到小依次是 0.270、0.241、0.227，对应的测量指标分别是"学校和教师对学生教学要求的高低程度""学校的奖惩机制""学校的考评制度"。由此可见，教师的要求、学校的奖励及考评制度对大学生的学习主动性具有重要的影响。

第七，学校的硬件设施也会影响大学生的学习主动性。构成学校硬件的各个题项分别与大学生学习主动性的相关系数呈显著正相关且均在 0.001 的显著性水平上显著，相关系数从高到低依次是 0.233、0.206、0.182、0.163，对应的测量指标分别是"学校图书资料的数量及质量""学校的教学仪器设备""学校的物质生活条件""学校图书馆和自习室的可坐率"。由此可见，学校学习资源的可利用性、良好的教学设施、良好的生活条件和良好的学习环境也是刺激学习主动性的重大因素。

第八，社会因素也是影响大学生学习主动性不可忽视的因素。从单个项目来看，构成社会因素的 3 个题项分别与大学生学习主动性的相关系数呈显著正相关,"大学生就业市场的规范化程度"与大学生学习主动性总分的相关最高,相关系数 0.197,其次是"严峻的就业形势",相关系数 0.192,最后是"社会上急功近利和一日暴富的社会浮躁风气",相关系数 0.186。由此可见,就业形势和社会风气一定程度上对大学生的学习主动性产生了影响,尤其是就业形势和就业市场是否规范对大学生学习主动性的影响相对较大,说明就业问题是大学生学习的重要指挥棒。

二 学习主动性对各影响因素的多元阶层回归分析

(一) 回归方法的选择

根据分析目的的不同,回归分析方法大致可以分为两种,即解释型回归分析和预测型回归分析。解释型回归分析的目的是厘清变量之间的关系以及如何对因变量的变异建立一个最合理的回归模型,常用"强迫进入法(enter)"进行多元回归。强迫进入法的特点是不涉及变量筛选,在回归方程式中,即使不显著的自变量也会出现在回归模型中,研究者关心的是模型的整体解释力。只要方程显著,表明所有自变量对因变量的解释力度不是概率造成的,回归模型中的回归系数至少有一个不等于 0 或全部都不等于 0。解释型回归分析更偏向于理论的建构,研究者既要根据理论选择自变量及自变量的投放顺序,又要根据理论进行模型的解释。强迫进入法也适用于阶层回归分析,当自变量分为不同区组时,适合用阶层回归分析,以探讨不同区组自变量与因变量的关系。如欲研究学生个人因素、家庭因素和班级因素对学生学业成绩的影响就适合用阶层回归分析。预测型回归分析的目的是以最少的变量达到对因变量最大的预测力,研究的关注点是研究结果对实践的价值,因此,要寻找最小最优的预测变量或预测变量的组合。常用的方法有向前回归法(forward)、向后回归法(backward)和逐步回归法(stepwise),这三种方法的共同特点是选出对因变量最具解释力的自变量纳入回归模型。不同点是向前回归法的思想是根据每个自变量对因变量的预测力从高到低依次进入模型,回归系数未达显著的自变量被排除于回归模型之外。向后回归法则是先建立包括所在自变量的回归模型,再依次把对因变量的解释最不显著的自变量——排除。逐步回归的思想是上述两种方法的综合,每纳入一个自变量都考察模型中已有自变量的显著性,是较为全面的一种方法。

基本上述回归分析方法的特点和研究数据的特点以及基本解释而非预

测的目的，我们选用阶层回归分析-强迫进入法进行回归分析。

(二) 研究变量的设定

研究的因变量为大学生学习主动性总分。

研究自变量包括社会因素、学校因素、家庭因素和个人因素。社会因素没有划分更细的指标。学校因素涉及学校所属区域、学校层次、教师素养、学校硬件设施、学校制度、学校课程等共6个变量。家庭因素涉及有家庭所在地、父母职业、家庭月收入、是否贫困生、与父亲关系、与母亲关系、子女数量、父母对孩子学业的关注等共8个变量。个人因素包括性别、年级、所学专业、政治面貌、是否班干、是否恋爱、成绩水平、学生人格、学生能力等共9个变量。其中社会因素、教师素养、学校硬件、学校制度、学校课程、父母对孩子学业的关注、学生人格、学生知识能力这8个变量由《大学生学习主动性影响因素问卷》测量得到，属于测量数据。其余16个变量来自问卷的基本信息部分，都属于名义变量，而在多元线性回归分析中要求自变量为等距或比率变量，因此，在投入回归模型时应先转化为虚拟变量，把间断型数据转换成具有连续变量的特点。虚拟变量的转化方法是：如果某一变量有K个水平，将其中的某一类作为参照组（参照组水平的有效样本个数不能与其他水平数相差太多，水平要有明确的意义，否则很难解释，如"其他"不适合作为参照组），其他类别分别建立K-1个虚拟变量。如与父亲关系分为疏远、一般和亲密三组，可以以疏远为参照组建立两个虚拟变量。本部分层次回归分析所采用的各层变量详见表6-4。

表6-4　　　　　　　研究中的变量名称及变量描述

变量类别	变量名	变量描述
因变量	学习主动性	度量变量，由学习需要性、学习目的性、学习控制性、学习创造性、学习情感性、学习互动性和学习自觉性7个维度构成，由38个指标测量
自变量		
社会因素	社会因素	度量变量，由社会风气、就业形势等测量
学校因素	教师素养	度量变量，由教师职业道德、学识水平、教学水平、教学内容等测量
	学校硬件	度量变量，由学校图书资料、教学设备、学习环境、物质条件等测量
	学制制度	度量变量，由学校要求、考评制度、奖励制度等测量

续表

变量类别	变量名	变量描述
学校因素	学校课程	度量变量，由课程内容、课程结构、实践环节等测量
	所处区域	分为东部、中部和西部，以中部为参照类
	学校层次	本科与专科，以专科为参照类
家庭因素	父母关注	度量变量，由父母关注孩子学习、家庭氛围等测量
	家庭居住地	分农村、乡镇、县城、地级市和省会城市或直辖市，以县城为参照类
	父母职业	分为优势阶层、中间阶层和基础阶层和其他，以基础阶层为参照类
	家庭月收入	分为1000元以下、1001—4000元、4001—7000元、7001—10000元和10001元以上，以1001—4000元为参照类
	是否贫困性	贫困生和非贫困生，以非贫困生为参照类
	与父亲关系	分为疏远、一般和亲密，以疏远为参照类
	与母亲关系	分为疏远、一般和亲密，以疏远为参照类
	独生子女与否	独生和非独生，以非独生子女为参照类
学生因素	学生人格	度量变量，由学生责任感、自信心、学习目标、意志力、兴趣等测量
	学生能力	度量变量，由学生学习能力、创新能力、反思能力、调控能力等测量
	学科类型	分为文科和理科，以理科为参照类
	学生年级	分为一、二、三、四年级，以四年级为参照类
	性别	分男生和女生，以女生为参照类
	政治面貌	分为党员和非党员，以非党员为参照类
	是否恋爱	分为恋爱和没有恋爱，以没有恋爱为参照类
	班干与否	分为班干和非班干，以非班干为参照类
	成绩水平	分为下、中下、中等、中上、上五个水平，以下为参照类

（三）自变量的投放顺序

阶层回归分析中不同区组的变量投入顺序会影响模型的建立和解释，后投入的自变量表示受到其他自变量的影响的可能性越大，与因变量的净相关系数会更低。根据学生学习主动性受到影响的层级关系，第一，任何学生都会受到社会大环境的影响，因此首先投入回归模型的变量是社会因素。第二，大学生的学习生活主要在大学进行，其学习主动性受到所在大学的影响可能性较大，因此第二批投入模型的自变量是学校相关影响因素。第三，家庭对学生学习主动性的影响是潜移默化地一直存在着，因此，第三批投入模型的自变量是来自家庭的相关因素。第四，最后投入模型的是与个人有关的所有因素，学生本人的所有社会行为都会受到社会、学校和家庭因素的制约。

（四）研究结果与分析

采用阶层回归分析法依次建立社会因素、学校因素、家庭因素和个人因素与大学生学习主动性的关系模型，结果见表6-5。

表6-5   大学生学习主动性总分的阶层回归分析结果

阶层变量	层内变量	模型一 β	模型一 T	模型二 β	模型二 t	模型三 β	模型三 t	模型四 β	模型四 t
社会因素	社会因素	0.17	18.88***	0.05	5.41***	0.04	4.40***	0.01	0.70
学校因素	教师素养			0.12	10.97***	0.10	9.46***	0.06	5.98***
	学校硬件			0.04	3.93***	0.04	4.20***	0.00	0.26
	学校制度			0.07	6.53***	0.06	5.51***	-0.02	-2.04*
	学校课程			0.18	18.37***	0.15	15.18***	0.07	8.77***
	西部&中部			0.18	7.54***	0.13	5.62***	0.20	10.26***
	东部&中部			0.11	7.98***	0.11	7.99***	0.15	12.72***
	本科&专科			-0.02	-1.51	-0.01	-0.66	-0.05	-3.57***
家庭因素	父母关注					0.09	8.90***	0.05	6.54***
	农村&县城					0.06	3.09**	0.03	1.79
	乡镇&县城					0.04	1.93	0.05	2.71**
	地级市&县城					0.04	1.68	0.03	1.28
	省城&县城					0.09	2.74**	0.07	2.45*
	优势&基础					0.02	0.76	-0.01	-0.30
	中间&基础					0.05	2.75**	0.01	1.00
	其他&基础					0.05	2.52*	0.03	1.97
	低收入&中低收入					0.07	4.28***	0.06	4.52***
	中等收入&中低收入					0.00	0.27	-0.01	-0.58
	中高收入&中低收入					0.03	0.98	0.01	0.38
	高收入&中低收入					0.09	2.77**	0.04	1.51
	贫困&非贫困					0.09	6.55***	0.04	3.12**
	与父亲亲密&疏远					0.09	2.59*	0.05	1.62
	与父亲一般&疏远					0.01	0.33	-0.01	-0.19
	与母亲亲密&疏远					0.02	0.35	0.01	0.26
	与母亲一般&疏远					-0.07	-1.26	-0.02	-0.50
	独生&非独生					-0.02	-1.56	-0.01	-0.37

续表

阶层变量	层内变量	模型一 β	模型一 T	模型二 β	模型二 t	模型三 β	模型三 t	模型四 β	模型四 t
个人因素	学生人格							0.34	28.19***
	学生能力							0.15	13.44***
	文科 & 理科							-0.01	-0.89
	一年级 & 四年级							0.05	2.69**
	二年级 & 四年级							-0.02	-0.94
	三年级 & 四年级							0.00	0.20
	男生 & 女生							0.11	10.63***
	党员 & 非党员							0.05	2.48*
	恋爱 & 没恋爱							0.00	-0.33
	班干 & 非班干							0.08	7.17***
	中下 & 下							0.08	2.51*
	中等 & 下							0.26	8.72***
	中上 & 下							0.42	13.70***
	上 & 下							0.59	17.25***
回归模型摘要	F	356.531***		223.521***		86.868***		192.668***	
	R^2	0.042		0.181		0.218		0.489	
	△F	356.531***		195.945***		21.587***		304.357***	
	△R^2	0.042		0.139		0.038		0.270	

注:* 表示 $P<0.05$,** 表示 $P<0.01$,*** $P<0.001$。

模型一、预测变量:(常量),社会因素。

模型二、预测变量:(常量),社会因素,西部 & 中部,本科 & 专科,学校制度,东部 & 中部,学校课程,教师素养,学校硬件。

模型三、预测变量:(常量),社会因素,西部 & 中部,本科 & 专科,学校制度,东部 & 中部,学校课程,教师素养,学校硬件,乡镇 & 县城,优势 & 基础,与父亲关系一般 & 疏远,其他 & 基础,中高收入 & 中低收入,省城 & 县城,中等收入 & 中低收入,地级市 & 县城,高收入 & 中低收入,低收入 & 中低收入,独生 & 非独生,贫困 & 非贫困,父母关注,中间 & 基础,与母亲关系亲密 & 疏远,农村 & 县城,与父亲关系亲密 & 疏远,与母亲关系一般 & 疏远。

模型四、预测变量:(常量),社会因素,西部 & 中部,本科 & 专科,学校制度,东部 & 中部,学校课程,教师素养 学校硬件,乡镇 & 县城,优势&基础,与父亲关系一般&疏远,其他&基础,中高收入&中低收入,省城&县城,中等收入&中低收入,地级市&县城,高收入&中低收入,低收入&中低收入,独生&非独生,贫困&非贫困,父母关注,中间&基础,与母亲关系亲密&疏远,农村&县城,与父亲关系亲密&疏远,与母亲关系一般&疏远,恋爱&没恋爱,中下&下,党员&非党员,上&下,班干&非班干,男生&女生,三年级&四年级,文科&理科,中上&下,二年级&四年级,学生能力,学生人格,一年级&四年级,中等&下。

"回归模型摘要"中的F值是方差分析的结果统计量,方差分析在这里的作用是检验所有组间变量对因变量变异进行解释的作用大小,如果F显著,说明回归模型有效,即所引入的自变量是显著或至少1个自变量显著。表6-5中4个模型的F值均在0.001的显著性水平上显著,说明在每个回归分析模型中,进入回归方程模型的解释变量对"大学生学习主动性"效标变量的解释力从整体上来说是显著的。△F是指模型增加了自变量以后,F的变化值,F值变化显著说明所增加的自变量至少有1个显著,上述4个模型中,增加了学校因素、家庭因素和个人因素之后的模型其F值的变化均显著,说明后面所增加的自变量从整体上来说对解释大学生学习主动性是有效的。另外,△F的变化量越大说明相应模型中所投入的自变量对因变量的解释力度越大。模型二、模型三、模型四的△F值分别是195.945、21.587、304.357,依序对应投入的自变量是学校因素、家庭因素和个人因素,说明相对而言,个人因素对大学生学习主动性变异的解释力度最大,其次是学校因素,再次是家庭因素。

R^2是多元相关系数的平方,R^2值越小表示自变量对因变量的解释力越小,R^2值越大表示自变量对因变量的解释力越大,R^2的最大值是1,表示自变量能百分之百解释因变量的变异,一般这种情况较少。表6-5显示,4个模型的R^2分别是0.042、0.181、0.218、0.489,说明4个模型的自变量分别能解释因变量变异的4.2%、18.1%、21.8%、48.9%,即社会因素解释因变量变异的4.2%,社会因素和学校因素解释了大学生学习主动性变异的18.1%,社会因素、学校因素和家庭因素共同解释了大学生学习主动性变异的21.8%,社会因素、学校因素、家庭因素和个人因素共同解释了大学生学习主动性变异的48.9%。△R^2

表示的是新模型投入了新的自变量以后，新模型相较于旧模型对因变量解释力度的改变量，改变量越大，说明投入新模型的自变量对因变量的解释力度越大，模型一、模型二、模型三、模型四的 $\triangle R^2$ 分别是 0.042、0.139、0.038、0.270，说明社会因素解释了大学生学习主动性变异的 4.2%，学校因素解释了大学生学习主动性变异的 13.9%，家庭因素解释了大学生学习主动性变异的 3.8%，个人因素解释了大学生学习主动性变异的 27%。

F 检验只能检验投入模型的所有自变量是否对因变量有解释作用，但并不能指出每个自变量是否显著，每个自变量的回归系数是否显著还需进一步进行回归系数的显著性检验，即 T 检验。表中每个模型的 β 就是回归系数，t 值是 t 检验统计量，不同模型中的系数是否显著会因其他变量的引入而发生变化，如社会因素在模型一、模型二、模型三中都是显著的，但在模型四中却不再显著了，那是因为自变量与因变量间的关系强弱导致了这种变化。一般来说，多元回归分析即自变量大于 1 个的回归分析更能揭示复杂事物关系的本质。因此，综合考虑了社会因素、学校因素、家庭因素和个人因素的模型四是研究要考虑接受的结果。模型四中一共包含了四个层次共 40 个自变量，其中与大学生学习主动性关系不显著的有：社会因素、文科 & 理科、学校硬件、农村 & 县城、地级市 & 县城、优势 & 基础、中间 & 基础、其他 & 基础、中等收入 & 中低收入、中高收入 & 中低收入、高收入 & 中低收入、与父亲关系亲密 & 疏远、与父亲关系一般 & 疏远、与母亲关系亲密 & 疏远、与母亲关系一般 & 疏远、独生 & 非独生、二年级 & 四年级、三年级 & 四年级、恋爱 & 没恋爱共 19 个变量。与大学生学习主动性关系显著的有：西部 & 中部、东部 & 中部、本科 & 专科、学校制度、学校课程、教师素养、乡镇 & 县城、省城 & 县城、低收入 & 中低收入、贫困 & 非贫困、父母关注、男生 & 女生、一年级 & 四年级、党员 & 非党员、班干 & 非班干、学生能力、学生人格、上 & 下、中上 & 下、中等 & 下、中下 & 下共 21 个变量。

三 学习主动性的多层线性模型分析

传统的线性模型如方差分析或回归分析只对涉及一层数据的问题进行分析，这种分析要求数据都是独立的，而多层线性模型适用于具有嵌套结构的数据，如学生镶嵌于班级，班级镶嵌于学校，或学生直接镶嵌于学校就是具有嵌套结构的数据。社会科学研究的基本假设是，人不可能生活在真空当中，个体的行为既受到其自身特征的影响，也受到其所处环境的影响，也就是个体效应和背景效应。当采用回归分析对具有嵌套结构的数据进行分析时，统计学上的一类错误会被放大，即易犯弃真错误。回归分析结果表明来自社会、家庭、学校和个人的部分因素对学习主动性产生显著影响，其中，来自学校的影响因素有学校所在区域、学校所属层级、教师素养、学校的奖评制度、学校的课程安排等。来自家庭的因素有家庭所在地、家庭收入水平、与父母的关系、父母对孩子学习的关注等。来自个人的因素有就读年级、性别、政治面貌、人格特征、知识能力、成绩水平等。如果数据存在较强的背景效应即学校效应，上述显著的变量有可能本质上并不显著。鉴于我们的数据来自几十所学校，来自同一所学校的学生，其学习主动性的相关性可能大于来自不同学校学生的相关性，前面采用的多元回归分析所要求的数据独立性假设可能受到挑战，上述结果的获得可能犯了第一类错误。因此，为了探讨个体因素和学校因素对大学生学习主动性的影响，采用多层线性模型分析方法进行再次分析。

（一）研究变量的设定

研究的因变量是大学生学习主动性，自变量是多元回归分析结果中与大学生学习主动性关系显著的变量。在这里，我们把数据分为两层，学生和学校，即学生嵌套于学校，其中，个人被归属于第一层并把个人所属的家庭特征因素都归入学生个人因素，包含的变量有家庭所在地、家庭月收入、是否贫困生、父母关注、学生年级、性别、政治面貌、是否班干部、成绩水平、学生人格、学生能力共 11 个变量。学校层归属于第二层，学校层面显著的自变量有学校所在区域、学校层级、教师素养、学校制度、学校课程共 5 个变量。类别变量转换为虚拟变量的规则和所有变量的归属与描述详见表 6-6。

表 6-6　　　　　研究中的变量名称及变量描述

变量类别	变量名	变量描述
因变量	学习主动性	度量变量，由学习需要性、学习目的性、学习控制性、学习创造性、学习情感性、学习互动性和学习自觉性 7 个维度构成，由 38 个指标测量

续表

变量类别	变量名	变量描述
层一自变量	父母关注	度量变量,由父母关注孩子学习、家庭氛围等测量
	家庭居住地	分农村、乡镇、县城、地级市和省会城市或直辖市,以县城为参照类
	家庭月收入	分为1000元以下、1001—4000元、4001—7000元、7001—10000元和10001元以上,以1001—4000元为参照类
	是否贫困生	贫困生和非贫困生,以非贫困生为参照类
	学生人格	度量变量,由学生责任感、自信心、学习目标、意志力、兴趣等测量
	学生能力	度量变量,由学生学习能力、创新能力、反思能力、调控能力等测量
	学生年级	分为一、二、三、四年级,以四年级为参照类
	性别	分男生和女生,以女生为参照类
	政治面貌	分为党员和非党员,以非党员为参照类
	班干与否	分为班干和非班干,以非班干为参照类
	成绩水平	分为下、中下、中等、中上、上五个水平,以下为参照类
层二自变量	所处区域	分为东部、中部和西部,以中部为参照类
	学校层次	本科与专科,以专科为参照类
	教师素养	度量变量,由教师职业道德、学识水平、教学水平、教学内容等测量
	学制制度	度量变量,由学校要求、考评制度、奖励制度等测量
	学校课程	度量变量,由课程内容、课程结构、实践环节等测量

(二) 模型建构

根据研究假设先后建立了 3 个模型进行分析,模型估计结果见表6-7。

模型1:零模型。零模型又叫方差成分分析(Variance Component Analysis),或具随机效应的单因素方差分析,零模型第一层和第二层均没有预测变量,建立零模型的目的是要确定因变量的总体变异中有多大比例是由第二层即学校差异(组间变异)造成的,组间变异用 μ_{0j} 表示。如果 μ_{0j} 显著则说明学校之间大学生的学习主动性存在显著差异,有必要进行多层线性模型分析,这是进行多层分析的基础。Barcikowski(1981)指出,不分层的显著性检验以观察值独立性为前提,组间差异的存在将造成参数估计标准误被低估,一个很小的组内相关也能造成型 I 误差的实质扩大。零模型表达式如下:

水平1：学习主动性 $= \beta_{0j} + \varepsilon_{ij}$

水平2：$\beta_{0j} = \gamma_{00} + \mu_{0j}$

模型2：随机效应协变量分析模型。随机效应协变量分析模型是在零模型的基础上，在水平1加入了个体层面的解释变量（表6-5中显著的个人因素和家庭因素变量），称为协变量，水平2中以水平1截距为因变量且设定为随机变量，水平1的所有斜率都固定。建立随机效应协变量分析模型的目的是检验层一自变量的主效应并了解控制层一自变量后层二学校间的平均值变异的情况，其根本目的是希望调整既存组间差异后（加入了个体层的协变量）来探讨不同学校间的影响效应，此时，把个体效应视为干扰，检验的是组间效果，其表达式如下：

水平1：学习主动性 $= \beta_{0j} + \beta_{1j}$（乡镇*县城）$+ \beta_{2j}$（省会城市*县城）$+ \beta_{3j}$（1000元以下*1001—4000元）$+ \beta_{4j}$（贫困*非贫困）$+ \beta_{5j}$（Z父母的关注）$+ \beta_{6j}$（男生*女生）$+ \beta_{7j}$（一年级*四年级）$+ \beta_{8j}$（党员*非党员）$+ \beta_{9j}$（班干*非班干）$+ \beta_{10j}$（中下*下）$+ \beta_{11j}$（中等*下）$+ \beta_{12j}$（中上*下）$+ \beta_{13j}$（上*下）$+ \beta_{14j}$（Z学生人格）$+ \beta_{15j}$（Z学生能力）$+ \varepsilon_{ij}$

水平2：$\beta_{0j} = \gamma_{00} + \mu_{0j}$，

$\beta_{qj} = \gamma_{q0}$，$q = 1, \cdots 15$.

模型3：随机截距模型。模型2由于没有加入任何层2的解释变量，所以无法检验组间截距（学校间的平均数）为什么会不同，只是指出了学校之间存在组间差别，为了进一步探究为什么学校之间学生的学习主动性会有所不同，建立随机截距模型来回答这个问题。随机截距模型的特点是模型水平1为完整模型，水平2以第一层的截距为结果变量且加入层二的解释变量（表6-5中的显著学校变量），第一层所有斜率设为固定，其表达式如下：

水平1：学习主动性 $= \beta_{0j} + \beta_{1j}$（乡镇*县城）$+ \beta_{2j}$（省会城市*县城）$+ \beta_{3j}$（1000元以下*1001—4000元）$+ \beta_{4j}$（贫困*非贫困）$+ \beta_{5j}$（Z父母的关注）$+ \beta_{6j}$（男生*女生）$+ \beta_{7j}$（一年级*四年级）$+ \beta_{8j}$（党员*非党员）$+ \beta_{9j}$（班干*非班干）$+ \beta_{10j}$（中下*下）$+ \beta_{11j}$（中等*下）$+ \beta_{12j}$（中上*下）$+ \beta_{13j}$（上*下）$+ \beta_{14j}$（Z学生人格）$+ \beta_{15j}$（Z学生能力）$+ \varepsilon_{ij}$

水平2：$\beta_{0j} = \gamma_{00} + \gamma_{01}$（西部*中部）$+ \gamma_{02}$（东部*中部）$+ \gamma_{03}$（本科*专科）$+ \gamma_{04}$（Z教师素养）$+ \gamma_{05}$（Z学校制度）$+ \gamma_{06}$（Z学校课程）$+ \mu_{0j}$，

$\beta_{qj} = \gamma_{q0}$，$q = 1, \cdots, 15.$

（三）结果与分析

表 6-7 呈现的是三个模型的分析结果，零模型有助于分析学校效应是否显著地存在，随机效应模型有助于分析个体效应对大学生学习主动性的解释力度，同时与学校的效应进行对比，随机截距模型有助于分析学校所属变量和个体变量对大学生学习主动性的影响效应及他们之间的对比情况。

表 6-7　　学习主动性的多层线性模型分析结果

		零模型	随机效应模型	随机截距模型
固定效应				
截距，β_{0j}	截距，γ_{00}	3.1072*** (0.0169)	−0.8108*** (0.0889)	−0.8709*** (0.0903)
	西部*中部，γ_{01}			0.2210** (0.0738)
	东部*中部，γ_{02}			0.0450 (0.0511)
	本科*专科，γ_{03}			0.0147 (0.0558)
	教师素养，γ_{04}			0.0360 (0.0357)
	学校制度，γ_{05}			0.0539 (0.0478)
	学校课程，γ_{06}			0.0819* (0.0380)
乡镇*县城，β_{1j}	γ_{10}		0.0497* (0.0243)	0.0498* (0.0243)
省会*县城，β_{2j}	γ_{20}		0.0954* (0.0437)	0.0945* (0.0437)
低*中低收入，β_{3j}	γ_{30}		0.0927*** (0.0237)	0.0905*** (0.0232)
贫困*非贫困，β_{4j}	γ_{40}		0.0592** (0.0195)	0.0594** (0.0195)
父母关注，β_{5j}	γ_{50}		0.0604*** (0.0101)	0.0605*** (0.0100)
男生*女生，β_{6j}	γ_{60}		0.1970*** (0.0249)	0.1944*** (0.0247)
一*四年级，β_{7j}	γ_{70}		0.01108** (0.0316)	0.01082** (0.0318)

续表

		零模型	随机效应模型	随机截距模型
党员*非党员,β_{8j}	γ_{80}		0.0942** (0.0300)	0.0933** (0.0295)
班干*非班干,β_{9j}	γ_{90}		0.1176*** (0.0199)	0.1178*** (0.0197)
中下*下,β_{10j}	γ_{10}		0.1686** (0.0634)	0.1661* (0.0638)
中等*下,β_{11j}	γ_{11}		0.4755*** (0.0715)	0.4726*** (0.0718)
中上*下,β_{12j}	γ_{12}		0.7475*** (0.0840)	0.7419*** (0.0842)
上*下,β_{13j}	γ_{13}		1.0265*** (0.0998)	1.021*** (0.1003)
学生人格,β_{14j}	γ_{14}		0.3803*** (0.0234)	0.3806*** (0.0234)
学生能力,β_{15j}	γ_{15}		0.2171*** (0.0284)	0.2173*** (0.0284)
随机效应	学校平均,τ_{00}	0.01450***	0.03851***	0.02690***
	学校内,σ^2	0.34880	0.50632	0.50589
估计信度		0.551	0.649	0.595
-2LL		14474.8162	17579.4265	17573.1215
自由度		90	89	83
N		8319		

注：①显著水平 *** 表示 P<0.001；** 表示 P<0.01；* 表示 P<0.05；表中括号内数据为标准误。②西部*中部表示西部与中部比较，其他类同。

1. 固定效应分析

首先，截距项的正负代表分析方法的偏差（Bias），如果截距项为负，说明模型与数据拟合不够好。本例中，零模型的截距项为 3.1072，意义为所有学校学生的学习主动性平均得分为 3.1072，而随机效应模型和随机截距模型的值分别是-0.8108 和-0.8709，意义是当所有解释变量取值为 0 时，所有学校的学生学习主动性平均得分为-0.8108 和-0.8709，这不符合事实意义上的解释，因此，说明这两个模型与数据的拟合不太好。

其次，随机效应模型的自变量全部显著，说明引入的自变量对大学生学习主动性的解释都有贡献。随机截距模型中，个体层面的解释变量依然全部显著，新投入的学校层面的自变量中只有学校课程和西部 * 中部依然显著，在传统线性回归中显著的西部 * 中部、本科 * 专科、学校制度和教师素养不再显著，说明数据可能存在不独立性。

2. 随机效应分析

建立零模型的目的确定组间变异在所有变异中所占的比例。确定方法是计算跨级相关（Intra-Class Correlation），也叫组内相关，其计算公式为 $\rho = \tau_{00}/(\tau_{00} + \sigma^2)$。

零模型对应的 τ_{00} 和 σ^2 分别是 0.01450 和 0.34880，由此，组内相关系数为 0.0399，根据邱皓政引自 Cohen（1988）的建议，当 $0.01 \leq \rho \leq 0.059$ 时，表示低度关联强度，$0.059 \leq \rho \leq 0.138$ 时，表示中度关联强度，$\rho \geq .138$ 时表示高度关联强度。因此，0.0399 属于低度关联强度，说明学校间的变异不是很大但是是显著的（P<0.001），学校只解释了大学生学习主动性 3.99% 的变异。

随机效应模型中，随机效应部分的 τ_{00} 和 σ^2 分别是 0.03851 和 0.50632，跨级相关系数为 0.07068，即学校解释了大学生学习主动性 7.068% 的变异，这个比例值比零模型提高了，原因是随机效应模型加入了个体水平的解释变量，水平 1 的残差方差变小了，因而突出了学校的影响。

随机截距模型中，随机效应部分的 τ_{00} 和 σ^2 分别是 0.02690 和 0.50589，跨级相关系数为 0.05048，即学校解释了大学生学习主动性 5.048% 的变异，这个比例值比随机效应模型降低了，原因是学校层面的解释变量基本都不显著。

三个模型组间方差依次是 0.01450、0.03851、0.02690，首先随机效应模型由于添加了个体层面的解释变量使得学校间的变异比零模型提高了 0.02401，提高了 165.5862%，说明引入个体层面的解释变量后，学校间差异加大了，说明引入模型的解释变量对大学生学习主动性的学校间变异的解释起了较大的作用。随机截距模型由于添加了学校层面的解释变量使组间变异比随机效应模型减少了 0.01161，降低了 30.148%，说明投入学校层面的解释变量解释了学校变异的 30.148%。

三个模型的组内方差依次是 0.34880、0.50632、0.50589，首先，随机效应模型的组内方差显著大于零模型，提高了 45.16%，说明个体层的解释变量是造成大学生学习主动性差异的主要原因。其次，随机截距模型的值也显著大于零模型但与随机效应模型相差不大,说明学校层面的解释变量对大学生学习主动性的影响是有限的。

3. 模型拟合度的比较

-2LL 称为模型离异数,如果不同模型之间的固定效应部分相同,可以直接比较离异数的大小来判断模型与数据之间的拟合度,离异数越小,模型与数据的拟合度越好。当模型的固定效应不同时,模型参数估计的方法是不同的,所以不能直接比较离异数的大小,而需要用卡方检验来检验。如零模型与随机效模型的离异数的差值是 3104.6103,自由度差值为 1,远远大于卡方在自由度为 1 时显著性水平为 0.01 上的临界值 6.63(查卡方分布表获得),说明这两个模型与数据的拟合度存在显著差异且零模型优于随机效应模型。随机截距模型与随机效应模型的离异数差值为 6.305,自度差值为 6,小于自由度为 6 显著性水平为 0.05 的卡方临界值 12.60,说明随机截距模型与随机效应模型与数据的拟合度没有显著性差异。

总之,上述分析表明,其一,大学生的学习主动性存在一定的校际差异。其二,影响大学生学习主动性的主要因素是学生个体因素,学校因素只能解释大学生学习主动性差异的 3.99%。

四 个人因素的中介效应检验

假设的影响因素与学习主动性的相关分析表明,个人、学校、家庭、社会因素与学习主动性有着不同程度的密切关系,回归分析表明,当社会因素与其他因素一起对大学生学习主动性进行解释时,其解释力被削弱了,结论是相对于学校、家庭和学生个体而言社会因素对学习主动性没有直接的预测作用,由此,研究假设社会对学习主动性的作用以个人为中介起着间接作用,而学校(教师素养、学校课程、学校制度和学校硬件)和家庭因素对学习主动性的影响既具有直接作用又具有以个人为中介的间接作用。所谓中介效应是指,如果自变量 X 对因变量 Y 的影响作用是通过中间变量 M 来影响 Y,则称 M 为中介变量,中介效应检验相应的路径示意图见图 6-1[①]:

$$Y = cX + e_1 \tag{1}$$

[①] 温忠麟等:《中介效应检验程序及其应用》,《心理学报》2004 年第 5 期。

$$M = aX + e_2 \tag{2}$$
$$Y = c'X + bM + e_3 \tag{3}$$

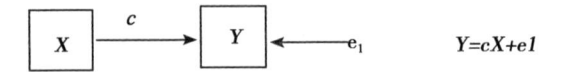

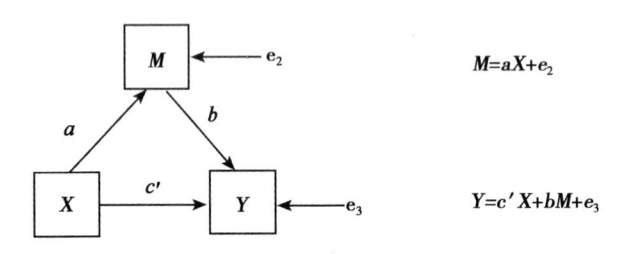

图 6-1 中介变量示意①

中介效应的检验共分为三个步骤：第一步，检验因变量对自变量的回归方程系数是否达到显著水平；第二步，检验假设中介变量对自变量的回归方程系数是否达到显著水平；第三步，检验因变量同时对自变量和假设中介变量的回归方程中中介变量的回归系数是否达到显著水平，自变量的回归系数是否减小，如果减小到不显著，则表明存在完全中介作用，如果只是减小，依然达到显著水平，则表明存在部分中介作用。根据以上中介效应的检验步骤，分别对个人在学校、家庭、社会因素与学习主动性间的中介作用进行检验，结果见表 6-8。

表 6-8　　　　　　　个人因素的中介效应检验

自变量＼因变量	学习主动性	个人因素	学习主动性
	第一步：因变量对自变量的回归	第二步：中介变量对自变量的回归	第三步：因变量对自变量和中介变量的回归
社会因素	0.184 ***	0.237 ***	0.060 ***（部分中介）
个人因素	—	—	0.522 ***
F	521.492 ***	758.403 ***	2259.601 ***
调整 R 平方	0.059	0.083	0.352

---

① 温忠麟等：《中介效应检验程序及其应用》，《心理学报》2004 年第 5 期。

续表

自变量 \ 因变量	学习主动性	个人因素	学习主动性
家庭因素	0.243***	0.417***	0.102***（部分中介）
个人因素	—	—	0.508***
F	781.973	874.872***	2339.682***
调整 R 平方	0.086	0.095	0.360
教师与学风	0.258***	0.409***	0.049***（部分中介）
个人因素	—	—	0.512***
F	1145.877***	2900.275***	2234.239***
调整 R 平方	0.121	0.258	0.349
学校课程	0.274***	0.385***	0.083***（部分中介）
个人因素	—	—	0.498***
F	1199.968***	2234.798***	2391.806**
调整 R 平方	0.126	0.212	0.355
学校制度	0.221***	0.395***	0.009（完全中介）
个人因素	—	—	0.538***
F	760.285***	2449.014***	2203.764***
调整 R 平方	0.084	0.227	0.346
学校硬件	0.177***	0.319***	0.004（完全中介）
个人因素	—	—	0.541***
F	548.265***	1733.754***	2203.004***
调整 R 平方	0.062	0.172	0.346

注：*** $P<0.001$。

表6-8的结果显示，社会因素、家庭因素、教师素养和学校课程对学习主动性的影响都在0.001的显著性水平上显著，其回归系数分别是0.184、0.243、0.258、0.274，加入个人因素这个中介变量后，系数都变小了但依然在0.001的显著性水平上显著，回归系数分别是0.060、0.102、0.049、0.083，说明个人在社会、家庭、教师素养、学校课程对学习主动性的影响机制中存在着部分中介作用。而学校制度和学校硬件对学习主动性的显著作用（$\beta_{学校制度}=0.221$，$\beta_{学校硬件}=0.177$，$p<0.001$）由

于加入了个人这一中介变量而变得不再显著($\beta_{学校制度}$ = 0.009,$\beta_{学校硬件}$ = 0.04,p>0.05),说明个人在学校制度、学校硬件与学习主动性间的作用是完全中介作用($\beta_{学校制度}$ = 0.538,$\beta_{学校硬件}$ = 0.541,p<0.001),且个人因素分别解释了主动性53.8%和54.1%(调整R^2)的变异。

由问卷编制部分可知,个人因素是由学生人格因素和学生知识能力因素构成。为了更深入地探讨个人因素对学习主动性的影响机制,下面分别以学生人格因素和学生知识能力因素为中介变量检验其在社会、家庭、学校硬件、学校课程、学校教师和学风和学校制度与学习主动性关系中的中介效应,结果分别见表6-9和表6-10。

表6-9　　　　　　　学生人格因素的中介效应检验

自变量＼因变量	学习主动性 第一步:因变量对自变量的回归	学生人格 第二步:中介变量对自变量的回归	学习主动性 第三步:因变量对自变量和中介变量的回归
社会因素	0.184 ***	0.268 ***	0.048 *** (部分中介)
学生人格	—	—	0.506 ***
F	521.492 ***	904.490 ***	2291.885 ***
调整 R 平方	0.059	0.098	0.355
家庭因素	0.243 ***	0.305 ***	0.094 *** (部分中介)
学生人格	—	—	0.491 ***
F	781.973	978.273 ***	2370.112 ***
调整 R 平方	0.086	0.105	0.363
教师与学风	0.258 ***	0.426 ***	0.047 *** (部分中介)
学生人格	—	—	0.495 ***
F	1145.877 ***	2874.747 ***	2285.947 ***
调整 R 平方	0.121	0.257	0.354
学校课程	0.274 ***	0.385 ***	0.090 *** (部分中介)
学生人格	—	—	0.478 ***
F	1199.968 ***	2002.001 ***	2365.921 ***
调整 R 平方	0.126	0.194	0.362

续表

自变量＼因变量	学习主动性	学生人格	学习主动性
学校制度	0.221***	0.413***	0.007（完全中介）
学生人格	—	—	0.519***
F	760.285***	2445.36***	2256.359***
调整 R 平方	0.084	0.227	0.351
学校硬件	0.177***	0.311***	0.007（完全中介）
学生人格	—	—	0.520***
F	548.265***	1464.270***	2256.436***
调整 R 平方	0.062	0.150	0.351

注：*** $P<0.001$。

表 6-9 的结果表明，社会因素、家庭因素、教师素养和学校课程对大学生学习主动性的影响都在 0.001 的显著性水平上显著，其回归系数分别是 0.184、0.243、0.258、0.274，加入学生人格这一中介变量后，上述四个因素的回归系数均变小但仍然在 0.001 的显著性水平上显著，回归系数分别是 0.048、0.094、0.047、0.090。说明学生人格因素在社会、家庭、教师素养、学校课程与学习主动性之间起部分中介作用。而学校制度和学校硬件对学习主动性的显著作用（$\beta_{学校制度} = 0.221$，$\beta_{学校硬件} = 0.177$，$p<0.001$）由于加入了学生人格这一中介变量而变得不再显著（$\beta_{学校制度} = 0.007$，$\beta_{学校硬件} = 0.007$，$p>0.05$），说明学生人格在学校制度、学校硬件与学习主动性间的作用是完全中介作用（$\beta_{学校制度} = 0.538$，$\beta_{学校硬件} = 0.549$，$p<0.001$），且个人因素分都解释了主动性 35.1%（调整 R^2）的变异。

表 6-10 学生知识能力因素的中介效应检验

自变量＼因变量	学习主动性	学生知识能力	学习主动性
	第一步：因变量对自变量的回归	第二步：中介变量对自变量的回归	第三步：因变量对自变量和中介变量的回归
社会因素	0.184***	0.205***	0.099**（部分中介）

续表

自变量 \ 因变量	学习主动性	学生知识能力	学习主动性
学生知识能力	—	—	0.412***
F	521.492***	469.830***	1618.425***
调整 R 平方	0.059	0.053	0.280
家庭因素	0.243***	0.250***	0.144*** （部分中介）
学生知识能力	—	—	0.400***
F	781.973	584.571***	1713.400***
调整 R 平方	0.086	0.066	0.291
教师与学风	0.258***	0.391***	0.109*** （部分中介）
学生知识能力	—	—	0.381***
F	1145.877***	2103.525***	1625.990***
调整 R 平方	0.121	0.202	0.281
学校课程	0.274***	0.384***	0.129*** （部分中介）
学生知识能力	—	—	0.377***
F	1199.968***	1825.430***	1672.507***
调整 R 平方	0.126	0.180	0.287
学校制度	0.221***	0.377***	0.068*** （部分中介）
学生知识能力	—	—	0.405***
F	760.285***	1783.212***	1541.653***
调整 R 平方	0.084	0.176	0.270
学校硬件	0.177***	0.328***	0.039*** （部分中介）
学生知识能力	—	—	0.419***
F	548.265***	1520.098***	1510.646***
调整 R 平方	0.062	0.154	0.266

注：** $P<0.01$，*** $P<0.001$。

6-10 的结果表明，社会、家庭、教师素养、学校课程、学校制度和学校硬件对大学生学习主动性的影响都在 0.001 的显著性水平上显著，其回归系数分别是 0.84、0.243、0.258、0.274、0.221、0.177，加入学生知识能力这一中介变量后，上述六个因素的回归系数均变小但仍然在

0.001 的显著性水平上显著，回归系数分别是 0.099、0.144、0.109、0.129、0.068、0.039。说明学生知识能力因素在社会、家庭、教师素养、学校课程、学校制度和学校硬件与学习主动性之间起部分中介作用。

综合上述分析得到以下结论：第一，社会因素、家庭因素、教师素养、学校课程对大学生学习主动性既产生直接作用又通过学生个人产生间接作用。第二，具体而言，社会因素、家庭因素、教师素养、学校课程对大学生学习主动性的影响是通过学生人格和学生知识能力这一中介变量而实现的。第三，学校制度和学校硬件对大学生学习主动性的影响是通过人格或学生知识能力产生间接作用，而不会产生直接作用。第四，虽然学校制度和学校硬件不会直接影响学生的人格，但会直接影响学生知识能力的获得。上述关系由下面的结构方程模型来进一步检验。

五 影响因素与学习主动性关系的结构方程模型[①]验证

基于以上相关分析、回归分析、多层线性分析和中介效应检验的结果，社会、家庭、学校（教师素养、学校课程、学校硬件、学校制度）及学生本人都对学生的学习主动性产生影响，学生个人是学校、家庭、社会影响学生学习主动性的中介变量，那么个体、家庭、学校和社会对学习主动性的综合影响机制如何？研究采用结构方程模型来综合验证学生个人因素在家庭—学习主动性，社会—学习主动性以及学校—学习主动性关系中所起的中介作用以及对家庭、社会和学校分别对学习主动性所起的直接作用。基于本章的相关分析、回归分析、多层线性模型分析和中介效应检验的研究结果，研究分别构建以学生人格和以学生知识能力在社会、家庭、学校与大学生学习主动性间起到中介作用的模型。

（一）以学生个人因素为中介变量的学习主动性与影响因素关系模型

初始模型假定所有因素对学习主动性既存在直接作用又存在间接作用，分析结果见图6-2。

---

① 结构方程模型（Structural·Equation·Modeling，SEM）是社会科学研究中的一种重要方法。该方法在20世纪80年代已经成熟，但在教育研究中的应用并不多。结构方程模型是基于变量的协方差矩阵来分析变量之间关系的一种统计方法，所以也称为协方差结构模型。SEM分为验证性因素分析和路径分析，验证性因素分析主要验证某种特定的结构关系的假设，只关注因了间的相关而非因果关系。SEM路径分析是一连串中介效应的组合所形成的复杂模型，其关键是中介变量以及中介变量之间的复杂关系，中介关系是路径分析的核心，路径分析的目的是解释为何一组变量会有关系？他们是如何彼此相互影响的？

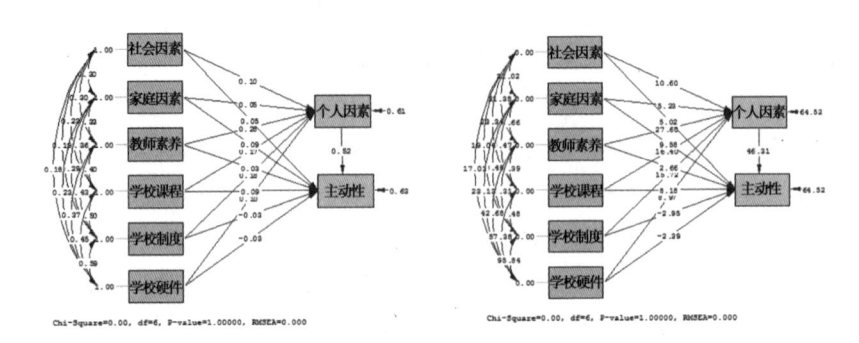

图 6-2　以学生人格为中介变量的大学生学习主动性与影响因素关系初始模型

图 6-2 左图是标准系数解，右边是 T 值图，由图可以看出模型所有路径系数的 t 检验表明系数均显著（图 6-2 右图），而模型拟合非常理想（The Fit is Perfect），因此，模型不需要修正。直接效应和间接效应的详细分解见表 6-11。

表 6-11　学生在社会、家庭和学校对学习主动性的路径分析各项效果分解

自变量		因变量（内生变量）			
		个人因素		主动性	
		标准化效应	t 值	标准化效应	t 值
外源变量	社会				
	直接效应	0.098	10.604***	0.047	5.019***
	间接效应			0.051	10.336***
	整体效应	0.098	10.604***	0.098	9.305***
	家庭				
	直接效应	0.050	5.225***	0.094	9.578***
	间接效应			0.026	5.193***
	整体效应	0.050	5.225***	0.120	10.920***
	教师				
	直接效应	0.280	27.605***	0.029	2.662**
	间接效应			0.145	23.712***
	整体效应	0.280	27.605***	0.173	14.975***
	课程				
	直接效应	0.174	16.398***	0.090	8.815***
	间接效应			0.090	15.458***
	整体效应	0.174	16.398***	0.180	14.837***

续表

自变量			因变量（内生变量）			
			个人因素		主动性	
			标准化效应	t值	标准化效应	t值
外源变量	制度					
		直接效应	0.180	15.716***	-0.035	-2.948**
		间接效应			0.093	14.882***
		整体效应	0.180	15.716***	0.058	4.446***
	硬件					
		直接效应	0.098	8.975***	-0.027	-2.391*
		间接效应			0.051	8.811***
		整体效应	0.098	8.975***	0.024	1.919
内生变量	个人因素					
		直接效应			0.517	46.312***
		间接效应				
		整体效应			0.517	46.312***

注：(1) t值大于1.96时，* p<0.05；大于2.58时，** p<0.01；大于3.29时，*** p<0.001，表中系数值均是标准化解。

表6-11显示，社会、家庭、教师和课程对大学生的影响既产生显著的直接作用，还通过学生产生显著的间接作用。学校制度对大学生学习主动性产生显著的直接负向作用，通过学生个体这个中介变量产生显著的间接作用，说明学校制度对学生学习主动性的影响主要通过学生对制度的接受程度而产生作用，从整体效应来看，学校制度对学生的学习主动性产生显著的影响。学校硬件对大学生学习主动性产生显著的负向直接作用，而是通过学生本人对学习主动性产生显著的间接作用，从整体效应来看，学校硬件对学生的学习主动性没有显著的影响作用。从直接作用角度来看，上述因素对学习主动性的作用根据其效应值从大到小依次是：学生个人、家庭因素、学校课程、社会因素、学校教师、学校制度、学校硬件。从间接效应来看，效应从大到小依次是：学校教师、学校制度、学校课程、社会因素、家庭因素、学校硬件。从整体效应来看，从大到小依次是：学生个人、学校课程、学校教师、家庭因素、社会因素、学校制度、学校硬件。这说明从以个人为中介变量来看，大学生之所以学习主动性水平各不

相同，其主要原因是学生本人，其次是学校课程的吸引力和教师的素养，再次是家庭的影响，然后是社会的影响，最后是学校的制度规约和硬件条件的驱使。

(二) 以学生人格为中介变量的学习主动性与影响因素关系模型

初始模型假定所有因素对学习主动性既存在直接作用又存在间接作用，分析结果见图 6-3。

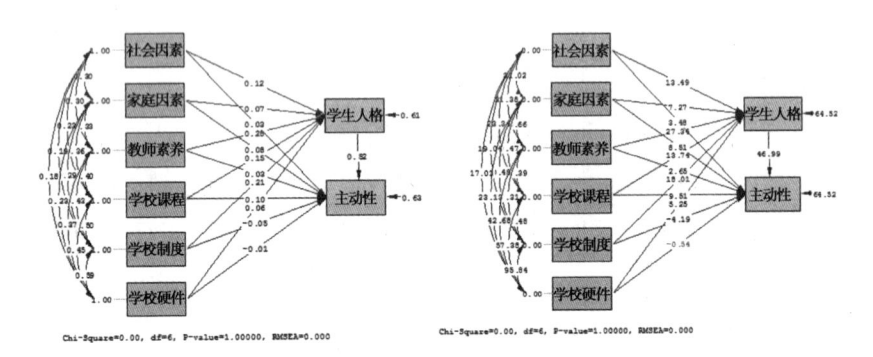

图 6-3 以学生人格为中介变量的大学生学习主动性与影响因素关系初始模型

图 6-3 左边是标准系数解，右边是 T 值图，由图可以看出学校硬件（t=-0.54，P>0.05）对学生主动性的作用不显著，因此删除学校硬件对学生学习主动性的直接影响，得到修正模型，见图 6-4。

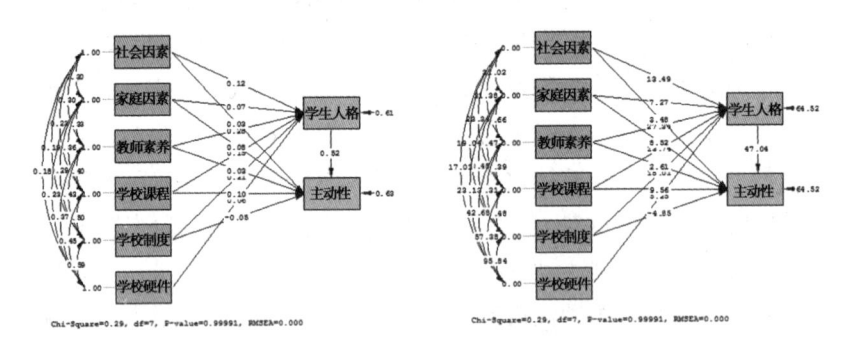

图 6-4 以学生人格为中介变量的大学生学习主动性与影响因素关系修正模型

表 6-12　　　　　　　　模型拟合指数 （n=8332）

模型	拟合指数	df	χ^2	χ^2/df	RMSEA	NNFI	CFI	IFI
人格中介	初始模型			The Fit is Perfect				
	修正模型	7	0.295	1.329	0.000	1.00	1.00	1.00

表6-12显示,两个模型拟合指数均达到非常理想的值(RMSEA=0,NNFI=1.001,CFI=1.000.IFT=1.000,甚至完美的程度),修正模型所有路径系数的t检验表明系数均显著(图6-4右图),因此,接受修正模型,认为学校硬件设备对学生的学习主动性不起直接作用。详细的直接效应和间接效应分解见表6-13。

表6-13 学生人格在社会、家庭和学校对学习主动性的路径分析各项效果分解

自变量		因变量(内生变量)			
		人格		主动性	
		标准化效应	t值	标准化效应	t值
外源变量	社会				
	直接效应	0.125	13.489***	0.033	3.476***
	间接效应			0.065	12.966***
	整体效应	0.125	13.489***	0.098	9.298***
	家庭				
	直接效应	0.070	7.273***	0.083	8.517***
	间接效应			0.036	7.187***
	整体效应	0.070	7.273***	0.120	10.925***
	教师				
	直接效应	0.278	27.340***	0.028	2.609**
	间接效应			0.145	23.637***
	整体效应	0.278	27.340***	0.173	14.995***
	课程				
	直接效应	0.146	13.738***	0.102	9.564***
	间接效应			0.076	13.187***
	整体效应	0.146	13.738***	0.179	14.962***
	制度				
	直接效应	0.207	18.010***	-0.052	-4.851***
	间接效应			0.108	16.820***
	整体效应	0.207	18.010***	0.055	4.591***
	硬件				

续表

自变量		因变量（内生变量）			
		人格		主动性	
		标准化效应	t 值	标准化效应	t 值
外源变量	直接效应	0.058	5.247***		
	间接效应			0.030	5.214***
	整体效应	0.058	5.247***	0.030	5.214***
内生变量	人格				
	直接效应			0.521	47.040***
	间接效应				
	整体效应			0.521	47.040***

注：(1) t 值大于 2.58 时，** $p<0.01$；大于 3.29 时，*** $p<0.001$，表中系数值均是标准化解。

表 6-13 表明，社会、家庭、教师和课程对大学生的影响既产生直接作用，也通过学生人格产生间接作用。学校制度对大学生学习主动性产生显著的负向直接作用，也通过学生人格产生显著的间接作用，说明学校制度对学生的学习主动性能否产生作用主要看学生对制度的理解和接受情况。学校硬件对大学生学习主动性没有产生显著的直接作用，而是通过学生人格对学生的学习主动性产生显著的间接作用。从直接作用角度来看，上述因素对学习主动性的作用根据其效应值从大到小依次是：学生人格、学校课程、家庭因素、社会因素、学校教师、学校制度。从间接效应来看，效应从大到小依次是：学校教师、学校制度、学校课程、社会因素、家庭因素、学校硬件。从整体效应来看，从大到小依次是：学生人格、学校课程、学校教师、家庭因素、社会因素、学校制度、学校硬件。这说明从以人格为中介变量来看，大学生之所以学习主动性水平各不相同，其主要原因是自身的人格要素，其次是学校的课程吸引力和教师的素养，再次是家庭的影响，然后是社会的影响，最后是学校的制度规约和硬件条件的驱使。

（三）以学生能力为中介变量的学习主动性与影响因素关系模型

初始模型假定所有因素对学习主动性既存在直接作用又存在间接作用，分析结果见图 6-5。

图 6-5 左边是标准系数解，右边是 T 值图，由图可以看出学校制度

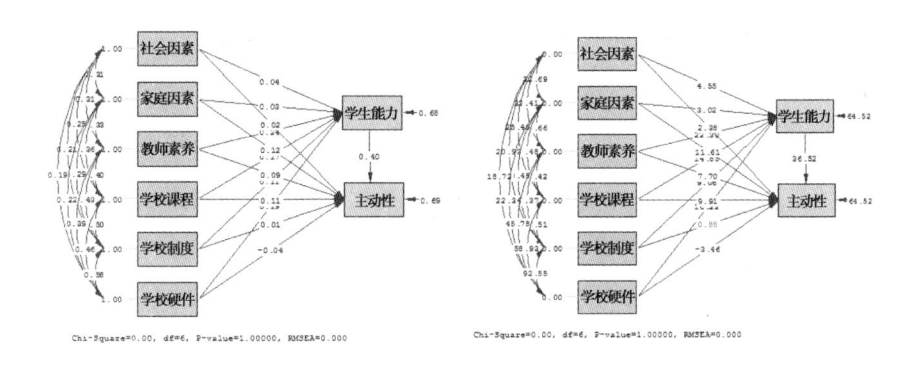

图 6-5　以学生能力为中介变量的大学生学习主动性与影响因素关系初始模型

（t=0.88，P>0.05）对学生学习主动性的作用不显著，因此删除学校制度对学生学习主动性的直接影响，得到修正模型，见图 6-6。

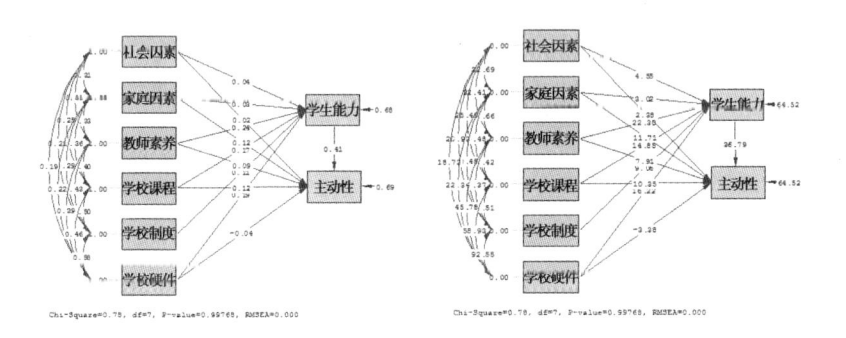

**图 6-6　以学生能力为中介变量的大学生学习
主动性与影响因素关系修正模型**

表 6-14　　　　　　　　　　模型拟合指数（n=8332）

模型	拟合指数	df	χ^2	χ^2/df	RMSEA	NNFI	CFI	IFI
能力中介	初始模型	\multicolumn{7}{c}{The Fit is Perfect}
	修正模型	7	0.776	1.329	0.000	1.00	1.00	1.00

表 6-14 显示，两个模型拟合指数均达到非常理想的值（RMSEA=0，NNFI=1.001，CFI=1.000．IFT=1.000，甚至完美的程度），修正模型所有路径系数的 t 检验表明系数均显著（图 6-5 右图），因此，接受修正模型，认为学校制度对学生的学习主动性不起直接作用。详细的直接效应和间接效应分解见表 6-15。

表 6-15　　学生能力在社会、家庭和学校对学习主动性的路径分析各项效果分解

自变量		因变量（内生变量）			
		能力		主动性	
		标准化效应	t 值	标准化效应	t 值
外源变量	社会				
	直接效应	0.045	4.554***	0.024	2.385*
	间接效应			0.018	4.520***
	整体效应	0.045	4.554***	0.042	3.912***
	家庭				
	直接效应	0.031	3.015**	0.120	11.707***
	间接效应			0.012	3.005**
	整体效应	0.031	3.015**	0.132	11.995***
	教师				
	直接效应	0.239	22.301***	0.087	7.914**
	间接效应			0.097	19.070***
	整体效应	0.239	22.301***	0.184	15.994***
	课程				
	直接效应	0.167	14.845***	0.116	10.352***
	间接效应			0.067	13.767***
	整体效应	0.167	14.845***	0.183	15.405***
	制度				
	直接效应	0.108	9.062***		
	间接效应			0.044	8.799***
	整体效应	0.108	9.062***	0.044	8.799***
	硬件				
	直接效应	0.187	16.222***	-0.037	-3.380***
	间接效应			0.076	14.843***
	整体效应	0.187	16.222***	0.039	3.360***
内生变量	能力				
	直接效应			0.405	36.785***
	间接效应				
	整体效应			0.405	36.785***

注：t 值大于 1.96 时，* $p<0.05$；大于 2.58 时，** $p<0.01$；大于 3.29 时，*** $p<0.001$，表中系数值均是标准化解。

表 6-15 表明，社会、家庭、教师和课程对大学生的影响既产生直接作用，也通过学生能力产生间接作用。学校硬件对大学生学习主动性产生显著的负向地直接作用，也通过学生能力产生显著的间接作用，说明学校硬件设施对大学生的学习主动性的影响主要通过间接作用产生。学校制度对学生的学习主动性没有产生显著的直接作用，而是通过学生能力对其学习主动性产生显著的间接作用。从直接效应来看，上述因素对学习主动性的影响根据其效应值从大到小依次是：学生能力、家庭因素、学校课程、学校教师、社会因素、学校硬件。从间接作用角度来看，效应从大到小依次是：学校教师、学校硬件、学校课程、学校制度、社会因素、家庭因素。从整体效应来看，从大到小依次是：学生能力、学校教师、学校课程、家庭因素、学校制度、社会因素、学校硬件。这说明从以能力为中介变量来看，大学生之所以学习主动性水平各不相同，其主要原因是自身的能力要素，其次是学校教师的素养和课程的吸引力，再次是家庭的影响，然后是学校制度的影响，最后是社会因素的影响和硬件条件的驱动。

第四节 分析与讨论

一 大学生学习主动性的影响因素分析

相关分析表明，学生人格、学生知识能力、教师素养、家庭因素、学校课程、学校制度、学校硬件、社会因素与学习主动性的相关系数均呈显著正相关，说明这些因素与大学生学习主动性有着十分密切的关系。在此基础上的回归分析表明，对学习主动性有显著预测力的是学校、家庭和学生本人。学校因素有学校所在地、学校层次、学校制度、学校课程、教师素养，家庭因素有家庭所在地、家庭经济状况、家庭气氛，学生个人因素有性别、年级、政治面貌、班级身份、学生能力、学生人格、学习成绩。以下从理论和实际（学生访谈结果）对部分上述影响因素进行深入的分析。

（一）学生人格因素

结果表明，学生人格是影响学生能否主动地开展学习的首要影响因素。人格又称个性，是指决定个体的外显行为和内隐行为并使其与他人的行为有稳定区别的综合心理特征。人格因素通常很少变化，因此人格变量经常被作为影响行为的最根本因素进行探讨，如 Frese & Fay[1] 指出人格是影响个人主动性的最深远的因素。因为需要、自信心、意志力、兴趣及习惯等人格因素是学习活动和智力发展的动力，这些因素还能部分补偿智力发展上的某些弱点。这一研究结果与现代心理学特别是人本主义对人格培养的重视是一致的，也与张寿[2]和曲春艳[3]的观点即"独立的主体人格是主动性学习的关键"是一致的。黄友泉[4]进一步提出，教学中要充分培养学生主动性人格，实现教学主体的转变，变学生"要我学"到"我要学"。从学生的视角来看，对学生的半结构性访谈也表明了类似的观点：

> 学生 A：影响学习主动性的原因首先可能自己从没把学习当成是乐趣，从学习中体会到的乐趣不多，学到的东西大都不是自己的兴趣所在，没有确立一个"学为自己"的观念，而总是以各种考试、考证作为催促自身的动力。而且，有时候明知道自己应该看英语，看高等数学等，但因为没有兴趣，就不愿意去接受它，然后丢开它去看自己喜欢的关于文学的书。总之，还是因为兴趣不在这个方面，才会不主动，但若看喜欢的书时，可以废寝忘食。
>
> 学生 D：自己学习主动性不高的原因一方面可能是习惯了以前中学老师总在身后催促的感觉，缺乏自主学习的意识和能力，没有形成良好的主动学习习惯；另一方面可能是我本性比较懒散、喜欢玩，学习目标不明确，意志不坚定。比如，有很多学生都知道知识就是力量、就是财富，我们应该认真听讲，好好学习，可是他们往往都抵挡不住某种诱惑，比如沉迷网络等。另外，有些同学易被周围环境影响，有些心浮气躁，难以沉下心踏实学习，即使闲着也不知干什么，也不情愿坐下学习。
>
> 学生 F：我觉得自己的学习主动性还行，因为我充分认识到自己

---

[1] Frese, M., & Fay, D., "Personal initiative (PI): An active performance concept for work in the 21st century", *Research in Organizational Behavior*, Vol. 23, No. 1, 2001, pp. 133-187.
[2] 张寿：《对主动性学习理论的思考》，《延边大学学报》（社会科学版）2003 年第 3 期。
[3] 曲春艳：《课堂教学中学生学习主动性的研究》，《教育探索》2008 年第 8 期。
[4] 黄友泉、谢美华：《大学生学习主动性因子结构探索及现状调查》，《高等理科教育》2013 年第 4 期。

的责任和家庭处境，我明白自己要什么，懂得对将来的自己负责。作为大学生，学习应该是首要任务，在丰富自己课余生活的同时，认真学习本身就是一件义不容辞的责任。

（二）学生知识能力因素

国内以往研究较多关注的影响因素主要有家庭、学校、社会以及认知、情感、意志和个性等因素，与前人研究较少关注知识能力这一影响因素不同的是，研究发现，学生知识、能力因素是影响学习主动性的第二大因素，即学生扎实而丰富的专业知识或相关知识以及学习中表现出的认知能力和问题解决能力都会对学生的学习主动性产生较大的影响。这一结果也与 Frese & Fay[①] 认为知识、技能和能力是影响个人主动性最深远（distal）的因素不同。[②] 但与 Rotter & Chance[③] 的研究结果即"知识、能力是大学生主动完成学习任务的基础和前提"是一致的，也与蒋琳锋和袁登华[④]的观点即"知识能力会使学生更容易处理潜在的变化、错误和压力，以更好地展现出学习主动性"是一致的。总之，课题研究认为学习主动性会影响知识的获取和能力的发展，反之它也会受到知识、能力因素的影响和制约。受访学生的观点进一步证实了我们的研究结论：

> 学生 11：目前的学习内容多、杂、难，学习比较吃力，有些科目跟不上，有主动学习更多新知识的想法，但是有心无力！
>
> 学生 D：我觉得自己学习主动性不好，因为自己专业知识基础差，接受能力差，以至于课中有脱节，慢慢地积累、主动性就降低了。有时因为自己的知识、能力较弱，所以做题时就感觉比较吃力，打击了自信心。

---

① Frese, M., & Fay, D., "Personal initiative (PI): An active performance concept for work in the 21st century", *Research in Organizational Behavior*, Vol. 23, No. 1, 2001, pp. 133-187.

② Frese, M., &Plüddemann, K., "Umstellungsbereitschaft imOsten und Westen Deutschlands" ("Readiness to change at work in East and West Germany"), *Zeitschrift fuer Sozialpsychologie*, Vol. 24, No. 1, 1993, pp. 198-210.

③ Rotter J. B., "The development and application of social learning theory", *Centennial psychological series*, Vol. 12, No. 1, 1972, pp. 156-182.

④ 蒋琳锋、袁登华：《个人主动性的研究现状与展望》，《心理科学进展》2009 年第 1 期。

(三) 学校教师素养因素

本研究发现,学校教师的素质、师生关系是影响学习主动性的重要因素。

首先,大学生的学习主动性与教师的知识修养、教学水平和人格魅力有着紧密的关系。

> 学生 E 认为,要让学生积极主动的学习,教师必须提高自身的素质,以教促学。老师对待学生要有亲和力,让学生与自己沟通,乐于与你沟通,乐于听你上课。如果老师看学生的眼神很和蔼,学生可能就会有动力,但如果老师看学生是用鄙夷的眼神,那学生就会觉得无趣,甚至自卑。另外,如若一个教师教学素养欠佳,上课总是照本宣科,那么学生自然感觉枯燥无味,无心听课。学生 J 认为,老师很重要,不要求老师有多高学历,但要求他们的授课方法要好,不要太死板,要幽默一点,枯燥、沉闷、不活跃的课堂在一定程度上影响学生对该门课程的积极主动性。另外,师生之间要经常交流,现在的学习方式和以往不同,需要老师的经常性指导,没有老师的指导、完全靠自己很难找到方向。学生 I：改变传统填鸭式的课堂模式,让学生成为课堂的参与者而不是旁观者,让学生成为知识的追求者,而不是接受者。任课教师自身师德高尚、知识渊博、技能精湛,就能赢得学生的尊重、爱戴,进而将这种尊重和爱戴转化为对该教师的课程的喜爱,而一旦学生喜欢某教师的课程,则学习该课程的主动性自然就会高,反之,学生讨厌某教师的课,对该课程就会产生逆反心理,主动性也无从谈起。

其次,只有当学生在课堂上感受到亲切、轻松和愉快的氛围时,他才会保持强烈的求知欲和积极的情绪情感,并愿意接受教师的影响以及主动配合教师。另外,师生关系的融洽与和谐是学生学习问题得以及时解决的重要条件,也是学生获取正确学习认知、形成坚定学习意志的重要条件。因此,师生关系是影响大学生学习主动性的一个重要因素。

由此可见,教师素养、师生关系对大学生的学习主动性具有重要的影响,但相比之下融洽的师生关系最有利于调动学生学习主动性,这正印证了"亲其师而信其道"的古话,但教师的学术水平对学生学习主动性的影响程度相对较低，这可能侧面反映出"学者未必是良师"的现实。

(四) 学生家庭因素

研究发现，家庭因素也是影响学习主动性的重要因素。家庭是学生人格养成的摇篮，家庭对个体的成就需要、意志力、自信心、学习兴趣、学习习惯等人格要素的形成起着关键的作用。研究进一步发现，家庭环境对大学生学习主动性的影响主要表现在家庭氛围、父母关注及家庭经济三个方面。首先，家庭氛围的和谐程度是家庭因素中影响学生学习主动性最主要的因素。本文第五章研究表明，与父母关系越亲密，学生的学习主动性越高，而缺少家庭关爱与温暖的学生，容易导致自卑而降低学习主动性。其次，学生的家庭经济状况对于学生学习主动性有着重要的影响。部分家庭贫困的学生期待通过努力学习改变自己的命运因而刻苦学习；相反，少数家庭条件较好的学生则缺乏来自经济上的学习驱动力。

> 受访学生B认为，我的学习主动性还可以，因为在大学没有人会督促你学习，要想从大学里走出去有个好工作、好未来，让家里的父母过上好生活，只能积极主动的认真学习，学习可以改变一切。

最后，父母对学生学习情况的关注和期望也是影响孩子学习主动性的重要原因。我国的大学生往往面临着"家庭不管"及"自我无能管理"的尴尬局面。一方面，我国的多数家长在子女入大学之前对他们的学习高度关注，而一旦子女进入大学，这种关注则戛然而止，多数家长忽视了他们在孩子大学成长阶段所需扮演的角色和发挥的作用。另一方面，大学生由于适应了高中时期来自家长和教师的严格管理而难以适应大学宽松、自由甚至有点"无人问津"的学习环境，没有了家长的积极关注，他们中的部分人就像脱缰的野马，彻底放松自己甚至放任自己却失去了自觉的主动的学习行为。由此可见，家庭氛围、父母关注及家庭经济对大学生的学习主动性具有重要的影响作用。该研究结果与朱新伟等人[1]的研究结果"高校学生的学习主动性与家庭环境和父母对子女的教育方式、期望水平直接相关"是一致的。

---

[1] 朱新伟、朱拓：《目标管理理论与大学生学习主动性培养》，《扬州大学学报》（高教研究版）2008年第2期。

（五）学校课程因素

本研究发现，学校课程因素是学习主动性的重要影响因素。课程是学生在校所学的所有内容的总和及其进程的安排。课程设置是否合理、科学将直接影响到大学生是否愿意积极主动地投入学习。调查发现，许多大学都面临这样的问题，大量学生不爱学习，他们要么上课睡觉、玩手机或与同学聊天，要么干脆逃课，引起这种现象的重要原因之一就是他们对课程不感兴趣，而兴趣低落背后的根源之一又是学校课程的设置问题，这主要反映在课程内容和课程结构上。

首先，课程内容雷同、陈旧、过于理论化难以激发学生学习的主动性。内容雷同源于高校在课程安排上缺乏系统性，教师、学校教学管理部门、学生之间缺乏相互沟通，在课程内容、教材体系的编制和撰写上各自为战，甚至与学科的实际状况脱节，造成相关课程部分内容重复。学生被动接受某些内容的重复教育，这使得他们对上课失去了新鲜感，产生了厌烦情绪和无所谓的态度，因此，学习缺乏主动性，上课睡觉、玩手机甚至逃课也就不奇怪了。

> 访谈中学生C发现，大三学习的科目和大二学习的科目是形不同而神同，实际上就是将学过的一个学期的知识再重新学一个学期，这就使我们减少了对此科目的兴趣，打压了我们学习的积极性，从而影响到我们学习的态度和状态。另外，我们从日常的生活中就可以学到的知识也经常被拿到课堂上来演习，这使我们觉得一天到头接受的都是些无用的东西，学或不学都是一个样的，这减淡了学习的兴趣，减少了学习的时间，也影响了我们学习的状态。

课程内容陈旧主要表现是课程内容缺乏学科的前沿性和国际性，滞后于学科的发展。徐同文教授指出，"大学里一些专业设置和课程内容陈旧落后，没有及时跟上'转方式，调结构'对人才的素质要求"，"大学课堂上学生在读旧书，老师在讲废话"[1]。陈旧的课程内容无疑难以满足大学生对先进文化、先进科技的渴求，也势必影响学生未来的就业，学生眼中这些"无用"的内容难以激发他们的学习兴趣和学习主动性。课程内

---

[1] 汪大勇：《高校：创新课程就是提高质量》，《光明日报》2012年5月21日第16版。

容过于理论化是学生访谈中反映最多的问题。他们认为如果教师所教内容不能很好地联系学生的生活实际和现代科技,不能与行业岗位紧密结合,他们会感觉这样的内容枯燥乏味因而很不愿意学习更谈不上主动学习。

> 访谈中学生 F 如是说,当前学校开设了一些空洞、理论化的、没有实际价值的课程,这也大大削弱了学生学习的主动性。

其次,课程结构单一化。这主要表现在必修课程多,选修课程少;学科课程多,综合课程、跨学科课程少;基础理论课程多,普通教育课程少[①]。上述课程结构不利于满足学生的兴趣和需要,不利于学生的个性发展和综合能力的形成,也不利于调动学生学习的主动性。

最后,过量的课外活动影响了部分学生的学习主动性。当前,有的学校和政工干部为了追求活动所带来的政绩,组织了过量的课外活动,导致学生苦不堪言、怨声载道。尽管课外活动是高校课程结构体系中的重要一环,具有丰富学生的精神生活、巩固课内知识、扩大知识视野、训练学生的社会交往能力等功能,但是参与繁多的课外(社团)活动会分散学生的学习时间和精力,导致他们在学习上投入不足。

由此可见,课程内容、课程结构的合理性以及过量的课外活动对大学生的学习主动性具有重要的影响。

(六)学校制度因素

本研究发现,学校制度也是学习主动性的重要影响因素。"学校和教师对学生教学要求的高低程度""学校的奖惩机制"和"学校的考评制度"三个项目都属于制度因素的范畴,它们都将对学习主动性的发挥有重要影响。

首先,强有力的学校监管能够通过从外部施压规范学生的学习行为进而使其慢慢养成积极主动的学习习惯和态度。虽说现在大多数教育专家认同对学生的管理应该从感情上感化和引导入手,但学校和教师对学生严格的、有力的监管也是必不可少的。由于受传统教育的影响,很多大学生形成了被动学习的惯性,再加上父母师长要求不高以及大学自由、宽松的环境,以至于大学生在学习上没有一定的压力从而容易放松自己并导致在学

---

① 张继华,《论高校课程改革及发展趋势》,《煤炭高等教育》2000 年第 3 期。

习上越来越有惰性。

受访学生D认为高中与大学的学习环境差异很大，高中的老师对学生管理很严，要求高，大家在紧张的学习环境中竞争，比成绩，而大学的氛围比较轻松，缺少管束。

其次，强化理论认为，奖惩是规范个体行为，调动个体积极性和主动性的重要手段。[①] 奖惩是一种外在的行为规范约束机制，学生可以通过这种外在的强制力规范和约束自己的行为，形成良好的行为习惯，并使之转变为一种内在动力，进而形成学习的情感性、控制性和自觉性。

最后，学校考评会使大学生之间进行相互比较，产生积极的刺激因素，从而挖掘他们的潜能，调动他们学习的主动性。因为，在一般情况下，每个人都有获得较高评价，实现自身价值的愿望。被评对象一旦获得较好的评价，其行为则会被进一步强化和激励；而如果获得不佳的评价，被评对象则会被鞭策而努力追赶。

学生F认为，学校的管理制度要加强。首先要健全考试制度。目前的大学考核制度很简单，学与不学差别不大。比如，以往只在学期末进行一次测试，大多数学生采用临时学习而不注重平时学习，因此希望一个学期有两次考试，并希望教师在监考时能严格一些，不放过任何一个舞弊的学生。我觉得我们学校有些教师的监考很松，导致一些学生平时不努力，考试全舞弊。这使得舞弊学生平时不努力，也打击了那些平时认真学习的学生。考试内容上要注重一些平时知识、能力积累的考核，而不是考核那些只要"临时抱佛脚"就可以应付的题目。

学生I认为，大学对学生的管理太松，与高中严格管理的学习生活差别很大，自己不能有效地控制学习和生活习惯。因此，要想调动大学生的学习主动性，学校要加强学生的管理，比如提早"断网"时间，组织上自习等。尤其是要加强激励机制的建设，但激励不仅仅是奖学金这种长时间努力才能收到的回报，应该有短期、多次的激励

---

① 张新娅：《高等学校运用奖惩机制调动教师积极性的策略》，《陕西教育学院学报》2008年第1期。

措施。而且激励的方式应该多样,不仅是奖学金上物质激励,还要有诸如语言激励、期望激励、情感激励、目标激励以及榜样激励等多种方式。另外,任课老师也应当适当布置作业,这样可以一定程度上督促学生课下学习。

由此可见,教师的要求、学校的考评以及奖励制度对大学生的学习主动性具有重要的影响。

(七) 学校硬件因素

本研究发现,学校硬件条件也是学习主动性的影响因素。学生认为(见下面访谈结果)学校良好的教学条件和生活条件对他们的学习主动性具有重要的影响,尤其是学校的图书和教学仪器、设备等教学条件,而相对来说学校的物质生活条件并不是影响大学生学习主动性重要因素。

> 学生B:像我校惟义楼的许多教室内,桌椅的受损程度比较严重,而有些桌椅处于即将坏掉的状况,这样一来,我们去自习时,不仅会碰到位置不够的问题,而且会碰到由于桌椅老是"吱吱"的声音而严重影响学习情绪的问题;有的教室里的灯也存在不同程度的问题。这些问题都会影响我们学习主动性的发挥。
>
> 学生C:图书馆、自习室人太多,稍微去晚了一点就没有位子了,而且图书馆的藏书更新率不高,开放时间也不够;另外,图书馆里的书难找、难借,很难找到想要的书,这些都打击了学生的学习主动性。所以,学校要改善图书馆、自习室的环境,营造良好的学习氛围。
>
> 学生D:课堂人数太多,教学效果自然不好,要提高大学生的学习主动性及教学质量,可以考虑实现小班化教学。

可见,学校硬件条件是影响大学生学习主动性不可忽视的因素,这与朱新伟等[1]所提到的观点即"学校的硬件条件能否满足学生求知的需要是影响大学生学习主动性的基础"具有一致性。

---

[1] 朱新伟、朱拓:《目标管理理论与大学生学习主动性培养》,《扬州大学学报》(高教研究版) 2008年第2期。

（八）社会因素

本研究发现，社会因素也是学习主动性的影响因素。当前，社会转型和市场经济背景下的某些消极的思想观念与落后的行为方式对思想尚不很成熟、是非辨别能力不是很强的大学生产生着强烈的冲击，比如，拜金主义、工具主义、享乐主义等不良思想严重侵蚀着大学生的思想，导致许多大学生在急功近利、一日暴富的浮躁心理漩涡中不能自拔。在这种浮躁的社会环境中，许多大学生抛弃了超越自我、涤荡生命的内在价值观，而把追求谋生、求职的工具价值作为自己的教育价值追求。盛瑶环等[①]的调查发现70%以上的学生其学习目的是获得一份体面的工作以此成就自己的未来。

> 学生F说，学习受到社会影响太大，大学不再是以前的单纯搞教育、学术的地方了，学校成为了大多数人心中的跳板，物质的社会、金钱的社会让学生不再醉心于学业、学术了！

当前，有许多大学生认为，就业难的社会现实给他们带来了巨大的压力和恐慌，他们的意识领域中认为社会经验比学识更重要。因此，为了能在严峻的就业形势中找到自己的一席之地，他们更愿意把大量的课余时间用于参加各种社团、勤工助学以及人际交往等活动上以拓展自己求职所需的所谓"适应能力"和"人际沟通能力"，却不愿意投入时间和精力于正常的课堂学习更谈不上主动进行课外学习。与此同时，社会上的不公平就业现象为大学生学习主动性更是蒙上了一层阴影，许多学生认为学习再好也没用，关键是要有后台，运用好潜规则比学好更重要。"学好数理化，不如有个好爸爸"的口号依然盛行，这些都严重地挫伤了大学生的学习主动性。

> 学生H：社会上出现了一些类似于"读书无用论"等的功利语言，也打击了我们很多大学生的学习主动性。

再者，由于电脑、手机等电子产品不断普及，网络信息文化也不断深入大学生的生活，这对于喜欢追求新奇刺激、接触新鲜事物的当

---

① 盛瑶环等：《大学生学习动机的调查分析及培养》，《教育与职业》2006年第20期。

代大学生具有巨大的诱惑力，许多学生沉溺于网络游戏和网络聊天不能自拔。

　　学生 G 说，我也想很主动地去看一些我喜欢的书籍，但每次一拿到书，手机就响起了，又只好停下手中的书去接电话、聊 QQ。而且，当前人们愈发崇尚物质主义，缺乏对精神世界的向往，人心浮躁，无法静心思考和学习。

　　由此可见，社会风气、就业形势及外在诱惑对大学生的学习主动性具有一定的影响，尤其是就业问题，包括就业形势和就业市场是否规范对大学生学习主动性的影响相对较大，说明就业问题是大学生学习的重要指挥棒。总之，社会层面的因素对大学生学习主动性的影响是多方面、深远的，它们都让许多大学生无法静心思考和学习。

二　影响因素对大学生学习主动性的影响机制

　　为了探讨假设的影响因素对学习主动性的影响机制，研究分别进行了相关分析、回归分析、多层线性模型分析、中介效应检验和路径分析。相关分析表明，个人与学习主动性的关系最为密切，其次是学校、家庭和社会。回归分析显示，对学习主动性有预测作用的是学生人格、知识和能力、成绩水平、政治面貌、班干身份等个人因素，学校所在地、学校层次、教师、课程等学校因素，家庭所在地、家庭经济状况和父母对学习的关注等家庭因素。多层线性分析结果表明学校对大学生学习主动性的影响只占 3.99%，与个人层面的变量一起进入方程，学校相关变量对大学生学习主动性的影响都变得不显著。中介效应检验结果表明，个人在学校制度、学校硬件对学习主动性的影响关系中起到完全中介作用，个人在社会、家庭、教师和课程对学习主动性的影响关系中起到部分中介作用。路径分析进一步表明，个人、学校、家庭和社会对学习主动性的影响效应中，个人因素对学习主动性的总效应值最大（0.517），其次是学校（0.435），再次是家庭（0.120），最后是社会因素（0.098）。其中，个人因素对学习主动性的影响全部是直接效应，

　　社会、家庭、教师、课程对学习主动性的影响包含直接效应和间接效应。学校制度和学校硬件对学习主动性的影响主要以个人为中介实现。

　　综合上述分析，由此我们可以得到以下结论：

第一，从综合影响效果来看，对学习主动性的影响从大到小依次是：个人、学校、家庭和社会；从直接影响效果来看，依次是：个人、家庭、学校和社会；从间接影响效果来看，依次是：个人、学校、家庭和社会。

第二，无论是综合影响、直接影响还是间接影响，学生本人（本研究主要指个人的人格特征和知识能力因素）都是影响学习主动性的最重要因素。以上四个因素中，个人属于内因，学校、家庭和社会都属于外因，个人在学校、家庭和社会对学习主动性的影响机制中扮演着中介作用，这体现了马克思主义外因要通过内因起作用的基本原理，也符合社会认知理论的基本原理，即一切外在要求、条件只有被个体所吸收和内化时才能对个体产生作用。因此，激发学生的学习主动性首先要重视帮助学生完善人格并且助其提升知识和能力。

第三，家庭对学习主动性的影响起着非常大的直接作用，也部分通过个人进行间接影响。因此，温暖、和谐的家庭气氛、父母对孩子的关注、家庭的经济状况等都可能是学生学习主动性的影响源。

第四，学校对学习主动性的影响主要通过学生这一中介而产生作用，同时也有部分直接作用。研究表明，教师的素质、学校的学习风气、师生关系、学校课程都在直接或间接地影响到学生学习的主动性。而学校制度和学校的硬件设施也在间接影响学生的学习主动性。

第五，社会对学习主动性的影响也表现为直接或间接的影响。这说明社会对学生学习主动性的影响是复杂的，如可能存在同样的因素对不同的学生产生不同的作用，对某些学生产生积极作用可能对其他学生产生消极作用。

总之，无论周围的环境如何，它都会不可避免地对大学生的学习主动性产生影响，但关键还是需要学生本人发挥自己的主观能动性，要善于利用周围环境中的有利因素，克服环境中的不利因素给自己带来的消极影响，勇于创造有利于学习的环境，从而积极主动地开展学习。

第五节 小结

一 各变量与大学生学习主动性的关系

各影响因素与学习主动性呈显著正相关（$P<0.001$），相关系数从大到小依次是：学生人格、学生能力、学校课程、教师素养、家庭因素、学

校制度、学校硬件、社会因素。个人、学校、家庭、社会与学习主动性也呈显著正相关（$P<0.001$），相关系数从大到小依次是：个人、学校、家庭、社会。

二 大学生学习主动性的回归分析

回归分析表明，对学习主动性有显著预测力的是学校、家庭和学生本人中的部分变量。学校因素有学校所在地、学校层次、学校制度、学校课程、教师素养，家庭因素有家庭所在地、家庭经济状况、家庭气氛，学生个人因素有性别、年级、政治面貌、班级身份、学生能力、学生人格、学习成绩。其中，学校所在地有预测力的是西部＆中部、东部＆中部，家庭所在地有预测力的是乡镇＆县城、省城＆县城，家庭经济状况中有预测力的是低收入＆中低收入、贫困＆非贫困，年级中有预测力的是一年级＆四年级，学习成绩中所有组别对比都有显著预测力。

三 大学生学习主动性的多层线性回归分析

大学生学习主动性存在一定的校际差异。影响大学生学习主动性主要因素是学生个体因素，学校因素解释了大学生学习主动性差异的3.99%。

四 个体在学校、家庭、社会因素与学习主动性效应间的中介效应

社会因素、家庭因素、教师素养、学校课程对大学生学习主动性既产生直接作用又以学生个人为中介产生间接作用。学校制度和学校硬件对大学生学习主动性的影响主要以学生个人为中介产生间接作用。

五 大学生学习主动性的因果模型

分别以学生个人、学生人格、学生能力为中介变量的路径分析结果表明，根据整体效应从大到小依序是：

以学生个人为中介：个人、课程、教师、家庭、社会、制度、硬件。
以学生人格为中介：人格、课程、教师、家庭、社会、制度、硬件。
以学生能力为中介：能力、教师、课程、家庭、制度、社会、硬件。

第七章

提升大学生学习主动性的若干对策建议

上述若干章节的研究表明，大学生学习主动性具体表现为具有一定路径关系的七个维度，它们分别是学习需要性、学习目的性、学习情感性、学习控制性、学习自觉性、学习互动性及学习创造性，而且不同背景的大学生其学习主动性总分及各维度上的得分都存在不同程度的差异。另外，总体来说，影响大学生学习主动性的因素包括学生个人因素、家庭因素、学校因素以及社会因素，而且各因素在影响强度上也存在一定的差异。根据之前的研究结果，本章将从影响因素的视角和维度结构的视角并结合现状的特点提出若干有针对性的对策建议。

第一节 影响因素的视角

影响大学生学习主动性的因素是复杂的，包括社会、学校（包括学校教师和学风、学校硬件、学校制度和学校课程四个因素）、家庭和学生个人因素（包括学生知识、能力因素，学生人格因素）多个层面，要达到提高大学生学习主动性的目的，就需要各个方面的共同努力。为了从整体上把握提高大学生学习主动性的工作，下面从以上四个方面提出提高大学生学习主动性的思路和框架。

一 完善人格修养，增进知识能力

本文第六章研究结果表明，个人在学校、家庭和社会对学习主动性的影响机制中扮演着中介作用，即学校、家庭和社会这些外因都要通过学生个体（本研究主要指个人的人格特征和知识能力因素）这一内因起作用，学生本人是提高学习主动性的核心要素，因此，调动大学生学习主动性的着眼点应放在学生个人因素上,即良好人格和知识、能力的培养上。

(一) 完善学生人格修养

本文第六章研究结果表明,人格与大学生学习主动性的关系最为密切,是学生能否主动开展学习的首要影响因素,因此,完善学生人格修养是教育工作者首先要考虑的问题。根据本研究中学生人格所包含的内涵,调动大学生学习主动性的着眼点应放在刺激大学生的学习需要(包括认知需要和成就需要),提高他们的学习自信,锻炼他们的学习意志,培养他们的学习兴趣和习惯,激发他们的学习责任等内容上。具体方法有:①尊重学生个性,挖掘学生"亮点"。每个大学生都是独特的个体,都有着自己独特的个性和"亮点",教师应根据他们的个性特点,充分挖掘其身上的可贵品质,并对他们良好的行为表现给予诚心的欣赏和及时的肯定,这种欣赏和肯定对于大学生来说将是巨大的鼓励和期望,而这种效应对于大学生的学习需要、自信心、兴趣及意志力等积极人格的培育也将起着重要的意义。②"塑"教师良好人格,"导"学生积极发展。教师是学生效仿的偶像,他们的思想、学习和品行都将对大学生的人格培育起着重要的作用。因此,高校在教师和辅导员的遴选时,应把人格特质也作为一个重要的考评标准;另外,在继续教育中也应对在校教师定期进行心理培训,提高其人格品质。③还"权"于"生",满足学生自主需要。学习是学生自己的事情,教师必须把学习自主权真正还给大学生,让他们自己选择专业和课程,自己控制学习进程。只有学习自主权得到了满足,他们才会产生积极情绪,才能激发出巨大学习力量,也才会变"要我学"为"我要学"。④改善教学条件,强化学校管理。改善教学条件、优化教学服务,能激发大学生的学习热情,让学生学有所值;强化学校管理、完善学校监督,能规范大学生的学习行为,让学生学有所得。只有大学生产生了自我效能感,感受到了学习的愉悦与充实,才可能养成勤奋、好学、创新等积极人格特质。⑤塑造文明校园文化,孕育学生优良品质。学校应该组织质量优良、数量合理的学生会、社团及志愿者活动,因为诸如学生会、社团及志愿者等课外组织可以陶冶情感、锻炼意志、培养责任感、造就主动性,从而使学生具备爱人、宽容、坚持、合作等优秀人格特质。

(二) 增进知识和能力

知识和能力能使学生体验到胜任的经历,反过来,这些胜任的经历又会使学生形成更高的自我效能感以及学习上更高的控制性评估,所以,知识和能力是影响学生学习主动性的较深远的影响因素。本研究第六章的研究结果表明,学生知识、能力因素与学习主动性关系的密切程度处于第二位,是影响大学生学习主动性的重要因素。因此,教师既要丰富学生专业知识,同时还必须培养其学习能力,改进其学习方法。专业知识是大学生生存与发展的智力工具,作为高校教师要对教学活动进行周密设计、精心安排和科学管理,努力帮助学生广泛而准确地掌握学科的基础知识,深入理解学科的基本结构和各部分知识之间的内在联系,了解学科的发展脉络和最新研究成果。但是,学生在掌握知识的过程中,懂但并不等于会做,会做也不等于有创新。因此,教师在传授知识的过程中,要尽量减少坐而论道式的单向讲授,重点应让学生学会怎样学习和学习如何思维,努力提高他们的学习能力和创造能力。根据本研究中学生能力所包含的范畴,大学教师应该努力培养大学生分析问题和解决问题的能力、开拓创新的能力、自我反思的能力、调控自己情感和行为的能力、良好的应变和沟通能力以及教给他们良好的学习方法与技巧。上课认真记笔记,认真分析作业,课后认真总结、反思都是提升大学生学习能力、改进其学习方法的有效途径。比如,上课认真记笔记有助于大学生深化记忆、活跃思维、提高听课效率;认真分析作业既有助于大学生在运用所学知识的过程中抓住问题的本质,同时也有助于提高他们分析问题、解决问题的能力;课后认真总结、反思既有助于大学生掌握各部分知识之间的内在联系,也有助于提高其逻辑思维能力和自我反思能力。改变"满堂灌"的传统教学模式,采取问题教学法、课堂讨论法、探究教学法、发现教学法以及合作教学法等新的教学模式对于有效提升大学生的上述学习能力也有着极为重要的意义。

二 重塑学校文化,营造学习氛围

(一)加强学校课程建设

学校课程因素是影响大学生学习主动性的第三大因素。当前,许多大学都面临学生不爱学习的现象,表现为上课不听讲、走神以及迟到、早退、逃课等问题。原因之一就是学生对所学课程不感兴趣,主要反映在对课程内容和课程结构问题的不满。因此,深入进行高等教育课程改革,尤其是课程内容及课程结构的改革,对于提高大学生的课堂学习主动性,提高高校人才培养质量十分必要。

首先,更新课程内容,实现课程现代化。现代科学技术的迅猛发展,知识呈几何级数爆炸式增长,知识老化速度明显加快。因此,我们必须大力改变过去某些课程内容长期不变的状况,废除雷同、陈旧的内容,改造过于理论化的内容,修正不确切、不科学的内容,把反映人类文化、科技中的最新成果及时纳入课程,从而扩展学生视野,满足学生发展的需要。信息化是当前社会的最显著特征,要使课程现代化,就必须设置国际化、信息化等方面的课程,使大学生掌握信息及情报科学等方面的必备知识,并提高他们获取信息、传输信息、处理信息和应用信息的能力。

其次,调整课程结构,实现课程的综合化。综合化是现代科技和生产的基本特征,与现代社会紧密相连的高校课程也应该是综合的。高校综合课程对大学生综合能力、创造能力的培养以及正确世界观和价值观的形成等都大有裨益。因此,我们应改变过去"学科中心"的课程设置倾向,通过增设综合化程度不同的跨学科课程,努力构建立体交叉的综合化多学科课程体系。具体方式有:一是合并若干学科,开设一些综合性课程;二是课程结构综合化,所谓综合化是指系统地综合设置多种多样的课程,如基本理论基础教育和专门的专题教育、人文社会科学和自然科学相互渗透和穿插,可以基础课与专业课、专业课与实践课、必修课与选修课并举等,目的在于培养学生适应社会飞速发展的要求和具有解决复杂问题的综合能力和创新能力。值得我们注意的是,课外(社团)活动是课堂教学的重要补充,它的开设一定是基于教学的实际需要,是基于学生的兴趣、爱好、特长以及实际的需要,而不应该作为学校、学院或某个别政工干部追求政绩的一种工具。

(二)提高教师素质,改善学习风气

第六章的研究表明,学校教师的素质、师生关系及学风与大学生的学习主动性关系处第四,也是学习主动性的重要影响因素。因此,要激发大学生的学习主动性,就必须提高教师素质,优化师生关系,改善学习风气。

首先,努力建立亲密和谐的师生关系。良好的师生关系是调动学生积极主动性和创造性的前提,本文第六章研究发现,相比教师素质、学习风气而言,融洽的师生关系最有利于调动学生学习主动性,因此,教师应主动构建良好的师生关系。具体策略包括:①教师要充分了解和研究学生,在此基础上做学生的良师益友;②教师应树立正确的学生观,用赤诚的爱心去关心、尊重学生，从而尽力赢得学生的尊重与热爱；③教师应主动加强与学生沟通，在沟通中教师应充分地投入情感，用自己真挚的情感去影响学生；④教师对学生应给予经常性的指导和帮助，从而把学生有力地吸引到教学过程中来，调动学生学习的主动性。

其次，努力提高教师的素质。教师学识广博，学生就会敬佩你并愿意倾听你的教诲；教师授课风趣，学生就会乐意学并不知疲倦；教师师德高尚，学生就会敬重你，亲近你。可见，教师素质在教学过程中的重要性，这也就要求教师应不断提高自己的专业素养。从教师自身的角度来看，提升教师素质有以下几条具体途径：①日常反思。日常反思是教师在平时的教学中，对专业实践中存在的问题进行回忆、评价、思考，并努力探究问题解决策略的一种方式。②个人行动研究。所谓个人行动研究，是指教师带着实践问题，通过实践探索获得解决实践问题方法的研究方式，是一种研究与实践相结合的研究范式。③个人阅读与反思性写作相结合。阅读可以开阔理论视野，丰富专业知识；反思性写作可以总结教育经验，完善自我专业水平。④同伴交流与合作。教师通过与同伴共享教育感悟与体验、分担教育困惑能加深对专业的认识并有利于实现自我的专业发展。

最后，营造良好的学习风气。教师和家长、同学与朋友感情的影响，学校、家庭、社会等环境的熏陶等都是培养学习主动性的外部动因，因此，建立严谨的校风、班风以及良好的学风对学生学习主动性的培养是十分重要的。教师对学生要求越严格、班风越端正、班级凝聚力越强就越容易激发学生产生积极向上的动力。加强学风建设的方法有很多，其中比较重要的有：第一，帮助大学生树立正确的人生观、世界观和价值观，端正其学习态度。第二，要抓好教风。教师在教学过程中占据主导地位，教风的好坏直接影响着学风。第三，要发挥学生骨干在学习中的示范和督促作用。同时，大力加强宿舍的学风建设。调查发现，部分学生缺乏学习主动性，主要是由于寝室学习氛围不浓厚。第四，努力做好后进生的教育转化，避免后进生给学风带来负面辐射效应。

（三）加强学校制度建设

相比中小学来说，大学的管理方式要宽松、自由得多，因而使许多习惯了中小学严格的、家长式的教学管理模式的大学生深感不适应，进而导致部分学生放任自流，表现在平时上课不认真，沉迷于网络，考前复习搞突击等。因此，重视完善制度建设，加强学校和教师在教学中对学生的严格要求，对于形成学生主动学习的习惯具有极大的积极作用。对于学校制度的建设，要以学风管理建设和教学管理为重点，建立起合理的大学生日常行为规范以及公平合理的评价体系，同时引入奖惩等激励与竞争机制。首先，在对学生的管理中情感的感化、思想的引导是需要的，但是严格的、有力的监管制度也是必不可少的。高校应努力完善大学生日常行为规范，教师在教学和管理中也应经常对学生提出合理而严格的要求，促使他们努力形成自觉的学习习惯和学习态度。其次，高校应建立起公平合理的评价体系，对学生的德、智、体、美、劳进行全面、合理的评价。为了保持评价的科学性和有效性，评价中要注意评价主体的多元性（包括教师评价、学生自评和同学评价等），评价方式的多样化（包括定性与定量评价相结合、过程与结果评价相结合等），以及评价的公正性和反馈的及时性。与此同时，学校要通过建立包括奖学金制度在内的一系列奖惩制度来激励大学生，激发他们对完成学习任务的兴趣，使学习的外部动力向内部动力转换。最后，通过开展学习竞赛等活动引入竞争机制，激发学习动力，提高学生完成学业的主动性。

（四）改善学校的硬件条件

第六章的研究发现，学校是否具备良好的学习和生活方面的物质条件是影响学生学习主动性的因素之一。学校物质文化方面的影响因素共包括"学校图书资料的数量及质量""学校的教学仪器设备""学校图书馆和自习室的可坐率"和"学校的物质生活条件"四项，其中"学校图书资料的数量及质量"居于首要地位。当前，设备陈旧、师资紧缺、资源匮乏的学校条件已无法调动学生学习的积极性、主动性，因此，学校和相关政府部门应加大对学校物质条件的建设。首先，改善学校仪器设备条件，尤其要加强学校图书资料的数量及质量的建设。其次，加大实践教学的投入，建立和完善相应的教学实践基地。真实的工作情境能有效地激发学生的学习兴趣，提高学生的学习主动性。最后，改善学生生活条件，注重细节管理。学校后勤部门应该从细节上考虑学生的衣食住行问题，因为看似无关紧要的小问题，比如一盏灯、一个插座或一把椅子，往往都会影响学生的学习情绪和学习态度，甚至严重干扰学生的学习。

三 发挥家庭作用，激发学习情感

本文第六章表明，家庭氛围、父母关注及家庭经济等家庭因素对大学生的学习主动性具有重要的影响。家庭是一个人能否顺利成长的后盾,任何人的成长都离不开家庭的影响。要提高大学生的学习主动性,从家庭的角度来说,主要可以从营造良好的家庭氛围和加强对孩子的关注入手。首先,父母要为孩子营造积极主动、和谐温馨的家庭氛围。本文研究结果表明,与父母亲关系亲密的学生在学习主动性总分以及其他维度上的得分基本上都要高于关系一般或关系疏远的学生。与父母关系亲密的孩子在遇到挫折的情况下往往表现出不害怕不退缩,而最重要的是他们与那些处于不良家庭环境中的学生相比具有良好的学习动机,有更为明确的学习目标,有良好的自我效能感、健康的归因和适度的焦虑。这使得他们在遇到挫折的时候,能够主动积极地调整自己的学习策略,运用自我调节学习来适应学习中的新情况从而解决问题。其次,父母应多给予孩子更多的温暖与关爱。父母给予孩子温暖和理解越多,孩子就越倾向于努力学习,选择挑战性的任务和面临困难时具有坚持性,并且愿意将学习视为终极目标,努力发展自身的能力。最后,要进一步强化家长教育者的角色,一如既往地对孩子的学业成长给予关注和期待。在我国,大部分父母往往在子女步入大学前对孩子的学习给予高度的关注和期待,而一旦子女进入大学,父母则明显放松了对孩子学业情况的关注,忽视了他们在孩子大学成长阶段所需扮演的教育者角色。由于家长的关注和期望不高,许多大学生因而逐渐丧失了对学习的兴趣和信心,表现出对学习的消极和被动。

四 立足经济发展,优化社会环境

本文第六章研究表明,社会因素也是影响大学生学习主动性不可忽视的因素。教育作为一种社会现象,其发展和变化是由当时社会经济和生产力发展所决定和制约的。因为,经济发展水平会从根本上制约教育投入的力度,进而影响教育的可持续发展。办高等教育,包括改善基础设施,建设师资队伍,购置仪器设备,改善教学条件等都需要巨大的人力、财力和物力的投入,只有办学的各种物质需要得以满足,高校学生的素质才能得以发展,高等教育质量才能得以保障,学生的就业渠道也才能得以拓展;另外,社会经济发展水平也会影响社会对劳动力的需求程度。社会经济越发展,社会提供的就业岗位也就越多,就能缓解大学生就业难问题,而社会经济低迷,失业人口增加,大学生就业形势则会更加严峻,这将使学生无法安心学习,从而削弱其学习主动性。虽然,我国已成为仅次于美国的世界第二大经济体，但人均 GDP 水平还很低，还是一个发展中国家，因此，大力发展经济还是当前我国的根本任务。

社会经济是教育发展的物质基础，它能解决教育当中的许多问题，但它也给教育带来了巨大负面冲击，比如，拜金主义、工具主义、享乐主义以及"经济人"思想盛行，使得"读书无用论"思想又进一步抬头，对读书价值的轻视势必降低大学生学习的主动性。此外，就业市场上的裙带关系、任人唯亲、权钱交易等不正之风也严重践踏了就业的公正性，损害了弱势大学毕业生的就业权益。当前，部分大学生学习不积极主动，其中的一个非常重要的原因就是"工作靠关系，成绩不重要"的思想在作祟，因而，这些人宁愿花时间和精力去积累社会资本也不愿积极主动地学习，这种不端正的思想甚至导致毕业生群体产生心理障碍，产生厌学弃学的心理，这将不利于独立自主、勤奋好学、积极进取、顽强拼搏等精神的培养。因此，在立足经济发展的同时，必须大力建设社会主义精神文明，从而为大学生的学习和生活营造一个良好的社会环境；利用社会主义核心价值观以及传统文化的优势，开展各项净化社会风气的活动，促进大学生正确人生观、世界观和价值观的形成；转化大学生的教育价值取向，淡化教育的工具性价值（即教育的功利性或实用性），而努力追求教育超越自我、涤荡生命的本体性价值。总之，通过发展社会经济和优化社会环境，相信能够有利于提高大学生的学习主动性。

第二节 维度结构的视角

大学生学习主动性由学习需要性、学习目的性、学习情感性、学习控制性、学习自觉性、学习互动性和学习创造性这七个维度构成，根据这七大特质因子间的路径关系（见本文章第四章），我们提出了以下对策。

一 激发学习需要是学习主动性形成的根本

学习主动性与学习需要是相互促进相互影响的关系，学习需要是学习主动性的基础，而学习主动性有利于促成新的学习需要的产生，进而有助于产生积极主动的学习行为，从而积极排除来自外部和自身的干扰并力求克服所遇到的困难，从而能够自觉坚持学习，独立积极地完成学习任务。从本文图 4-8 和表 4-14 可以看出，需要性对目的性（0.43）、情感性

(0.60)、自控性（0.51）、自觉性（0.45）、互动性（0.45）和创造性（0.49）都具有较大的影响效应，可见，需要性是大学生学习主动性的"牛鼻子"，其他因子都受到它的牵连，是其他一切因子的起点，是大学生学习主动性形成的根本和原动力。只有当学生的学习需要处于积极的、活跃的状态，其学习态度才可能会从"要我学"转变为"我要学""我乐学"。相反，缺乏学习需要感的学生，必然学习主动性低，表现为学习过程不能专心，学习热情不能持久，遇到困难时容易退缩，缺乏顽强的自制力和坚强的毅力。因此，提高大学生学习主动性首先要唤醒大学生学习需要。首先，加强大学生人生价值观教育。当学生能够把学习和个人的生活理想及社会理想紧密结合起来，就能极大地唤醒大学生的学习需要，从而使他们自觉、主动地学习。因此，唤醒大学生的学习需要，从根本上来说，要加强其人生观价值观的教育，加强其学习目的和学习意义的教育。其次，要营造良好的文化氛围。唤醒大学生的学习需要，不仅要从主观努力入手，而且也要从客观入手，如营造温馨上进的宿舍文化，树立良好的班级学习风气等。宿舍不仅是睡觉的地方，也是学习、生活的场所。大学时光很大一部分是在宿舍这个集体中度过的，其文化氛围将直接影响大学生的学习状态。在一个寝室里，洋溢着互相帮扶、你追我赶的良好学习风气，同学之间就会相互影响、相互促进，产生责任感和紧迫感，学习则很可能成为学生的第一需要。同理，在一个班级内，如果产生了类似寝室中浓厚的学习风气，全班同学都将受其影响并被卷入学习行动中，学习则很可能成为全体学生的共同需要。因此，重视大学生的寝室文化建设、加强班风和学风建设，优化大学生生活和学习环境等都是唤醒大学生学习需要的重要途径。最后，由于学习的主体还要受到其他因素比如智力、情绪等的影响，因此，我们有必要结合其他的激励方法如物质激励等方法，从而能够更好地调动学生的学习主动性，提高其学习的效率。根据马斯洛需要层次理论，作为教师，要培养学生的学习需要，激励学生学习主动性，还必须了解学生的各种不同层次的需要。只有这样教师才能有的放矢地对学生进行激励，启发他们为满足自己的高级需要，为追求自己的理想的实现努力学习。

根据第五章大学生学习主动性的总体特征分析，当前大学生的学习需要性相对较好，处于中等偏上水平，但在大学生群体内也存在各种差异，表现在专科学生、理科学生、本科生中的三年级学生、专科生中的二年级学生、非农村学生、优势阶层学生、中等收入家庭学生（家庭月收入在4001—7000元以及7001—1000元两档的学生）、非贫困生、与父亲关系不亲密的学生、与母亲关系一般的学生、成绩中等以下的学生、男生、非党员学生以及非学生干部学生在学习需要性因子上的得分都低于同类中其他同学的得分，所以在唤醒大学生学习需要性上要格外关注这些学生。

二 树立学习目的是学习主动性形成的关键

学习需要最终能否得以实现，一个重要的中间桥梁就是学习目标，即必须先把学习需要转换成科学、合理、可行的个人学习目标。学习目标是学生学习的动力和指明灯，它具有导向、调节、激励和维持功能，它能唤起人们必要的心理状态、情感、动机并激发他们主动地为实现这些目标而奋斗。从图4-8和表4-14可以看出，目的性对情感性（0.39）、自控性（0.35）、自觉性（0.52）、互动性（0.40）和创造性（0.39）都具有较大的影响效应，同时也是学习需要性指向其他五个因子的中介。因此，帮助学生建立明确的学习目标，是大学生能进行主动学习的前提和基础，是提高学习主动性和学习效率的关键。因此，要结合当代大学生的身心发展特点，引导他们树立正确的合理的学习目标，帮助他们设计未来发展的蓝图，用切实可行、具有感召力的学习目标激发他们的学习主动性，建立他们的自信心，唤起他们的进取心，形成他们前进的内在动力。

从现实来看，面对与高中截然不同的大学学习环境和大量的自主学习时间，许多学生感到迷茫、无聊、空虚，没有规划，没有学习主动性，无法及时适应大学生活。有的学生虽然很忙碌，但一天到晚忙于的事情是参加各项社团活动却难以合理安排自己的学习时间，学业成绩受到影响。也有的学生把大学的宝贵时间用于上网、恋爱、睡觉等上面，到毕业时学无所成，什么都不懂，什么都不会做，又为自己的就业担心。本文研究发现，在学习目的性上大学生表现确实一般，实现目标的计划性较弱，而且一、二、三年级学生明显差于四年级学生（详见研究第五章）。这表明大部分大学生没有目标或目标模糊，长期处于懵懂迷茫的状态。没有目标就没有坚定的方向，没有目标就没有主动性，也就没有持久的动力。因此，努力探索大学生的目标教育方式，帮助大学生树立符合自身特点的学习目标对大学生至关重要，也是高校教育工作者的一项重要的工作。如何促进学生形成有效学习目的呢？第一，制定切实可行的外在教育目标体系。在教育教学实践中，为了有效地促进教学，保证教学质量，教育者为学习者设立各种各样的教育目标，但这些教育目标只有得到学习者的认可后，才可能转化为有效的学习目标。因此，教育者在设立教育目标时应努力做到目标结构体系的明确合理。即远、中、近各级目标应形成有机联系的统一整体，远景目标对学生应具有吸引力，中期目标应切合实际，近期目标应该明确具体、具有较强的操作性。第二，创设真实情景，激发学生学习兴趣。为了使外部的教育目标迅速内化，转化为学习者的有效的学习目标，教育者应为学生创设近乎真实的问题情境，从而引发学生思考，使学生学习富于挑战性，充分调动学生的学习积极性，激发学生的学习兴趣，促进外部教育目标的积极转化，使学生内部学习目标层级结构体系得到有机整合。第三，帮助学生形成正确的价值观念体系。教育对象由于受到其生理和心理发展的制约，其价值观念系统还不完备或存在一些偏差。而学习目标的有效性又受到价值观的影响。因此，教育者应耐心细致地做好思想教育工作并采取各种方法帮助学生形成正确的价值观念。大学生在制定学习目标时，也要注意以下三点：一是目标要务实可行，二是目标要具体和有时限性，三是目标要有阶段性。针对低年级尤其是新生学习不确立目标现象，学校和教师应采取多种方法和途径，引导他们做到学有方向。比如，首先，应帮助新生尽快熟悉、适应大学的学习和生活，熟悉所学专业，熟悉社会发展对人才的需求。其次，让新生通过与教师和高年级学生的交往，了解专业，学会与人相处，建立和谐的人际关系；并对如何度过大学四年进行全面的思考，使自己学好、玩好、发展好，以此为依据来确立学习目标。最后，学习目标确定了，还必须制定和落实学习计划，通过科学地安排、使用时间来最终完成达到这些目标和计划。

第五章研究表现，当前大学生基本能根据自身的需要，预先设想自己的学习目标和结果，并能努力完成学习目标，但为实现目标的规划性相对较弱。因此，学校和教师应努力帮助大学生制定短期、中期和长期的学习规划。根据大学生学习现状的差异分析，我们还发现专科学生、本科生中的非大四学生、专科生中的二年级学生、县城和乡镇学生、中等收入家庭（家庭月收入在1001—4000元、4001—7000元和7001—10000元）的学生、非贫困生、非党员学生、非学生干部、与父亲和母亲关系疏远的学生以及学生成绩低的学生在学生目的性因子上的得分都低于同类中其他同学的得分，所以在促进学生形成有效学习目的时要重点关注这些学生。

三 强化学习互动是学习主动性形成的动力

从本文第四章中图 4-8 和表 4-14 可以看出，互动性对创造性（0.36）具有较大的直接效应，同时也是其他几个因子作用于学习创造性的中介。因此，我们应彻底摒弃以教师为中心、强调知识传授、把学生当作知识灌输对象的传统教学模式，建立起以学生为中心，强调教师组织者、指导者、帮助者和促进者的角色，利用情境、协作、会话等学习环境要素充分发挥学生的主动性、积极性和首创精神，最终达到使学生有效地实现对当前所学知识的意义建构的目的。[①] 学习互动性主要体现在师生互动和生生互动上，但师生互动对学生学习主动性的影响更大。师生互动中经验的传递、温暖的关照、信息的交流、思想的碰撞有助于启迪人生、挖掘潜能、激发行动，因此，强化师生互动显得更为必要。诚如雅思贝尔斯所说："所谓教育，不过是人对人的主体间灵魂和肉体的交流活动。"但现实中经常听到大学生的报怨如"很久没有看到辅导员了""老师上完课就走了""有没有导师都一个样""我很想进步，可是我不知道该怎么做"，可见，学生与教师的交往需求没有得到满足，学生缺少主动性形成的外部动力，究其原因，主要是传递—接受式传统教学模式，以及学校对学科建设的重视高于人才培养、教师把较多的时间投入科研、很多制度的实行形同虚设，而且研究也发现在大学生学习主动性所有构成因子上，学习互动性得分倒数第二，显著低于量表中值（M=2.976），因此学校和教师应在以下几方面做出努力：（1）改变重科研轻教学的现行评价机制，让教师乐意投身人才培养工作。目前各大高校普遍重视科研和学科建设已是不争的事实，这种唯科研导向的评价机制必然带来教师对教学的不屑和对学生成长的漠视，人才培养质量受到严重影响，导致失去了本质的卓越。因此，改革当前重科研轻教学的评价机制，让教师与学生交流互动的付出得到认可，让教师欣然投身教学和人才培养工作是当务之急，"因为学生能否'投身学习'，很大程度上取决于教授能否投身教学，能否密切与本科生的接触与交流，能否对学生的需求和困惑做出敏锐反应，能否为学生的成长与发展服务。"[②]（2）改变传统以教为中心的教学模式，强化

---

① 何克抗：《建构主义教学模式、教学方法与教学设计》，《北京师范大学学报》1997 年第 5 期。

② 龚放：《聚焦本科教育质量：重视"学生满意度调查"》，《江苏高教》2012 年第 1 期。

课堂互动。教学是由教师的教和学生的学共同组成的互动活动，但以教师为中心的传统教学模式中学生的主体性价值并未实现，学生常以物化的个体而存在，学生不能和教师及同学进行生命与生命的平等交流与互动。我们应较多采用以学生为主体的教学模式和教学方法如交互式教学模式、合作学习模式，讨论式、参与式教学方法等，由此，师生才能因互动而实现智慧共享和主体性价值的升华。（3）加强课外互动。教师要主动创造机会与学生进行沟通交流，采取多种方式如QQ、e-mail、微博、电话等方式弥补空间上的距离。鼓励大学生参与科研，让大学生早进课题、早进实验室、早进团队。（4）实施导师制。导师制是实现师生互动的重要平台。发轫于英国牛津大学的导师制是以人为本的教育哲学的体现，其主要思想就是师生在正式和非正式的交流互动中，实现对学生学习、思想、生活及心理等的个别指导。在这种对话交流平台上，能实现教师与学生真正自由平等的交往。（5）转变教师角色。传统教学中，教师是教学过程的主宰者，学生是被动的接受者。现代教育除需要教师扮演教学活动的设计者、组织者及学生学习的管理者和指导者等这些常规角色，更强调教师应该扮演学生学习的促进者、学生的交往者和合作者。角色的转变要求教师减少坐而论道式的单向讲授，而是要求教师在高度尊重学生的前提下，平等地与学生开展"亲切对话"，真正成为学生学习的伙伴。最终，学生在自主参与、师生互动及生生互动的主导活动中实现成长。

根据大学生学习现状的分析，我们发现学习互动性因子得分不仅低于均值，而且在此因子所包含的所有题项中，"我经常主动与老师交流学习"与"我上课会积极主动发言"这两项的均值最低。因此，我们应大力加强学生与教师、同学及其他各种物化资源的互动问题，尤其是教师应加强与学生交流并善于与学生交流，同时要多鼓励学生主动与教师交流。美国创造学家奥斯本提出的智力激励法对于激发大学生上课积极主动发言有重要的启示意义。（1）禁止批评，也不允许对任何一种意见和设想进行取笑和讥讽，而不论这种意见或设想的价值和可行性如何。（2）提倡任意自由思考，鼓励进行发散性思维，鼓励提出独创的、新奇的甚至是别出心裁的想法和设想。（3）延迟评价。在教学过程中对任何想法或设想，不论其实现的可能性如何，都不立即进行评价，不作判断性结论。（4）连续不断地进行鼓励，鼓励学生积极思维，精神上充分投入。（5）创设平等的教学气氛。只有这样，学生才能没有顾虑和精神负担，从而全身心地参加到教学活动中去。研究还发现,不同类型的学生在此因子上也存在一定的差别。中部大学生、本科学生、本科生中的大三和大四学生、专科生中的二年级和三年级学生、县城学生、中等收入家庭(家庭月收入在 1001—4000 元、4001—7000 元和 7001—10000 元)的学生、非贫困生、与父亲和母亲关系不亲密的学生、非独生子女、女生、非党员学生、非学生干部以及学习成绩中下的学生在学生互动性因子上的得分都低于同类中其他同学的得分,所以在促进师生交流及生生交流等方面更应关注上述学生。

四 陶冶学习情感是学习主动性形成的核心

学习情感性是指学习个体在学习中所产生的喜爱、期待、自豪、恐惧和焦虑等积极或消极的情绪体验,这里所探讨的是以学习目标、学习意义、学习愉快、专业满意度及学习兴趣为表现的积极的学习情感。本文第四章中的图 4-8 和表 4-14 表明,情感性对自控性(0.56)、自觉性(0.29)、互动性(0.30)和创造性(0.22)具有较大的直接效应,同时学习情感是需要性指向自控性、自觉性、互动性和创造性的中介,也是目的性指向自控性、自觉性、互动性和创造性的中介。怎么让学生获得以上积极的学习体验,让他们产生源于内心渴求的学习冲动呢?(1)高校应转变教育思想,增强学生情感体验。首先,理性主义教育向理性教育与人文教育融合转变。理性和科学能够为人类知识做出大部分贡献,也能为我们带来丰厚的物质利益,但并不能以此而忽视甚至否定人文教育的价值。人文教育对于受教育者陶冶情感、砥砺品行、增强意志、开阔胸怀有着重要的作用。但"现在学校教育,仅偏顾理智与意志两端,而情感生活,往往不遑顾及,不能满足其需要,使学生生活,徒为畸形的发展,而流为机械枯寂,索然无味。学生在校活力减少,生趣毫无,这是极残酷之事!"[①] 所以,当前要使学生身体、情感和理性全面、和谐发展,其关键举措就是理性教育与人文教育走向融合。其次,强制教育向自由教育转变。不顾学生的兴趣、爱好和需要,强迫他们按教师的意志进行学习的强制教育在高校中依然大行其道,这不仅严重伤害了学生的尊严,而且很可能使他们养成驯服、奴性的人格。本文的自由教育是与强制教育相对,是

---

① 俞玉兹等编:《中国近现代美育论文选》,上海教育出版社 1999 年版,第 122 页。

指学生是学习的主人,不受别人强迫,即意味着在教学过程中学生有选择的余地。学生做他们自己选择的事物能使他们体验到美好、感受到美好,并带来欢乐。学生的自由选择即在教育过程中,学生应当自己支配教材,支配自己的学习,而不是受教师和教材的支配。当前,由于学生在学习中没有根据兴趣和需要而自由选择的权利,学生学非所好,致使学习热情不高,学习主动性不强。因此,我们需要从强制教育向自由教育转变,通过学分制,增加选修课,实行宽松的专业分流,实施主辅修制等赋予学生更多的专业、课程及教师等方面的自由选择权。最后,功利教育向超越教育转变。当前的教育越来越沦为国家和个人追求利益的工具。调查表明,大学生的学习动机带有鲜明的功利色彩。可见,学生把学习当成是追求个人前途的工具,对能在市场上带来交换价值的知识感兴趣,而对那些所谓的"不切实际"和"无用"的知识加以怀疑和蔑视。这种注重"何以为生"而放弃"为何而生"的教育,让人忘记了人生的意义和生存的价值,从而在急功近利的社会浮躁风气中走向沉沦。由此,我们需要从功利教育向超越教育转变,培养学生坚定的理想信念:一个人除了物质享受以外,还应当有更高的精神追求。(2)调整培养方案、改革课程设置,提高专业满意度和学习兴趣。许多学生表示他们对学校设置的课程很不喜欢但也很无奈,其原因之一是现行的大学课程设置往往是制定者和决策者根据自己的经验和直觉而不是从人才培养标准达成的需要出发来制定,存在"因师设课"的现象。因而,要采纳"自上而下"和"自下而上"相结合的设置思路,摒弃想当然或照顾的思想倾向,根据国家的人才培养标准,同时开展社会与学生的实际需求的实际调研,进而在科学的厘定人才培养标准的基础上制订科学的人才培养方案,开发出融科学基础、实践能力和人文素养为一体的课程体系,这是提升学生学习兴趣和专业满意度的必然要求。(3)竭力营造良好的学习氛围,体验学习愉悦感。师生关系是教育过程中最重要、最基本的人际关系。情感激励是调动人的积极性的纽带和润滑剂,教师的情感在很大程度上决定着学生的情绪体验。"如果你讨厌学生,那么你的教育还没开始就结束了。"因此,在课堂教学中,教师应以饱满的热情、温暖的感情营造积极、温暖的课堂氛围,课外,教师应尊重学生、平等交往、真诚相待,"蹲下来,走进去",与学生建立真挚、牢固的友谊,只有当教师的情感与学生的情感产生共鸣、达到交融时,学生主动性、积极性才会产生,因为"人天生具有优秀的素质或潜能,而潜能的实现作为人类的本能需求,必然要求人性的'自由运行',必然要求一种真实、信任、理解的人际关系。"

第五章研究表现,大学生在学习过程中对学习的好奇心、兴趣、热情、自信,学习时愉快感,学习中的责任感以及超越自我和他人的成就感等主观体验水平一般,尤其"为防被超越,我总先于他人采取学习行动"的均值明显低于该因子的均分。因此,我们应该努力培养大学生超越自我、超越他人的积极进取精神。根据大学生学习现状的分析,我们发现不同类型的学生在此因子上存在一定的差别,其中中部学生、本科生中的高年级学生(三年级和四年级)、专科生中二年级和三年级学生、市县乡三级学生、家庭月收入中等的学生(4001—7000元)、非贫困生、与父亲和母亲关系不亲密的学生、非独生子女、女生、非党员学生、非学生干部以及学习成绩中下的学生在学生情感性因子上的得分都低于同类中其他同学的得分,所以在培养学生积极的学习体验时更应关注上述学生。

五 加强学习控制是学习主动性形成的中介

本文第四章中图 4-8 和表 4-14 显示,控制性是自觉性(0.14)、互动性(0.22)和创造性(0.31)产生的直接前提,同时也会受到需要性、目的性和情感性的直接和间接影响,也是它们作用于自动性、互动性和创造性的中介。可见,控制性是学习主动性外在行为特征的前奏和桥梁。目前当代大学生在学习控制性中存在一些问题,主要表现在:意志力不够坚强,相对缺乏恒心;缺乏吃苦耐劳精神,容易知难而退;碰到困境,不善于调整自己的心态和情绪等。大学生要实现自己的人生目标,体现人生价值,必须高度重视控制性的培养。具体措施有:(1)要引导学生树立远大目标。学习的目的愈高尚,社会意义愈大,就愈能形成巨大向持久的学习动力,产生的意志力也愈大。要教育大学生确立科学的世界观和人生价值观,树立坚定的信念和远大的理想和抱负,以此来激发大学生顽强拼搏的意志力,使其情感充沛、兴趣集中,为实现理想勤奋耕耘,锲而不舍。(2)要培养学生积极愉快的情绪情感。爱慕美好的事物,厌恶丑恶的现象,是人之常情。情绪是人对客观事物的内心体验。人们的控制性活动受情绪的影响,积极乐观的情绪能够促进人的控制性活动,增强人的体力、精力,增强人们克服困难、实现预定目标的能力。相反,悲观消极的情绪会使人意志消沉、不求上进,妨碍控制性活动的贯彻。(3)要培养学生养成良好习惯。习惯是控制力的缩影，是控制力的表现之一，是人们在日常生活中巩固下来的行为方式，高尔基说：哪怕是一点小的克制，也会使人变得坚强起来。在培养某一习惯的过程中，控制力会得到提升。拥有一个良好的爱好是好习惯，不具有某一不良嗜好也是一个好习惯；培养一个好习惯需要更强的控制力。（4）警钟长鸣，不断激励。自我控制力的培养不是一朝一夕的事，需要长期坚持不懈的努力。因此，警钟长鸣，不断地进行自我教育也是培养控制力的重要途径。一是自我激励。教育学生把格言篇语、著名诗句或自我誓约置于案旁，当生活、学习和工作中的困难来临时，这样的座右铭往往使学生顿添力量，勇敢地迎战困难。除了座右铭，还有榜样激励法、形象激励法等自励方法。二是自我批评。具有自我评价能力和习惯的学生，能够经常反省自己，认清自己意志行为的优缺点，从而肯定优点，克服缺点，使控制力得到培养。（5）善于调整心态，走出困境。在自我控制过程中遭遇挫折时，要善于调整自己，尽快走出困境。走出困境的方法很多，一是升华法，即遇到挫折时能转移情感和精力，去做一些积极有益的社会活动；二是补偿法，即受到挫折后用新的目标代替原来的目标；三是精神宣泄法（又叫心理疗法），即创造条件，改变情境，使因受挫产生的紧张、焦急、压抑的情绪，通过一定的渠道发泄出来，从而做到心理平衡，恢复理智。

虽然大学生的心智已比较成熟，他们基本能够克服困难及内外部干扰并通过反思学习来调控自己的认知、情绪和行为，但现实中，我们还是发现大部分大学生缺乏自制力，在学习中容易受到他人玩乐的影响，因此学校教育有必要关注学生学习意志的锻炼，提升学生学习的控制性。根据大学生学习现状的分析，我们发现不同类型的学生在此因子上存在一定的差别，其中中部学生、本科生中的非大一学生、县城学生、中等收入家庭（家庭月收入在 1001—4000 元、4001—7000 元和 7001—10000 元）的学生、非贫困生、非党员学生、非学生干部、与父亲和母亲关系疏远的学生、谈恋爱的学生以及学习成绩低的学生在学习控制性因子上的得分都低于同类中其他同学的得分，所以在加强学生控制性时更应关注上述学生。

六 促成学习自觉是学习主动性的行为目标

如本文图 4-8 和表 4-14 所示，自觉性受到了互动性和创造性之外其他四个因子的直接或间接的影响，是学习主动性的基本行为表现，因此，需要性、目的性、互动性、情感性、自控性的形成必然会有利于学习自觉性的形成。研究以中值作为中等水平的检验值进行单个样本检验发现，无论是总体、不同性别、不同学科还是不同年级的大学生在学习自觉性上都处于中下水平，而且学习自觉性在所在因子得分均值排序中得分倒数第一。因此，提高大学生学习自觉性是培养大学生学习主动性工作的重中之重。主动性行为受到许多因素的影响，其中一个重要因素即主动性人格。Bateman 和 Crant1 认为主动性人格（proactive personality）是指个体主动采取行动改变其外部环境的倾向。[①] 具有主动性人格特质的人将会自觉主动地与他人交流获取信息和资源，也会积极主动地参与各种活动以提升自身能力，表现在思想和行动上都积极主动和自觉，因此，培育学生主动性人格是形成学生主动性学习能力的有效途径。

第五章研究表现，大学生无论是在课前预习、课堂中注意力的集中、课后复习还是课余学习，其均值都低于中值，可见培养大学生勤奋努力的精神，提升他们学习中的自觉、自愿性是当前大学教育中的一项重要工作。根据大学生学习现状的分析，我们发现不同类型的学生在此因子上存在一定的差别，其中中部学生、本科学生、理工科学生、本科中三年级和四年级学生、县城学生、优势阶层学生、中高收入家庭（家庭月收入在 10001 元以上和 4001—7000 元）的学生、非贫困生、非党员学生、非学生干部、与父亲和母亲关系疏远的学生、独生子女、男生、谈恋爱的学生以及学习成绩低的学生在学生自觉性因子上的得分都低于同类中其他同学的得分，所以在加强学生学习中的自觉性时更应关注上述学生。

七 培养学习创造性是学习主动性的灵魂

如本文图 4-8 和表 4-14 所示，创造性受到了来自其他六个因子的直接或间接的影响，是学习主动性的最高表现和最高层次，是学习主动性的灵魂。要培养大学生的学习创造性：第一，掌握学生学习特点，提高培养创造性思维能力的针对性。即根据不同大学生在学习中创造性的表现，对他们进行创造性意识的训练，特别是发散思维的训练。第二，

[①] 刘密、龙立荣、祖伟：《主动性人格的研究现状与展望》，《心理科学进展》2007 年第 2 期。

通过学习兴趣的培养，激发学生的创造性思维。在科技创造发明史上，凡是做出辉煌成就与突出贡献的伟人，都有着无与伦比的创造力，也都有着创造发明的浓厚兴趣与好奇心。由此可见，创造力同浓厚的兴趣、好奇心有着必然的联系。这种必然联系可表示为：兴趣是创造力的原动力与维持力，好奇心理是创造力的推动力与激发力。第三，引导学生独立思考，着眼于学生"会学""善思"，是培养学生创造性学习能力的有效途径。我们可以采取以下措施引导学生善于独立思考，如鼓励学生积极探索，主动发现问题；鼓励学生大胆质疑和批判；多让学生自己提出解决问题的假设；多让学生总结解决问题的规律等。第四，尊重学生的心理自由，营造民主、宽松的学习环境。自由、宽松、民主、和谐的学习氛围是学习创造性自由发展的沃土。课堂里是否有民主氛围，是学生能否进行创造性学习的前提。课堂教学应该营造一种自由、宽松、和谐、民主的学习氛围，使教学真正焕发出生命活力。心理学家罗杰斯指出，要为学生提供一个具有心理安全的教学环境，只有这样，才能充分挖掘每个学生身上所具有的创造潜能。在课堂教学中，为了培养学生的创造性，教师应该积极为学生创设主动探究、独立思考的时间和空间，营造有利于学生自由思考、敢于质疑的平等课堂气氛，注重培养和发展他们的批判思维和发散思维。第五，欣赏与尊重学生，让学生在问题探究中体验成功，成功体验是学生从事创造性活动最重要的体验之一。当学生在探究活动中获取答案、体验到独立学习与理性思考的快乐时，当学生在经历种种挫折与失败后、体验到成功的喜悦时，他们便会更少地依赖教师的督促，把学习转化为一种自主、自觉、自愿的活动，将学习视为自我需要、自我生命活动的一部分。相反，当学生遭遇到外界过多的干预、训斥和指责时，学生体验到的是沮丧、挫折和烦恼。这便会导致他们对学习失去兴趣，这样的学习不仅难有创造性，反而会使学习变成负担。

大学生是国家的未来、民族的希望，是先进、创新文化潮流的代表。但研究发现，当前大学生的创造性还有待加强，尤其是在"自主探索性学习"方面表现得很不理想，因此高校应通过创造教育来实现创造性人才的培养。根据大学生学习现状的分析，我们发现不同类型的学生在此因子上存在一定的差别，其中中部学生、专科学生、人文社科学生、本科生和专科学生中的非大一学生、非省会或直辖市学生、较低收入家庭（家庭月收入在 1001—4000 元和 4001—7000 元）的学生、非贫困生、非党员学生、非学生干部、与父亲和母亲关系疏远的学生、女生、谈恋爱的学生以及学习成绩低的学生在学生创造性因子上的得分都低于同类中其他同学的得分，所以在培养学生学习中的创造性时更应关注上述学生。

研究结论与研究展望

文献综述显示，关于学习主动性的研究从数量上来说已有较丰富的成果，但对象上基本以中小学生为主，内容上存在概念界定不明，理论研究不足，测量工具缺乏以及研究范式重思辨等问题。本文采用定性研究和定量研究相结合的研究范式，首先对大学生学习主动性的概念进行了界定，并对国内国外关于大学生学习主动性的相关研究进行了梳理，在此基础上提出了课题研究的理论研究基础，即建构主义学习理论、社会认知理论和社会分层理论。其次基于上述理论分析的结果，结合自上而下和自下而上的方式遵循问卷编制的规范程序编制了具有良好信度和效度的《大学生学习主动性特征问卷》和《大学生学习主动性影响因素问卷》。然后应用自行编制的问卷对全国100余所全日制在校本、专科学生进行了现场调查和网络调查，获得了一些有重要价值的结论。

一 研究的主要结论

（一）测量工具科学有效

自编《大学生学习主动性特征问卷》和《大学生学习主动性影响因素问卷》具有良好的信度和效度，达到了测量学要求。其中，《大学生学习主动性特征问卷》内部一致信系数为0.959，分半信度为0.895。各因子与总分相关系数在0.659—0.891，且相关显著（$P<0.001$）。《大学生学习主动性影响因素问卷》内部一致信系数为0.934，分半信度为0.801。因子与总分的相关系数在0.483—0.844，且相关均显著（$P<0.001$），可见，两份问卷均具有较高的信度和良好的结构效度。

（二）结构模型科学合理

大学生学习主动性7因子模型是科学合理的因子结构模型。

1. 通过探索性因素分析析出了大学生学习主动性包含 7 个因子，即学习需要性、学习目的性、学习情感性、学习控制性、学习自觉性、学习互动性及学习创造性。

2. 因子结构的验证性因素分析表明该模型与数据拟合良好，模型拟合指数 NFI、NNFI、CFI 和 IFI 分别为 0.978、0.977、0.979、0.979，这表明 7 因子模型是合理的因子结构模型。

3. 通过二阶因子分析，二阶因子模型与数据拟合良好（RMSEA、NFI、NNFI、CFI 和 IFI 分别为 0.0651、0.976、0.975、0.977、0.977），二阶因子系数值都很高，这表明，问卷较好地实现了研究设想，即由 38 个测量指标分别测量学习主动性的 7 个因子，7 个因子共同构成了学习主动性（即 7 个因子与学习主动性之间形成较强的内在关联）。

4. 问卷结构路径分析表明（见图 4-8）：七个因素间的关系模型即是学习主动性 7 个因子间的结构关系。对因子间的效应量进行了深入分析，结果表明：(1) 学习需要性对学习互动性的直接效应不显著；(2) 学习自觉性高的学生其学习创造性不一定高；(3) 学习情感性对学习控制性影响较大；(4) 学生学习创造性的高低主要受到其他因子的间接影响；(5) 激发学生学习兴趣或自我提高内驱力是提高学习主动性的基本途径。

（三）大学生学习主动性总体水平中等，不同群体大学生其主动性存在显著差异

研究发现，来自全国 100 余所大学的 8332 名大学生的学习主动性得分服从正态分布，即绝大多数大学生的学习主动性处于中等水平，主动性水平较低或较高的学生所占比例较小。对 4 个层面（地域因素、学校因素、家庭因素和个体特点）17 个不同群体类别（地域；学校层次、学科类别、本科年级；专科年级、生源地、父母职业类型、家庭月收入、是否贫困生、与父亲关系、与母亲关系、独生子女与否；性别、政治面貌、班级身份、情感状态、学习成绩水平）的大学生在学习主动性总分及 7 个维度上的表现进行了分析，结果表明：大学生学习主动性总体水平中等，不同地域、年级、生源地、家庭收入、是否贫困生、与父母关系、性别、政治面貌、是否班干部、学习成绩水平的大学生，其学习主动性总分得分存在显著性差异，而学校层次、学科类别、父母不同职业类型、独生子女与否和是否恋爱的大学生其学习主动性总分得分不存显著性差异。以上 17 类群体学生在大学生学习主动性 7 个维度上的得分存在不同程度的显

著性差异。

（四）大学生学习主动性影响因素是一个包含外部因素和内部因素的层级系统

大学生学习主动性影响因素包含社会、家庭、学生人格、学生知识和能力、学校硬件、学校课程、教师素养以及学校制度8个维度。其中，外部影响因素包括家庭、社会和学校因素，学校因素包括学校硬件、学校课程、教师素养、学校制度；内部因素即学生因素，包括学生人格因素和学生知识、能力因素。

1. 各影响因素与学习主动性呈显著正相关（$P<0.001$），相关系数从大到小依次是：学生人格、学生能力、学校课程、教师素养、家庭因素、学校制度、学校硬件、社会因素。个人、学校、家庭、社会与学习主动性也呈显著正相关（$P<0.001$），相关系数从大到小依次是：个人、学校、家庭、社会。

2. 回归分析表明，对学习主动性有显著预测力的是学校、家庭和学生本人中的部分变量。学校因素有学校所在地、学校层次、学校制度、学校课程、教师素养，家庭因素有家庭所在地、家庭经济状况、家庭气氛，学生个人因素有性别、年级、政治面貌、班级身份、学生能力、学生人格、学习成绩。其中，学校所在地有预测力的是西部 & 中部、东部 & 中部，家庭所在地有预测力的是乡镇 & 县城、省城 & 县城，家庭经济状况中有预测力的是低收入 & 中低收入、贫困 & 非贫困，年级中有预测力的是一年级 & 四年级、学习成绩中所有组别对比都有显著预测力。

3. 大学生学习主动性的多层线性回归显示：大学生学习主动性存在一定的校际差异。影响大学生学习主动性主要因素是学生个体因素，学校因素只能解释大学生学习主动性差异的3.99%。

4. 社会因素、家庭因素、教师素养、学校课程对大学生学习主动性既产生直接作用又通过学生个人产生间接作用；社会、家庭、教师素养、学校课程对大学生学习主动性的影响是通过学生人格和学生知识能力这一中介变量而实现的；学校制度和学校硬件对大学生学习主动性的影响是通过人格或学生知识能力产生的间接作用，而不会产生直接作用；虽然学校制度和学校硬件不会直接影响学生的人格，但会直接影响学生的知识能力的获得。

5. 分别以学生个人、学生人格、学生能力为中介变量的路径分析结果表明：（1）以个人因素为中介变量来看，大学生之所以学习主动性水平各不相同，其主要原因是学生本人，其次是学校课程的吸引力和教师的素养，再次是家庭的影响，然后是社会的影响，最后是学校的制度规约和硬件条件的驱使。（2）以人格为中介变量来看，大学生之所以学习主动性水平各不相同，其主要原因是自身的人格要素，其次是学校的课程吸引力和教师的素养，再次是家庭的影响，然后是社会的影响，最后是学校的制度规约和硬件条件的驱使。（3）以能力为中介变量来看，大学生之所以学习主动性水平各不相同，其主要原因是自身的能力要素，其次是学校教师的素养和课程的吸引力，再次是家庭的影响，然后是学校制度的影响，最后是社会因素的影响和硬件条件的驱动。

（五）对策和建议

研究分别从影响因素角度和因子结构关系的角度提出提升大学生学习主动性的对策和建议。

1. 从影响因素维度来说，一要完善学生人格修养，增进学生知识和能力。研究表明，学生本人是提高学习主动性的核心要素，因此，调动大学生学习主动性的着眼点应放在学生个人因素上，即良好人格和知识、能力的培养上；二要重塑学校文化，营造学习氛围。包括：提高教师素质，改善学习风气；加强学校课程建设（更新课程内容，实现课程现代化；调整课程结构，实现课程的综合化）；加强学校制度建设；改善学校的硬件条件；三要发挥家庭作用，激发学习情感。研究表明，家庭氛围、父母关注及家庭经济等家庭因素对大学生的学习主动性具有重要的影响。要提高大学的学习主动性，首先，父母要为孩子营造积极主动、和谐温馨的家庭氛围；其次，父母应给予孩子更多的温暖与关爱；最后，要进一步强化家长教育者的角色，一如既往地对孩子的学业成长给予关注和期待；四要立足经济发展，优化社会环境。

2. 从因子结构关系角度来说，激发学习需要是根本，树立学习目标是关键，强化学习互动是动力，陶冶学习情感是核心，加强学习控制是中介，促成学习自觉是目标，培养学习创造是灵魂。

二　研究的局限与展望

尽管课题通过开展多个相互联系的研究获得了一些重要结论，但还是有一些遗憾需要在今后继续深入研究。

1. 对研究结果的深入分析

通过 t 检验和方差分析发现，部分人口学变量和家庭背景变量在大学生学习主动性的差异分析结果有待深入进行原因的分析。如，为什么随着年级的提高，大学生的学习情感性却呈现减退的趋势？如在学习需要性上，理科学生在"我认为上大学关系自己的前途和命运"题项上不及文科学生。这一研究结果与现实似乎不太相符，从现实来看，理科大部分专业就业相对较容易，本应该理科学生在此题项上的得分要高于文科学生，这其中的问题可能比较复杂。另外，研究还发现无论是本科学生还是专科学生，大一学生的创造性都要好于其他年级，这与已有研究不符。因此，深入探索这些问题背后的原因是未来研究的方向。

2. 取样的代表性问题

本文所收集的数据虽然遍及全国 100 多所本、专科高校，但样本数量却不足 9000，取样的代表性也不足。在未来的研究中，拟扩大样本量及提升其代表性（合理分布），进一步调查不同城市、不同区域间（东部、中部与西部）及不同层次高校间（一般公立本科高校、独立学院、私立本科、公立高职与私立高职）大学生学习主动性的差别，找到原因并提出相关对策。

3. 研究视角的拓展

本文力图以教育学、心理学、社会学、哲学等多个学科领域的相关理论为指导展开研究，但由于学科背景和自身能力的限制，对这些理论的解读与运用还存在不足。未来的研究要进一步强化自身的理论功底，广泛汲取多学科的营养，为进一步深入研究和准确剖析问题打好基础。

4. 培养对策的拓展

不同层次、不同类型的学生在学习主动性及其七个维度上均有不同的表现，今后将就大学生在这些方面的不同表现进行更为深入细致的探索，提出更为有效的培养对策。

附　　录

附录1　关于大学生学习主动性开放式问卷

亲爱的同学：

　　你好！首先，感谢你能参加此次问卷调查！

　　你可能发现，自己身边有些同学全身心地积极主动投入到学习中，而有些同学没有。课题研究正是要和你一起探讨这种现象，以期改善大学生的学习状况。你的宝贵意见对我们的研究十分重要，希望能得到你的热心帮助。问卷不记名，我们也会对你所提供的信息给予严格保密，请放心作答。

　　以下几个问题，请你结合自身情况认真地回答，越详细全面，给我们的帮助就越大。衷心感谢你的支持与合作！

"大学生学习主动性现状及其培养研究"课题组

　　大学生学习主动性是大学生在学习过程中为了完成既定的学习目标和任务，采取积极和自发的方式，通过克服各种障碍和挫折，来完成学习目标和任务的积极的人格品质。具体表现为：一是明确的目标指向性；二是为确保学习目标和任务的实现而形成的自觉自愿的行动；三是创造性的学习态度和行为；四是坚持不懈地克服学习中的各种障碍和挫折；五是学习主动性是由外显行为和内部心理整合而成的功能系统。

1. 请您列出至少5条以上符合大学生学习主动性的特质或行为。

2. 您认为自己目前的学习主动性如何？原因是什么？

3. 请列举至少5条以上影响大学生学习主动性的因素。

附录2　大学生学习主动性调查问卷

亲爱的同学：

您好！

非常感谢您参加本次问卷调查。本次调查，旨在了解大学生学习主动性的相关情况，并为激发和培养大学生学习主动性提出一些对策和建议。您所提供的资料对于今后我国高校教育教学与教育管理的科学化，有着重要的参考价值。我们迫切希望得到您的支持！对您提供的资料，我们将以匿名处理，仅供学术研究之用。学校人员及其他资料使用者将无从知悉您个人的身份，请安心填写。

填写本问卷所需时间约10分钟。真诚感谢您的配合及对本研究的协助！

"大学生学习主动性现状及其培养研究"课题组

提示：

1. 请在您认为合适的选项上打"√"或在"＿＿＿＿"处填写相应内容；

2. 请注意问题后面括号中所附的提示语或重点说明。

3. 请您仔细阅读每道题目，并根据您的情况如实填写，请勿漏答。

一、背景资料

1. 学校＿＿＿＿＿；专业＿＿＿＿＿

2. 您是几年级学生？A. 大一　B. 大二　C. 大三　D. 大四

3. 性别：A. 男　　B. 女

4. 民族＿＿＿＿＿

5. 家庭所在地：A. 农村　　B. 乡镇　　C. 县城　　D. 地级市　E. 省会或者直辖市

6. 您的家庭每月总收入：A. 1000元以下　　B. 1001—4000元　C. 4001—7000元　D. 7001—10000元　E. 10001元以上

7. 是否被学校评定为贫困学生：A. 是　　B. 否

8. 您与父母的关系如何？

	疏远	一般	亲密
（1）父亲……………………	1	2	3
（2）母亲……………………	1	2	3

9. 是否是独生子女：A. 是　　B. 否

10. 是否是中国共产党党员：A. 是　　B. 否

11. 是否有男（女）朋友：　A. 有　　B. 没有

12. 您担任过学生干部吗：　A. 是　　B. 否

13. 父母职业类型（以高的一方为准）：

　　A. 国家行政领导干部或经理人员或私营业主

　　B. 专业技术人员（如医生、教师、工程师、会计师、律师等）或办事人员或个体商业户

　　C. 服务人员或工人或农民或半失业及失业、无业人员

　　D. 其他＿＿＿＿＿＿

14. 您的学习成绩在班上的水平：A. 下　B. 中下　C. 中等　D. 中上　E. 上

二、请根据您的理解和判断，结合自身实际对以下各项表述的符合程度进行评价

序号	题目	完全不符合	比较不符合	基本符合	比较符合	完全符合
1	我有明确的学习目标	1	2	3	4	5
2	我会制订短期或长期的学习计划	1	2	3	4	5
3	我会努力完成学习目标和计划	1	2	3	4	5
4	我课前能自觉预习	1	2	3	4	5
5	我课后能自觉复习	1	2	3	4	5
6	我上课能认真记笔记	1	2	3	4	5
7	我上课总能保持注意力集中	1	2	3	4	5
8	我上课会积极主动发言	1	2	3	4	5
9	我能认真对待课后作业	1	2	3	4	5
10	我把大量的课余时间用于学习	1	2	3	4	5
11	我经常通过多种渠道搜集学习资料	1	2	3	4	5
12	我平时喜欢博览群书	1	2	3	4	5

续表

序号	题目	完全不符合	比较不符合	基本符合	比较符合	完全符合
13	我积极参加课外学习活动	1	2	3	4	5
14	我经常把所学理论主动运用到实践	1	2	3	4	5
15	我经常主动与老师交流学习	1	2	3	4	5
16	我经常主动与同学交流学习	1	2	3	4	5
17	学习中需他人配合时，我会尽力与之沟通	1	2	3	4	5
18	学习中，我善于发现问题	1	2	3	4	5
19	学习中，我勤于思考问题	1	2	3	4	5
20	学习上，我敢于质疑和批判	1	2	3	4	5
21	我总是在寻找更好的学习方法	1	2	3	4	5
22	我经常自主进行一些探索性学习	1	2	3	4	5
23	我会努力克服学习中的各种难题	1	2	3	4	5
24	当别人玩乐时，我能排除干扰，继续学习	1	2	3	4	5
25	学习上，我经常会坚持自己的观点和行为	1	2	3	4	5
26	我经常反思自己的学习	1	2	3	4	5
27	学习中，我能自我调节情绪	1	2	3	4	5
28	学习上，我有强烈的求知欲	1	2	3	4	5
29	我认为上大学关系自己的前途和命运	1	2	3	4	5
30	学习上，我渴望获得成功	1	2	3	4	5
31	为防被超越，我总先于他人采取学习行动	1	2	3	4	5
32	学习上，我有强烈的好奇心	1	2	3	4	5
33	学习上，我有强烈的责任感	1	2	3	4	5
34	我对学习很感兴趣	1	2	3	4	5
35	我感觉学习是件愉快的事	1	2	3	4	5
36	学习中，我能保持适度的焦虑和紧张	1	2	3	4	5
37	我对知识学习很自信	1	2	3	4	5
38	我能经常保持学习热情	1	2	3	4	5

三、请根据您的理解和判断，结合自身实际对以下各项表述的符合程度进行评价

序号	题目	完全不符合	比较不符合	基本符合	比较符合	完全符合
1	我感受到社会有急功近利、一日暴富的浮躁风气	1	2	3	4	5
2	我感受到严峻的就业形势	1	2	3	4	5
3	我感受到就业过程中有不规范现象	1	2	3	4	5
4	我父母对我的学业很关注	1	2	3	4	5
5	我的家庭经济比较困难	1	2	3	4	5
6	我的家庭幸福和谐，气氛温馨	1	2	3	4	5
7	我所在学校的课程内容科学合理	1	2	3	4	5
8	我所在学校的课程结构多样化	1	2	3	4	5
9	我参加了大量的课外（社团）活动	1	2	3	4	5
10	教师教学内容乏味使我不愿意听课	1	2	3	4	5
11	我更愿意听教学水平高的教师授课	1	2	3	4	5
12	我更愿意听学术水平高的教师授课	1	2	3	4	5
13	我更愿意听爱岗敬业的教师授课	1	2	3	4	5
14	教师知识修养水平高，我会更认真听讲	1	2	3	4	5
15	教师经常指导我，我会更努力学习	1	2	3	4	5
16	我与老师关系和谐	1	2	3	4	5
17	我校图书馆和自习室随时都可以找到座位	1	2	3	4	5
18	我校图书资料丰富而优质	1	2	3	4	5
19	我校教学仪器设备先进	1	2	3	4	5
20	我校物质生活条件良好	1	2	3	4	5
21	我校考评制度合理	1	2	3	4	5
22	我校奖惩机制合理	1	2	3	4	5
23	学校和教师对我们会提出适度的学习要求	1	2	3	4	5
24	我有完成学习任务的自信心	1	2	3	4	5
25	我有强烈的学习责任感	1	2	3	4	5
26	我有明确的学习目标	1	2	3	4	5
27	我有克服困难，达到预定目标的意志力	1	2	3	4	5
28	我渴望在学习上取得成功	1	2	3	4	5
29	我愿意思考学习问题	1	2	3	4	5
30	我对所学知识、技能都比较感兴趣	1	2	3	4	5
31	我习惯于积极主动地学习	1	2	3	4	5
32	我具备开拓创新的能力	1	2	3	4	5

续表

序号	题目	完全不符合	比较不符合	基本符合	比较符合	完全符合
33	我具有良好的学习方法与技巧	1	2	3	4	5
34	我具有扎实而丰富的专业知识	1	2	3	4	5
35	我具有良好的分析和解决问题的能力	1	2	3	4	5
36	我经常自我反思	1	2	3	4	5
37	我善于调控自己的情感和行为	1	2	3	4	5
38	我有良好的应变能力	1	2	3	4	5
39	我有良好的沟通能力	1	2	3	4	5

问卷到此结束，再一次感谢您的作答！

附录3　半结构访谈提纲

1. 学校_____；专业_____
2. 您是几年级学生？A. 大一　B. 大二　C. 大三　D. 大四
3. 性别：A. 男　　B. 女
4. 家庭所在地：A. 农村　　B. 乡镇　C. 县城　D. 地级市　E. 省会或者直辖市
5. 您与父母的关系如何？
6. 是否是独生子女：A. 是　B. 否
7. 是否是中国共产党党员：A. 是　　B. 否
8. 您担任过学生干部吗：　A. 是　　B. 否

1. 请从您自身的角度谈谈，哪些方面会影响您主动学习的态度。

2. 请谈你们学校的教学和生活条件如何？这些条件和您的学习主动性有什么样的关系？

3. 请评价你们学校的学生管理制度（包括考评制度及奖惩制度等）。这些管理制度会影响您的学习主动性吗？

4. 请评价你们学校的课程设置（包括课程内容和课程结构等方面），并谈谈这种课程设置和您主动的学习状态的关系。

5. 请评价一下您的任课教师，并谈谈他们和你的学习状态的关系。

6. 请问你们学校的学习氛围如何？周边同学的主动或被动的学习状态会影响您的学习状态吗？

7. 请从家庭的角度谈谈，哪些方面会影响您的学习状态？

8. 请问当前的社会环境（包括社会不良风气、严峻的就业形势等）会影响您的学习状态吗？如何影响？

9. 您对怎么样提高大学生学习主动性有什么建议（可以从学校、家庭、社会等多角度讨论）？

附录4 大学生学习主动性问卷结构验证性因素分析程序

Cofirmatory Model 1
DA NI=39 NO=4131 MA=KM
RA=file1.psf
MO NX=39 NK=7 LX=FU, FI PH=ST TD=DI, FR
FR LX 37 7 LX 38 7 LX 39 7 LX 1 1 LX 2 1 LX 3 1 LX 4 2 LX 5 2 LX 6 2 LX 7 2 LX 8 2 LX 9 2 LX 10 2 LX 11 3 LX 12 3 LX 13 3 LX 14 3
FR LX 15 3 LX 16 3 LX 17 3 LX 18 3 LX 19 4 LX 20 4
FR LX 21 4 LX 22 4 LX 23 4 LX 24 4 LX 25 5 LX 26 5 LX 27 5 LX 28 5 LX 29 6 LX 30 6 LX 31 6 LX 32 7 LX 33 7 LX 34 7 LX 35 7 LX 36 7
PD
OU MI SS SC EF ND=3

附录5 大学生学习主动性问卷结构高阶因子分析程序

Higher Order CFA
DA NI=38 NO=4131 MA=KM
RA=file11.psf
MO NK=1 NY=38 NE=7 PS=SY, FI GA=FR
FR LY 1 1 LY 2 1 LY 3 1 LY 4 2 LY 5 2 LY 6 2 LY 7 2 LY 8 2 LY 9 2 LY 10 3 LY 11 3 LY 12 3 LY 13 3 LY 14 3 LY 15 3 LY 16 3 LY 17 3 LY 18 4
FR LY 19 4 LY 20 4 LY 21 4 LY 22 4 LY 23 5 LY 24 5 LY 25 5 LY 26 5 LY 27 5 LY 28 6 LY 29 6 LY 30 6 LY 31 7 LY 32 7 LY 33 7 LY 34 7 LY 35 7 LY 36 7 LY 37 7 LY 38 7
FR PS 1 1 PS 2 2 PS 3 3 PS 4 4 PS 5 5 PS 6 6 PS 7 7
PD
OU MI SS SC EF ND=3

附录6 大学生学习主动性影响因素问卷结构验证性因素分析程序

Cofirmatory Model 2
DA NI=39 NO=4131 MA=KM
RA=file22.psf
MO NX=39 NK=8 LX=FU, FI PH=ST TD=DI, FR
FR LX 1 1 LX 2 1 LX 3 1 LX 4 2 LX 5 2 LX 6 2 LX 7 3 LX 8 3 LX 9 3 LX 10 4 LX 11 4 LX 12 4 LX 13 4 LX 14 4 LX 15 4 LX 16 4 LX 17 5 LX 18 5 LX 19 5
FR LX 20 5 LX 21 6 LX 21 6 LX 22 6 LX 23 6 LX 24 7 LX 25 7 LX 26 7 LX 27 7 LX 28 7 LX 29 7 LX 30 7 LX 31 7 LX 32 8 LX 33 8 LX 34 8 LX 35 8 LX 36 8 LX 37 8 LX 38 8 LX 39 8
PD
OU MI SS SC EF ND=3

附录7　个人中介效应检验程序

DA NI=8 NO=8332 MA=KM
RA=file4.psf
MO NY=2 NX=6 PH=ST PS=DI, FR BE=FU, FI GA=FU, FI
FR BE 2 1 GA 1 1 GA 1 2 GA 1 3 GA 1 4 GA 1 5 GA 1 6 GA 2 1 GA 2 2 GA 2 3 GA 2 4 GA 2 5 GA 2 6
PD
OU MI EF SS SC ND=3

附录8　人格中介效应检验程序

DA NI=8 NO=8332 MA=KM
RA=file5.psf
MO NY=2 NX=6 PH=ST PS=DI, FR BE=FU, FI GA=FU, FI
FR BE 2 1 GA 1 1 GA 1 2 GA 1 3 GA 1 4 GA 1 5 GA 1 6　GA 2 1 GA 2 2 GA 2 3 GA 2 4 GA 2 5
PD
OU MI EF SS SC ND=3

附录9　知识能力中介效应检验程序

DA NI=8 NO=8332 MA=KM
RA=file6.psf
MO NY=2 NX=6 PH=ST PS=DI, FR BE=FU, FI GA=FU, FI
FR BE 2 1 GA 1 1 GA 1 2 GA 1 3 GA 1 4 GA 1 5 GA 1 6 GA 2 1 GA 2 2 GA 2 3 GA 2 4　GA 2 6
PD
OU MI EF SS SC ND=3

参考文献

中文文献

艾兴：《建构主义课程研究》，博士学位论文，西南大学，2007年。

［美］艾尔伯特·哈伯德：《致加西亚的一封信：一条由主动性通往成功之路（导读版）》，薛菲译，浙江文艺出版社2007年版。

布冠好、师超：《当代大学生学习主动性缺乏的原因及应对措施》，《中国西部科技》2010年第10期。

毕娟、孙其昂：《大学生党员先进性与学习的关系解析》，《学校党建与思想教育》2012年第6期。

曹爱娟：《培养民办中学学生化学学习主动性的研究》，硕士学位论文，河北师范大学，2008年。

曹淑豪：《大二学生自主学习的调查分析》，《科技致富向导》2011年第3期。

陈平、刘敏：《小学生学习主动性培养的实验研究》，《教育研究》1995年第11期。

陈其昂：《社会学概论》，宁夏人民出版社2001年版。

陈贤钦：《高中学生学习主动性培养的研究》，硕士学位论文，福建师范大学，2003年。

陈成文：《社会学》，湖南师范大学出版社2005年版。

陈东怀：《对开放教育专业教学的探索》，《中国远程教育》2001年第2期。

陈丽君、张庆林：《中学生主体性调查问卷全国常模的建立》，《心理科学》2001年第4期。

陈月茹：《论成人的学习需要》，《中国成人教育》2002年第4期。

崔庆波：《大学生学习目标的引导与学风建设》，《高校辅导员学刊》2010年第2期。

丁远坤：《建构主义的教学理论及其启示》，《高教论坛》2003年第6期。

丁洪霞：《基于社会建构主义理论的网络教学交互理论研究》，硕士学位论文，辽宁师范大学，2002年。

董泽芳：《教育社会学》，华中师范大学出版社1990年版。

杜志强：《论大学生学习目标的确立》，《湖北经济学院学报》（人文社会科学版）2010年第11期。

房德康：《浅谈激励大学生的学习主动性》，《江苏理工大学学报》1995年第3期。

高应波：《浅议学生学习主动性的培养——课程应用价值与兴趣的统一》，《现代企业教育》2007年第2期。

高教研究室，现代教学中心：《若干高校教学方法简介》，《成都理工大学理工高教研究》2000年第1期。

龚放：《聚焦本科教育质量：重视"学生满意度调查"》，《江苏高教》2012年第1期。

耿计萍：《课改的关键是提高学生学习的主动性》，《山西教育》2010年第5期。

顾明远主编：《教育大辞典》，上海教育出版社1998年版。

郭华华：《激发学生学习的兴趣 培养学生学习的主动性——转变地理学习方式的探讨》，《中小学教材教学》2003年第10期。

韩洪义、田汉族、袁东：《我国大学教学模式同质化的表征、原因与对策》，《教育研究》2012年第9期。

韩舒文：《父母教养方式与中职生学习动机的相关性研究》，《职教通讯》2013年第14期。

郝连科：《大学生网络学习主动性的教学策略研究》，硕士学位论文，东北师范大学，2008年。

和学新：《主体性的内涵、结构及其存在形态与主体性教育》，《西南师范大学学报》（人文社会科学版）2005年第1期。

何克抗：《建构主义教学模式、教学方法与教学设计》，《北京师范大学学报》1997年第5期。

何刚:《关于发挥学生学习主动性的思考》,《中华女子学院山东分院学报》2003年第2期。

何明智、李毅:《加强和丰富教学环节,提高学生学习的主动性》,《思想·理论·教育》1994年第1期。

侯杰泰:《结构方程模型及其应用》,教育科学出版社2004年版。

胡华:《数学"问题解决"与学生学习主动性的培养》,《中小学教材教学》2003年第12期。

胡淑飞:《情感教学策略促进学生地理学习主动性研究》,硕士学位论文,西南大学,2008年。

教育部高等教育司编著:《全面提高高等教育质量的若干意见》,高等教育出版社2012年版。

况维先:《打造优质高效课堂 提高学生学习主动性》,《吉林教育》2011年第10期。

莱斯利·P.斯特弗、杰里·盖尔:《教育中的建构主义》,高文译,华东师范大学出版社2002年版。

李春玲:《中国城镇社会流动》,社会科学文献出版社1997年版。

李迪明:《高中生学习需要的探索》,《教育科学论坛》2008年第6期。

李芳:《基于家庭教育的小学低年级学生学习主动性培养研究》,硕士学位论文,山东师范大学,2011年。

李芳:《积极心理学对高职学生人格培养的启示及策略》,《高教论坛》2009年第11期。

李静:《浅谈中学生学习需要的培养和维持》,《中国校外教育》2008年第8期。

李觏、周导杰:《对高职学生学习主动性的思考》,《职教论坛》2006年第6期。

李红梅:《采用"问题教学法"激发调动学生学习的积极主动性》,《教学研究》2003年第3期。

李萍:《提高学生学习主动性论纲》,《天津农学院学报》2007年第S1期。

李荣鉴:《在课堂中学生学习主动性消失的思考》,《黔东南民族师范高等专科学校学报》2002年第S1期。

李顺琴、罗晓云、李兴奎、王一、杨锦涛：《党员优秀大学生与普通大学生学习状况调查与分析——以云南农业大学为例》，《农业教育研究》2012 年第 3 期。

李玉环：《大学生学习需要的不足与唤醒对策探析》，《理工高教研究》2007 年第 4 期。

林昭南：《关于调动学生学习主动性的探索》，《萍乡高等专科学校学报》1997 年第 1 期。

林乐芬：《课堂讨论与学生学习主动性的发挥》，《高等农业教育》2000 年第 3 期。

刘成坤、杨秋玲：《培养学生创造性学习能力的探索》，《学科教育》2000 年第 1 期。

刘海燕：《社会分层视野下的我国高等教育机会均等问题研究》，硕士学位论文，东北师范大学，2006 年。

刘嘉方：《初中生学习主动性适应辅导模式探索》，《上海教育科研》2002 年第 9 期。

刘季冬：《高职学生学习主动性的调查与分析》，《中国冶金教育》2011 年第 5 期。

刘连龙、徐丹、何山：《大学生专业兴趣调查及对策研究》，《高等工程教育研究》2009 年第 2 期。

刘凌波：《大学生学习心理的能动性与创造性》，《辽宁师范大学学报》（自然科学版）2007 年第 4 期。

刘密、龙立荣、祖伟：《主动性人格的研究现状与展望》，《心理科学进展》2007 年第 2 期。

刘润华：《论学生主动学习的现状及其对策——兼谈中学物理教学改革》，硕士学位论文，江西师范大学，2003 年。

刘小强、蒋喜锋：《学生学习视野中的高校教学质量建设研究》，《教育研究》2012 年第 7 期。

刘亚轩：《试论学习目标及动机生成》，《大连教育学院学报》2006 年第 9 期。

刘延东：《深化高等教育改革 走以提高质量为核心的内涵式发展道路》，《求是》2012 年第 10 期。

刘永策：《试析独生与非独生子女大学生的学校行为差别》，《现代企业教育》2007 年第 11 期。

刘云艳：《幼儿好奇心结构的探索性因素分析》，《心理科学》2004 年第 1 期。

刘妤、石杨：《浅析高校学生学习主动性缺乏的原因及对策》，《科教文汇（上旬刊）》2008 年第 12 期。

卢苗：《学校学习主动性缺失的生存论追问》，硕士学位论文，吉林大学，2012 年。

吕天光：《提高学生学习主动性的探讨》，《教育评论》1985 年第 6 期。

《马克思恩格斯选集》第 3 卷，人民出版社 1972 年版。

马永录：《培养初中生学习主动性的实验研究》，硕士学位论文，西北师范大学，2004 年。

孟晓梅：《初中生性格优势问卷的编制及其影响因素研究》，硕士学位论文，西北师范大学，2012 年。

那宇：《新手型、成手型化学教师的教学行为对学生课堂学习主动性影响的个案研究》，硕士学位论文，东北师范大学，2008 年。

彭钢：《"主动性学习"的基本概念与主要类型——创业教育的学习理论探微》，《江西教育科研》1993 年第 2 期。

彭丽红、刘跃进、刘树新：《影响学生学习主动性的因素调查与分析》，《卫生职业教育》2004 年第 15 期。

蒲杨、张迎春：《生物教学如何调动学生学习的主动性》，《陕西教育》2003 年第 6 期。

乔菲：《我国社会分层对教育过程公平的影响研究》，硕士学位论文，东北师范大学，2006 年。

邱皓政、林碧芳：《结构方程模型的原理与应用》，中国轻工业出版社 2009 年版。

曲萌、马晓晴：《激发大学生学习主动性的主要因素研究》，《现代教育科学》2010 年第 1 期。

祁培丽：《物理实验中的探究式学习对中职生学习主动性影响的研究》，硕士学位论文，内蒙古师范大学，2006 年。

祁正庆：《独生子女与非独生子女中学生的学校适应感比较研究》，《中国健康心理学杂志》2009 年第 1 期。

全国十二所重点师范大学联合编写：《教育学基础》，教育科学出版社 2008 年版。

阮智富、郭忠新主编：《现代汉语大词典》，上海辞书出版社 2009 年版。

佘丹丹：《独生子女与非独生子女的大学适应性情况调查》，《医学研究与教育》2011 年第 8 期。

沈晶：《建构主义学习理论与教学改革》，《湖北教育学院学报》2005 年第 3 期。

宋希仁等编：《伦理学大辞典》，吉林人民出版社 1989 年版。

宋寿朝：《要重视研究学生怎样学习的问题——试谈培养学生学习语文的主动性》，《天津教育》1982 年第 8 期。

孙亮：《提高大学生学习主动性的几点建议》，《教育与现代化》2003 年第 3 期。

眭依凡：《大学校长的教育理论与治校》，人民教育出版社 2001 年版。

田进：《激发员工积极性、主动性和创造性的方法》，《集团经济研究》2005 年第 6 期。

唐平秋等：《独生子女与非独生子女大学生学习状况比较研究》，《广西大学学报》（哲学社会科学版）2000 年第 6 期。

唐素娥：《分层教学中怎样培养学生的学习主动性》，《湖南教育》2003 年第 9 期。

汪大勇：《高校：创新课程就是提高质量》，《光明日报》2012 年 5 月 21 日。

王贝贝：《对大二学生学习目标进行积极引导的重要性研究》，《文教资料》2009 年第 5 期。

王波：《从课外活动看中美大学生就业能力差距》，《光明日报》2012 年 10 月 8 日。

王函：《中学生学习英语的主动性与积极性研究》，《课程教材教学研究（中教研究）》2010 年第 2 期。

王立彦：《论学生学习主动性的培养》，《教学与管理》1990 年第 2 期。

王敏：《浅析社会资本对大学生就业的影响》，《山西青年管理干部学院学报》2008 年第 3 期。

王攀峰、张天宝：《试论创造性学习》，《当代教育论坛》2007 年第 4 期。

王同亿：《语言大典》，三环出版社 1990 年版。

王旭东：《〈房屋建筑学〉教学中调动学生学习主动性的探索》，《辽宁省交通高等专科学校学报》2006 年第 4 期。

王馨竹：《大学生金钱态度的结构、特点及影响因素研究》，博士学位论文，辽宁师范大学，2011 年。

王秀华：《学生主动性学习精神的缺失与重树——基础教育课程改革专题研究》，《福建教育学院学报》2004 年第 7 期。

王燕芝：《从教与学的关系谈调动学生学习的主动性》，《语文学刊》1995 年第 10 期。

王勇：《创设问题情境 提高学习物理的主动性》，《中小学电教（下半月）》2009 年第 2 期。

温忠麟等：《中介效应检验程序及其应用》，《心理学报》2004 年第 5 期。

温忠麟、侯杰泰、Marsh：《结构方程模型检验：拟合指数与卡方准则》，《心理学报》2004 年第 36 期。

吴明隆：《问卷统计分析实务》，重庆大学出版社 2010 年版。

吴敏：《父母文化程度、职业、期望值及教育方式等因素对大学生心理健康水平的影响》，《郑州大学学报》（医学版）2007 年第 6 期。

现代汉语大词典编委会：《现代汉语大词典》，上海世纪出版集团汉语大词典出版社 2000 年版。

现代汉语辞海编委会：《现代汉语辞海》，中国书籍出版社 2002 年版。

邢虹：《中专生数学学习主动性的调查研究及其培养途径》，硕士学位论文，辽宁师范大学，2005 年。

许远贤：《试行指导性教学 激发学生主动性学习——开办金融本科试点实践的思考》，《中国远程教育》2001 年第 2 期。

薛国凤、王亚辉：《当代西方建构主义教学理论评析》，《高等教育研究》2003 年第 1 期。

薛萍萍：《我国初中学生学习主动性的文献研究综述》，《内蒙古师范大学学报》（教育科学版）2007年第2版。

杨慧芳、刘金花：《高自控与低自控儿童的控制归因、自控期望比较研究》，《心理发展与教育》2003年第3期。

杨明均：《试论学生的学习主动性》，《四川教育学院学报》2002年第1期。

杨锡伟：《初中生数学"学习主动性"的分析》，《数学教育学报》1999年第4期。

杨越琰：《制度管理与校园文化的建设》，《教育导刊》2007年第12期。

姚梅玲：《父母职业对中学生生活事件的影响分析》，《中国心理卫生杂志》2008年第9期。

叶信治：《从美国大学教学特点看我国大学教学盲点》，《高等教育研究》2011年第11期。

叶芳：《〈历史与社会〉课程中培养学生学习主动性的初步实践》，《内蒙古师范大学学报》（教育科学版）2005年第6期。

应佳：《大学生学习主动性、时间管理倾向与成就动机的关系研究》，硕士学位论文，重庆大学，2010年。

俞国良、张登印、林崇德：《学习不良儿童的家庭资源对其认知、学习动机的影响》，《心理学报》1998年第4期。

于佳宾、王宇航：《学习主体性对学习成绩影响的心理机制分析》，《中国教育学刊》2012年S1期。

余文森、连榕、洪明：《教师教育改革新样本》，《中国教师报》2013年1月2日。

俞文钊：《管理心理学》，甘肃人民出版社1989年版。

于永志：《初中数学开放式教学与学生学习主动性的培养》，《才智》2010年第15期。

俞玉兹等：《中国近现代美育论文选》，上海教育出版社1999年版。

袁贵仁：《在全面提高高等教育质量工作会议上的讲话》，《中国教育报》2012年5月22日。

张春兴：《现代心理学》，上海人民出版社1994年版。

张桂春：《激进建构主义教学思想研究》，博士学位论文，华东师范大学，2002年。

张衡、王云兰：《我国教育公平与社会分层互动关系探讨明》，《教育发展研究》2006年第2期。

张继华：《论高校课程改革及发展趋势》，《煤炭高等教育》2000年第3期。

张灵聪：《大学生学习自控与学习注意稳定性的相关研究》，《集美大学学报》2011年第1期。

张寿：《对主动性学习理论的思考》，《延边大学学报》（社会科学版）2003年第3期。

张天宝：《主体性教育》，教育科学出版社1999年版。

张文彤：《SPSS统计分析高级教程》，高等教育出版社2004年版。

张文英：《多媒体教学与学生学习历史主动性的提高》，《中学历史教学研究》2003年第5期。

张新娅：《高等学校运用奖惩机制调动教师积极性的策略》，《陕西教育学院学报》2008年第1期。

赵静波等：《初中生智力父母教养方式与学习成绩探讨》，《中国心理卫生杂志》1999年第4期。

赵敏：《论大学学习目标的制定与实施》，《吉林广播电视大学学报》2011年第6期。

赵蒙成、谢冉：《罗杰斯学习理论的建构性探微》，《浙江海洋学院学报》（人文科学版）2006年第4期。

［美］珍妮特沃斯、［新西兰］戈登·德莱顿：《学习的革命》，顾瑞荣等译，上海三联书店1997年版。

中国社会科学院语言研究所词典编辑室编：《现代汉语词典》（第6版），商务印书馆2012年版。

周家骥、顾海根、卢家楣：《情感目标和评价的研究》，《心理科学》2002年第6期。

周远清：《放眼持久的科学发展》，《科学咨询》（教育科研）2008年第2期。

朱绍雄：《运用课堂讨论激发学生学习主动性的尝试》，《四川师范学院学报》（哲学社会科学版）1996年第3期。

朱新荣：《关于提高大学生学习积极性的研究》，硕士学位论文，河南工业大学，2010年。

英文文献

Anderson J. C., Gerbin D. W., *Structrual equation modeling in practice: A review and recommended two-step approach*, Psychological Bulletin, 1998.

Ashford S. J., Black J. S., "Proactivity during organizational entry: the role of desire for control", *Journal of Applied Psychology*, Vol. 81, No. 2, 1996.

Baer, M., & Frese, M., "Innovation is not enough: Climates for initiative and psychological safety, process innovations and firm performance", *Journal of Organizational Behavior*, Vol. 24, No. 1, 2003.

Bandura A., *Self-efficacy: The exercise of control*, New York: Freeman And Company, 1997.

Bateman T. S., Crant J. M., "The Proactive Component of organizational Behavior: A Measure and Correlates", *Journal of organizational Behavior*, Vol. 14, No. 2, 1993.

Boekaerts, M., Pintricb, P. R., & Zeidner, M., *Handbook of Self-regulation*, San Diego, CA: Academic, 2000.

Bot L., Gossiaux P. B., Rauch C. P., et al., "'Learning by doing': a teaching method for active learning in scientific graduate education", *European journal of engineering education*, Vol. 30, No. 1, 2005.

Cacioppo, J. T., & Petty, R. E., "The need for cognition", *Journal of Personality and Social Psychology*, Vol. 42, No. 2, 1982.

Campbell D. J., "The Proactive employee: Managing work Place initiative", *Academy of Management Executive*, Vol. 14, No. 3, 2000.

Carl Rogers, *Freedom to Learn for the 80's*, Columbus, OH: Charles E. Merrill Publishing Company, 1983.

Cohen, *Statistical Power Analysis for the Behavioral Sciences*, NJ: Lawrence rlbaum, 1998.

Crant, J. M., "The proactive personality scale and objective job performance among real estate agents", *Journal of Applied Psychology*, Vol. 80, No. 4, 1995.

Eagly, A. H., & Chaiken S., *The psychology of attitudes*, Harcourt

Brace Jovanovich College Publishers Fort Worth, 1993.

Fay, D., *Personal initiative: Construct validation of a new concept of performance at work*, Unpublished doctoral dissertation, Universiteit van Amsterdam, 1998.

Fay, D., & Frese, M., "The concept of personal initiative (PI): An overview of validity studies", *Human Performance*, Vol. 14, No. 1, 2001.

Fay, D., & Sabine S., "Rethinking the Effects of Stressors: A longitudinal study on personal initiative", *Journal of Occupational Health Psychollogy*, Vol. 7, No. 3, 2002.

Frese M., *The Psychology of entrepreneurship*, Mahwah, New Jersey: Lawrence Erlbaum, 2006.

Frese M., Dieter Zapf, *Action as thecore of work Psyehology: A German Approach*, Palo Alto, CA, 1994.

Frese, M., Fay, D., Hilburger, T., Leng, K., & Tag, A., "The concept of personal initiative: Operationalization, reliability and validity in two German samples", *Journal of Occupational and Organizational Psychology*, Vol. 70, No. 2, 1997.

Frese, M., & Fay, D., "Personal initiative (PI): An active performance concept for work in the 21st century", *Research in Organizational Behavior*, Vol. 23, No. 1, 2001.

Frese, M., Garst, H., & Fay, D., "Making things happen: reciprocal relationships between work characteristics and personal initiative in a four-wave longitudinal structural equation model", *Journal of Applied Psychology*, Vol. 92, No. 4, 2007.

Frese, M., Kring, W., Soose, A., & Zempel, J., "Personal initiative at work: Differences between East and West Germany", *Academy of Management Journal*, Vol. 39, No. 1, 1996.

Frese M., Teng E., Wijnen C. J. D., "Helping to Improve Suggestion Systems: Predictors of Giving Suggestions in Companies", *Journal of Organizational Behavior*, Vol. 20, No. 7, 1999.

Frese, M., van Gelderen, M., & Ombach, M., "How to plan as a small-scale business owner: Psychological process characteristics of action strategies and success", *Journal of Small Business Management*, Vol. 38, No. 2, 2000.

Garst, G. J. A., Frese, M., & Molenaar, P. C. M., "The temporal factor of change in stressor-strain relationships: A growth curve model on a longitudinal study in East Germany", *Journal of Applied Psychology*, Vol. 85, No. 3, 2000.

Hackman, J. R., & Oldham G. R., "Motivation through the design of work: Test of a theory", *Organizational Behavior and Human Performance*, Vol. 16, No. 3, 1976.

Hootstein E., "Motivating the unmotivated child", *Teaching PreK-8*, Vol. 29, No. 3, 1998.

Hurry J., Brazier L., Wilson A., et al., "Improving the Literacy and Numeracy of Young People in Custody and in the Community", *Adhesion*, Vol. 66, No. 2, 2010.

Kardia D., Bierwert C., Cook C. E., et al., "Discussing the Unfathomable Classroom-Based Responses to Tragedy", *Change: The Magazine of Higher Learning*, Vol. 34, No. 1, 2002.

McClelland, D. C., "Characteristics of successful entrepreneurs", *Journal of Creative Behavior*, Vol. 21, No. 3, 1987.

Michael J., Modell H. I., *Active learning in secondary and college science classrooms: A working model for helping the learner to learn*, New York: Routledge Press, 2003.

Morrison, E. W., & Phelps, C. C., "Taking charge at work: Extrarole efforts to initiate workplace Change", *Academy of Management Journal*, Vol. 42, No. 4, 1999.

Motowidlo, S. J., & Scotter, J. R. V., "Evidence that task performance should be distinguished from contextual performance", *Journal of Applied Psychology*, Vol. 79, No. 4, 1994.

Nelms G., "Can Transcendentalist Romanticism Save Education? In Search of an Active Learning Countertradition", *Pedagogy*, Vol. 4, No. 3, 2004.

Paulson D. R., "Active learning and cooperative learning in the organic chemistry lecture class", *Journal of Chemical Education*, Vol. 76, No. 8, 1999.

Pekrun, R., Gtstz, T., Titz, W. &Perry, R. P., "Academic Emotions in Students' Self-regulated Learning and Achievement: A Program of Qualitative and Quantitative Research", *Educational Psychologist*, Vol. 37, No. 2, 2002.

Peterson, C., & Seligman, M. E. P., "Character strengths and virtues: A handbook and classification", *Washington, D. C.: American Psychological Association*, Vol. 37, No. 3, 2004.

Pintrich P. R., De Groot E., "Motivational and self- regulated learning components of classroom academic performance", *Journal of Educational Psychology*, Vol. 82, No. 1, 1990.

Rank J., Pace V. L., Frese M., "Three Avenues for Future Research on Creativity, Innovation, and Initiative", *Applied Psychology: An International Review*, Vol. 53, No. 4, 2004.

Rotter J. B., "The development and application of social learning theory". *Centennial psychological series*, Vol. 12, No. 1, 1972.

Scherer, K. R., *On the Nature and Function of Emotion: A Component Process Aapproach. In K. R. Scherer, & P. Ekman (Eds.), Approaches to Emotion*, Hillsdale, NJ: Erlbaum, 1984.

Scholl E. J., "Taking Reading Outdoors", *Reading Today*, Vol. 20, No. 5, 2003.

Schommer M., "Effects of beliefs about the nature of knowledge on comprehension", *Journal of Educational Psychology*, Vol. 82, No. 3, 1990.

Speier C., Frese M., "Generalized Self-efficacy as A Mediator and Moderator between Control and Complexity at Work and Personal Initiative: A Longitudinal Field Study in East Germany", *Human Performance*, Vol. 10, No. 2, 1997.

Van Gelderen, M., Frese, M., & Thurik, R., "Strategies, Uncertainty and Performance of Small Business Startups, Small Business Economics", Vol. 15, No. 3, 2000.

Vennekel, M., *Redefinitionsbreite der Arbeitsrolle: Mediator und Moderatoreffekte vonUmgebungs- und Personenvariablen*, Unpublished thesis, Giessen University, Germany, 2000.

Viadero D., "Make or break", *Education Week*, Vol. 18, No. 34, 1999.